사마천의
인물 열전

사
기

사기

사마천의 인물 열전

사마천 지음 | 고산 · 고명 편저 | 김하나 옮김

팩컴북스

편저자_ 고산高山 · 고명高明

옮긴이_ 김하나
서울여자대학교 시각디자인과를 졸업했으며, 그림을 배우려고 중국에 갔다가 중국어에 매료되어 전공
을 바꾸게 되었다. 이화여자대학교 통역번역대학원을 졸업하고 현재 통번역가로 활동 중이다. 중화 TV
에서 드라마 및 다수의 방송 프로그램을 번역하고 있으며 EBS의 영화 〈민경고사〉를 번역했다. 방송 번
역물로는 드라마 〈금분세가〉〈천약유정〉〈열정중하〉〈나비지애〉〈탐정협객〉〈모의천하〉가 있고, 시사생
활프로 〈우리는 중화인〉〈세계문화유산다큐 중국편5〉〈저우언라이다큐12〉〈집중조명 경제〉〈동방시상〉
〈맛있는 요리세상〉 등 다수가 있다. 또한 인트랜스번역원 소속 프리랜서 번역가로 활동 중이다. 옮긴 책
으로는 『심리의 마스터』 『고스트 램프』 『1학년 1반 34번』 『암호 해독』(황금가지 근간예정)이 있다.

사기 사마천의 인물 열전

초판 1쇄 인쇄 2010년 3월 10일
초판 1쇄 발행 2010년 3월 20일

지은이 사마천 | **편저자** 고산 · 고명 | **옮긴이** 김하나
펴낸이 김경수 | **총괄이사** 최숙
기획편집 허문원 · 도정원 | **편집진행** 박지수 | **마케팅** 임정은 · 권민혁
디자인 김인수(표지) 새일기획(내지) | **제작** (주)성인문화사
펴낸곳 팩컴북스 | **출판등록** 2008년 5월 19일 제381-2005-000074호
주소 463-867 경기도 성남시 분당구 정자동 159-4 젤존타워 2차빌딩 8층
전화 031-726-3666 | **팩스** 031-711-3653 | **홈페이지** www.pacombooks.com

ISBN 978-89-963677-3-4 03910

* 팩컴북스는 팩컴코리아(주)www.gopacom.com의 출판브랜드입니다.
* 책값은 뒤표지에 있습니다.

중국은 5천 년 역사가 흐르면서 수없이 많은 영웅과 여걸을 등장시켰다. 또 수없이 많은 문인과 풍류를 즐기는 모임이 생겨났으며 수많은 전쟁이 있었다. 24사史™ 속에는 그들의 업적과 중국의 지나간 세월이 숨 쉬고 있다. 그것은 별처럼 아득히 먼 곳에 있지만 우리들의 기억과 그리움 속에서 선명하게 반짝이고 있다. 소란스럽고 번잡한 현실 생활 속에서 우연히 펼친 책, 그 속에서 과거의 시간과 마주하면 온몸을 감싸는 감격 속에 꿈결 같은 깨달음이 다가온다.

이것이 바로 '역사'이다.

그렇다면 시간을 거꾸로 돌려 역사의 여행을 떠나보는 건 어떨까? 황제의 전설에서 삼국 전쟁까지 역사는 『사기史記』, 『한서漢書』, 『후한서後漢書』, 『삼국지三國志』 속에 흐르고 있다. 우리의 '인물 열전 시리즈'도 여기서부터 시작될 것이다. 역사는 '사람의 역사'이며, 삶은 '인간의 삶'이다. 그래서 우리는 인물을 통해 역사적 사건을 관찰하여 일목요연하고 간결하게 정리하였다. 여기에는 원문의 맛을 살린 사실적 서술과 진리를 찾는 평론이 있다. 그래서 독자들은 어려운 고문을 보지 않고도 원문을 읽는 기쁨과 효과를 얻을 수 있다.

이 책은 『사기』에서 45명의 유명한 인물을 선별해 설명을 덧붙였다. 『사기』의 저자인 사마천司馬遷은 한漢나라 사람이다. 『사기』는 '24사'의 앞에 놓이는 책으로 세월이 흘러도 변치 않을 역사서의 경전이자 자손만대에 훌륭한 명성을 남길 역사 문학 저서이다. 노신魯迅 선생은 『사기』를 '역사가가 쓸 수 있는 최고의 시문으로 운율이 없는 『이소離騷』***'라고 극찬하였다.

『사기』는 총 130편으로 제왕에 관해 기술한 본기本紀 12편, 연표를 담은 표表 10편, 경제, 법률 등 각 분야의 제도를 서술한 서書 8편, 황제를 떠받드는 제후국의 역사를 담은 세가世家 30편, 각 시대를 풍미했던 인물들의 이야기를 담은 열전列傳 70편으로 나뉜다. 바로 중국 역사상 처음으로 등장한 기전체**** 통사인 것이다.

이 책에서 우리는 익숙하면서도 낯선 인물들, 그리고 그들의 이야기를 접하게 될 것이다. 왜냐하면 대부분의 내용이 고대 희극이나 소설에 자주 등장하거나 묘사되어 왔기 때문이다. 하지만 허구의 상상력이 보태진 그것은 역사적 사실이 아

니라 '이야기'일 뿐이다. 하지만 이 책은 모두 역사적 사실만
을 근거로 역사를 '재현'한 것이다.

역사는 확실히 '현실의 거울'이다. 이 '거울'을 비추고 사방
을 둘러보면서 당신은 한숨을 내쉬며 탄식할 수도 있지만, 아
마 더 많은 것을 느끼는 계기가 될 것이다.

■ 중국 역대 왕조王朝의 정사正史로 인정되는 24종류의 사서史書. 『신원사新元史』와 『청사고淸史
稿』를 더하여 '25사'나 '26사'로 나타내기도 한다.
■■ 『초사楚辭』의 대표적인 작품으로 초나라 굴원이 지은 장편 서사시
■■■ 단순한 연대별 역사 서술이 아니라 통치자를 중심으로 주요 인물의 전기와 제도 문물, 자연
현상 등을 분류하여 기술한 역사 서술 방식

모든 강에는 기원이 있기 마련이다. 중국 역사를 기록한 24사의 기원은 바로 위대한 작품 『사기』이다. 중국의 첫 기전체 역사서로 광범위하면서도 그 내용이 매우 자세하게 서술된 『사기』는 독창적인 격식과 예술적 기법 등이 동원되어 후대 역사서와 산문의 모범이 되었다.

그러나 『사기』의 작가 사마천의 인생은 평탄치 않았다.

사마천의 자字는 자장子長으로 한漢, 전한시대나라 용문지금의 섬서성陝西省 한성韓城 지역 사람이다. 그의 아버지 사마담司馬淡은 역사가로 태사령太史令이라는 관직에 있었다. 사마담은 아들 사마천이 자신의 일을 이어받기를 원해 사마천이 어렸을 때부터 엄하게 교육시켰다. 사마천은 열 살 때 이미 『좌전左傳』, 『국어國語』, 『상서尚書』 등 예부터 전해져 내려오는 역사서를 달달 외웠다. 역사와 문학 두 분야에서 이미 든든한 기초를 쌓았던 것이다.

사마천은 서재에서 책 읽는 것을 좋아했을 뿐 아니라 밖에 나가 직접 조사하는 것도 좋아했다. 사마천은 스무 살이 되자 전국 각지를 돌아다녔다. 남쪽으로는 장강 유역과 회하 유역까지 돌아보았다. 그중 가장 멀리 간 곳은 회계會稽, 지금의 절강 折江 소흥紹興 지역였다. 그는 책에서 하나라의 우왕이 회계에서 각 부족의 추장을 모아 회의를 열었고 우왕이 묻힌 우혈虞穴 또한 그곳에 있다는 내용을 읽고 일부러 우혈까지 직접 찾아보았다. 북으로는 문수汶水와 사수泗水를 건너 춘추전국시대의 제나라, 노나라의 수도까지 찾아갔다. 그곳에서 사마천은 당시의 위대한 학자인 공자와 맹자가 학생들을 가르쳤던 곳도 찾아냈다.

사마천은 이렇게 책 속에 기록되었거나 전설 속에서 이름이 거론되었던 곳은 모두 직접 찾아갔고, 자신이 알아낼 수 있는 것은 최대한 발굴했다. 그는 진시황秦始皇이 위나라를 멸망시켰을 때 황하의 물을 이용해 위나라의 도읍지였던 대량大梁을 침수시켰다는 말을 듣고, 대량에 가서 성벽이 물에 잠긴 흔적이 있는지 조사했다. 또 그 지역의 노인들을 찾아가 당시의 참혹한 상황에 대해 직접 들을 수 있었다. 이뿐만 아니라 애국 시인 굴원屈原이 뛰어난 재능이 있음에도 기회를 만나지 못해 멱라수에 뛰어들어 목숨을 끊었다는 말을 듣고 장사長沙에 찾아간 그는 한참 동안 강변에 서서 시인을 추모하며 당시 그의 심정을 헤아렸다고 한다.

이런 광범위한 역사 여행과 조사를 통해 사마천의 안목은 더욱 넓어진다. 또한 현지에서 그곳의 풍습과 역사적 사실을 직접 느끼며 사물을 관찰하는 능력을 더욱 다졌고 백성들의 질고를 이해하는 기회로 삼았다. 이 모든 경험은 이후 사마천이 『사기』를 저술하는 데 밑거름이 되었다.

우리가 알다시피 사마천이 살았던 전한前漢은 통일 국가였다. 국력이 강성했던 그 시절에는 방치되었던 일들이 다시 시행되면서 각 분야에서 위대한 업적들이 이루어지고 있었다. 이런 시대에 태사령으로 살았던 사마담은 특별히 고대의 『춘추春秋』와 같은 위대한 역사서를 지어 후대에게 물려주고 싶었다. 그러나 사마담은 적극적으로 자료를 찾으며 저술을 시작하려던 무렵 병으로 쓰러지고 만다. 이 얼마나 안타까운 일인가? 임종을 눈앞에 두고 사마담은 아들 사마천의 손을 꼭 쥐며 당부했다.

"예전에는 전쟁이 빈번하여 역사서들이 모두 사라져 버렸단다. 그러나 지금 한나라는 온 천하를 하나로 통일했고, 위로는 현명한 군주가 계시고 아래로는 수많은 충신과 의인들이 있다. 그들의 사적은 풍부하며 감동적이다. 태사령으로서 그들의 사적을 기록하지 않는다면 이는 내 책무를 다하지 못하는 것이 아니겠느냐? 하지만 안타깝게도 나는 이제 그 일을 하지 못할 것 같구나. 내가 죽거든 네가 내 뒤를 이어 이 역사서를 써야 한다."

이는 아버지가 임종 전 아들에게 남기는 당부라기보다 역사가로서 그 책임과 사명을 전하는 말에 더 가까웠다. 사마천은 큰 감명을 받아 눈물을 흘리며 말했다.

"아버님, 제가 꼭 해내겠습니다. 반드시 임무를 완수하겠어요."

그 해 그의 나이는 서른여섯 살이었다. 2년 후, 그는 한 무제로부터 태사령으로 임명을 받는다. 덕분에 사마천은 나라에서 보존하고 있던 각종 진귀한 도서와 문서, 역사 자료들을 직접 접할 수 있게 되었다. 그는 수만 권의 책을 읽고 만 리가 넘는 길을 돌아다니고서야 붓을 들고 편찬을 시작했다. 이렇게 그 평생의 재능과 지혜, 피와 땀을 쏟아 붓게 된 것이다.

사마천은 온 마음과 힘을 다해 『사기』를 저술했다. 그러다 그의 나이 48세가 되었을 때 생각지도 못한 재난이 닥친다.

기원전 99년, 명장군 이광李廣의 손자 이릉李陵이 보병 5천을 이끌고 흉노를 정벌하러 갔다가 중도에 적의 대군을 만났다. 이릉이 피 튀기는 격렬한 전투를 벌였지만 상대가 워낙 대군이다 보니 결국 참패하고 흉노에 투항해 버렸다. 이 소식이 도성에 전해지자 한 무제는 불같이 화를 냈고 조정의 모든 관원들도 이릉이 적국에 투항한 죄는 죽어 마땅하다며 목소리를 높였다. 이때 한 무제가 사마천에게 이 사건에 대한 의견을 물어보았다. 사마천은 한 무제를 위로하는 한편, 우물에 빠진 사람에게 돌을 던지는 식의 기회주의적인 대신들이 괘씸하여 이릉이 투항한 것은 어쩔 수 없는 상황이었기 때문일 거라며, 혹 그가 진짜 적군에게 투항했더라도 이전에 전쟁을 대비해 왔던 그 노고는 높이 살 만한 것이므로 심한 벌을 내리는 것은 마땅치 않다고 말했다. 하지만 그의 말은 도리어 말년에 의심이 많아진 한 무제와 그가 아끼던 신하들의 분노만 더 불러일으켰을 뿐이다.

결국 사마천은 궁형宮刑, 중국에서 행하던 오형五刑 가운데 하나. 죄인을 거세하는 형벌에 처해진다. 궁형은 고대 형벌 중 매우 참혹한 것으로, 이 벌을 받는 사람은 생식 능력을 상실하게 된다. 비록 목숨을 앗아가는 형벌은 아니지만 형벌을 받는 사람에게는 엄청난 모욕이자 수치였던 것이다.

이 극심한 형벌이 주는 충격과 괴로움으로 견딜 수 없었던 사마천은 몇 번이나 자살할 생각까지 하였다. 그렇지만 매번 아버지가 임종 전에 남긴 당부의 말이 귓전을 맴돌았다. 그리고 자기도 모르게 미처 완성하지 못한 『사기』가 떠올라 차마 죽을 수도 없었다.

비바람이 몰아치던 어느 날 밤, 사마천의 집에 있던 문과 창들이 거센 바람에 열어젖혀졌다. 그는 창 앞에 서서 비바람을 온 몸으로 받으며 다시 한 번 삶과 죽음을 두고 깊은 고민에 빠졌다.

'예부터 지금까지 생전에 부귀영화를 누린 사람들 중에는 후대에 잊혀진 사람들이 수두룩했다. 역사에 그 이름을 남긴 사람들은 위대한 업적을 이룬 사람들뿐이었다. 주 문왕은 주왕紂王에게 구금되었을 때 『주역周易』을 썼고, 공자는 사로잡힌 후에 『춘추』를 썼다. 굴원은 몇 번이나 추방을 당하고서야 비로소 『이소』를 탄생시켰고, 좌구左丘는 두 눈을 잃고 『국어』를 지었다. 손빈孫臏은 무릎 뼈를 잃고서도 『병법』을 편찬하였고, 여불위呂不韋는 촉蜀으로 추방당한 후 『여씨춘추』를 지었다. 또 한비자韓非子는 진秦나라에 잡혀가서 『설난說難』과 『고분孤憤』을 지었다. 『시경詩經』 3백 편 중에 선현들의 비분함이 담기지 않은 글이 어디 있단 말인가?

이런 업적을 남긴 사람들은 모두 갖은 어려움과 고난을 견뎌내며 자신의 재능과 견해, 포부를 책에 담아냈던 것이다. 책을 통해 답답한 마음을 토로하고 후대 사람들에게 교훈을 주기 위해서. 만약 내가 『사기』를 완성하여 같은 마음을 가진 후세 사람들에게 전해 준다면, 이렇듯 큰 치욕을 당한 것도 헛되지 않을 것 아닌가? 사실 다른 것은 그리 중요한 것이 아니다.'

마침내 사마천은 자신 앞에 펼쳐진 길을 분명히 보았다. 그는 목숨을 포기하지 않고 『사기』를 완성하리라 다짐한다. 고난을 겪은 후 그의 사상은 더욱 정화되고 승화되었다. 그때부터 그의 눈빛은 더욱 예리해졌으며 통찰력 또한 더욱 깊어졌다. 그의 관점이 백성에게 더욱 가까워지게 된 것이다.

기원전 91년 즈음, 쉰세 살의 사마천은 마침내 위대한 역사서 『사기』를 완성한다. 글을 쓰기 시작한 지 13년이 흐른 뒤였다.

『사기』는 총 130편, 52만 자로 구성되어 있다. 그중에는 제왕에 대해 기술한 본기에 연표 방식으로 중대한 사건과 인물을 기록해 본기의 내용을 보충 설명한 표가 있다. 또 중요한 법과 제도, 천문 현상, 정책, 사회 경제 생활을 담은 서, 제후들과 공자孔子, 진승陳勝 등 중요한 인물의 사적을 담은 세가가 있다. 열전에는 중요한 인물과 소수 민족, 이웃 국가들의 역사가 담겨 있다. 그중 가장 중요한 것은 본기와 열전으로, 후대 사람들은 이를 기전체 역사서라고 부른다. 후대에 지어진

24사는 이 구성을 그대로 이어받고 있다.

사마천이 쓴 『사기』는 그 내용이 상세하고 확실하여 신뢰할 만한 위대한 역사서이자, 아름다운 문장과 생동감 있는 필치로 인물을 묘사한 훌륭한 문학 작품이기도 하다. 또 사마천이 『사기』에 기술한 사상은 매우 진보적인 것이었다.

사마천은 사기에서 선악을 분명히 가려 역사적인 명군과 훌륭한 신하, 농민 봉기의 지도자들을 높이 찬양한 반면 폭군과 간신, 가혹한 관리에게는 냉혹한 비판을 가했다. 당대의 역사에 관해서는 좋은 일이든, 나쁜 일이든 관계없이 곧은 말로 정직하게 기록하였다. 당시 황제였던 한나라 무제의 결점과 실수도 객관적으로 기록한 것을 보면 이를 잘 알 수 있다. 이렇듯 『사기』는 중화 민족의 문화와 역사에서 길이길이 빛날 불후의 걸작이다.

●
차
례

黄帝

황제 : 지혜와 용기의 화신

중국인들은 스스로를 '염황炎黃의 자손'이라고 부른다. '염황'은 누구인가? '염황'은 4천6백여 년 전 중국 대륙에서 살았던 두 부족의 지도자, 황제黃帝와 염제炎帝를 가리키는 말이다. 워낙 오래전 이야기라 이들의 이야기에는 진한 신화적 색채가 덧입혀져 있다. 그럼 이제 시간의 작은 조각들을 따라 그들의 발자국을 찾아보자.

황제의 성은 공손公孫이요 이름은 헌원軒轅이었다. 일각에서는 그가 헌원이라는 언덕에서 태어났기 때문에 헌원 씨라고 불렸다고 하고, 또 어떤 사람들은 그가 황토 고원에서 태어난 데다 황인종이었기 때문에 '황제'라고 불리게 되었다고 말한다.

어느 날, 그의 어머니인 부보附寶가 바깥을 거닐다가 하늘을 보니 커다란 번개가 북두칠성을 감싸고 빙빙 돌며 번쩍이고 있었다. 그것을 본 부보는 바로 임신을 했다. 보통 사람들은 아기를 가지면 열 달 만에 아기를 낳지만 부보는 24개월이나 뱃속에 품고 나서야 황제를 낳았다.

황제는 태어나면서부터 남달리 영리하고 총명했는데, 강보에 싸였을 때부터 이미 말을 깨우쳤다고 한다. 물론 이것은 원시 신화와 전설의 흔적이다. 어른이 된 황제는 능력이 출중한 데다 부지런했다. 사람들을 진심으로 대했고 지도자적 자질 또한 충분했다. 그 덕분에 황제는 부족의 수령이 되었다.

황제는 수렵 생활을 하던 생활 방식을 변화시켜 집 짓는 법을 보급하고, 가축 사육과 곡식을 재배하는 법을 가르쳤다. 교통을 더욱 편리하게 하기 위해 배와 수레도 만들었고, 다른 부족과의 전쟁에 쓰고자 옥을 갈아 각종 무기를 만들었다. 옥이 매우 강한 돌이었기 때문이다. 또 사람이 죽으면 영원한 안식을 누릴 수 있도록 시체를 관에 넣고 땅에 묻었다.

아주 오랜 옛날에는 문자가 없었기 때문에 사람들은 어떤 사건을 기록하기 위해 밧줄로 크고 작은 매듭을 지었다. 하지만 기록해야 할 일이 많아지고 복잡해지면서 밧줄의 매듭은 턱없이 부족해졌다. 그래서 황제는 역사 기록을 맡은 사관 창힐倉頡에게 문자를 만들라는 명을 내린다.

20   어느 날 고개를 숙인 채 깊은 생각에 빠져 걷던 창힐은 바

닥에 남은 여러 가지 발자국을 보고, 문득 새의 발자국과 말, 개의 발자국이 다 각자의 특징을 가지고 있다는 점을 발견한 다. 여기서 영감을 얻은 그는 사물의 형상을 따라 그림을 그렸다.

'⊙로 태양[日]을, ☽로 달[月]을 표시하면 되지 않는가?'

이렇게 중화 민족의 상형 문자가 탄생한다.

문자가 생긴 후 사람들은 숫자와 산술로 수를 세는 법을 발견해 낸다. 또 황제는 그의 신하 대요大撓에게 시간을 기록할 방법을 찾으라고 명한다. 이렇게 하여 10개의 천간天干 즉 갑, 을, 병, 정, 무, 기, 경, 신, 임, 계와, 십이지十二支 즉 자, 축, 인, 묘, 진, 사, 오, 미, 신, 유, 술, 해를 차례로 붙여 시간을 계산하는 방법이 등장하였다. 숫자와 시간 계산법이 생기면서 백성들의 생활도 더욱 정확해지고 윤택해졌다.

황제의 아내였던 누조嫘祖 역시 총명하고 능력 있는 여인이었다. 당시 사람들은 편안한 옷이 없어 겨울에는 동물 가죽을 두르고 여름에는 나뭇잎을 엮어 허리에 둘렀다. 이를 본 누조는 양잠법과 고치에서 실을 뽑아내는 법을 발명한다. 그리고 여기서 나온 실을 엮어 비단을 만들고 여러 가지 색으로 물들인 후 옷을 만들어 입혔다. 후대 사람들은 누조의 공로에 감사하는 마음으로 그녀에게 '양잠의 어머니'라는 별칭을 붙여 주었다.

황제가 다스리던 시기, 사람들은 이미 약을 이용해 병을 고칠 줄 알았다고 한다. 중국 전통 의학의 기초 이론서인『황제 내경黃帝內徑』은 전국戰國 시기 및 진秦, 한漢 시대의 걸작이지만, 그 내용은 황제 시기의 의사였던 기백岐伯이 쓴 것이었다.

당시는 각 부족들 간에 전쟁이 빈번히 발생해 백성들의 삶이 매우 고통스러웠다. 그래서 황제는 전란을 평정하고 모두가 태평한 시절을 누리게 하리라 결심했다. 당시 곳곳에 산재해 있던 부족 중 황하 유역의 염제와 치우蚩尤의 부족이 가장 사납고 용맹스러웠다. 황제는 먼저 염제 부족을 칠 준비를 했다. 공명한 정치를 펴는 한편, 전쟁 준비를 강화한 것이다. 그는 놀라운 능력을 발휘해 곰, 호랑이, 표범 등 여섯 가지 맹수를 전쟁에 쓰기 위해 훈련시켰다. 마침내 광활한 평원에서 황제와 염제 두 부족의 군대가 격렬한 전쟁을 벌였다. 이때 황제가 명령을 내리자 사나운 맹수들이 사방에서 튀어나와 날카로운 이빨과 발톱을 보이며 큰 소리로 울부짖었다. 그러고는 순식간에 염제의 대군을 덮쳤다. 염제 부족은 너무 놀라 입만 쩍 벌리고 있다가 결국 투항하고 말았다. 후대의 연구 결과, 여섯 가지 맹수란 각기 다른 토템 신앙을 가진 부족이었다.

그 후 황제와 염제 부족은 힘을 합쳐 치우 부족을 공격했다. 치우 부족은 고대 신화에서 매우 두려운 존재로 묘사되고 있다. 치우에게는 81명의 형제가 있었는데 모두 얼굴은 사람이고 몸은 동물인 용맹스러운 장수들이었다고 한다. 그들은 팔이 여덟 개, 발가락이 아홉 개로, 얼굴에는 여러 가지 색깔의 문양이 있었고 돌과 모래를 통째로 삼켰다. 사실 치우는 중국 동부 지역에 거주하던 구이족九夷族의 수령이었다. 그 당시 구이족은 중국 중부 지역까지 밀고 와 섬서陝西 지역 일대의 염제 부족을 치고 대승을 거둔 상태였다.

이에 치우를 쓰러뜨리고자 황제와 염제는 손을 잡고 치밀한 작전을 세웠다.

마침내 탁록涿鹿에서 황제와 염제의 맹수 부대와 치우의 81명의 형제가 격돌했다. 처음에는 양측 모두 귀신을 불러 전쟁을 치렀다. 그러다 황제가 치우를 빠져 죽이려고 신룡神龍인 응룡應龍을 장군으로 삼아 강물을 막게 했다. 이를 본 치우는 바로 풍백風伯과 우사雨師를 불러 비바람을 주문한다. 그러자 돌연 하늘이 어두워지면서 세찬 비바람이 몰아쳤다. 황제도 질세라 급히 여신 한발旱魃에게 뜨거운 햇살과 건조한 바람을 불러 오게 했다. 그러자 순식간에 무섭게 내리치던 비바람이 흔적도 없이 사라졌다.

하지만 치우는 이대로 물러날 수 없었다. 양측이 귀신을 불러와 싸우기 때문에 승패가 갈리지 않는다는 것을 깨달은 치우는 안개를 불러온다. 앞뒤를 분간할 수 없는 안개가 사흘 밤낮이나 계속되었다. 한치 앞도 보이지 않는 안개 속에서 당황한 황제와 염제 부락의 대열이 흐트러지기 시작했다. 이때 지혜로운 황제는 북두칠성의 자루인 표杓가 방향을 가리키는 원리를 이용해 지남거指南車를 만들었다. 지남거가 지시하는 방향 덕분에 안정을 찾은 황제와 염제 부족은 치우의 군영을 향해 맹렬한 공격을 퍼부었고, 결국 치우는 죽임을 당했다. 이것이 역사서에서 말하는 '탁록대전'이다.

구이족을 쓰러뜨리고 나자 황제 부족과 염제 부족 사이에서 다시 싸움이 일어났다. 판천坂泉, 지금의 하북河北 회래懷來 지역에서 세 차례의 큰 전쟁을 치른 후, 결국 염제가 대패한다. 이는 역사서에 '판천의 전쟁'이라 기록되었다. 그 후 어느 누구도 감히 황제에게 대항하지 못했고, 모든 씨족 부락은 황제를 '천자天子'로 추대했다. 이때부터 모든 민족이 하나가 되어 황하 중·하류 지역을 중국 문명의 요람으로 발전시켜 갔다.

황제에게 감사하기 위해 후대 사람들은 상고 시절의 모든 발명과 창조의 공을 황제 한 사람에게 돌렸다. 황제는 중국인들에게 지혜와 용기의 화신으로, 중국을 상징하는 존재로 인식되었다. 황제는 총 25명의 아들을 낳았는데 전욱, 제곡帝嚳, 요, 순 모두가 그의 자손이라는 설도 전해온다. 심지어 이후 출현하는 하夏, 상商, 주周, 진秦 나라의 시조가 황제의 자손에서 나왔다는 설도 있다. 이것이 바로 중국인들이 황제를 중국의 시조라고 말하는 이유이기도 하다.

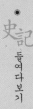

史記
들여다보기

노신은 「자화상에 붙이는 시」에서 '나는 내 피로 헌원을 추천한다'라고 노래했는데, 여기서 말하는 헌원이 바로 황제이다. 노신은 위대한 조국을 상징하는 '헌원'을 통해 나라에 대한 무한한 사랑과 충성을 표현했다.

중국의 젖줄 황허를 바라보고 있는 염황제 석상은 중국 허난 성 정저우의 통명산 정상에 만들어져 있다. 이 석상은 중국인들이 염황의 자손이라는 것을 상징적으로 암시하고 있다. 오른편이 염제, 왼편이 황제로 높이가 106미터에 이른다.

황제

염제와 황제의 석상

● 주요 인물
　요, 순

● 주변 인물
　여영, 아황, 상, 순의 아버지

● 키워드
　관용과 현명함

● 주요 사건
　관도대전, 적벽대전

● 이야기 출처
　『사기』「오제본기」

요·순 : 관대하고 어진 마음

5천여 년에 이르는 노비 사회와 봉건 사회 속에서 대부분의 국왕이나 황제는 자신의 왕위를 아들에게 물려주었다. 이것이 바로 '세습제도世襲制度'이다.

하지만 아주 오랜 옛날 안면조차 없었던 두 명의 군주는 현명하고 능력 있는 사람에게 왕위를 물려주는 '선양제도禪讓制度'를 실시했다. 바로 요堯 임금과 순舜 임금이다.

순은 이후 덕망 높고 황하 유역의 치수 사업에서 큰 공을 세운 우禹에게 왕위를 물려주는데, 후대 사람들은 이 훌륭한 세 왕의 이름을 합쳐 '요순우'라고 불렀다.

요는 열여섯 살 때부터 천하를 다스리기 시작해 70년간 왕위에 있었다. 그는 인자하고 사리에 밝은 군주로, 『사기』에 이렇게 묘사되어 있다.

"요 임금에게 다가가면 태양빛이 비추는 듯 따스함이 느껴지고 멀찌감치 서서 그를 바라보면 아름다운 노을을 바라보는 것과 같다. 그는 군주로서 고귀한 자였으나 교만방자하거나 오만하게 굴지 않았다. 먹을 것과 입을 것을 사용함에 있어 조금도 사치하지 않았고, 늘 검은색의 허름한 옷을 입고 붉은색의 수레를 타거나 흰 말 한 필만을 탔다. 천하의 모든 백성들이 사랑하고 단결하게 만들어 안정적이고 행복한 생활을 누릴 수 있게 하였고, 모든 신하들이 자신의 직임을 다 하도록 하여 각 분야와 사업을 번영시켰다. 요 임금은 또한 일년을 366일로 정하고 봄, 여름, 가을, 겨울 사계절로 나누는 역법曆法을 제정했다. 이는 농업, 목축업, 어업, 수렵 생산의 좋은 바탕이 되었다."

86세가 되어 자신이 너무 늙고 약해졌다고 느낀 요 임금은 자신을 대신할 사람을 찾기 위해 현명하고 능력 있는 사람을 추천하라는 명을 전국 각지에 내렸다. 그러자 한 사람이 요의 아들 단주丹朱를 추천했다. 하지만 요 임금은 고개를 저으며 말했다.

"내 아들이 애비만 못한 것을 잘 알고 있네. 단주는 완고하고 다투기를 좋아하니 왕이 되어선 안 되지."

얼마 후 어떤 이가 나무랄 데 없는 훌륭한 청년이니 천하를 다스릴 능력도 충분히 갖추었을 것이라며 순을 추천했다.

전하는 말에 따르면 순의 성은 요姚, 이름은 중화重華였다. 그의 조상은 대대로 평민 출신이었다. 가난한 집 자식들이 일찍 집안을 돌본다는 말처럼 젊은 순은 농사, 고기잡이, 토기 굽기, 장사 등 안 해본 일이 없었다.

순의 아버지는 장님이었고 어머니는 일찍 돌아가셨다. 그후 눈 먼 아버지는 새장가를 가서 아들을 낳고 상象이라는 이름을 붙여주었다.

상은 먹기만 좋아하고 게을렀으며 집안에서는 늘 위아래도 없이 제멋대로 굴었다. 그럼에도 불구하고 눈 먼 아버지는 순은 미워하고 상만 애지중지했다.

늙은 노부부와 상은 걸핏하면 음모를 꾸며 순을 죽이려고 들었다. 상 혼자서 모든 재산을 상속받게 할 욕심이었던 것이다.

그러나 순의 마음은 바다보다도 넓어 부모가 자신을 괴롭힐수록 더욱더 부모를 공경하고 효성스럽게 봉양했다. 또 동생 상이 자신에 대해 험담을 하는데도 아랑곳하지 않고 늘 진실한 태도로 동생을 대했다. 이렇게 세 사람은 순을 죽일 만한 이유를 찾지 못하고 하루하루를 보내고 있었다.

이때 순의 소문을 들은 요 임금은 순이 정말 소문대로 훌륭한 사람인지 시험해 보려고 자신의 두 딸, 아황娥黃과 여영女英을 순에게 시집보낸다. 순이 어떻게 집안을 다스리는지 보고자 함이었다.

또 자신의 아홉 아들을 모두 순의 집으로 보내 함께 살게 함으로써 그가 어떻게 처세하는지도 시험했다. 요 임금의 두 딸은 고귀한 신분임에도 불구하고 거만하게 행동하지 않고, 부녀자의 법도를 따라 어른을 공경하며 모셨다. 요 임금의 아홉 아들 역시 더욱 우애가 깊어졌고, 온 집안이 화목해져 웃음이 떠나지 않았다.

요는 또 순을 전국 각지로 보내 일꾼들과 함께 일하도록 명을 내리기도 했다. 그래서 순은 일찍이 역산歷山 산자락에서 농사를 지으며 살았다. 원래 그곳은 농민들이 땅을 차지하려고 싸워 늘 소란이 그치지 않던 곳이었지만, 순이 다스리면서부터 농민들은 서로 양보하고 상부상조하여 더 많은 농작물을 생산하게 되었다.

순은 또 뇌택雷澤에서 물고기를 잡으며 생활한 적도 있다. 그곳은 본래 어민들이 집을 차지하려고 싸우는 통에 걸핏하면 깨지고 다치는 일이 발생하던 곳이었다. 하지만 순이 가서 정리를 해주자 어민들은 서로 집을 양보하며 한 가족처럼 서로 단결하게 되었다.

순이 하빈河濱에 가서 토기를 굽자 그전까지는 토기를 엉망으로 굽던 도공들도 어느덧 교화를 받아 더욱 성실히 일하게 되었다고 한다. 그 덕분에 그들이 만들어내는 토기들도 나날이 정교해져 갔다.

그래서 사람들은 순이 가는 곳이라면 어디든 따라가려고

했다. 순이 일년을 지내면 촌락이 생기고 2년을 지내면 향진鄕鎭, 시골의 작은 도시이 되었으며 3년을 지내면 도시로 변모할 정도였다.

이렇듯 여러 번 순을 시험해 본 요는 순이 마음에 꼭 드는 적임자임을 알았다. 그래서 순에게 새 옷 한 벌과 금琴 하나, 소와 양 떼를 상으로 내렸으며 곡식창고까지 지어주었다.

눈 먼 아버지와 계모, 동생 상은 이를 보고 자연스레 욕심이 생겼다. 그래서 세 사람이 모여 또다시 순을 죽일 계획을 짰다.

이날 눈먼 아버지는 순에게 곡식 창고의 지붕에 생긴 틈을 메우라고 올려 보내놓고 밑에서 불을 붙여 순을 죽이려고 했다. 하지만 지혜로운 순은 삿갓을 이용해 지붕에서 무사히 뛰어 내렸다.

눈먼 아버지는 계획이 틀어진 것을 보고 더 악랄한 계책을 짰다. 순에게 우물을 파도록 시킨 것이다. 기민한 순은 우물을 파면서 옆으로 빠져나갈 수 있도록 몰래 작은 통로를 파 두었다. 순이 우물을 깊이 파 들어갔을 즈음 눈 먼 아버지와 상은 힘을 합쳐 우물을 막아 버렸지만 순은 옆에 난 비밀 통로를 통해 걸어 나왔다.

눈 먼 아버지와 상은 그것도 모르고 순이 죽은 줄로 알고 기뻐서 펄쩍펄쩍 뛰었다. 상은 너무 기쁜 나머지 자신의 주제도 생각 않고 뻔뻔스럽게 말했다.

"아버지, 어머니, 이번에 눈엣가시였던 형을 죽인 것은 다
내 덕분이에요. 그러니 재산도 다 제가 갖는 게 맞겠지만 절
반은 두 분께 드릴게요. 요의 두 딸, 그러니까 형의 아내하고
금은 제가 갖겠어요. 대신 양과 소, 곡식 같은 것은 그냥 두
분이 가지세요."

말을 마친 상은 거드름을 피우며 순의 침실로 들어가 순의
금을 들고 나와 아무렇게나 튕겨댔다. 상이 금을 튕긴 지 얼
마 되지 않았을 때 순이 아무 일도 없었다는 듯 밖에서 들어
오는 것이 아닌가? 상은 형이 귀신이 되어 자신을 찾아온 줄
알고 질겁했다. 한참 동안 손이 떨려 금을 제대로 잡고 있을
수가 없었던 상은 하얗게 질린 얼굴로 더듬거리며 거짓말을
늘어놓았다.

"형님, 저…… 저 안 그래도 방금 형님을 생각하고 있었어
요. ……형님은 정말 훌륭하신 분이라고요."

순은 차분한 목소리로 대답했다.

"역시 내 동생이군!"

이날 이후 순은 더욱 정성껏 부모에게 효도하고 동생 상을
돌보았다.

이렇듯 순의 넓은 도량은 하얀 눈보다도 깨끗하고 달빛보
다도 맑았으며 흰 구름보다도 더 높아 보통 사람들은 감히 흉
내도 낼 수 없는 것이었다.

백성들은 이런 순에게 감복했고 관원들마저 감탄했으며,

요까지도 순을 높이 사고 마음을 놓게 되었다. 요는 마지막으로 자신의 아들인 단주丹朱와 순을 놓고 누구를 왕위에 앉힐지 고민했다.

"천하를 순에게 물려주면 천하 모든 사람들에게 이롭겠지만 단주는 고통스러울 것이다. 하지만 단주에게 천하를 물려주면 천하 모든 사람들이 고통스럽고 단주 한 사람만 좋을 것이다. 한 사람의 행복을 위해서 천하 모든 사람들을 고통스럽게 할 수는 없지 않은가?"

이렇게 말을 하며 요는 마침내 천하를 순에게 물려주었다.

순이 나라를 다스리는 동안 각지의 사람들이 순에게 귀순했다. 재능 있는 인재들이 중용되고 악인들은 모두 추방되어 사람들은 집 문을 걸어 잠글 필요가 없었다. 또 길에 떨어진 것이 있어도 줍지 않고 집집마다 화목하니 사회 또한 평화롭고 태평하였다.

사람들은 모두 순이 요보다 더 나라를 잘 다스린다고 입을 모아 칭찬했다.

그러나 순은 변함없이 부지런하고 성실하게 일하였으며 말년에는 곳곳을 순행하였다. 마지막으로 순행을 나간 순은 창오蒼梧, 지금의 광서성廣西省 동북부와 호남성湖南省 남부 일대에서 병에 걸려 세상을 떠나고 만다.

그의 아내였던 아황과 여영은 그가 세상을 떠나자 그리움을 이기지 못하고 대문 앞의 대나무를 안고 울며 나무를 눈물로 적셨다. 그렇게 오랜 시간이 지나자 대나무에는 아름다운 무늬가 점점이 맺히게 되었다. 이후 두 왕비는 죽어 상수湘水의 여신이 된다. 그래서 이런 무늬 있는 대나무를 '상비죽湘妃竹'이라 부르게 되었다.

史記

들여다보기

고대 사람들은 요, 순, 우가 왕위를 선양한 방식을 칭송하며
'삼현의 선양'이라고 불렀다. 선양禪讓이란 군주가 혈연관계
가 없는 후계자에게 왕위를 물려주는 것을 말한다. 중국의 신
화 시대에 성천자聖天子로 일컬어지는 요·순·우가 차례로
왕위를 물려주었다는 전설에서 탄생한 개념이다. 요가 아들
단주丹朱를 제치고 순에게 왕위를 물려준 것과, 순이 아들 상
균商均을 제치고 능력을 갖춘 인재인 우를 후계자로 삼아 왕
위를 물려주었던 것이 선양 전설의 내용이다.
신화 속 태평성대의 군주들이 이러한 선양으로 왕위를 계승
했기에 이상적인 군주 교체의 방법으로 여겨졌다.

요   순

◉ 주요 인물
　우

◉ 주변 인물
　요, 순, 곤

◉ 키워드
　치수

◉ 주요 사건
　세 번 집을 지나쳐도 들어가지 않음[三過家門而不入]

◉ 고사
　삼과가문이불입

◉ 이야기 출처
　『사기』『오제본기』

우 : 집 앞을 세 번 지나쳐도 들어가지 않는 충심

중화 민족에게는 수많은 아름다운 전통이 있다. 그중에서도 어려움이 있을 걸 알면서도 계속 전진하는 정신과 각고刻苦 분투奮鬪의 정신, 공公을 위해 사私를 희생하는 정신이 가장 대 표적일 것이다. 중국 조상 중에서 이러한 정신을 가장 잘 실천한 사람이 바로 황하를 다스린 대우大禹이다.

요가 부락 연맹의 수령으로 있을 때 천하는 태평하고 안정 되었으며, 백성들도 즐겁게 자신의 일을 하며 평화롭게 살았 다.

그러던 어느 날 황하가 범람하여 황하 유역에 엄청난 홍수 가 밀어닥친다. 불어난 물은 집을 허물고 농작물을 침수시켰 다. 곳곳에 큰 물결이 일어나 망망대해처럼 보였고 수많은 사람들이 목숨을 잃었다. 사람들은 가축들을 버려둔 채 자식들의 손을 끌며 피난을 떠났다. 그 고통은 이루 말할 수 없었다.

시름에 잠긴 요는 급히 긴급회의를 소집하여 대신들과 대책을 논의했다.

"지금 가장 시급한 것은 치수를 할 인재를 찾는 것이오."

요의 말에 한 대신이 입을 열었다.

"아뢰옵기 황공하오나 과거 이런 수해는 일어난 적이 없어 저희도 치수를 잘 하는 사람을 알지 못합니다."

그러자 다른 대신이 나섰다.

"그럼 손재주가 좋은 장인을 찾는 것은 어떻겠습니까?"

이 말을 들은 여러 대신들이 입을 모았다.

"곤鯀이 좋겠습니다! 곤이라면 할 수 있을 것입니다."

이 '곤'이라는 사람은 누구일까? 고대 시기, 사람들은 벽돌을 구울 줄 몰랐다. 하지만 벽돌도 없이 어떻게 성을 짓는단 말인가? 그 시절에는 진흙을 이용해 성을 쌓았다. 진흙으로 성을 쌓으려면 흙을 다져 튼튼하게 해야만 했다. 작은 힘에도 쉽게 무너지는 진흙을 무슨 수로 단단하게 다진단 말인가? 방법을 곰곰이 생각하다가, 마침내 곤이 양쪽에 나무판을 대고 그 안에 흙을 다져 넣는 판축板築이라는 방법을 생각해 냈다.

요는 고개를 끄덕였다.

"기술로 보면 곤만 한 인재는 또 없을 것이오. 하지만 곤은 자신감이 지나친 것 같았소. 치수란 매우 어려운 일인데 그런 일을 곤이 해낼 수 있겠소?"

그럼에도 대신들이 현재 곤보다 더 잘 할 사람은 없을 것이라고 입을 모으자 요도 곤이 치수사업을 맡는 것을 허락했다.

곤은 그 즉시 관리가 되어 임지로 갔다. 강물이 둑을 무너뜨려 백성들에게 위협을 가하기는 하였지만 옛말에 '물은 흙으로 막는다'는 말도 있지 않은가? 곤은 진흙과 돌멩이를 쌓아 강물을 막는 방법을 실시했다. 그러나 그는 결국 실패하고 만다. 홍수가 동서로 밀고 들어와 둑을 무너뜨렸던 것이다. 며칠 전 물살이 동쪽으로 향하는 것을 본 곤은 사람들과 함께 남북 양쪽으로 둑을 쌓지만, 며칠 만에 물살이 갑자기 북쪽과 남쪽으로 방향을 틀면서 사람들이 힘겹게 쌓아 올린 제방이 순식간에 무너져 버렸다. 이렇게 9년이 지났지만 곤은 여전히 치수 사업을 마치지 못한 상태였다. 새롭게 왕위에 오른 부락 연맹의 수령인 순은 상벌을 엄하게 하기 위해 곤을 사형에 처했다.

그 후 순은 다시 회의를 소집하여 신임 치수 전문가를 선발하려고 했다. 이번에 대신들이 추천한 사람은 곤의 아들인 우禹였다. 그들은 우가 총명하고 기지가 넘치며 사람들과 쉽게 친해지는 데다 고생도 마다하지 않는 사람이라며 적극 추천했다.

"맞소. 그래서 나도 우의 사람됨을 높이 사고 있소. 허나 그의 아버지가 사형을 당한 지 얼마 되지 않았는데 그 마음에 원한을 품지 않았겠소?"

순이 이렇게 말했지만 사람들은 모두 입을 모아 우를 옹호했다.

"곤은 임무를 완수하지 못했으니 벌을 받은 것이 마땅합니다. 우는 대의를 잘 아는 사람이니 절대 원한을 품지 않을 것입니다."

그러자 순은 우를 불러 모든 사람들이 그를 얼마나 신임하는지 말해 주었다.

"우, 천하 모든 백성의 미래가 자네 손에 달렸네."

무거운 책임감이 우의 마음 깊은 곳에서부터 차올랐다. 우는 엄숙하게 다짐했다.

"수해를 다스리기 전까지 다시 왕께 나오는 일은 없을 겁니다."

우는 아버지가 치수에 실패한 원인을 냉정하게 분석하고, 먼저 현지부터 조사했다. 그는 익益, 후직后稷과 많은 조수들을 이끌고 당시 수해가 일어났던 9개 지역을 돌아보았다. 산을 넘고 물을 건너 지세의 높낮이를 측량하고 서로 다른 말뚝을 세워 표시해 두었다. 이렇게 조사해서 얻은 자료에 따라 치수 계획을 세웠다. 물길을 바꾸는 방식으로 지세에 맞게 수로를 건설했다. 강과 호수를 이어 물살이 바다로 빠지게 한 것이다.

하지만 이 일을 마치기까지 13년이라는 세월이 걸렸다. 치수 사업을 진행하는 동안 그는 비바람 속을 헤치며 다녔고 거친 음식을 먹었으며 낡은 옷을 입었다. 그가 기거하던 곳 역시 강가에 있는 간이 주택이었다. 여름에는 작렬하는 태양과 맞서고 겨울에는 찬바람과 눈발을 견디며 흙을 선택하고 산을 쌓았으며 돌을 운반했다. 그 고통은 이루 말할 수 없는 것이었다. 때로 그는 위험한 순간을 만나기도 했다. 지금의 산동성山東省 경내에 있는 도해하徒駭河라는 강은 당시 우가 치수하던 무렵 위험을 겪은 곳이다. 한번은 우가 수많은 조수들을 데리고 도해하에 갔었다. 그런데 강물의 깊이를 측량하려던 찰나 상류에 있는 산에서 물난리가 났다. 몇 장이나 되는 높이의 물살이 밀려와 십여 명의 사람들을 한순간에 쓸어가 버렸다. 그나마 깜짝 놀란 우의 조수들이 급히 높은 곳으로 뛰어 올라가 더 많은 인명 피해는 막을 수 있었다. 과거에는 수령의 조수들을 '도중徒衆'이라고 불렀는데, 이 강에서 우의 도중들이 놀랐기 때문에 후대 사람들은 이 강의 이름을 '도해하'라고 지었다.

우는 치수 사업의 인솔자로서 모든 고생과 억울함을 감수하며 전심전력으로 일에 몰두했다. 그의 얼굴은 검게 그을렸고 몸은 수척해졌으며, 머리에 꼽은 비녀가 빠져도 쓸어 올릴 여력조차 없을 때도 많았다. 머리가 산발이 된 채 업무에 집중했던 것이다. 그의 손과 발에는 두꺼운 굳은살이 박였고,

오랜 세월 물속에 있어 발톱과 종아리의 털까지 모두 빠졌을
정도였다.

우가 치수 사업을 위해 먼 길을 떠날 때는 결혼한 지 나흘
째 되는 날이었다. 그러나 홍수와 사투를 벌인 13년 동안 몇
번이나 집 앞을 지나면서도 한 번도 집에 들어가지 않았다.
한번은 집 앞을 지나는데 산통으로 괴로워하는 아내의 신음
소리가 들렸다. 잠시 후 낭랑한 울음소리가 들려왔다.

'아, 아이가 태어났구나! 나도 이제 아빠가 되는 거야!'

우는 감격에 젖었다.

'아들일까, 딸일까? 아내는 괜찮을까?'

얼마나 집에 들어가 보고 싶었겠는가? 하지만 마침 이때
그의 곁에 있던 조수들이 갑자기 한 곳을 향해 뛰어갔다. 백
성들이 살던 집 몇 채가 홍수에 쓸려가 버렸던 것이다. 우는
급히 그곳으로 달려가야만 했다.

또 한 번은 집 앞을 지나는데 아내가 아이를 안고 자신을
향해 손을 흔드는 모습이 보였다.

'아, 그때 태어난 아이가 아들이었구나.'

우는 이렇게 생각하며 다시 발걸음을 재촉했다. 그때 역시
동료들과 커다란 나무를 들고 강가로 가던 중이었기 때문이
다.

공공의 일을 위해 사적인 이익을 포기하고 자신을 희생하
는 정신은 주변에 있는 모든 사람들을 감화시켰고, 당시 수해

大禹

로 인해 고통받던 모든 백성들의 마음을 움직였다. 백성들은 서로 힘을 합쳐 어려움을 이겨냈고 13년이 흐른 후 거센 물살도 마침내 잦아들게 되었다. 주류와 지류는 모두 자신의 물길을 따라 시원스럽게 흘러갔다. 우는 또 사람들을 이끌어 물길을 만들고 논과 밭에 물을 대는 관개灌漑를 했다. 이로써 농작물의 생산이 늘어났고 백성들의 생활도 안정되었다.

사람들은 우에게 감사하며 숭상하였고, 그의 공적을 찬양하는 뜻으로 '대우'라고 불렀다. '위대한 우'라는 뜻이었다. 이후 연로해진 순은 민심에 따라 왕위를 우에게 물려주고 그를 부족 연맹의 수령으로 세웠다.

우는 부락 연맹의 수령으로 지내는 동안에도 혁혁한 공을 세웠다. 그는 중국의 국토를 구주九州 즉 기주冀州, 연주兗州, 청주菁州, 서주徐州, 양주揚州, 형주荊州, 예주豫州, 양주梁州, 옹주雍州로 나눴다. 이는 남쪽으로는 장강 유역, 북쪽으로는 항산恒山, 동쪽으로는 대해大海, 서쪽으로는 곤륜崑崙까지 이어지는 넓은 영토였다. 이로써 화하華夏의 명성과 위엄도 과거보다 더욱 커졌다. 이때부터 중국 화하의 자손들은 '구주의 자손'이라고 불리게 되었다.

우는 10여 년간 보위에 있다가 세상을 떠났다. 사람들은 화해 백성들을 위해 큰 공을 세운 대우를 기념하기 위해 절강성浙江省 회계산에 사당과 능묘를 지었다. 그리고 몇천 년 동안 우왕의 사당과 대우의 능은 수많은 염황 자손들의 추모를 받

43

았다.

우는 생전에 그와 함께 치수에 힘쓴 익益을 그의 계승자로 지목하였다. 익은 관례에 따라 3년 동안 상을 치른 후 왕위를 우의 아들인 계啓에게 양보했다. 당시는 과거와 상황이 달랐다. 우의 아들 계가 워낙 현명하고 능력이 뛰어난 데다 백성들에게 추대도 받고 있었던 것이다. 제후들은 모두 익을 떠나 계를 알현하며 이렇게 말했다.

"계는 우리 군주인 우의 아드님이시다."

이렇게 계가 왕위에 앉으면서 하夏 왕조 시대가 열린다. 하 왕조는 중국 역사상 첫 번째 왕조로, 하나라 우왕은 하 왕조의 첫 군주였다. 동시에 하나라의 계는 우왕의 계승자로서 '선양제'가 끝나고 '세습제'가 시작되었음을 상징하는 인물이 되었다.

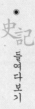

史記
들여다보기

우왕은 전설상의 인물로, 중국 최초의 왕조로 알려진 하나라의 시조이다. 우의 아들인 계가 우왕의 왕위 계승자로서 하왕조가 시작되면서, 중국은 '선양제'가 끝나고 '세습제'가 시작되었다.

소흥성 동남부 회계산에 자리한 대우능은 치수의 영웅인 우가 잠들어 있는 곳이다. 산들에 둘러싸인 대우능은 거이한 모양의 봉우리들이 숲처럼 둘러싸고 있으며, 약야계苦耶溪의 맑은 시냇물이 졸졸 흘러 품격과 장엄함이 더욱 돋보인다.

대우능

하나라의 우왕과 계왕

● 주요 인물
　탕

● 주변 인물
　걸, 이윤

● 키워드
　덕행, 인애

● 주요 사건
　탕의 밑에 들어간 이윤, 탕이 하를 정벌하다

● 이야기 출처
　『사기』「하본기夏本紀」·「은본기殷本紀」

상나라 탕왕 : 피할 길을 내주다

마르크스는 인류 역사가 원시 사회, 노예 사회, 봉건 사회, 자본주의 사회, 사회주의 사회로 변화한다고 주장했다. 중국의 노예 사회의 첫 왕조는 바로 하夏나라다. 황하를 다스린 대우가 고생하여 하를 세웠지만 4, 5백 년이 흐른 후 걸桀의 손에 나라가 망하게 된다.

　걸은 집안을 망친 아들로 유명하다. 그는 왕위를 이어 받은 후 거처하는 궁전이 너무 누추하다며 낙양洛陽에 침궁寢宮을 지으라는 명령을 내린다. 침궁은 10리 면적에 높이가 10장丈[1]인 엄청난 규모였다. 침궁의 중앙에는 요대瑤臺, 옥으로 장식한 아름다운 누대가 있었는데 순백의 옥석을 깎아 만든 것이었다. 이처럼 거대한 궁을 건축하느라 엄청난 양의 재물과 7년이란 긴 시간이 들었다. 궁전 건축에 동원된 노예만도 수천, 수만 명이었다. 그야말로 백성을 혹사시키고 나라의 재산을 탕진하는 공사였던 것이다. 그러자 백성들의 원성이 자자해졌다.

걸은 음식에 대해서도 매우 까다로워 매일 새로운 산해진미를 먹었다. 그는 서북 지역에서 생산된 야채를 먹고 동해에서 잡아 올린 고래 고기를 먹었으며, 양념도 반드시 남쪽 지역의 생강과 북쪽 지역 염전에서 나온 소금만 쓰게 했다. 오직 걸 한 사람의 식사를 위해 수백 명의 사람들이 농사를 짓고, 고기를 잡았으며 운송하고 요리해야 했다.

또한 걸은 술을 좋아하기로 유명했다. 그는 술에 대해서도 까다로워 맑고 투명한 술만 마셨다. 술이 좀 탁하다 싶으면 걸은 바로 주방장을 죽여 버렸다. 이 때문에 수많은 주방장이 목숨을 잃었다.

걸은 술을 마시면 사람을 말처럼 타거나 사람이 끄는 마차를 타고 나갔다. 뿐만 아니라 누구라도 그의 마음에 들지 않으면 그 자리에서 죽여 버렸다. 걸에게 사람을 죽이는 것은 개미를 밟아 죽이는 것과 마찬가지로 하찮은 일이었다.

사람들은 더 이상 참을 수 없는 지경에 이르렀다. 정직한 인사 몇 명이 걸의 앞에 나와 그의 잘잘못을 지적하며 새 사람이 되라고 직언했다. 그때마다 걸은 크게 노하며 이들을 엄히 꾸짖거나 죽여 버렸다. 그러면서 오만한 말을 거침없이 해댔다.

"감히 나에게 맞서겠다는 것이냐? 홍! 잘 들어라. 나는 태양이다. 태양이 없이 너희들이 살 수 있을 성싶으냐?"

이 말을 들은 백성들은 하늘의 태양을 가리키며 분풀이를 했다.

"이 놈의 태양아, 대체 언제 없어질래? 차라리 네 놈하고 같이 끝나 버렸으면 좋겠다."

걸이 이렇게 잘못을 저지르며 국력이 쇠퇴해 가고 있을 무렵, 황하 하류 상商나라의 세력은 나날이 강성해져 갔다. 상의 국왕인 탕왕湯王의 높은 덕망도 날로 그 명성을 더해 갔다.

하나라의 속국이던 상나라 조상의 이름은 계契로, 제곡의 아들이라고 한다. 계의 출생에 관해서는 신비한 전설까지 전해 내려온다. 계의 어머니 간적簡狄은 제곡의 두 번째 부인이었다.

어느 날 간적이 두 여인과 강에 목욕을 하러 나왔을 때였다. 목욕을 하다 지친 간적은 강가에 앉아 쉬고 있었다. 갑자기 어디에선가 이상하게 생긴 검은색의 큰 새가 날아와 알을 하나 낳고는 날아가 버렸다. 마침 배가 고팠던 간적은 아무 생각 없이 알을 집어 들어 한 입에 삼켜 버렸다. 그러자 배가 꿈틀하더니 임신을 하게 되었다. 열 달이 지난 후 아이가 태어났는데 바로 계였다.

장성한 계는 대우의 치수 사업을 도와 공을 세워 우에게 상

이라는 땅을 봉토로 받는다. 그 후 계는 상을 잘 다스려 백성
들이 평화롭고 즐거운 삶을 살 수 있도록 했다.

탕은 계의 제14대 손으로 주색에 빠진 걸과는 달리 선량하
고 자애가 넘쳤다. 어느 날 탕은 성 밖에서 노닐다가 사방을
막은 그물로 새를 잡는 사람이 하는 말을 듣게 된다.

"새야, 새야, 내 말을 좀 들어보렴. 하늘에서 오든 땅에서
솟아나든, 아니면 사방 어디에서 오든 모두 내 그물 속으로
들어오렴."

이 무정한 행태에 놀란 탕은 바로 새를 잡는 사람에게 다가
갔다.

"너무 한다고 생각하지 않소? 어서 그물의 세 곳을 열어 두
고 한쪽만 남겨 두시오."

새를 잡던 사람이 말했다.

"말도 안 되오. 한쪽만 그물을 두고 어찌 새를 잡소?"

그러자 탕이 대답했다.

"그물을 한쪽만 펼치고 새에게 이렇게 소리를 지르면 되잖
소. '새야 새야, 내 말 좀 들어보렴. 왼쪽으로 가고프면 왼쪽
으로 가고 오른쪽으로 가고프면 오른쪽으로 가고, 살기 싫은
놈만 내 그물로 날아오렴."

이 말을 들은 사람들은 탕의 인격을 칭송했다.

"탕의 마음씨 좀 보라지. 동물에게도 저리 잘해 주니 우리
에게야 말할 것 뭐 있겠나?"

이렇게 이야기가 전해져 탕을 추대하는 사람들이 점점 많아지게 되었다. 뛰어난 재주를 가지고 있던 이윤伊尹은 탕의 수하로 들어가고 싶었지만 연줄을 찾을 수가 없었다. 그래서 등에 솥을 지고 주방장을 자처하며 탕의 수하로 들어갔다. 그러다 기회가 생기자 요리의 맛을 통해 천하를 다스리는 도리를 설파해 탕의 인정을 받고 중요한 직책을 맡았다. 이후 이윤은 상나라 탕왕 시기의 유명한 재상이 된다.

탕은 백성들이 걸에게 등을 보이는 것을 보고 하를 공격할 준비를 시작했다. 이를 알아챈 걸은 탕을 잡아다가 감옥에 가둬 버렸다. 하마터면 목숨을 잃을 뻔한 탕은 기지를 발휘해 우둔한 걸을 속이고 위기를 모면한다. 얼마 후 걸은 결국 탕을 놓아주었다.

상나라에 돌아온 탕은 즉시 군사를 일으켜 제후들을 이끌고 걸을 공격한다.

"모두 걸을 공격합시다! 내가 겁이 없어 함부로 날뛰는 것이 아니오. 하나라 걸의 죄과가 너무 크기 때문에 하늘에서 그를 벌하려고 나를 보낸 것이오. 그러니 여러분은 나를 도와야 하오. 만약 이번 전쟁에서 공을 세운다면 크게 상을 내리겠지만, 도망가려 한다면 큰 벌을 내릴 것이오!"

제후들은 모두 탕을 따르겠다고 나섰다. 민심을 얻는 자가 천하를 얻는다는 말이 바로 실현되는 순간이었다. 양측의 주력군이 명조鳴條에서 결전을 벌였다. 탕이 몸소 병사들 앞에 나서자 수많은 사람들이 그를 따랐다. 걸 역시 친히 병사들을 이끌고 나왔지만, 병사들은 그의 지휘를 듣기는커녕 도망치거나 탕에게 투항해 버렸다. 이미 대세가 기운 것을 알아차린 걸은 포위망을 뚫고 그가 가장 아끼던 매희妹喜와 함께 산으로 도망쳤다. 그러나 할 줄 아는 일도 없어서 결국 두 사람은 굶어 죽고 만다.

이렇게 탕은 중국 역사상 두 번째 노예제 왕조인 상나라를 세운다.

● **각주**

1   1자尺의 10배, 3.03미터. 중국 주나라에서는 8척을 1장이라 하고, 성년남자의 키를 1장으로 보았다.

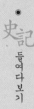

史記
들여다보기

폭군의 대명사 걸왕은 경국지색의 미인 '매희'에게 빠져 지냈
는데, 매희를 즐겁게 하기 위해 주지육림酒池肉林의 공사를 했
다고 한다. 하 왕조는 결국 걸왕을 마지막으로 탕왕에게 정복
당했다.
역사에서는 탕이 하나라를 정벌한 것을 두고 '상탕 혁명'이라
고 부른다. 고대 사람들이 '혁명'이라는 말을 쓴 것은 왕조를
바꾸는 것이 천명을 개혁하는 것이라 여겼기 때문이다. 이것
은 현대의 혁명과는 완전히 다른 의미였다.

하나라의 걸

〈폭군 걸왕의 주지육림〉

● 주요 인물
  상나라 주왕

● 주변 인물
  강원, 후직, 희창, 달기

● 키워드
  포학, 주색

● 주요 사건
  문왕 구금 사건, 무왕의 주왕 정벌

● 고사
  락의 형[炮烙之刑, 불로 달군 구리 기둥 위를 걷는 참혹한 형벌],
  팽해제후[烹醢諸侯, 제후들의 살을 지지고 도려내다

● 이야기 출처
  『사기』「은본기」·「주본기」

商紂王

상나라 주왕 : 악한 일을 행하는 자, 반드시 자멸하리

상나라 말년 위수渭水 유역에 주周라는 이름을 가진 강대국이 일어났다. 이 주나라의 수령 희창姬昌은 후에 널리 이름을 떨쳐 주나라 문왕文王이 된다.

희창은 온화하고 너그러운 사람이었다. 그는 어른을 공경하고 아이들을 잘 돌보았을 뿐 아니라 아랫사람들에게도 예를 지켜 백성들과 제후들의 추대를 받고 있었다.

전하는 말에 따르면, 희창은 지혜롭고 능력 있는 인재를 대접하기 위해 침식을 잊을 정도였다. 수많은 재주꾼들이 희창을 찾아와 몸을 의탁했고, 주나라는 점점 더 강대해졌다. 그 중에는 역사적으로 유명한 백이伯夷와 숙제叔齊, 강자아姜子牙도 있었다.

상나라 주왕紂王은 희창이 하는 일마다 마음에 들지 않았고 늘 불안했다. 그래서 트집을 잡아 희창을 잡아다 유리羑里, 지금의 하남성河南省에 가두었다. 희창의 부하들은 곧바로 아름다운 여인들과 귀한 말, 진기한 물품들을 모아 주왕에게 바쳤다. 또 주왕의 수하에 있던 대신들을 매수해 희창에 대해 좋은 말을 해달라고 청탁하였다. 기분이 좋아진 주왕은 바로 희창을 풀어주었다.

주왕은 이렇게 재물을 좋아하고 여색을 밝히던 사람이었다. 그러나 주왕이라고 다 나쁜 짓만 한 것은 아니다. 그에게도 장점은 있었다. 주왕은 용감해서 맨손으로 맹수와 싸움을 벌였을 뿐 아니라 총명하고 기지가 넘쳐 상대가 한 마디만 하면 무슨 말을 하려는지 알아차렸다고 한다.

그러나 장점은 바로 단점이 되기도 한다. 주왕은 자신의 장점을 알고 오만해졌고, 자신이 지혜와 용기를 가졌으므로 그 누구도 자신을 대신할 수 없을 것이라 자만했다. 천하의 모든 사람들이 다 어리석으니 자신의 뜻대로 해도 상관없다고 생각한 것이다.

그는 미녀를 좋아했다. 특히 달기妲己라는 후궁을 총애하여 그녀가 하는 말이라면 다 들어주었다. 가무를 좋아하는 달기를 위해 주왕은 악사들을 불러 음탕한 가사에 퇴폐적인 곡을 짓고 매일 궁에서 부르게 했다. 국사는 모두 내팽개치고 날마다 달기와 화원에서 유흥에만 빠져 지냈다.

주왕은 좋은 머리를 이용해 기괴한 놀잇법들을 개발해냈다. 연못에 술을 가득 채워 술 연못, 주지酒池를 만들고 배를 타고 출렁이는 술 위에서 노닐며 술을 마셔댔다. 술로 만든 못 가에는 수많은 말뚝을 세우고 불에 구운 고기들을 주렁주렁 매달아 '육림肉林'을 만든 후 고기를 먹으며 유희를 즐겼다. 또 남자와 여자들을 불러 옷을 모두 벗게 한 뒤 화원에서 밤을 지새우며 술래잡기를 했다.

향락에 필요한 돈을 더 많이 모으기 위해 가혹한 세금을 거둬들였고, 곡식 창고를 채우기 위해 터무니없이 무거운 세금을 징수하였다(가렴주구苛斂誅求). 이것은 백성들의 삶을 전혀 돌보지 않은 처사였다.

백성들의 원성이 자자해지고 분노가 극에 달하자 일부 제후들이 주나라에 반대하여 일어났다.

그러나 주왕은 더욱 엄한 벌을 내리며 전에 없던 무서운 형벌들을 만들어냈다. 그 중 '포락'의 형벌이란 것이 있는데, 구리로 만든 기둥 밑에 활활 타는 숯불을 놓고 죄인을 걸어가게 하는 것이었다. 이 형벌은 죄인이 떨어져 불에 타 죽어야 끝이 났다.

동시에 희창姬昌, 구후九侯, 악후鄂侯, 이 세 명을 삼공三公으로 임명해 백성들의 동태를 살피게 했다. 그중 구후에게는 아름다운 딸이 있었다. 그는 주왕의 마음을 사기 위해 그 딸을 주왕에게 바쳤지만 이 여인은 주왕의 황당하고 지나친 행태

들이 마음에 들지 않았다. 이에 수치심을 느낀 주왕은 분에
못 이겨 한칼에 그녀를 죽여 버린다. 주왕은 여기서 그치지
않고 이어 구후의 살을 벗겨 잘게 다진다.

악후는 더 이상 견딜 수가 없어 주왕을 찾아가 따졌다. 그
러자 주왕은 악후를 죽인 후 그의 살을 포로 떠 육포를 만들
었다. 이 말을 들은 희창은 차마 아무 말도 하지 못하고 홀로
한탄하였다. 그러나 희창이 한탄했다는 말을 들은 주왕은 화
를 내며 희창까지 잡아 가두었다.

그 후 풀려난 희창은 자신의 나라를 잘 다스리겠다고 결심
했다. 원수를 갚고 원한을 갚기 위해 상나라를 뒤엎을 기회만
엿보고 있었던 것이다. 그러던 어느 날 희창은 강자아 등 덕
망 있는 사람들의 도움을 받아 정치와 군사를 정비했다. 또
대내적으로 생산을 장려하고 대외적으로 각 부족들을 정벌해
강토를 개척해 나갔다. 그리하여 말년에는 당시 천하의 3분의
2를 다스리게 되었고, 상나라를 공격할 대략적인 준비도 다
끝냈다.

그러나 희창은 상나라를 멸하겠다는 소망을 이루지 못하고
눈을 감는다. 그의 뒤를 이어 아들인 희발姬發이 왕위를 물려
받는데 그가 바로 주나라의 무왕武王이다. 그는 아버지 '주 문
왕'의 유지를 받들어 강자아를 '사상부師尙父'로 임명하고, 문
왕의 공훈과 업적을 이어받았다.

58   이때 주왕으로 인해 무질서해진 상나라는 나라를 유지하기

조차 힘든 상태였다. 마침내 주의 무왕은 군대를 이끌고 정벌에 나선다. 맹진盟津에 이르자 주와 동맹을 맺은 크고 작은 제후들이 8백여 명 가량 참전하여 무왕과 함께 주왕을 치겠다는 뜻을 표명했다.

그러나 무왕은 아직 시기가 무르익지 않았다며 바로 출병하지 않았다.

주왕은 이런 일을 겪고서도 잘못을 되돌리기는커녕 오히려 더욱 악랄해졌다. 대신인 미자微子는 실망이 극에 달해 재상인 비간比干을 찾아가 도망칠 논의를 했다.

"신하 된 자는 도리에 따라 끝까지 싸워야 하네. 죽음도 두려워해서는 안 되지."

비간은 이렇게 말한 후 바로 궁에 들어가 다시 한 번 주왕에게 잘못을 돌이키라고 진언했다. 이 말을 들은 주왕은 화를 내며 소리쳤다.

"성인의 심장에는 일곱 개의 구멍이 있다고 하더군. 네가 그토록 스스로 표방하고 싶어 하던 성인이 맞는지 내 눈으로 직접 확인해 봐야겠다."

그러더니 잔인하게 비간의 배를 가르고 그의 심장을 꺼내어 보였다. 깜짝 놀란 대신들은 아예 상나라의 종묘太廟에서 나라를 상징하는 사직과 제기, 악기들을 훔쳐 주나라 무왕에게 바쳤다.

악을 행하면 반드시 자멸한다고 했던가? 드디어 목야牧野

의 전투에서 주왕은 주나라 무왕에게 크게 패한다. 이때 주왕은 성으로 도망가 진주와 옥으로 장식한 옷을 입고 높은 대에 올라간 후, 자신의 몸에 불을 붙여 타 죽는다.

이어 주의 무왕은 성을 치고 달기를 죽였다. 이때부터 상나라는 멸망하고 중국 역사상 새로운 기원이 시작된다. 바로 서주西周 시대이다.

史記
들여다보기

주왕은 달기의 환심을 사기 위해 호화로운 궁궐을 짓기로 한다. 주왕은 수단과 방법을 가리지 않고 백성들을 가혹하게 착취해 경비를 조달하고, 10만여 명의 장인들을 불러서 밤낮을 가리지 않고 공사를 계속했다. 7년간의 공사 끝에 길이 3리里, 높이 1천 척尺, 대궁전 1백여 개, 소궁전 72개에 이르는 호화로운 궁궐이 완성되었다. 이것이 바로 그 유명한 '녹대鹿台'이다. 주왕과 달기는 밤낮으로 이 '녹대'에서 꿈같은 세월을 보내며 마음껏 유희를 즐겼다.

주나라 문왕은 상의 주왕에게 잡혀 유리(지금의 하남성 탕양湯陽 유리성)에 7년 동안 구금된 적이 있는데, 이 때 인간과 대자연의 오묘한 비밀과 관계를 연구하여 책을 펴낸다. 그것이 바로 오경五經 중 하나인 『주역周易』이다.

옛날 술을 담던 제기, 방이方彝

주나라 문왕

〈폭군 주왕의 주지육림〉

● 주요 인물
  주나라 문왕

● 주변 인물
  강원, 후직, 상나라 주왕, 강태공

● 키워드
  백성을 아끼는 어진 마음

● 주요 사건
  유리에 감금, 강상을 찾아 중용하다

● 고사
  유리에서 감금돼 『주역』을 쓰다, 문왕이 현자를 방문하다[文王訪賢],
  태공망太公望, 여상강태공

● 이야기 출처
  『사기』「주본기」

周
文王

주나라 문왕 : 어진 마음을 가진 왕

상나라 말년, 위수 유역에는 국호가 주周라는 강국이 있었다.

주나라 선조의 성은 희姬로 그 역사가 매우 길다. 주의 시조인 후직后稷의 출생에 대해서도 신비한 이야기가 전해진다. 후직의 어머니는 강원姜嫄으로 제곡의 정부인이었다. 어느 날 야외에서 한가로이 거닐고 있던 강원은 땅바닥에 있는 거인의 발자국을 발견한다. 호기심이 생긴 강원이 그 발자국을 밟자 몸이 꿈틀 하는 느낌이 들더니 어느새 임신이 되어 버렸다. 그리고 얼마 후 강원은 아들을 낳았다.

강원은 자신의 아들을 몹시 사랑했지만 당시 사람들은 아이가 정상적으로 태어난 것이 아니므로 불길하다며 당장 갖다 버리라고 했다. 그리하여 강원은 아이를 골목에 내다 버렸다. 하지만 그 길을 지나던 소와 말들은 아이 곁을 지날 때 행여나 아이를 밟을까 멀리 돌아서 갔다. 어쩔 수 없이 강원은 숲에다 아이를 갖다 버렸다. 그런데 숲에 사람이 너무 많이 있는 것이 아닌가? 강원은 마음을 굳게 먹고 아이를 꽁꽁 언 강에 버렸다. 그러자 놀라운 일이 일어났다. 아름답고 커다란 새 한 무리가 날아오더니 큰 날개를 펼치고 아이를 따뜻하게 품어주는 것이었다. 강원은 아이에게 신비한 기운이 있다고 느껴 다시 아이를 안고 돌아와 키웠다. 아이를 버리려고 했었기 때문에 아이의 이름을 기棄라고 지어주었다.

태어날 때부터 이렇게 남달랐던 기는 성장해 가면서 한층 더 뛰어난 면모를 보였다. 원대한 포부와 지도력을 보였으며, 특히 농작물을 키우는 것을 좋아했다. 기가 농작물을 재배하기만 하면 늘 풍작을 이루었다. 백성들은 그에게 완전히 감복했다. 그래서 요 황제는 그를 후직后稷 즉 농사農師로 임명하여 사람들에게 농사를 가르치게 하는 한편, 봉토로 위수 유역의 땅을 하사했다. 이를 계기로 기의 후대는 대대로 그의 직무를 이어받아 농업에 관련된 일을 보았고 점점 더 강성해져 갔다.

그렇게 몇 대가 이어진 후 희창이 그 직위를 이어받는데, 그가 바로 유명한 주나라 문왕文王이다.

희창의 통솔 하에 주가 나날이 강대해지자 사람들은 희창을 서쪽지방 제후의 수령인 '서백西伯'으로 선출했다.

백성들의 신망이 높아져 가는 서백을 보며 당시 군왕이었던 상나라 주왕은 불안함을 느꼈다. 그는 마침내 트집을 잡아 서백을 체포하고 유리지금의 하남성에 구금했다. 서백의 부하들은 바로 미녀와 귀한 말, 진귀한 보석들을 주왕에게 바치는 한편, 주왕의 수하에 있는 대신들을 매수하여 서백에 대해 좋은 말을 해 달라 청탁했다. 그러자 마음이 풀린 주왕은 바로 서백을 풀어주었다.

자신의 영지로 돌아온 서백은 덕을 쌓으며 어진 정치를 베푸는 한편, 더욱 힘을 다해 나라의 정치를 정비하고 백성들의 생활을 개선하였다. 주변 제후들에게는 인자함과 위엄을 번갈아 보이며 통치했다. 백성들의 추대를 받지 못하는 제후들은 바로 멸하고 그들의 봉토를 차지했으며, 현명한 제후가 있을 시에는 그들과 우호적인 관계를 유지하였다. 이리하여 서백은 더욱더 신망을 받게 되었고, 제후들 간에 분쟁이 빌생하면 모두 그에게 판결을 요청할 정도가 되었다.

한번은 우虞와 예芮 두 나라 사람들이 국경 사이에 있는 농토를 두고 싸움을 벌이다 결론이 나지 않자 함께 서백을 찾아왔다. 주나라 국경에 다다른 두 사람은 놀라운 광경을 보게 된다. 경작한 논과 논 사이마다 널찍한 논두렁이 자리잡고 있었다. 한눈에 보아도 그 땅을 서로 양보하기 위해 씨를 뿌리지 않아 생긴 것이었다. 그리고 주나라 사람들은 모두 예절이 밝아 멀리서 노인이 오는 것이 보이면 몸을 옆으로 비켜 길가에 서 있었다. 노인이 먼저 지나가라는 뜻이었다. 그리고 노

인이 가까이 다가오면 허리를 굽혀 공손히 절을 하였다. 우와
예, 두 나라 사람들은 부끄러워졌다.

"우리는 머리가 터져라 싸우고 있는 땅을 주나라 사람들은
서로 차지하지 않으려 하고 있소. 그런데 서백을 찾아가서 뭐
라고 하겠소?"

이렇게 화해를 한 그들은 서백을 만나지도 않고 돌아갔다.
그러고는 자신들이 싸움을 벌였던 국경의 땅을 양보하며 지
냈다.

이 일이 제후들의 귀에 들어가자 모두 한 목소리로 말했다.

"서백이 나라를 이토록 잘 다스리시니 분명 앞으로 천하를
다스리는 군주가 되실 겁니다."

그러나 서백에게는 고민이 하나 있었다. 수하에 인재들이
많이 있긴 했으나 상나라 왕조에 대항해 새로운 세상을 일으
킬 만큼 문무와 혜안을 겸비한 사람은 없었던 것이다. 그래서
그는 늘 인재들을 눈여겨 보며 찾아 다녔다.

어느 날 서백이 위수 강가를 거닐고 있을 때 멀리 머리와
수염이 하얗게 센 노인이 고기를 잡는 모습이 보였다. 그 노
인은 한가로이 수면을 바라보며 입으로는 계속 이렇게 중얼
거렸다.

"물고기야 물고기야, 잡히고 싶으면 낚싯줄을 물고, 잡히기
싫으면 멀리 도망가거라!"

이 광경을 본 서백은 자신도 모르게 노인에게 가까이 다가

갔다. 그러고는 깜짝 놀랐다. 노인의 낚싯바늘은 굽은 것이
아니라 곧은 것이었고 미끼조차 없었던 것이다. 그런 낚싯바
늘로 어떻게 고기를 잡겠는가? 서백은 노인에게 절을 하고는
자세한 내용을 물어보았다.

사실 이 노인의 이름은 강상姜尙이요 자는 자아子牙로, 후에
강태공姜太公이라고 불린 사람이다. 노인은 은거 생활을 하였
으며 이미 여든 살이 되었다고 했다. 그가 곧은 낚싯바늘을
물에 드리우고 있었던 것은 낚시가 목적이 아니라 누군가 대
업을 이루기 위해 자신을 청해 가기를 바란다는 것을 보여주
고 싶었기 때문이었다.

노인의 말은 서백의 마음을 흔들었다.

'이런 일도, 이런 사람도 처음 본다. 이 분이 내가 찾던 현
인이 아닐까?'

서백은 강자아 옆에 앉아 이런저런 이야기를 나누면서 놀
라움은 더욱 커져갔다. 강자아는 천문과 지리뿐 아니라 정치,
군사에 대해서도 손바닥 들여다보듯 꿰뚫고 있었던 것이다.
특히 당시 정치 형세에 대한 분석은 모두 딱 맞아 떨어졌다.

"모든 조짐이 상나라 왕조가 얼마 가지 못할 것임을 말해주
고 있소. 만약 민심에 부합하는 현군이 나온다면 옛 왕조는
뒤집히고 새로운 세상이 열리게 될 것이오."

강자아의 말에 서백은 몹시 기뻤다.

'이 분이야말로 그토록 내가 찾아 헤맸던 그런 분이다.'

67

이렇게 생각한 그는 벌떡 일어나 다시 한 번 강자아에게 예를 표하며 말했다.

"선생님, 저는……."

아직 말을 마치기도 전인데 강자아는 미소를 띠며 말했다.

"말투와 기개를 보니 서백님이시군요!"

서백은 고개를 끄덕이며 물었다.

"저와 함께 새로운 세상을 만들지 않으시겠습니까?"

몇 번 사양하던 강자아는 결국 서백의 제의를 받아들였다.

왕궁에 돌아온 서백은 바로 강자아를 가장 높은 무관인 국사로 모셨다. 이후 다시 강자아를 국상國相으로 높이고 전국의 정치와 군사를 총괄하게 했다. 강자아는 정말 놀라운 능력을 가진 자였다. 그의 보좌를 받으며 서백은 대내적으로 생산을 장려하였고, 대외적으로는 계속적으로 영토를 확충하여 상의 국력을 약화시켰다. 얼마 지나지 않아 서백은 당시 천하의 3분의 2를 차지하였고 상나라를 멸하기 위한 든든한 기초를 마련하였다.

그러나 서백은 상나라를 멸하겠다는 소원을 이루지 못한 채 세상을 뜨고 만다. 그의 아들인 희발姬發이 아버지의 뒤를 이어 왕위를 이어받는데, 그가 바로 주의 무왕武王이다. 그는 아버지의 시호를 '주 문왕'이라 짓고, 강자아를 '사상부師尙父'로 높여 부른 후 마침내 상나라 왕조를 멸망시킨다.

史記 들여다보기

고대 시조들의 출생 전설을 통해 우리는 당시 사회가 모계 씨족 사회였음을 알 수 있다. 영웅의 시조들은 모두 어머니가 누군지는 정확히 아는 반면, 아버지는 누군지 모르기 때문이다. 아버지가 없어도 이들이 후세 사람들에게 시조로서 숭배를 받는 데는 전혀 문제가 없었다.

이와 반대로 발자국, 새의 알과 같은 신비로운 사물들은 시조들에게 신비한 힘을 부여하여, 후대 사람들이 그들의 권위를 인정할 수밖에 없게 만든다.

이런 영웅 시조들의 신비한 출생을 '감생感生'이라고 한다.

강원

주나라 무왕 : 주를 멸하다

기원전 1027년, 상나라 주왕이 어질고 재능 있는 신하 비간까지 죽이자 상나라의 수많은 대신들은 주에 투항한다. 이 모습을 본 주나라 무武왕은 모두의 마음이 주왕에게서 떠났음을 알아차리고 부하들에게 이렇게 선언한다.

"이제 폭군 주를 토벌할 때가 되었다!"

그 당시 중원 국가들에게는 전차가 군대에서 가장 중요한 무기였다. 무왕은 상나라를 치기 위해 전차 3백 대와 정예 군사 3천 명을 출병시켰다. 당시 전차에는 전차 한 대당 세 사람이 타게 되는데 한 명은 전차를 끌고, 한 명은 길이가 긴 무기를, 다른 한 명은 활을 들었다. 또한 전차 한 대당 열 명에서 스무 명 가량의 보병이 배치되었다. 당시에는 보병을 '도병徒

兵'이라고 불렀다.

주나라 군대는 군사들의 수는 적었지만 비록 대열이 질서 정연하고 행동이 민첩했으며 사기 또한 하늘에 닿을 듯 높았다. 주나라 무왕과 사령관인 사상부 강자아는 늠름한 모습으로 전차의 선봉에 서서 직접 선두부대를 이끌고 상나라의 도성을 향해 진격했다.

주나라의 군대가 지나가는 길목마다 각 부락과 작은 나라들의 지원부대가 속속 참여했고, 병사들의 투지는 더욱더 불타올랐다. 그들은 노래하고 춤추며 산을 뚫고 군영을 치며 전진해 갔다. 상나라 백성들의 마음이 이미 주나라로 기울어진 데다 커다란 저항은 없었기 때문에 어느새 상나라 도성에서 70리밖에 떨어지지 않은 목야牧野, 지금의 하남성 급현汲縣의 북쪽까지 도착할 수 있었다.

목야에서 주의 무왕은 정식으로 주왕을 정벌한다는 깃발을 세우고, 선봉에 서서 결의를 다지며 맹세한다. 그는 맹세하는 도중에 여러 번 주왕의 부패와 주색, 잔학하고 포악한 죄상들을 폭로했다.

"어리석은 주왕 때문에 백성들은 억압과 착취를 질리도록 받아왔다. 그래서 하늘께서 나를 보내 주왕을 벌하라 하신 것이다. 여기 모인 여러 군사들이여, 용감하게 나서서 끝까지 적을 토벌하자!"

말을 마친 무왕은 깃발을 흔들며 전차를 이끌고 상나라를 향해 진군했다.

주왕은 쳐들어오는 적에 맞서기 위해 황급히 70만 대군을 이끌고 출격했다. 그러나 그동안 주왕의 압제에 시달려 그에 대해 미움만 키워 왔던 노예와 포로들이 그를 위해 싸울 리 있겠는가?

전쟁을 알리는 북소리가 둥둥 울려 퍼지자 역사 이래 볼 수 없었던 아주 놀라운 광경이 벌어진다. 상나라 군대의 병사들이 주나라 군대에 대적하기는커녕, 오히려 거꾸로 들고 일어나는 일이 발생한 것이다. 상나라 병사들은 창을 돌려 잡고 주나라 군대를 위해 길을 열어주며 함께 주왕을 향해 돌격했다. 이때부터 중국 사람들은 창을 거꾸로 돌린다는 뜻의 '도과倒戈'를 '배신한다'는 의미로 사용했다.

주왕의 군대는 이렇게 눈사태가 나듯 한순간에 와해되어 버렸다. 이를 보고 대세가 이미 기울었음을 느낀 주왕은 홀로 외로이 녹대에 올라가 자신의 몸에 불을 붙여 자진한다. 그곳은 일찍이 그가 달기와 함께 쾌락을 즐기기 위해 세웠던 곳이었다. 최고의 즐거움을 누리던 곳에서 가장 비참한 죽음을 맞이하게 된 것이다.

상나라 백성들의 환호성 속에 녹대에 오른 무왕은 불에 탄 주왕의 시체에 활을 세 번 쏘고 칼로 몇 번 찔렀다. 그런 다음 청동도끼로 목을 베어 깃대에 꽂아 주왕의 머리를 백성들에게 보였다. 이렇게 상나라는 멸망하고 만다.

각 부락과 약소국들의 추대 속에 무왕은 주나라를 세우고
스스로를 천자天子라고 불렀다. 이렇게 중국 역사상 가장 부
강하였던 노예제 사회의 막이 오른 것이다.

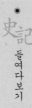

史記
들여다보기

역사 기록에 따르면, 무왕이 주왕을 토벌하던 그 해 혜성이 나타나자 많은 사람들이 두려움에 떨었다고 한다. 하지만 강자아만이 주왕을 토벌해야 한다고 나섰다. 무왕은 강상의 건의를 받아들여 마침내 폭정을 펼쳤던 상나라 주왕을 멸하는 데 성공한다. 사진은 고대 제사를 지낼 때 서직黍稷, 즉 기장과 피를 담았던 귀가 달린 그릇인 천망궤이다.

청동 천망궤天亡簋

周
公旦

주공 단 : 인재를 향한 뜨거운 열정

중국 사람들은 산동성을 '제노齊魯의 땅'이라 부르곤 한다. 이
는 3천여 년 전 제齊나라와 노魯나라가 산동에 세워지고 발전
했기 때문이다. 제나라는 현재 산동성의 동부와 북부 지역에
있었으며, 노나라는 지금의 산동성 서남부 지역쯤에 자리했
었다. 춘추시대 여러 나라 중에서 노나라는 특히 문화와 정치
가 뛰어났다. 또 주 왕실의 예악 문화 역시 노나라에 가장 많
이 보존되었다고 한다. 후대에 깊은 영향을 남긴 위대한 인물
인 공자孔子, 맹자孟子 역시 모두 노나라 사람이다.

　노나라를 세운 사람은 주공周公으로, 성은 희姬요 이름은 단
旦이었다. 그는 주 문왕의 아들이자 주 무왕의 동생이었다.

　문왕이 살아 있을 때 희단은 문왕의 다른 아들들과는 달리

충직하고 어질었으며 효성도 지극했다. 주 무왕이 왕위를 계승한 뒤 희단은 형을 보좌해 정사를 돌보는 데 온 힘을 기울였다. 무왕이 주왕을 칠 때도 주공은 무왕의 곁을 지켰고, 형을 도와 목야의 전투에서 쓸 결의문인 '토주선언討紂宣言'을 썼으며, 사병들과 함께 적진으로 뛰어들기까지 했다.

주왕을 치고 상 왕조를 뒤엎은 후 주나라를 세운 무왕은 통치를 공고히 하기 위해 공로가 있는 대신과 동생들을 제후로 봉했다. 그들 스스로 작은 나라를 세우게 해 주 왕조의 중앙 정권을 보호하려던 의도였다. 무왕은 강태공에게 영구營丘, 지금의 산동성 임치臨淄 땅을 주어 제나라를, 주공에게 곡부曲阜 땅을 주어 노나라를 세우게 했다. 그러나 주공은 봉지로 가지 않고 무왕의 곁에 남아 무왕이 나라를 통치하는 것을 계속 보좌했다.

또 무왕은 상나라에서 노예의 주인으로 지냈던 귀족들을 억압하고 구슬려야만 했다. 그래서 주왕의 아들 무경武庚이 옛 상나라 터에 머무르면서 제후국을 세우고 상나라의 종묘를 지키며 조상에게 제사 지내는 것을 허락했다. 그러나 무경을 완전히 믿을 수 없었던 무왕은 상나라의 옛 터전을 반으로 나눠 남은 반쪽은 자신의 동생인 선鮮과 도度가 관리하도록 시켰다. 가까이서 무경을 감시해 반란이 일어나는 것을 막을 의도였다. 선의 봉지가 관국管國이라 명명되자 선은 관숙선管叔鮮이라 불렸다. 그리고 도의 봉지가 '채국蔡國'이 되면서 도도 채숙도蔡叔度라고 불리게 되었다.

이듬해 무왕은 병에 걸린다. 당시 사람들은 미신을 숭상했기 때문에 세상의 모든 일들을 귀신과 조상님이 주관한다고 생각했다. 그래서 큰일이 생길 때마다 점을 쳤다. 대신들은 단을 세우고 귀신에게 기도를 올렸다. 주공은 특별히 기도문을 써서 읽었다.

"주 왕조의 조상이시여, 당신들의 장손 무왕이 매일 국사를 돌보느라 결국 병에 걸리고 말았습니다. 만약 주의 왕실과 자손들을 돌봐주실 수 있다면 무왕의 몸을 어서 낫게 해주십시오. 혹여 조상님들께서 내리실 벌이 있으시다면 무왕 대신 저를 죽여주십시오."

기도를 마친 주공은 기도문을 돌돌 말아 봉한 후 책궤에 숨기고 시관들에게 이 일을 발설하지 말라고 명했다.

신기하게도 다음날 무왕의 병이 다 나았다. 주공은 기뻐서 어찌할 바를 몰랐다.

그러나 얼마 지나지 않아 무왕은 결국 죽고 만다. 왕위를 이을 사람인 주 성왕成王은 아직 강보에 싸인 어린아이였다. 주공은 제후들이 성왕이 어리다고 업신여기고 모반을 일으킬까 걱정되어 성왕 대신 국사를 돌보는 섭정을 시작했다.

원래 주공이 천자의 곁에 머무는 것을 아니꼽게 여겨오던 관숙선과 채숙도는 주공이 홀로 대권을 거머쥐자 분이 치밀어 올라 곳곳에 헛소문을 퍼뜨렸다.

"주공이 성왕에게 불리한 일을 하고 있소."

주공은 강태공과 소공召公 등 중요한 대신 몇 사람만을 찾아가 사실을 설명했다.

"이제 막 나라를 세웠는데 무왕께서 일찍 승하하셨고, 성왕은 아직 어리지 않소. 내가 섭정을 하는 것은 나쁜 속셈을 가진 자들이 이 기회를 틈타 이제 막 세운 왕조를 뒤엎을까 걱정되어 그런 것이오."

이렇게 주공은 소문에도 아랑곳하지 않고 더욱 정성껏 성왕을 보좌하였다. 그는 또 아들 백금伯禽을 자기 대신 노나라로 보내 봉지를 관리하게 했다. 아들이 떠나기 전 주공은 아들에게 당부하는 말도 잊지 않았다.

"나는 문왕의 아들이자 무왕의 동생이며, 성왕의 삼촌이다. 천하에서 이미 높은 지위에 앉은 것이다. 그러나 나는 여전히 토포악발吐哺握髮[2]하고 있다. 그러니 너도 노나라에 가거든 각별히 행동을 조심하고 그곳의 인재들을 잘 대접하여라."

그럼 주왕이 말한 '토포악발'이란 무슨 뜻일까? 본래 주공은 어진 이를 예의와 겸손으로 대하고 인재들을 매우 존중하였다. 그래서 늘 집을 찾아오는 손님을 맞을 때는 상황을 막론하고 즉시 맞이하였다. 한 번은 그가 머리를 감고 있을 때 손님이 왔다는 소식이 들렸다. 그는 미처 다 씻지도 못한 머리카락을 부여잡고 나와 손님을 맞았다. 머리를 한 번 감는 동안에도 몇 번이나 이렇게 뛰쳐나갔다고 한다. 또 어떤 때는 식사를 하던 도중 빈객이 찾아오자 입 안의 밥을 어쩌지 못하고 급히 뱉은 다음 빈객을 맞았다. 밥 한 끼 먹으려 해도 이런 상황이 몇 번이고 발생할 정도였다.

진정으로 나라를 위하는 주공의 훌륭한 다스림 속에 나라는 안정을 찾아갔다. 기록에 따르면 당시 사람들은 즐겁게 일하고 편안하게 지냈으며, 밤에는 문을 잠그지 않았고 길가에 떨어진 물건도 줍지 않았다고 한다. 그만큼 사회의 풍토가 안정되고 매우 좋았다는 뜻이다.

그러나 관숙선과 채숙도는 주왕의 아들 무경과 결탁하여 모반을 꾀하였다. 주공은 주나라 왕실을 보존하기 위해 성왕의 이름으로 출사표를 던지고 동쪽 정벌에 나섰다. 주공은 3년 동안 힘겨운 전투를 벌인 끝에 마침내 반란을 잠재운다. 그때부터 제후들은 기쁜 마음으로 주 왕실에 복종하고 왕을 알현하였다. 주 왕조의 경제 역시 빠른 속도로 부강해져 갔다.

주공은 이 사건으로 큰 교훈을 얻었다. 관숙선과 채숙도가 모반을 일으킬 수 있었던 것은 주 왕조의 도읍인 호경鎬京이 너무 서쪽으로 치우쳐 있어 동쪽의 제후들을 단속할 수 없었기 때문이었다. 그리하여 주공은 도읍을 동쪽으로 옮기기로 결심한다. 점을 보고 조사를 한 결과, 낙읍洛邑, 지금의 하남성 낙양이 가장 적합했다. 그래서 주공은 낙양에 동도東都를 조성할 준비에 착수했다. 동도를 짓는 과정에서 주공은 역시 모든 일을 몸소 행하며 절약하는 모습을 보여주었다.

몇 년 후, 성왕이 장성하여 홀로 나라의 큰일들을 돌볼 수 있게 되자 주공은 정권을 모두 성왕에게 맡겼다. 이전에는 왕의 자리에 앉아 세상을 호령하던 입장이었지만, 아무런 망설임 없이 성왕에게 모든 정권을 내어주고 바로 신하의 자리로 돌아갔다.

성왕이 어릴 적에 병이 나자 주공은 자신의 손톱을 잘라 강물에 던지며 기도했다.

"신령님, 천자가 아직 어려 아무것도 모르지 않습니까? 만약 그 아이의 행위 중에 신령님의 뜻을 거스르는 것이 있었다면 저 주공 단을 벌하여 주십시오."

기도를 마친 주공은 역시 기도문을 궁중의 창고에 감춰 두었다. 이후 성왕이 정권을 잡자 누군가가 주공을 모함하여, 주공은 초楚나라로 도망하는 신세가 되었다. 성왕은 기도문이 숨겨져 있던 궤짝에서 자신이 병에 걸렸을 때 주공이 썼던 기도문을 발견했다. 가슴이 뭉클해진 성왕은 눈물을 흘리며 사람을 보내 주공을 다시 조정으로 모셔왔다.

조정에 돌아온 주공은 성왕이 아직 젊고 혈기가 왕성하여 나라를 잘 다스리지 못할까 걱정이 되어 「무일毋逸」과 「다사多士」라는 글을 지어 성왕에게 가르침을 주었다. 「무일」은 황제로서 반드시 겸손하고 신중해야지 오만하거나 사치를 해서는 안 된다는 내용이며, 「다사」는 주 왕조가 오늘이 있기까지는 여러 덕망 있고 지혜로운 현자들의 도움이 있었기 때문이니 군왕은 반드시 인재들을 존중해야 한다는 내용이었다. 이처럼 주공이 온 힘과 정성을 다해 도운 덕분에 성왕이 통치하는 동안 주나라는 태평할 수 있었다.

이후 나이 들어 죽을 날이 멀지 않았음을 직감한 주공이 성왕에게 부탁했다.

"제가 죽거든 반드시 저를 주 왕조의 도읍 근처에 묻어주십시오. 저는 죽어도 주 왕조를 떠나고 싶지 않습니다."

주공이 세상을 떠나자 성왕은 그의 부탁대로 주 문왕의 능묘 옆에 묘를 지어주었다. 사람들은 모두 그를 그리워하였으며 민간에는 그와 관련된 많은 이야기들이 퍼졌다.

그가 죽던 해 가을, 조정이 발칵 뒤집히는 일이 일어났다. 양식을 다 거두지도 못했는데 갑자기 하늘에서 폭풍우가 몰려와 벼들을 모두 날렸고 커다란 나무들은 뿌리까지 뽑혔던 것이다. 성왕과 대신들은 명절에 입는 조복朝服을 꺼내 입고 문헌들이 보관되어 있던 책궤를 열었다. 거기에는 주공이 쓴 기도문이 들어 있었다. 무왕이 병에 걸렸을 때 쓴 것으로, 무왕을 대신해 죽어도 좋다는 내용이다. 성왕은 사관들에게 당시의 사정을 물어보았다.

"진정 그러한 일이 있었사옵니다. 허나 주공께서는 저희에게 절대 발설하지 말라고 하셨지요."

성왕은 기도문이 적힌 죽간을 들고 감동의 눈물을 흘리며 말했다.

"지금부터 우리는 점을 칠 필요가 없다. 과거 주공께서 우리 왕실을 위해 이토록 부지런히 수고하여 주셨건만, 짐이 아직 어려 그 사실을 알지 못하였구나. 그러나 하늘께서 이제라도 주공의 은덕을 깨닫게 하셨으니 얼마나 감사한 일이냐."

그리하여 성왕은 점을 치던 것을 멈추고 교외로 나가 하늘을 향해 제사를 드렸다. 신기하게도 제사를 다 마치자, 거세게 불던 비바람이 멈추고 넘어졌던 벼와 나무들이 다시 꼿꼿이 세워졌다. 그리고 그 해 주나라는 대 풍작을 거두었다.

● 각주

2　주공이 손님을 맞이함에 있어 식사 중이면 입 속의 음식을 내뱉고, 목욕 중이면 머리를 쥔 채 손님을 맞았다는 고사

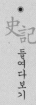

史記
들여다보기

주공의 이름은 단旦 또는 숙단叔旦이라고 한다. 당시 주나라가
천하를 얻은 지 얼마 되지 않아 무왕이 세상을 뜨고 뒤를 이어
나이 어린 성왕(즉위 당시 13세)이 즉위하자 주나라는 개국 이래 최
대의 위기를 맞는다. 주공은 아직까지 나라의 기틀이 제대로 닦
이지 않은 상태라 제후들이 배반할까 두려워 성왕이 성인이 될
때까지 섭정에 나서기로 결심하고 7년 동안 국사를 주관했다.

연대표
기원전 1064년 무왕이 세상을 뜨자 태자 송誦이 즉위해 성왕이 됨
기원전 1063년 성왕이 즉위하고 주공이 섭정하자 '삼숙三叔'의 난이 일어남
기원전 1061년 주 성왕과 주공이 난을 진압하고 두 번째로 제후를 봉함
기원전 1058년 주공 단이 예악禮樂을 만듦
기원전 1056년 성왕이 동도 낙양을 세움
기원전 1055년 주공 단 실권함

공자가 스승으로 모신 주공

주공의 사당

● 주요 인물
  주나라 유왕

● 주변 인물
  포사

● 키워드
  우매함

● 주요 사건
  봉화로 제후들을 희롱하다

● 고사
  봉화희제후烽火戱諸侯, 천금일소千金一笑, 미인의 미소는 얻기가 어렵다

● 이야기 출처
  『사기』「주본기」

周 幽王

주나라 유왕 : 봉화로 제후들을 희롱하다

고대 봉화대는 매우 중요한 군사 경보 설비였다. 서주西周 시기에는 서쪽에 살던 견융犬戎. 춘추시대 서융의 이름 부족의 침략에 대비하여 호경 일대에 여러 개의 높다란 봉화대를 세웠다. 견융이나 다른 적들이 다가오는 기미가 보이면 밤에는 불을 피우고, 낮에는 늑대의 분뇨를 태워 연기를 피워 올렸다. 이렇게 멀리 떨어져 있는 제후들에게 신호를 보내면 제후들은 도성과 천자가 위험에 처한 것을 알고 즉시 군사를 이끌고 구하러 나왔다. 그런데 이렇게 중요한 봉화대를 주나라 유왕幽王은 제후들을 희롱하는 데 썼다. 이유가 무엇일까?

서주 말기의 천자인 주 유왕은 자연재해가 빈번하게 발생하고 정국이 불안정한 상황에서 보위에 앉게 되었다. 그가 즉

위한 이듬해 여름, 오랫동안 가뭄이 이어져 경수涇水, 위수渭
水, 낙수洛水 같은 강들이 모두 말라 버렸다. 이어 발생한 지진
으로 양식마저 부족해져 가난과 병으로 유랑하는 백성들이
늘어났을 뿐 아니라 인심 또한 흉흉해졌다.

유왕은 여색을 탐하는 사람이었다. 그 해 누군가 포사褒姒
라는 미녀를 바쳤는데, 유왕은 바로 그 여인의 타고난 미모에
넋을 빼앗겼다. 그날부터 유왕은 날마다 포사만을 총애하며
국사를 돌보지 않았다. 그러나 포사의 출생 비밀을 알게 된
사관 백양伯陽은 혀를 끌끌 찼다. 이유가 무엇일까? 이 이야기
를 하기 위해서는 두 왕조를 거슬러 올라가야 한다.

하 왕조가 쇠망하여 가던 어느 날이었다. 갑자기 엄청난 비
와 바람이 몰아친 후 궁 안에 신룡神龍 두 마리가 나타나더니
지붕 위에 둥지를 틀고 사람의 말을 했다.

"나는 포국褒國의 군주이다."

그렇게 오랜 시간이 흘렀지만 신룡은 좀처럼 떠날 기미를
보이지 않았다. 박수가 점을 쳐본즉 신룡을 죽이거나 쫓거나
그냥 두는 것 모두 상서롭지 못하다고 했다. 다만 신룡에게
청해 그 침을 받아 모아놓아야만 길하다고 했다. 박수가 신룡
에게 기도하며 제사상을 올리자 신룡이 정말 침만 남기고 사
라져 버렸다. 사람들은 용의 침을 작은 함에 담아 두었다. 박
수는 절대 함을 열어보아서는 안 된다며, 함이 열릴 때에는
나라가 망할 것이라고 경고했다. 하나라가 멸망한 후 이 함은

상나라에게 전해졌고, 상나라가 멸망하자 또 주나라에 전해졌다. 이렇게 신룡의 침이 담긴 함은 세 왕조나 전해졌지만, 박수의 경고 때문에 함을 열어보는 사람은 없었다.

주나라 려왕厲王 때의 일이다. 본래 포악하고 독단적이었던 려왕은 군이 함을 열어보겠다고 고집을 부렸다. 마침내 함을 열자 용의 침이 흘러 나왔다. 사람들이 빗자루와 맑은 물로 쓸어 보았지만 무슨 짓을 해도 그 침은 도무지 닦이지가 않았다. 려왕은 궁녀들에게 옷을 벗고 그 침을 향해 크게 소리를 지르라 명하였다. 그러자 침이 갑자기 도마뱀으로 변하더니 비빈들이 거처하던 후궁後宮으로 쏙 들어가 버리는 것이 아닌가? 그때 후궁에 있던 예닐곱 살짜리 시녀가 실수로 그 도마뱀을 만졌는데, 열대여섯 살이 되자 배가 불러오더니 딸을 낳고 말았다. 그때 낳은 딸이 바로 포사였다. 시집을 가기 전에 아이를 낳은 시녀는 너무 두려운 나머지 이 아이를 내다 버렸다. 아직 유왕의 부친인 선왕宣王이 제위에 있을 무렵, 사람들은 이상한 노래를 듣게 된다.

뽕나무로 만든 활과 기목 나무로 만든 화살,
정말 정말 대단하지!
뽕나무 활을 당기고 기목 나무 화살을 쏘면
주나라는 멸망하게 된다네!

이 노래를 들은 사람들은 선왕에게 이 사실을 알렸다. 마음이 상한 선왕은 다시는 뽕나무 활과 기목나무 화살을 만들거나 사고팔지 말라는 명을 내렸다. 또 이런 활과 화살을 만들거나 파는 사람을 발견했을 때에는 그 자를 때려 죽여도 무방하다고까지 하였다. 이날 왕의 명령을 듣지 못한 한 시골 부부가 뽕나무 활과 기목나무 화살을 팔러 성에 들어갔다. 하지만 성문에 들어서자마자 문지기들이 그들을 붙잡는 것이 아닌가? 깜짝 놀란 두 사람은 모든 것을 내팽개치고 도망치기 시작했다. 그러다 얼마쯤 갔을까? 길가에 버려진 아이가 눈에 들어왔다. 품에 안고 보니 조각이라도 한 것처럼 예쁜 아이였다. 부부는 불쌍한 마음이 절로 들어 데려와 키우기로 했다. 이렇게 두 부부는 아이를 안고 깊은 밤 포국으로 도망쳐 살았다. 그리고 아이에게는 포사라는 이름을 지어주었다.

쏜살같이 흐르는 세월 속에 어느새 포사도 꽃처럼 아름답고 자늑자늑한 아가씨로 성장했다. 그녀의 아름다운 미모는 백 리 밖까지도 소문이 날 정도였다. 당시 포나라에는 국법을 어긴 사람이 하나 있었는데, 그는 유왕이 여색을 탐한다는 말을 듣고 백성들 중에서 아름다운 여인을 찾아 유왕에게 바쳐 죄를 속할 생각을 했다. 그러다가 마침내 포사를 찾아냈다. 그가 포사에게 가무까지 가르쳐 유왕에게 바치자, 유왕은 매우 기뻐했다. 얼마 후 포사가 아들 백복伯服을 낳자, 포사를 얼마나 사랑하는지 보여주고 싶었던 유왕은 기존의 왕후와 태자를 폐하고 포사를 왕후로, 백복을 태자로 삼았다.

그러나 유왕에게는 풀리지 않는 고민이 하나 있었다. 포사가 다른 건 다 좋은데 좀처럼 웃지를 않았던 것이다. 궁에 들어온 후부터 유왕이 아무리 달래고 아껴주어도 그녀는 한 번도 웃지 않았다. 어느 날 아첨에 능한 대신 하나가 유왕에게 한 가지 방법을 일러주었다.

"어떤 방법도 통하지 않는다면 봉화를 붙여보시지 그러십니까? 왕후께서 웃으시는지 한번 시험해 봄도 나쁘지 않을 것입니다."

이 말을 들은 유왕은 기뻐하며 앞뒤 가리지 않고 허락했다.

이 날 주 유왕은 포사를 데리고 높다란 성루로 올라갔다. 왕이 명령을 내리자 봉화대에 불이 활활 타올랐고 순식간에 천 리 밖까지 퍼져나갔다. 일이 커져 버린 것이다. 사방에 흩어져 있던 제후들은 봉화 불을 보고 나라에 위기가 닥친 줄 알고 급히 군사를 모아 달려왔다. 하지만 도성에 도착하고 보니 적의 그림자는 하나도 보이지 않았다. 한가로이 성루에 앉아 있던 포사는 관병들이 먼지를 일으키며 달려온 모습을 보고 순간 재미있다는 생각이 들었다. 온몸은 땀에 젖고 군복과 모자는 삐뚤어진 채 허둥지둥하는 모습이나, 급히 달려왔다가 유왕이 아무 일도 없다고 선언하자 화를 억누르며 돌아가는 모습이 한 번도 본 적 없는 구경거리였던 것이다. 마침내 포사는 참지 못하고 웃어 보였다. 그 미소가 너무 아름다워

주 유왕은 정신을 차릴 수가 없었다.

그 후 주 유왕에게 폐위당한 왕후의 아버지는 딸이 폐위되고 외손자가 쫓겨나자 크게 분노하였다. 그는 바로 견융 부족과 결탁하여 도읍지인 호경을 공격하였다. 주 유왕은 급히 봉화를 올려 제후들에게 도움을 청하였지만, 제후들은 이번에도 유왕이 자신들을 놀리는 것이라 생각하고 꼼짝도 하지 않았다. 결국 견융족은 주 유왕을 죽이고 포사를 잡아갔다. 제후들이 진짜 적군이 쳐들어왔다는 것을 알았을 때는 모든 것이 끝난 뒤였다. 그들은 어쩔 수 없이 이전의 태자를 평왕平王으로 추대하고 왕위에 앉혔다. 그러나 도읍지가 너무 엉망이되어 더 이상 수습할 방법이 없었다. 결국 평왕은 도읍을 동쪽의 낙읍으로 옮긴다. 그때가 기원전 770년이었다. 이로써 서주는 멸망하고 각 제후국들이 전쟁을 일삼는 약육강식의 동주東周. 춘추전국시대가 열리게 된다.

사실 주 유왕의 어리석음과 무도한 행동 때문에 서주가 멸망한 것이지만, 후대 사대부들은 포사의 아름다운 미모가 화를 불렀다고 생각했다. 그래서 포사의 출생을 그토록 괴이하고 음침한 이야기로 엮어 퍼뜨렸다. 포사의 운명이 주나라를 멸망하게 한 것처럼 전한 것이다. 그러나 '나라가 흥하고 망하는 것은 다 때가 있는 법, 공연히 서시西施를 원망해 무엇 하겠나'라고 서시를 위해 시를 지은 당나라 시인 나은羅隱의 말처럼 포사를 원망한들 무슨 소용이 있겠는가?

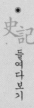

史記
들여다보기

절대 웃지 않는 절세 미녀 포사의 미소를 보기 위해 여왕은 봉화를 올려 각국의 제후를 긴급히 불러모았다. 외적이 침입 하거나 나라의 위급을 알리는 신호였던 봉화가 피어오르자 각국 제후들이 허둥지둥 모였다가는 허탕치고 돌아가는 모습에 포사는 결국 미소를 지었다.

서주 왕조는 주나라 무왕이 상나라 주왕을 멸했을 때부터 주 유왕이 죽임을 당했을 때까지이다. 총 11대로 열두 명의 왕이 있었는데, 시간으로는 약 257년 가량이 된다.

포사의 미소

● 주요 인물
　백이, 숙제

● 주변 인물
　주나라 문왕, 무왕

● 키워드
　고집, 어리석음, 경박

● 주요 사건
　주 문왕의 상나라 토벌을 막다

● 고사
　불식주속不食周粟, 주나라의 양식은 먹지 않으리

● 이야기 출처
　『사기』「백이 열전伯夷列傳」

伯夷、叔齊

백이 · 숙제 : 죽어도 주의 양식은 먹지 않으리

천하를 순에게 물려주기 전, 요는 사실 허유許由라는 사람에게 왕위를 물려주려고 했다. 허유 역시 순처럼 어질고 덕이 많은 사람이었다. 그러나 그는 요의 제의를 받고 단호하게 거절했을 뿐 아니라, 요의 이러한 제의를 도리어 견딜 수 없는 치욕으로 여겼다. 그래서 바로 산으로 도망가 은거 생활을 시작했다. 그러나 이대로 포기할 수 없었던 요는 이번엔 요구사항을 낮춰 '구주장九州長'을 맡아달라며 사람을 보내 부탁했다. 이 말을 들은 허유는 바로 강가로 가서 귀를 씻었다. 이때 마침 은둔 생활을 하던 소부巢父가 소를 끌고 가다 그 광경을 보고 물어보았다.

"왜 귀를 씻고 있소?"

허유가 대답했다.

"방금 요 임금이 나를 구주장으로 임명하겠다는 말을 들어 귀가 더러워졌기에 이렇게 씻고 있는 것이오."

이 말을 들은 소부는 눈살을 찌푸리며 말했다.

"오, 정말 귀를 더럽혔구려. 하지만 귀를 씻으려거든 깊은 산 계곡에서나 씻을 일이지, 어째서 이 강에서 씻는 것이오? 당신이 물을 더럽혔으니 소에게 물을 먹일 수 없게 되었잖소."

이렇게 말한 소부는 화를 내며 소를 끌고 가 버렸다.

백이伯夷와 숙제叔齊는 앞에서 나온 허유, 소부와 성품이 비슷한 사람이었다. 백이와 숙제는 본래 고죽孤竹 왕의 아들이었다. 고죽은 상나라 시기 작은 제후국이었다. 아버지는 죽으면서 왕위를 숙제에게 물려주려고 하였다. 하지만 아버지가 죽자 숙제는 왕위 계승을 거부하며 기어코 백이에게 양보하려고 하였다. 백이도 마찬가지로 왕위를 거절하더니 '아버지의 유언을 어길 수 없다'는 그럴듯한 이유를 대고 도망쳐 버렸다. 이를 본 숙제는 '좋은 방법'이라고 생각하고 바로 백이를 따라서 도망쳐 버렸다. 왕이 없이는 나라를 이어갈 수 없기에, 대신들은 의논하여 결국 고죽왕의 셋째 아들을 왕으로 세웠다. 그제야 모든 소란이 잠잠해졌다.

그럼 백이와 숙제는 어디로 도망갔을까? 두 사람은 주나라 왕인 희창이 어진 이에게 예와 겸손으로 대하고 노인을 공경

한다는 말을 듣고 희창에게 의탁할 생각을 하였다. 그러나 주나라에 도착하고 보니 이미 희창이 죽고 그의 아들인 무왕이 왕위에 앉았다고 했다. 무왕은 아버지를 안장하기도 전, 군대를 이끌고 상나라의 주왕을 치려고 준비 중이었다. 이날 무왕이 대군을 이끌고 위풍당당하게 출발하려 하자 두 형제가 뛰쳐나왔다. 군중들을 밀치고 나온 형제는 무왕의 말고삐를 잡고 큰 소리로 말했다.

"부친께서 돌아가셨는데 장례도 치르지 않고 칼과 창을 들어 싸움을 하려 하다니, 그것이 '효孝'라고 할 수 있겠소? 신하 된 몸으로 군왕을 죽이려 하니, 그것을 어찌 '인仁'이라 하겠소? 대왕은 효와 인을 저버린 사람이오!"

이 말을 들은 무왕의 군사들은 칼을 빼들고 백이와 숙제를 죽이려 하였다. 이때 강자아가 병사들을 막아서며 타일렀다.

"절개가 있는 분들이니 죽여서는 안 된다."

그러고는 두 사람을 한쪽으로 끌어내게 했다.

주 무왕이 주왕을 죽이고 천자가 되자, 백이와 숙제는 무왕이 한 일은 부끄러운 일이라며 주나라의 양식을 먹지 않고 주나라 사람은 되지 않겠다고 결심한다. 그래서 수양산首陽山으로 들어가 은거하며 산에서 나는 나물로 간신히 허기를 달래며 지낸다. 배가 너무 고파 기력이 다한 형제는 가슴 속에 맺힌 깊은 슬픔을 노래로 지어 부른다.

서산에 올라 나물을 캔다. 난폭한 신하가 폭군을 대신하니, 그 죄가 깊고 중하거늘 자신의 잘못을 모르는구나. 신농 우하의 밝은 세상도 모두 사라졌으니, 이제 우리는 어디로 가야 한단 말인가? 아, 슬픈 우리의 운명이여, 어찌 이리 끝나는가?

결국 백이와 숙제는 수양산에서 굶어 죽고 말았다.

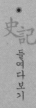

史記
들여다보기

유가에서는 줄곧 백이와 숙제를 '기름진 것을 버리고 지조를 굳게 지킨' 표본으로 추앙해 왔다. 한유韓愈는 백이송伯夷頌을 지어 불렀을 정도였다. 이후 통치자와 손을 잡고 싶어 하지 않거나, 모순에 대해 적극적으로 대항하지 않으려는 사람들은 대부분 백이와 숙제를 우상처럼 여겼다. 노순은 『채미采薇』라는 글에서 소극적으로 저항하는 자의 연약함과 무력함을 묘사하기도 했다.

숙제

● 주요 인물
    제나라 환공

● 주변 인물
    노 장공, 조귀, 관중, 역아 등

● 키워드
    넓은 도량, 인재를 적재적소에 쓰다[知人善任]

● 주요 사건
    장작의 전쟁, 규구의 회맹

● 고사
    전쟁을 논한 조귀, 가의 맹약, 장작의 전쟁,
    존왕양이尊王攘夷. 왕실을 높이고 오랑캐를 물리치다, 규구의 회맹

● 이야기 출처
    『사기』「제태공세가齊太公世家」

齊桓公

제나라 환공 : 첫 번째 패자

1. 조귀, 전쟁을 논하다

기원전 685년, 제齊나라의 공자인 소백小白은 포숙아鮑叔牙와 고혜高傒 등 보좌진의 도움으로 제나라의 군주가 되었다. 그가 바로 제나라 역사상 가장 큰 공을 세운 환공桓公이다. 그는 포숙아의 적극적인 추천을 받아 포숙아의 벗인 관중管仲을 대부大夫로 중용하고 정사를 맡겼다.

　노나라 장공莊公은 제 환공이 즉위해 나라가 아직 안정되지 않은 틈을 타 몰래 군대를 정비해 제나라를 치려고 했다. 이 낌새를 알아차린 환공은 생각했다.

　'좋은 기회군. 즉위한 지 얼마 안 돼 신임을 받지 못해 걱정

하고 있었는데, 노나라와 전쟁을 해서 이기면 모두 내 명을 잘 듣지 않겠는가?'

그는 관중을 불러 노나라를 칠 준비를 하라고 명했다. 그러나 관중은 동의하지 않았다.

"대왕께서는 즉위하신 지 얼마 되지 않아 정치, 경제, 군사가 모두 혼란스러운 가운데 있습니다. 아직 이를 다 바로잡지도 않았는데 어찌 무모하게 행동할 수 있겠습니까?"

그러나 이미 마음을 정한 환공은 관중의 말을 듣지 않았다.

노 장공 10년, 제나라 환공은 포숙아를 대장군으로 삼아 노나라를 치게 해 장작長勺까지 쳐들어갔다.

노나라의 조귀曹劌는 제나라 대군이 국경까지 쳐들어왔다는 말을 듣고 나라를 구하겠다며 나섰다.

"나라의 큰일들은 고깃기름으로 배를 채운 관리들이나 걱정할 일인데 뭐 하러 자네가 나서나?"

고향 사람들이 말리고 나서자 조귀는 이렇게 대답했다.

"고기로 배를 채운 관원들은 시야가 좁아서 큰일을 이루지 못합니다."

그리하여 조귀는 왕궁을 찾아가 노 장공을 만나 물었다.

"대왕은 제나라와의 전쟁에 있어 무엇을 의지하시겠습니까?"

장공이 대답했다.

"나는 맛있는 것이 있거나 좋은 옷이 있어도 절대 홀로 즐기지 않고 다른 사람들에게 나누어주었네."

조귀는 고개를 저었다.

"그건 작은 선심에 불과한 것이니 모든 백성들이 왕의 지휘를 따르기는 힘들 것입니다."

그러자 잠시 생각하던 장공이 조심스레 입을 떼었다.

"나는 신께 제사를 지낼 때 마음과 정성을 다 했으며, 소나양 같은 제물을 바칠 때에도 모자람이 없이 도리에 맞게 드렸었네."

그러나 조귀는 여전히 눈살을 찌푸렸다.

"안 됩니다. 신께 경건히 제를 올리는 것만으로 이 나라가 큰복을 받기는 힘듭니다."

"백성들이 판결을 요구할 때 하나하나 다 조사할 수는 없었지만, 최대한 공평하고 도리에 맞게 처리하였네."

여기까지 들은 조귀는 마침내 지금껏 짓고 있던 인상을 풀고 기뻐하며 말했다.

"그 정도면 될 것입니다. 백성들의 입장에서 생각해주신다는 사실 하나만으로 우리는 이 전쟁에서 이길 수 있을 겁니다. 그러니 저를 데리고 가주십시오!"

조귀의 말을 들은 장공은 그가 남다른 인물임을 알아보고 자신과 같은 마차에 태워 장작으로 향했다. 장작의 전쟁터에서 양쪽의 군사들은 진지를 정비하고 적이 오기만을 기다리는 상태였다. 장공이 북을 울리며 병사들에게 전진을 명령하려던 찰나였다. 갑자기 조귀가 막아서며 말했다.

"아직 때가 되지 않았습니다."

이때 제나라 병사들의 전진을 격려하는 첫 번째 북소리가 울렸다. 조귀는 장공에게 일단 병사들을 움직이지 말고 기다리라고 했다. 노나라 쪽에서 아무런 반응이 없는 것을 이상하게 여긴 제나라 군사들은 잇달아 두 번째, 세 번째 북을 울렸다. 제나라 군대가 세 번째 북을 울렸을 때에야 조귀가 입을 열었다.

"됐습니다, 이제 출격하십시오."

장공이 명령을 내리자 이제껏 참고 있던 병사들이 한순간에 들고 일어났다. 병사들은 소리를 지르며 제나라 군대를 향해 돌진했고, 노나라는 큰 승리를 거두었다.

신이 난 장공이 병사들에게 승리의 기세를 몰아 계속 쫓아가라고 명령하려 하자, 조귀가 다시 가로막았다.

"잠시만 기다리십시오. 아직은 좀 이릅니다."

이렇게 말한 조귀는 마차에서 내려 제나라 군사들이 남긴 수레바퀴 자국과 발자국들을 찬찬히 살펴본 후 마차 앞에 있는 횡목에 올라가 멀리 바라다보았다. 그리고 얼마 후 다시 입을 열었다.

"이제 출격해도 됩니다."

노나라 군사들은 앞으로 돌진하여 운 좋게 수많은 수레와 말, 병기를 노획하고 승리의 개선을 했다.

왕궁에 돌아온 장공이 궁금증을 참지 못하고 조귀에게 물었다.

"이번에 우리가 승리한 연유가 무엇인가?"

"사실 전쟁은 용기로 하는 것입니다. 제나라 사람들이 첫 번째 북을 울렸을 때는 용기가 가장 충천한 때이므로 절대 응전해서는 안 됩니다. 두 번째 북을 울렸을 때는 사병들의 용기가 줄어들게 되고, 세 번째 북을 울렸을 때는 모든 용기가 사라져 버린 후였습니다. 하지만 저희는 그때 첫 번째 북을 울렸으므로 병사들의 용기가 가장 충천한 때가 아닙니까? 그래서 저희가 이긴 것입니다. 그러나 제나라는 대국이므로 쉬이 그 속을 간파할 수는 없습니다. 혹여 그들이 지는 척하고 가서 매복을 하지는 않았을까 걱정이 되어 제가 그들이 남긴 수레바퀴 자국을 자세히 살펴보았더니, 바퀴 자국이 어지러웠습니다. 또 멀리 내다보니 깃발들이 넘어져 있어 추격해도 될 것이라 판단한 것입니다."

노 장공은 조귀의 지혜에 크게 탄복하였다.

장작에서 돌아온 후 제 환공은 관중의 말을 듣지 않은 것을 후회하고는, 관중이 마음 놓고 국사 일을 돌보도록 모든 것을 맡겼다. 관중은 제나라에서 일련의 개혁 정책을 실시하였다. 먼저 백성들에게 철광을 캐게 하여 농기구를 제작한 후 황무지를 개간하고 다양한 농작물을 재배하게 하였다. 제나라의 동쪽은 바다에 인접해 있었으므로, 관중은 어업과 염전을 장려했다. 또 제나라를 공상향工商鄕과 사향士鄕으로 나누었다. 공상향은 전문적으로 공상업에 종사하는 지역으로, 그 지역에 사는 사람들은 병역을 면제받을 수 있었다. 사향은 농촌으로, 농민들은 평소에는 농사를 짓다가 전쟁이 일어나면 병사로 동원되었다. 오향을 1군으로 삼아 전국에 총 3군이 있었다. 이들은 평소 함께 일을 해서 서로 잘 알았기 때문에 전쟁이 일어났을 때도 서로 긴밀히 협조하며 도울 수가 있었다. 이로 인해 제나라 군대는 더욱 강력해졌다. 몇 년이 지나지 않아 제나라는 강력하고 부강한 나라로 성장했다.

2. 패업을 이루다

환공은 제나라가 강대해진 것을 보고 천하의 패자霸者가 될 꿈을 꾸었다. 이를 위해 관중은 '존왕尊王'과 '양이攘夷'라는 두 가지 책략을 내놓는다. 춘추시대에는 수많은 제후들이 주 왕실을 우습게 여기던 시대였다. '존왕'이란 이러한 주 왕실을 존중함으로써 제 환공의 명망을 높이려는 책략이었다. '양이'란 제후들과 연합하여 함께 융戎이나 만蠻과 같은 부족이 중원에 침입하는 것을 막는 것이었다. 이 두 가지 책략을 쓰자 제나라에 대한 제후들의 신임이 더욱 두터워졌다.

제 환공 3년(기원전 683년)에 제나라는 노나라를 정벌하러 나섰다. 노나라의 대장군인 조말曹沫이 몇 번이나 패배의 쓴 잔을 마시자, 노 장공은 영토를 떼어 주며 화평을 청했고 제 환공 역시 이를 받아들였다. 결국 두 나라의 수령들이 가柯, 지금의 하남에서 만나 교섭을 하는 상황이 되었다. 노 장공이 막 조약을 체결하려던 찰나, 갑자기 대장군 조말이 들고 있던 비수를 환공에게 겨누며 위협했다.

"제나라가 침범한 노나라의 영토를 내놓아라!"

갑작스러운 상황에 제나라의 군신들은 모두 깜짝 놀랐다. 깜짝 놀라기는 환공도 마찬가지였다. 그가 급히 그러겠다고 약속을 하자 조말이 마침내 비수를 거두었다.

하지만 위험에서 벗어나고 보니 환공의 마음에 후회가 밀려들었다.

'제나라의 선조와 군사들이 피를 뿌려가며 힘들게 얻은 노나라의 땅을 조말이란 저 하찮은 놈 때문에 돌려주어야 하다니, 그야말로 입 안에 들어온 고기를 다시 내뱉는 격이 아닌가? 노나라의 토지를 돌려주기도 싫고 조말 저 놈도 죽이고 싶구나.'

이렇게 생각한 환공은 관중에게 속마음을 털어놓았다. 그러나 관중은 환공의 생각에 반대했다.

"대왕은 협상 자리에서 조말에게 약속을 했습니다. 그런데 이제 와서 모든 약속을 저버리고 그를 죽인다면, 천하의 모든 제후에게 신의를 잃게 되실 겁니다. 잠깐의 통쾌함과 세상 모든 사람들의 신의 중에 어떤 것을 선택하시겠습니까?"

환공은 퍼뜩 정신을 차리고 노나라와의 전쟁에서 빼앗았던 땅을 노나라에게 돌려주었다. 이 소식을 들은 제후들은 더욱 더 제나라를 신뢰하게 되었다.

제 환공 7년, 각 제후들과 환공은 견甄, 지금의 산동성에서 평화 회의를 열었고, 환공도 패자로서 다시 태어났다.

3. 늙은 말은 길을 안다

제 환공 23년(기원전 663년), 중국 북방 지역의 산융山戎, 중국 춘추시대 하북성 지역에 살았던 종족이라는 소수민족이 연燕나라를 침범하자, 연나라가 제나라에 도움을 청해왔다. 환공은 출병하여 산융을 토벌했다. 또 산융에 원한을 품고 있는 무종국無終國, 연나라와 손을 잡고 고죽孤竹, 지금의 하북성까지 쳐들어갔다. 그러나 고죽에 도착한 군대는 사방이 사막으로 둘러싸여 길을 잃어버리고 말았다.

이미 해도 기울었고, 주위를 둘러보아도 끝이 없는 망망한 모래벌판만 바다처럼 펼쳐져 있었다. 동서남북 방향을 찾을 수도 없는 상황이었다. 이때 관중이 제 환공에게 말했다.

"북방에는 길을 잃기 쉬워 매우 위험한 곳이 있다 들었는데, 바로 이곳인가 봅니다. 여기서부터는 함부로 가서는 안 됩니다."

그래서 대군이 모두 그곳에 진을 쳤다.

어두움의 장막이 사막을 뒤덮었다. 사막의 밤은 매우 추워서 병사들은 추위에 덜덜 떨었다. 사방은 칠흑처럼 어두웠지만 바람이 심하게 불어 횃불에 불을 붙여도 금세 바람에 꺼져버렸다. 심한 바람 때문에 대열의 앞과 뒤쪽에 있는 병사들과는 연락조차 할 수 없었다. 그런 상황에서 날이 밝았다. 관중이 말과 사람을 점검해 보니 이미 손실이 엄청났다. 이렇게 가다가는 군대 전체가 모두 몰살될 것 같았다. 그러나 이렇게 많은 말과 사람을 이끌고 무작정 사막을 헤매고 다닐 수도 없었다. 제 환공은 당황하기 시작했다.

'정말 이렇게 사막에서 죽어야 한단 말인가?'

이때 갑자기 관중의 머리에 '늙은 말은 길을 안다'는 말이 떠올랐다.

"듣자 하니 늙은 말은 길을 안다고 하옵니다. 저희 부대원 중에 무종국의 장병들이 몇 있지 않습니까? 그들의 늙은 말로 길을 안내하게 한다면 목숨을 건질 수 있을지도 모릅니다."

이것 외에 또 무슨 방법이 있겠는가? 환공은 반신반의하면서도 관중의 말대로 해보기로 했다.

관중은 늙은 말 몇 마리를 골라 앞에서 길을 잡게 하고 군사들과 말이 그 뒤를 따르게 했다. 늙은 말들은 고개를 숙인 채 차분하게 길을 찾아갔고, 얼마 후 그 미로 같은 계곡을 벗어나 처음의 자리로 나올 수 있었다. 모두 관중의 지혜에 놀라 탄복한 것은 말할 것도 없었다.

산융을 쫓아낸 후 연나라 군주였던 장공莊公은 환공에게 감사해서 어쩔 줄 몰라 했다. 그래서 환공이 제나라로 돌아갈 때 장공은 친히 제나라의 변경까지 배웅해 주었다. 이때 환공의 머리를 스치는 생각이 있었다.

'주나라의 예에 따르면 천자를 제외한 제후들이 서로를 배웅할 때는 국경을 넘어서는 안 된다. 그런데 내가 주의 천자와 연나라에 무례를 행할 수 없지 않은가?'

그리하여 환공은 연 장공이 배웅할 때 밟은 모든 땅을 연나라에게 주었고, 공명하고 도덕적인 정치를 펼치며 때에 따라 천자에게 공물을 바치라고 당부하였다. 이 소식을 들은 제후들은 제나라가 사심 없이 연나라를 위험에서 건져주었을 뿐 아니라 영토까지 주었다는 것을 알고 더욱더 환공을 높이 평가했다. 이로써 제 환공의 위신도 더욱 높아졌다.

마침내 제 환공은 그가 즉위한 지 35년 만에 각 제후들을 규구葵丘, 지금의 하남성 란고현蘭考縣에 모아 놓고 맹약을 맺는다.

주나라 천자는 사람을 보내는 한편 축하예물도 보내주었다. 주나라 천자는 사자를 통해 환공이 이 예물들을 받을 때 절을 하지 않아도 된다는 말을 전했다. 이 말을 들은 환공은 기뻐 하면서 바로 이 제의를 받아들이려고 하였다. 그러나 옆에 있던 관중이 환공에게 귀띔을 해주었다.

"그것은 안 될 말입니다. 반드시 절을 하십시오."

결국 환공은 공손하게 절을 하며 예물을 받았다. 이것이 역사적으로 그토록 유명한 규구의 회맹으로, 제 환공이 패자의 자리를 확립한 것을 상징한다.

4. 환공, 죽다

패자가 된 환공은 점점 오만해져 갔고, 그를 따르던 제후들도 서서히 그의 명령에 따르지 않게 되었다. 이후 제 환공이 두 번째로 규구에서 제후들의 회의를 소집하자, 주나라 천자는 대신이었던 재공宰孔을 보내 참가시킨다. 진나라의 군주는 병으로 인해 늦게 되었는데, 오는 도중 규구에서 돌아오는 재공과 마주친다.

"환공이 너무 오만해졌으니 반드시 망하고 말 것입니다. 그러니 왕께서도 회의에 가시지 마시지요."

재공의 말을 들은 진나라의 군주는 그 즉시 자신의 나라로 돌아가 버렸다. 이 사건을 통해, 우리는 환공의 거만한 태도로 인해 제후들의 마음이 그에게서 떠난 것을 알 수 있다. 그러나 환공은 자신의 공을 내세우며 교만한 태도를 고치려 하지 않았다. 오히려 자신은 태산에 올라가 하늘에 제사를 올리는 봉선封禪을 해도 될 만한 공을 세웠다고 자부했다. 관중은 급히 그를 막았지만 환공은 좀처럼 들으려 하지 않았다. 그럼에도 불구하고 관중은 다시 한 번 그를 달래며 막아섰다.

"곳곳에 있는 온갖 진귀한 보물들을 준비해 가야만 봉선을 할 수 있는 것입니다."

그제야 환공도 포기하였다고 한다. 이후 관중이 늙어 임종이 가까워 오자 환공이 찾아와 물었다.

"군신들 중에서 재상의 뒤를 이을 만한 사람이 누가 있겠소?"

"신하들에 대해서는 왕께서 가장 잘 아실 터이니, 어디 한 번 말씀해 보시지요."

관중의 말에 환공이 다시 물었다.

"역아易牙는 어떻소?"

"역아는 왕의 마음에 들려고 자신의 아들을 죽인 자입니다. 그렇게 인정머리 없는 사람은 재상으로서 적합하지 않지요."

112 "그럼 개방開方은 어떻겠소?"

"개방은 가족들을 버리면서까지 왕의 환심을 얻으려 했던 자이옵니다. 이렇게 몰인정한 인간이라면 백성들의 마음을 헤아리지 못할 것입니다."

"그럼 수조豎刁는 어떻소?"

"수조는 왕에게 잘 보이고자 자기 스스로 거세한 자가 아닙니까? 그것은 인지상정에 어긋나는 짓으로, 그가 관원들과 백성들을 아끼지 못할까 걱정됩니다."

그러나 관중이 죽어 버리자 환공은 관중의 충고는 잊어버리고 역아, 개방, 수조 세 사람을 중용했다. 세 사람은 결국 정권을 독점하고 제나라에 내란을 일으켰다.

환공은 평생 첩을 많이 두어 아들만 십여 명에 달했다. 그 중에는 무궤無詭와 소昭라는 아들도 있었다. 관중이 살아 있을 때 환공은 공자 소를 태자로 삼은 후 송宋나라 왕인 양공襄公에게 맡겼다. 그러나 관중이 죽자 환공의 아들들은 왕의 자리를 두고 다투기 시작했다. 당시는 환공도 나이가 많이 들어 우둔해진 때였다. 수조는 환공에게 큰 선물을 바치며 공자 무규에 대해 칭찬했다. 어리석게도 환공은 그 말을 듣고 고개를 끄덕였다.

"좋네, 그럼 무규를 태자로 세우지!"

이렇게 그의 아들들은 야심을 키웠고, 다섯 명의 아들이 환공에게 태자 자리를 달라고 청하기에 이르렀다.

기원전 647년 겨울(10월 8일), 마침내 환공이 세상을 떠났다.

환공의 숨이 끊어지기가 무섭게 그가 아꼈던 역아와 수조가 군대를 이끌고 궁으로 쳐들어와 무규에게 왕위를 물려줄 것을 요구했다. 그들은 자신들의 말을 듣지 않는 대신이 있으면 그 자리에서 베어 버렸다. 태자 소는 송나라로 도망을 쳤고, 다른 공자들은 이를 인정하지 못하고 서로 싸움을 벌여 날마다 검이 부딪치고 피비린내가 나는 소란이 계속되었다. 환공이 죽은 지 며칠이 지났지만 그의 시체를 염해주는 사람은 하나도 없었다. 결국 그의 시체는 67일간이나 침상 위에 그대로 방치되어 시체에서 생긴 구더기가 문 밖으로 기어 나갈 정도였다고 한다. 마침내 12월 9일, 무규가 즉위하고 나서야 환공의 시체를 염하고 부고를 알렸다.

그뒤, 제나라는 내전이 끊이지 않았다. 무규는 즉위한 지 석 달 만에 자기 나라 사람에게 살해를 당해 시호조차 남기지 못하고 세상을 떠났다. 송나라는 다른 네 공자를 추대하는 사람들과 맞서 태자 소를 왕으로 세우는데, 이가 바로 제의 효공孝公이다. 그제야 제나라는 안정을 되찾고, 환공도 안장될 수 있었다. 그러나 그때는 이미 그가 죽은 지 10여 개월이 흐른 뒤였다.

아! 가련한 운명이여. 당대에 지혜를 날렸던 관중과 패권을 쥐었던 환공이 사후에 이토록 심각한 혼란을 겪게 되다니, 이 얼마나 참혹한 광경인가!

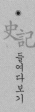

史記
들여다보기

서주는 성왕에 이어 강왕康王이 즉위한다. 역사가들의 연구에 따르면 강왕은 서한西漢의 경제景帝처럼 신임 황제의 '백성을 편안하게 하는' 정책을 본받아 국가의 기본적인 안정과 강성함을 유지하고 제후들이 복종하게 하였다. 그래서 기원전 1056년부터 기원전 1004년까지 성왕과 강왕이 통치한 시기를 '성강지치成康之治'라고 부른다.

청동투구

● 주요 인물
  진나라 문공

● 주변 인물
  진 헌공, 여희, 신생, 조쇠, 호언, 개자추 등

● 키워드
  갖은 고생을 하여 마침내 패업을 이루다

● 주요 사건
  도망

● 고사
  뽕나무 아래의 모의[桑下謀], 퇴피삼사退避三舍, 적군으로부터 90리 물러나다

● 이야기 출처
  『사기』 「진세가晉世家」

晉文公 重耳

진나라 문공 중이 : 반평생을 떠돈 패자

진晉나라의 문왕은 제나라의 환공과 마찬가지로 춘추전국시대에 패자를 지냈던 사람이다. 그의 이름은 중이로, 군왕이 되기 전 19년 동안 국외를 떠도는 삶을 살았다. 위풍당당한 '춘추오패春秋五覇' 중 하나인 그가 왜 그런 궁지에 몰렸던 것일까? 이야기를 하려면 그의 아버지인 진 헌공獻供으로 거슬러 올라가야 한다.

1. 진 헌공, 태자를 폐위하다

진 헌공에게는 여덟 명의 아들이 있었다. 신생申生, 중이重耳, 이오夷吾는 그중에서도 가장 지혜롭고 능력 있는 아들이었다. 맏아들인 신생은 일찍부터 태자로 책봉되었는데, 그의 어머니인 환공의 딸 제강齊姜은 이미 세상을 떠나고 없었다.

어느 해, 헌공은 여융驪戎을 공격해 큰 승리를 거두었다. 그때 아름답고 요염한 여인을 얻어 오는데 그녀가 바로 여희麗姬이다. 여희를 몹시 사랑한 헌공은 즉시 그녀를 정부인으로 봉하고, 그녀의 아들인 해제奚齊를 태자로 책봉할 생각을 품는다.

여린 모습과는 달리 여희는 이해타산에 밝았다. 그녀는 걸핏하면 헌공 앞에서 신생, 중이, 이오에 대해 험담을 늘어놓아 부자지간의 관계를 소원하게 만들었다. 그리고 신하 두 명에게 뇌물을 주어 헌공에게 청을 올리게 했다.

"곡옥曲沃은 진나라 조상의 종묘가 있는 곳이며, 포蒲와 굴屈은 변경의 요지이니 소홀히 해서는 안 될 것입니다. 그러니 능력 있는 신생, 중이, 이오 공자님을 보내 다스리게 하소서."

자신의 마음에 꼭 드는 말을 들은 헌공은 바로 명령을 내렸다. 태자 신생은 곡옥, 중이는 포 지방, 이오는 굴 지방으로 보낸 것이다. 사실 이 세 곳은 진나라에서 가장 외진 곳이었다. 이에 반해 해제는 자신의 곁에 두었다. 이는 조금만 식견이 있는 사람이라면 헌공의 뜻을 알아차릴 수 있을 처사였다.

몇 년이 흐른 후, 진 헌공은 태자 신생을 보내 소수민족인 적적赤狄을 치게 하였다. 대신으로 있었던 이극里克은 더 이상 참을 수가 없어 헌공에게 간언을 올린다.

"태자의 직책은 아침부터 밤까지 군왕의 곁을 지키는 것으로, 이는 예부터 지켜온 관례입니다. 군대를 이끌고 출병하는 것은 본래 태자의 일이 아닙니다. 전방에서 태자가 군대의 명만 듣게 되면 통솔자로서 가져야 할 위엄을 잃게 되고, 독단적으로 군령을 좌지우지할 경우 불효의 죄를 짓게 되는 것입니다. 그러니 어찌 무기를 들고 나설 수 있겠습니까?"

이극의 진언이 듣기 싫어진 헌공은 낯빛을 바꾸며 억지를 부렸다.

"아들이 이렇게 많은데 누가 태자가 될지 어찌 안단 말인가?"

이극은 더 이상 할 말이 없어 그만 자리에서 일어섰다. 문 앞에서 우연히 태자를 만나니, 태자가 걱정이 가득한 얼굴로 물었다.

"그럼 저는 폐위되는 것입니까?"

이극은 태자를 위로하며 말했다.

"사람은 열심히 맡은 일을 하고 효를 다 하면 되는 것입니다. 다른 것은 신경 쓰지 마십시오."

본래 선량했던 신생은 이왕 이렇게 된 걸 어쩌겠는가 하며 군대를 이끌고 전쟁터로 나갔다.

결국 신생은 승리를 얻고 돌아왔다. 그러나 헌공은 신생이 도무지 마음에 들지 않았다. 어느 날 헌공은 여희에게 속마음을 털어놓았다.

"나는 늘 태자인 신생을 폐위하고 우리의 아들 해제를 태자로 삼고 싶었소!"

이 말을 들은 여희는 속으로는 뛸 듯이 기뻤으나 오히려 황공한 표정을 지으며 눈물을 떨구었다.

"태자는 재능 있고 덕이 있는 아이인 데다가 이번에 전쟁에서 승리까지 거두고 돌아와 제후들에게 위세를 떨치고 있습니다. 어찌 저 때문에 장자의 위를 폐하고 어린 아이를 태자로 세우겠어요? 그 말씀을 들으니 부끄러워 어쩔 줄을 모르겠습니다. 만약 앞으로 또 그런 말씀을 하시면 저는 확 자결해 버릴 거예요."

이 말을 들은 헌공은 이를 진실로 여기고 더욱더 감복하였다.

그러나 음험하기 그지없는 여희는 뒤에서 헌공과 태자 신생의 사이를 이간질 하느라 정신이 없었다. 태자의 명예를 더럽히는 계책을 짰던 것이다.

어느 날, 여희는 신생을 불러 말했다.

"어젯밤, 왕께서 꿈에 자네 어머니 제강을 보셨다 하니, 어서 가서 어머니께 제사를 드리고 오게. 그리고 제사에 쓴 술祭酒과 고기를 자네 아버지께 바치게."

그리하여 태자는 어머니의 사당에 가서 제사를 올리고는 제주와 고기를 헌공에게 바쳤다. 당시 헌공은 사냥을 나가고 없었기 때문에 신생은 술과 고기를 궁중에 놓고 나갔다. 여희는 몰래 사람을 보내 술과 고기에 독을 넣게 하였다. 며칠 후 헌공이 사냥에서 돌아오자 주방장은 술과 고기를 헌공에게 올렸다. 헌공이 막 먹으려는 찰나, 갑자기 여희가 끼어들었다.

"이 고기와 술은 궁 밖에서 들여온 것이니 검사를 해봐야지요. 무슨 문제라도 있으면 어쩝니까?"

그러자 옆에 있던 시종이 나와 술을 땅에 부었다. 그러자 갑자기 땅이 솟아올랐다. 고기를 개에게 먹이니 개 또한 바로 죽어 버리는 것이 아닌가? 그 고기를 태감太監에게 주니, 태감 역시 그 자리에서 숨이 끊어져 버렸다.

여희는 깜짝 놀란 표정을 지으며 큰 소리로 울음을 터뜨렸다.

"태자의 마음이 어찌 이리 독하단 말입니까? 부왕까지 죽이려고 들다니, 다른 사람에게는 어떠하겠습니까? 게다가 고왕은 이미 연로하신데, 뭐가 이리 급하다고 독을 쓴단 말입니까?"

여희는 울먹이면서 몰래 헌공의 낯빛을 살폈다. 헌공은 이미 분노가 극에 달한 상태였다. 여희는 계속 말을 이었다.

"소첩은 태자가 이런 짓을 한 연유를 압니다. 모두 저와 해제 때문이지요. 아무래도 저희 모자는 태자에게 목숨을 잃기 전에 속히 이곳을 떠나거나 자결을 해야 할 것 같습니다. 폐하, 전에 폐하께서 태자를 폐위하고 싶다고 하셨을 때 소첩이 얼마나 안타까워했는지 아시지 않습니까? 그런데 그게 아무래도 큰 실수였나 봅니다."

이렇게 불 난 집에 기름을 붓는 말을 하자 헌공의 분노는 더욱더 거세졌다. 그는 앞에 놓인 상을 차며 소리를 질렀다.

"당장 가서 짐승만도 못한 신생을 잡아다 죽여라!"

이 소식을 들은 태자는 너무 놀라 밤을 틈타 곡옥으로 도망쳤다. 헌공은 더욱 화를 내며 태자의 스승을 잡아 죽여 분풀이를 했다. 누군가 태자에게 말했다.

"독을 넣은 자는 여희가 아닙니까? 그런데 왜 폐하께 진상을 설명하지도 않으시고 이리 도망부터 치셨습니까?"

마음씨가 착한 태자가 대답했다.

"부왕께서는 연세도 많으신데 여희까지 없으면 식음을 전폐하실 걸세. 만약 내가 사실대로 말씀 드리면 부왕께서는 여희에게 화를 내실 텐데, 그럼 누가 부왕을 돌봐 드리겠는가? 나는 그런 일을 할 수는 없네."

또 어떤 이는 태자에게 이렇게 제안했다.

"차라리 우리 다른 나라로 도망가 버립시다."

그러나 태자는 긴 한숨만 내쉬었다.

"아비를 독살하려 했다는 오명을 쓰고 도망친다면 누가 나를 받아주겠는가? 아무래도 나는 죽는 수밖에 없는 것 같네."

말을 마친 신생은 칼을 뽑아 자결해 버렸다.

마침 이때 중이와 이오는 변경에서 조정으로 아버지를 뵈러 가는 길이었다. 여희는 그들이 자신의 음모를 밝혀낼까 두려워 먼저 손을 썼다. '태자 신생이 제주와 고기에 독을 넣은 일에 중이와 이오가 함께 했다'는 헛소문을 곳곳에 퍼뜨린 것이다.

이 소문을 들은 두 공자는 깜짝 놀랐다. 두 사람은 궁에 들어가 헌공을 뵙지도 못하고, 바로 방향을 틀어 도망가 버렸다. 중이는 포 지방으로, 이오는 굴 지방으로 돌아갔다. 헌공은 두 아들이 아무런 말도 없이 떠나 버리자 더욱더 그들이 신생의 음모에 참여했다고 확신하면서 분노했다. 그래서 병사들을 보내 포와 굴을 치게 하였다. 두 공자는 어쩔 수 없이 각각 다른 나라로 도망치는 신세가 되었다.

2. 중이, 도망치다

진 헌공이 죽은 후 이극은 여희의 아들 해제를 죽이고 공자이오를 귀국시켜 국왕으로 삼았다. 그가 바로 혜공惠公이다. 혜공은 늘 중이가 언젠가는 귀국해서 그의 왕위를 빼앗을 것만 같아 아침저녁으로 불안한 시간을 보냈다. 마침내 어느 날, 그는 사람을 보내 중이를 죽일 결심을 하게 된다.

중이는 진나라를 떠나 적狄으로 피했는데 어느덧 12년의 세월이 흘러 있었다. 적은 어머니의 나라였다. 중이는 젊었을 때 재능이 많은 사람들과 어울리기를 좋아했기 때문에 그의 곁에는 호모狐毛, 호언狐偃, 조쇠趙衰, 개자추介子推 같은 뛰어난 사람들이 수십 명이나 있었다. 어느 날, 그는 혜공이 사람을 보내 자신을 죽이려 한다는 말을 듣고 조쇠를 포함한 몇 사람과 의논을 했다.

"처음 내가 적나라로 왔을 때는 이곳이 비록 진나라와 거리는 가까워도 내게 의지가 되리라 믿었소. 하지만 이곳에 너무 오래 있었나 보오. 이제 떠날 때가 된 것 같소. 제나라의 환공이 선정을 베풀며 패자가 되려는 포부가 있어 천하의 인재를 다 받아준다 하니, 우리 함께 제나라로 가보는 것이 어떻겠소?"

모두 중이의 제안에 동의했다. 떠나기 전, 중이는 그의 아내에게 작별을 고했다.

"25년을 기다려 주시오. 허나 그래도 내가 안 돌아오면 개가를 해도 좋소."

아내는 그가 농담을 하는 줄 알고 웃으며 답했다.

"25년, 그렇게나 오래요? 25년 후면 제가 살아있기나 하겠어요? 아마 무덤 위의 측백나무도 다 자라 있을 거예요. 알았어요. 제가 말은 이렇게 했지만 당신이 떠나 얼마를 계시든 늘 이곳에서 당신이 오기만을 기다릴게요."

적에서 제까지 가려면 반드시 위衛나라를 거쳐 가야 한다. 그러나 위나라 왕은 중이가 성에 들어오는 것을 허락하지 않았다. 중이 일행은 먼 길을 돌아가는 수밖에 없었다. 그들은 몸을 의탁할 곳도 없는 데다 가지고 간 양식까지 다 떨어져, 결국 길에서 구걸을 하는 신세가 되고 말았다.

어느 날 그들이 몇십 리를 걸어갔을 때였다. 앞에 마을도 안 보이고 점포도 하나 없어 배고픔을 견딜 수 없게 되었을 때, 멀리 커다란 나무 아래 농부들이 식사를 하고 있는 모습이 눈에 들어왔다. 그들은 농부들에게 다가가 먹을 것을 구걸했다. 가난에 허덕이던 농부들은 귀족 옷을 입고 있는 중이 일행을 보며 말했다.

"우리한테 먹을 게 어디 있겠소? 산나물도 배불리 먹지 못하는 판국에 남한테 줄 게 어디 있겠냐 말이오."

다른 농부는 밭에서 진흙을 한줌 들어 올리더니 중이의 그릇에 놓았다.

"이거라도 드시오!"

중이는 크게 노하여 말을 때릴 때 쓰는 채찍으로 그 농부를 때리려고 하였다. 호언은 농부들의 노기 어린 눈을 보고 급히 말리고 나섰다.

"양식을 구하는 것은 어렵지 않지만 땅을 일구는 것은 어려운 일입니다. 백성들이 우리에게 땅을 주는 것은 좋은 징조가 아니겠습니까? 땅은 우리가 영토를 얻게 될 것이란 징조일 겁니다."

이 말을 들은 중이는 마음을 가라앉히고 농부들에게 손을 모아 감사 인사를 전했다.

그들은 바람에 맞서고 길에서 잠을 자는 고생을 하면서도 쉬지 않고 걸음을 재촉해 마침내 제나라에 도착했다. 제 환공은 중이가 몸을 의탁하려고 찾아왔다는 말을 듣고 바로 사람을 보내 그를 맞아들였다. 그들이 머물 곳과 수레와 말, 쌀과 고기를 주며 세심하게 돌봐주었다. 그리고 얼마 후에는 매우 아름다운 여식을 중이에게 부인으로 주었다. 중이는 그 생활이 흡족하고 만족스러워서 제나라에 정착했다.

그렇게 5년이 지나자, 환공이 세상을 떠나며 제나라도 혼란 속에 빠졌다. 중이는 눈앞에 있는 안일한 생활에 미련을 못 버리고 사랑하는 아내 곁을 떠나려들지 않았다. 부하들이 화를 당하기 전에 제나라를 떠나야 한다고 몇 번이나 권했지만, 중이는 귀를 막아 버렸다.

어느 날, 조쇠와 호연 등은 다시 뽕나무 아래에 모여 귀국할 계획을 세우고 있었다. 그때 부인의 시녀가 뽕잎을 줍다가 그 이야기를 모두 듣게 되었다. 시녀는 바로 부인에게 돌아가

이 사실을 알렸다. 부인은 시녀가 기밀을 발설할까 걱정되어 그 자리에서 바로 시녀를 죽여 버렸다. 그날 저녁, 부인은 중이에게 제나라를 떠나라고 권했지만 중이는 듣지 않았다.

"어차피 인생은 한번뿐인데 편안하게 살면 되는 것 아니겠소? 이보다 더 중요한 게 어디 있단 말이오? 당신과 함께 있으니 제나라에 있는 것이 너무 좋아 떠나기 싫소이다."

그러자 부인이 대답했다.

"당신은 일국의 공자이나 곤경에 처해 이곳에 온 것이 아닙니까? 현명한 부하들이 그들의 장래와 운명을 당신에게 걸고 있습니다. 그러니 서방님께서 어서 귀국해 대업을 이루시고, 그간 서방님을 위해 일했던 자들에게 보답을 해주셔야지요. 그런데 오히려 이국타향에서 여인에게 빠져 아무 일도 하지 않고 계시니 저까지도 부끄러워지려고 합니다."

그러나 중이는 여전히 마음을 돌리지 않았다.

부인은 어쩔 수 없어 조쇠 일행과 상의해 중이에게 술을 먹인 후, 그가 취했을 때 마차에 태워 출발하기로 했다. 그들이 한참을 갔을 때에야 중이가 깨어났다. 그는 그제야 무슨 일이 일어났는지 깨닫고 버럭 화를 내었다.

"지금 나에게 대항하는 것이냐? 나와 상의 한마디 없이 성을 빠져 나오다니, 이게 무슨 짓이냐?"

그러면서 옆에 있는 장검을 들어 호언을 겨누었다.

"죽이십시오. 저를 죽여 공자님의 계획을 이룰 수만 있다면 **127**

저는 더 이상 원이 없습니다."

중이는 노기등등하여 소리쳤다.

"만약 성공하지 못한다면 자네 인육을 뜯어 먹을 것이네."

호언은 여전히 차분한 목소리로 대답했다.

"만약 성공하지 못한다면 제 인육에서 노린내가 나게 될 터인데, 그래도 드실 수 있겠습니까?"

더 이상 어쩔 수 없어진 중이도 함께 귀국길에 올랐다.

그들은 조曹나라, 송宋나라, 초楚나라를 거치며 도움을 구하였다. 그러나 조, 송, 초의 왕들은 망명해서 지내는 중이를 무시하거나, 힘이 부족해서 도움이 되지 못했다. 그러나 진秦의 목공穆公은 진晉나라에 내란이 발생하면, 자국도 취할 이익이 있다고 판단하여 직접 대군을 이끌고 중이의 귀국을 호송해 주었다.

이때 진 혜공은 이미 세상을 떠나 그의 아들 회공懷公이 보위에 앉아 있었다. 진晉나라는 진秦의 적수가 되지 못하는 데다 조정의 대신들이 모두 중이를 경모하고 있던 터였다. 대신들은 결국 회공을 암살하고 중이를 국왕으로 추대한다. 이가 바로 진의 문공文公이다.

43세에 도피를 시작한 진 문공이 왕위에 앉았을 때는 이미 예순두 살이었다. 계산해 보면 국외를 유랑한 시간만 19년이나 된다. 오랜 망명생활은 중이와 그의 부하였던 신하들의 뜻을 일치시켜 주었고, 백성들의 고충을 이해할 기회를 주어 정치적 재능을 키워주었다. 왕위에 오른 중이는 내적으로는 정치를 정비하고 생산을 발전시키며 인심을 안정시켰다. 그리하여 진나라는 빠른 속도로 강성해졌고, 진 문공도 마침내 패자가 될 수 있었다.

3. 개자추의 은거

중이가 국외를 떠돌아다닌 19년 간 호언, 조쇠, 개자추 등 충성스러운 신하들은 시종일간 그의 곁을 보좌하며 계획을 짰고, 고생을 마다 않고 직접 이리저리 뛰어다녔다.

진秦에서 군사를 보내 귀국하는 중이를 호송하여 마침내 황하 강가에 도착했을 때였다. 진의 군사들이 든든한 방패막이되어 뒤를 받쳐주었기 때문에, 중이가 귀국 후 왕이 되는 것은 의심할 여지가 없는 일이었다. 중이와 그의 부하들은 지난 일과 장래에 대한 생각으로 마음이 설렜다. 이때 호언이 갑자기 중이에게 깊은 예를 표하며 말했다.

"공자님과 함께 천하를 떠도는 시간 동안 제가 수없이 많은 잘못을 저질렀습니다. 저도 제 스스로를 용서할 수 없는데 공자님께선 오죽하시겠습니까? 이제 공자님을 떠나도록 허락해 주십시오."

중이와 다른 신하들은 단번에 호언이 공을 가로채려는 속셈이 있는 것을 알아차렸다. 이를 눈치 챈 중이는 즉시 하늘을 향해 맹세했다.

"귀국 후 나와 함께 죽음을 넘나들며 동고동락한 신하들에게 큰 감사를 표하지 않는다면 강의 신께서 나를 벌하시기를 원하네!"

그러고는 벽옥을 황하에 던져 그의 결심을 맹세했다. 이때 마침 옆에 있던 개자추가 호연의 말을 듣고 속으로 쓴웃음을 지었다.

'중이 공자님이 나라를 되찾는 대업을 이루시는 것은 다 하늘의 뜻이거늘, 호언은 자기 공인양 공자님께 공을 인정해 달라 요청하는군. 이 얼마나 부끄러운 일인가? 나는 절대 저런 관리가 되지 않겠다.'

그리하여 개자추는 황하를 건너자마자 몰래 부대를 떠나 집으로 돌아가 버렸다.

문공은 즉위 후 약속대로 자신과 함께 여러 나라를 떠돌며 고생했던 신하들에게 상을 내렸다. 어떤 신하들에게는 봉지를, 어떤 신하들에게는 작위를 하사하였다. 개자추가 함께 있지 않았지만, 이제 막 왕위에 앉은 데다 문공의 손길을 기다리는 일들이 산더미처럼 쌓여 있어 정신없이 바빴기 때문에 개자추를 생각할 여유가 없었다.

그래도 개자추는 전혀 개의치 않았다. 그때 그는 어머니와 함께 고향에서 평범하고 조용한 생활을 하고 있었다. 그러나 개자추를 따르던 수행원들은 참지 못하고 개자추 앞에서 문 공의 배은망덕함을 욕했다.

"공자님께서는 온갖 역경과 위험을 겪으신 후 마침내 왕이 되셨다. 이것은 하늘이 정하신 일이었다. 헌데 신하 된 자로서 하늘의 공로를 가로채려 하다니, 이것이야말로 사기꾼이 아니겠느냐? 왕으로서 이런 사기꾼들에게 상을 준다면 군신이 서로 속이는 일이거든, 내가 어찌 그들과 함께할 수 있겠나?"

개자추가 이렇게 말하자, 옆에서 듣고 있던 어머니가 끼어들었다.

"그래도 가서 상을 달라고 해보렴. 안 그러면 앞으로 후회하게 될 게야."

그러나 개자추는 여전히 고개를 내저었다.

"그것이 잘못된 일인 줄 뻔히 알면서도 가서 한다면, 그것이야말로 더 큰 잘못이 아니겠습니까? 저는 절대 작위와 봉록에 의지하지 않을 것입니다."

그래도 어머니는 개자추를 달랬다.

"적어도 왕께서 네 상황이라도 아셔야 하지 않겠니?"

여전히 개자추는 거절했다.

"됐습니다. 전 이미 은둔하기로 결심했어요."

어머니는 아들이 결심을 굳힌 것을 보고 더 이상 권하지 않았다.

"평생 고생을 했으나 부귀영화에 관심이 없는 것이냐? 정말 은거를 결심했다면 내가 너와 함께 가마."

이렇게 하여 두 사람은 은거에 들어가 죽을 때까지 모습을 드러내지 않았다.

주인 대신 분을 표했던 그 수행원은 모자가 하는 일을 보고 개자추의 인품에 더욱더 탄복하게 되었다. 그래서 쪽지를 써 관청에 붙여 놓았다.

'용이 하늘에 오르려 하니 다섯 뱀이 서로 돕네. 용이 하늘에서 가장 높은 곳에 오르니 뱀 네 마리가 보답을 바라나, 한 마리는 그들에게서 잊혀지는구나.'

문공은 이 글을 보고서야 자신의 이마를 쳤다.

"아, 이제야 생각이 났다! 이는 개자추를 가리키는 것이야. 내가 국사로 바빴다지만 어찌 그를 잊었단 말인가?"

그래서 사람을 보내 개자추를 청해 오려고 하였지만 그의 그림자조차 찾을 수가 없었다. 그는 계속해서 개자추를 찾았지만 들려오는 말이라고는 그들 모자가 면산綿山에서 은거한다는 말뿐이었다. 이에 진 문공은 면산 일대의 토지를 개자추에게 하사하며 개산介山이라 부르게 했다. 이 이름은 지금까지 이어졌으며, 현재 산서성 개휴현介休縣 동남쪽에 자리하고 있다.

4. 진과 초의 성복의 전투

왕위에 앉은 진晉 문공은 백성들의 훈련을 강화해 군대를 조직하고, 창검 훈련과 진을 치는 훈련을 하였다. 2년이 지나 문공은 이 군대를 이끌고 전쟁터에 나섰다. 대신 중에 자범子犯이란 자가 문공을 말렸다.

"아직 백성들은 무엇이 도의인지 모르니, 자신의 자리에서 안정을 누리지 못할 것입니다."

그래서 문공은 진나라를 떠나 주나라 양襄 왕의 보위를 안정시키는 일을 하였다. 그 후 본국으로 돌아온 문공이 백성들이 즐겁게 일하고 평화롭게 살 법도를 제정하자 민심이 점차 안정되었다. 진 문공이 다시 군사를 이끌고 전쟁에 나가려 하였지만, 또다시 자범이 말리고 나섰다.

"아직도 때가 무르익지 않았습니다. 백성들은 아직 신의가 무엇인지 알지 못합니다."

이에 문공은 법률을 제정하여 물건을 사고파는 백성들이 폭리를 취하지 못하게 가격을 명시토록 하고, 어린이와 노인을 속이지 못하게 하였다. 시장이 규범화되자 문공이 다시 자범에게 물었다.

"이제는 출병해도 되겠소?"

자범은 여전히 고개를 저었다.

"아직도 이릅니다. 백성들은 무엇이 예의인지 알지 못하여 왕을 공경하는 마음도 미처 다 갖추지 못한 상태입니다."

문공은 그 즉시 이를 주관하는 관원의 직책을 명확히 하고, 성대한 열병식을 거행하였다. 그리고 온 성의 백성들을 불러 모아 열병식을 참관하며 예의를 배우게 하였다. 이를 본 자범이 즐거워하며 말했다.

"이제 되었습니다. 백성들이 도의와 신용, 예의를 알게 되었으니 앞으로는 공격하는 족족 이기고, 전쟁마다 승리를 거두게 될 것입니다."

문공이 보위에 있은 지 4년째 되는 날, 초楚나라의 인솔 하에 몇몇 제후국들이 손을 잡고 송나라를 포위 공격하였다. 그러자 송의 양공襄公은 진나라 문공에게 도움을 요청했다. 이에 문공이 대신들을 모아 대책을 논의하자, 선진先軫이라는 대신이 의견을 내놓았다.

"대왕께서 국외를 떠돌아다니실 때 송나라의 예우를 받으셨기에 우리나라도 안정을 얻게 된 것입니다. 지금이 바로 그것에 보답할 때가 아니겠습니까? 어려울 때 도와주고 위신을 세운다면 패업을 달성할 수 있을 것입니다."

대신들은 이 말을 듣고 매우 흥분하였고, 호언도 거들고 나섰다.

"초나라는 지금 조曹, 위衛 두 나라와 우호적인 관계이니 저희가 조와 위나라를 공격한다면, 초나라는 반드시 그들을 구하러 돌아올 것입니다. 그러면 송나라도 포위에서 풀려나게 될 것입니다."

진 문공은 극곡郤穀과 호언, 난기欒枝를 삼군의 장군으로 임명하여 조나라와 위나라를 공격하고 승리를 거두었다. 문공은 조나라의 공공共公을 생포하고 조나라와 위나라의 토지를 송나라에게 나눠주었다.

이 소식을 들은 초의 성왕成王은 대장 자옥子玉에게 군대를 철수하라는 명을 내렸다.

"진나라의 군대를 추격하지 마라! 진의 문왕은 19년간 국외를 떠돌면서 온갖 고생과 위험은 다 겪어보았고, 백성들의 사정도 잘 알고 있다. 게다가 진나라는 그의 통치 하에 더욱 부강해져 백성들의 신망 또한 높아졌다. 이것은 그로 하여금 패업을 이루게 하시려는 하늘의 뜻이다! 자네도 들어보았지 않는가? '적당한 선에서 그치라'는 말과 '자신의 역량을 알고 물러서라'는 『군지軍志』의 말을 말일세. 그러니 어서 병사를 철수시키세."

그러나 자옥은 진나라 문공을 인정할 수 없었다.

"저희가 송나라를 포위한 지 오래 되어 송나라도 더 이상 버티기 힘든 상황입니다. 대왕께서 제게 며칠만 주신다면 반드시 송나라 양공의 머리를 가져와 바치겠습니다. 만약 진나라의 군대를 만나게 되면 목숨을 걸고 전쟁을 벌일 것입니다.

그리고 만약 실패한다면 기꺼이 군법의 처분을 받겠습니다."

초나라 성왕은 자옥이 병사들을 인솔해 전쟁터에 나간 후 왕명을 듣지 않자, 불같이 화를 내며 더 이상 원군을 보내지 않았다.

자옥은 먼저 완춘宛春을 사자로 삼아 진나라 문공에게 말을 전했다.

"조나라의 공공을 다시 왕으로 세우고 두 나라의 토지를 돌려주어라. 그러면 우리도 송나라에 대한 공격을 멈출 것이다."

진나라의 대신 자범은 이 말을 듣고 역정을 내었다.

"자옥이란 놈이 겁도 없구나. 감히 그런 망발을 하다니! 자신은 송나라의 포위를 풀겠다는 한 가지 조건만 내걸어 놓고 우리에게는 조나라 왕을 복직시키고 토지를 돌려주라는 두 가지 조건을 내세워? 아무래도 초나라와의 전쟁을 피할 수가 없겠군!"

선진은 허둥거리지 않고 침착하게 대답했다.

"전쟁은 반드시 해야 하지요. 하지만 중요한 것은 어떻게 전쟁을 하느냐가 아니겠습니까? 자옥이 완춘을 보낸 것은 정말 뛰어난 전략이었습니다. 이런 조건을 내걸음으로써 조, 위, 송 세 나라의 인심을 달랬기 때문입니다. 만일 우리가 그자의 조건에 응하지 않는다면 우리는 세 나라 모두에게 미움을 받게 될 것입니다. 그럼 전쟁을 하기도 전에 고립된 상황에 빠지게 될 텐데, 무엇으로 승리를 장담한단 말입니까? 다시 말해 초나라에서 완춘을 보내 화의를 제의한 것은 세 가지 은혜를 베풀겠다는 뜻인데, 우리가 이를 거절한다면 어찌 되겠습니까? 세 가지 원한을 쌓게 된다는 것입니다. 세 가지 은혜와 세 가지 원한이 대립한 꼴이 되었는데, 여기서 우리가 이길 수 있겠습니까?"

이 말에 대신들은 잠에서 깨어난 듯 정신이 번쩍 들었다.

'자옥이란 놈이 만만한 놈이 아니었구나. 이런 엄청난 술수를 쓰다니. 그렇다면 우리 진나라는 어쩌면 좋단 말인가?'

이런 생각들을 하고 있을 때 선진이 미리 생각해 두었던 말을 하기 시작했다.

"우리에게 불리한 것을 유리하게 바꾸어야 합니다. 일단 몰래 조와 위나라의 왕을 다시 보위에 앉히고 그들의 영토를 돌려주어, 두 나라가 우리에게 감사하게 해야 합니다. 그런 다음 완춘을 구금하여 자옥을 자극한다면 전쟁을 통해 송나라를 구할 수 있게 될 것입니다."

선진의 지혜에 모두 입을 모아 감탄하였다.

"정말 훌륭합니다."

본래 초나라는 그 당시 대국이었기 때문에 시기적으로나 지리적으로 유리할 뿐 아니라, 제후들을 화합시키거나 기선을 잡는 방면에서도 앞선 상황이었다. 그러나 진나라가 선진이 말한 방법을 쓴다면 두 나라의 형세는 크게 달라진다. 진나라가 전략적으로 주도권을 쥐게 되는 것이다. 물론 이 소식을 들은 자옥은 크게 분노하며 진나라를 치라는 명령을 내렸다. 결국 두 나라 군대가 일촉즉발의 상태에 놓였다.

이때 자범이 진 문공에게 아뢰었다.

"저희가 유랑할 때 초나라 왕은 우리를 융숭히 대접하였습니다. 그때 왕께서 하신 약속을 기억하십니까? 그때 대왕께서는 초나라 왕의 은혜에 감사하여, 언젠가 진과 초 두 나라가 교전을 벌이게 되면 진나라에서 삼사(90리, 옛날 사흘간의 행군 거리)를 뒤로 물리겠다고 하셨습니다. 그러니 지금 저희 군은 90리를 뒤로 물러나야 합니다."

이 말을 들은 다른 대신들은 모두 동의하지 않았다.

"초나라 군대는 지금 몹시 지친 상태입니다. 이럴 때 정면으로 돌파하는 것이 옳거늘, 후퇴라니요? 후퇴하는 것은 엄청난 치욕이 아닙니까?"

자범은 천천히 그들에게 상황을 설명하였다.

"전쟁을 하는 데 있어 모든 것은 이치에 달려 있네. 이치에 맞으면 사기는 진작될 것이고, 이치에 맞지 않으면 사기는 사라져 버리지. 만약 당시 초나라가 우리들을 받아주지 않았다면 우리가 지금 이 자리에 있을 수 있었겠는가? 삼사를 물러나는 것은 그들에 대한 우리의 보답이네. 만약 우리가 뒤로 물러나면 초나라 군대도 형세를 보고 군대를 철수할 터이니, 싸우지 않고도 승리를 거두는 격이 아니겠나? 이 얼마나 좋은 일인가? 만약 우리가 후퇴를 했는데도 초나라가 끝까지 덤벼든다면 그 때문에 우리 군의 사기는 더욱 높아질 걸세. 그러면 이 전쟁은 당연히 이기게 되겠지. 전쟁을 마친 후에는 제후들에게 신의와 은혜를 갚았다는 칭송을 받게 될 테니, 이야말로 일거양득이 아니고 뭐겠나?"

진나라 군신들은 그의 말에 모두 고개를 끄덕였다. 이 소식을 들은 병사들의 사기도 더욱 크게 고조되었다. 진나라 군사들은 뒤로 90리를 물러났다. 이를 지켜본 몇몇 초나라 장수들이 건의했다.

"전쟁을 시작하지도 않았는데 진나라 군대가 뒤로 90리를 물러났습니다. 그러니 저희도 이 틈에 아예 후퇴를 하도록 하십시다."

그러나 자옥은 이를 받아들이지 않았다.

진 문공이 왕이 된 후 이렇게 큰 전쟁을 치르기는 처음이었다. 게다가 적수는 강대국인 초나라가 아닌가? 생각하면 할수록 문공의 마음에 두려움이 생겼다. 어느 날 밤, 몸을 뒤척이며 잠을 이루지 못하던 문공은 간신히 잠에 들었지만 또 무서운 꿈에 시달렸다. 자신과 초나라 성왕이 씨름을 하다가 성왕이 자신을 내동댕이치고 자기 몸 위에 엎드리더니, 머리를 한참 때리고 뇌를 빨아먹는 것이 아닌가? 악몽에서 깨어난 문공은 머리가 아파 죽을 지경이었다. 정말 성왕에게 맞은 것만 같았다. 그는 급히 자범을 불러 어찌된 일인지 물었다. 그러자 자범은 그 말을 듣고 도리어 기뻐하며, 들뜬 목소리로 문공에게 축하 인사를 올렸다.

"정말 좋은 꿈입니다! 대왕께서 하늘을 바라보고 계신 것은 하늘의 도움을 받는다는 뜻입니다. 또 초나라 왕이 대왕의 몸에 엎드려 있었다면 땅을 보고 있는 것이니, 곧 왕 앞에서 자기 죄를 인정하며 머리를 조아리게 될 것입니다!"

이 말에 문공의 머리는 씻은 듯이 나았다. 오히려 머리가 개운해지며 자신감이 가득 차올랐다.

며칠 후, 진 문공은 송나라, 제나라, 진秦나라의 원병과 함께 성복城濮, 초나라의 성과 해자垓字로, 지금의 산동성에 있다에서 초와 결전을 벌였다. 초나라 군사들은 크게 패하고 수많은 토지를 잃게 되었다. 문공이 진나라로 돌아오자 주나라 천자는 축하 선물을 보내 문공이 패자가 되었음을 공표하였다. 제후들도 문공 앞에 나와 알현했다. 이로써 진 문공은 제나라 환공과 송나라 양공에 이어 세 번째 패자가 되었다.

자옥은 귀국 후 스스로 목숨을 끊어 사죄했다.

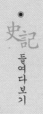

史記
들여다보기

평왕이 도읍을 동쪽으로 옮긴 후 주 왕실은 더 이상 제후국들에게 영향력을 발휘하지 못한다. 주왕은 한나라의 왕인 후왕侯王으로 전락하여 다른 나라와 분쟁이 발생하면 인질을 교환하는 방식으로 문제를 해결하였다. 주 왕실의 쇠퇴는 일부 제후국들이 병합을 통해 세력을 강화시킨 후, 전쟁을 통해 패자의 지위를 차지하는 것과는 큰 대비를 이루었다. 사실상 모든 제후국들에게 주인 노릇을 한 사람은 바로 패자들이었다. 춘추 시기, 이렇게 패자의 위치를 차지한 사람은 다섯 명이었기 때문에, 역사에서는 이들을 '춘추오패'라고 부른다. 제나라의 환공, 진晉나라의 문공, 초나라의 장왕, 오나라의 왕 합려闔廬, 월나라의 구천句踐이 바로 그들이다. 또 어떤 이들은 춘추오패로 제의 환공, 진의 문공, 진秦의 목공, 초의 장왕, 송의 양공을 꼽기도 한다.

춘추오패 중 오왕.

● 주요 인물
　정영, 공손저구

● 주변 인물
　조순, 진 영공, 진 경공, 조삭, 도안가

● 키워드
　정직, 의협심

● 주요 사건
　진 영공 살해

● 고사
　뽕나무 아래서 배를 곯다, 왕을 시해한 조순, 조씨 고아

● 이야기 출처
　『사기』「진세가」

조씨고아 : 영원히 변치 않을 의협심

경극京劇 〈조씨고아趙氏孤兒〉에서 아주 유명한 대목의 유래를 아는가?

1. 뽕나무 아래 굶주린 사람을 구해 준 은인

진晉 문공 이후 세 번째로 보위에 앉은 왕은 영공靈公이었다. 영공이 즉위했을 때 나이가 일곱 살밖에 되지 않았기 때문에 조정은 진나라의 원로인 조쇠의 아들 조순趙盾이 주관했다. 처음 진나라의 중이가 국외로 도망갔을 때 조순 역시 다른 사람들과 함께 중이를 따라 적나라에 갔었다. 적나라는 장구여膽씀如란 사람을 치고 그 두 딸을 포로로 잡아와 작은 딸은 중이에게 주고 큰 딸은 조쇠에게 주었는데, 그때 조순이 태어났다. 귀국 후 조쇠는 많은 책략을 내었기 때문에 문공에게 중용을 받았다. 조쇠의 진나라 아내는 선량해서 조쇠에게 적나라에 있는 아내를 데려오라 하고, 조순을 자신의 세 아들 아래의 적자로 받아주었다. 본래 재능이 많았던 조순은 정사를 보좌하는 데 있어 놀라운 업적을 세우며 직임을 다하였다.

시간은 빠르게 흘러 어느덧 14년이 지나 진 영공도 성인이 되었다. 그러나 영공은 조순을 매우 실망시켰다. 거만하고 제멋대로인 데다가 사치를 일삼았으며 날마다 방법을 바꿔가며 향락만을 좇았기 때문이었다. 영공은 조정의 씀씀이는 고려하지 않았고, 대신들의 반대에도 불구하고 아름다운 정자와 누각, 고루를 수없이 지었다. 아름다운 풍경을 감상하고 자극을 찾기 위해서였다.

어느 날, 그가 삼층짜리 망루에서 구슬로 새를 잡고 있을 때였다. 그날은 나무 위의 새들이 어디로 가 버렸는지 아무리 구슬을 날려도 한 마리도 잡히지 않았다. 조금씩 초조해져 가던 영공이 무심코 고개를 돌려 망루 밑을 내려다봤다. 정원 저 멀리에서 백성들이 산보를 하거나, 분주히 물건을 사고파는 모습들이 눈에 들어왔다. 영공의 마음에 한순간 충동이 일었다. 그는 바삐 걷고 있는 백성에게 있는 힘껏 구슬을 날렸다. 그 사람이 푹 하는 소리를 내며 바닥에 고꾸라졌다. 영공은 그 모습을 보고 웃음을 터뜨렸다.

"재밌다, 재밌어! 새를 맞추는 것보다 훨씬 재미있어."

그러더니 다시 다른 사람들을 향해 또 구슬을 날리는 것이 아닌가? 거리에 있던 사람들은 어디에선가 화살이 날아온 줄 알고 깜짝 놀라 몸을 숨기기에 바빴다. 어떤 이들은 도망치다 신발을 잃어버렸고, 또 어떤 이들은 서로 부딪쳐 넘어지기도 했다. 이 모습을 본 영공은 신이 나서 덩실덩실 춤을 춰댔다.

또 다른 날, 영공은 갑자기 곰 발바닥이 먹고 싶어졌다. 그는 즉시 왕실 주방장에게 곰 발바닥을 요리해 내오라고 명했다. 곰 발바닥은 약한 불로 천천히 고아야 하는 요리였지만, 영공은 몇 분 기다리더니 어느새 참지 못하고 주방장을 재촉해 댔다. 어쩔 수 없었던 주방장은 채 익지 않은 곰 발바닥을 상 위에 올렸다. 곰 발바닥을 한 입 베어 문 영공이 갑자기 버럭 화를 내며 명을 내렸다.

"이 주방장을 끌고 나가 죽여라. 시체를 여덟 등분한 다음 성자에 담아 들에 버려 늑대들의 밥이 되게 할 것이다."

때마침 사졸들이 시체를 상자에 담아 나오다가 보정대신輔政大臣인 조순과 마주치게 되었다. 조순과 다른 충직한 대신은 몇 번이나 간곡하게 진언을 올렸다. 어리석은 진 영공은 그 말에 귀를 기울이기는커녕 그 말이 듣기 싫어 진나라의 장사

145

서예組가에게 조순을 암살하라 명하였다. 다행히 서예라는 자는 이치를 아는 사람이었다. 그는 조순이 방에 단정히 앉아 조정에 나갈 준비하는 모습을 보고 마음이 흔들렸다. 양심의 가책을 받았으나 달리 뾰족한 방법이 떠오르지 않았다.

'충신을 죽이든 왕명을 어기든 모두 똑같은 죄가 아닌가?'

이렇게 생각한 서예는 결국 나무에 머리를 부딪쳐 자결했다. 그러나 이미 조순을 죽일 결심을 한 영공은 그대로 포기할 수가 없었다. 어느 날 영공은 조순에게 술을 마시자고 청했다. 이는 병사들을 매복시켜 조순을 공격하려는 속셈이었다. 그러나 다행히도 영공의 주방장인 시미명示眯明이 사전에 그 사실을 알게 되었다. 그는 조순이 취해서 죽임을 당할까 걱정이 되어 중간에 들어가 그를 먼저 데리고 나왔다. 미처 조순을 잡지 못한 복병들은 개들을 풀어 조순을 물게 하였다. 그때 시미명이 나서 사나운 개들을 죽여 버렸다. 또한 뒤를 따라온 복병들을 막아 마침내 조순을 위험에서 구해 냈다. 조순이 시미명에게 자신을 구한 이유를 물었다.

"재상, 3년 전 상수리나무 아래에서 굶어 죽게 생긴 사람에게 밥을 주셨던 일을 기억하십니까?"

조순은 그 사람의 얼굴을 찬찬히 떠올려 보았다.

"아, 생각났네. 그때 자네는 굶어서 숨이 끊어질 듯 나무에 기대어 있었지. 나는 사냥을 하러 가다가 자네에게 음식을 주었고. 허나 자네는 음식을 절반만 먹었어. 어머니에게 드릴

거라고 했지. 그때 나는 자네가 의인인 것을 알아보고 음식을 더 주었었네."

시미명은 고개를 끄덕이며 대답했다.

"재상, 그때 제 목숨을 구해 주신 것은 절대 잊을 수 없을 겁니다."

이렇게 조순은 시미명의 도움으로 진나라를 벗어날 수 있었다. 그리고 악을 많이 행한 자는 반드시 멸망한다는 말 그대로, 얼마 지나지 않아 영공은 조순의 친동생 조천趙穿에게 죽임을 당했다. 다시 진나라로 돌아와 정권을 잡은 조순은 진 문공의 작은 아들인 흑둔黑臀을 귀국시켜 왕위에 앉혔다. 그가 바로 진 성공成公이다.

2. 정영과 저구, 고아를 위해 살고 죽다

시간이 흘러 진 성공이 죽은 후 그 아들이 즉위하니, 비로 경공景公이다. 당시는 도안가屠岸賈라는 대신이 왕의 총애와 신임을 받고 있었다. 그는 자신의 권세가 커질수록 조정과 나라를 좌지우지하려고 들었다. 그러나 조정은 조순의 아들인 조삭趙朔이 주관하고 있었다. 도안가는 걸림돌인 조씨 집안을 해치울 마음을 먹는다.

그는 먼저 대신들 사이에 소문을 퍼뜨렸다.

"옛날 조순이 우리의 왕을 죽인 것을 다들 잊으셨소? 그런데 왜 그 후손이 조정을 좌지우지하게 둔단 말이오?"

그러자 대신 중에 한궐韓厥이라는 자가 반대하고 나섰다.

"조순은 그 사건이 일어났을 때 국내에 있지도 않았소. 게다가 돌아가신 성공은 조순이 무죄라고 판결까지 내리지 않으셨소. 그런데 지금 이를 뒤집으려 하다니, 성공도 우습다이 말이오?"

도안가는 상대가 꿈쩍도 안 하자 급히 자신의 패거리를 키워 조삭을 고립시켰다. 한궐은 진나라의 한 시대를 풍미했던 대신으로 도안가의 속셈을 이미 눈치 채고 있었다. 그는 조삭에게 곧 어려움이 닥칠 것이니 어서 피하라고 충고해 주었다. 그러나 조삭은 고개를 내저었다.

"정치 투쟁은 늘 언제나 잔인한 것이잖소. 나라고 왜 도안가가 하는 짓을 모르겠소? 다만 왕께서 그를 신임하여 나쁜 일을 하여도 내버려두시니 그냥 내버려두는 것이오. 이런 상황에서 어디로 도망한들 목숨을 보존할 수 있겠소? 만약 우리 집안에 좋지 않은 일이 생기면 어떻게든 단 한 명이라도 우리 핏줄을 남겨주시오. 대가 끊어지지 않도록……. 내 소원은 이것뿐이오."

한궐은 조삭에게 약속하고 병을 핑계로 더 이상 문밖출입을 하지 않았다. 과연 얼마 지나지 않아 도안가는 경공에게 묻지도 않고 군사를 대동해 조씨 집안을 포위했다. 그리고 조삭뿐 아니라 집안의 남녀노소 3백여 명을 모두 죽여 버렸다. 순식간에 피비린내가 진동하여 지켜보는 이들은 모두 두려움에 몸서리쳤다. 조삭의 아내는 성공의 누나였는데 당시 임신한 몸이었다. 그녀는 미리 소식을 듣고 궁으로 몸을 숨겨 다행히 목숨은 건질 수 있었다.

조삭의 수하에는 공손저구公孫杵臼라는 가신이 있었다. 조삭이 살해당한 후 슬픔에 잠긴 그는 조삭의 친구인 정영程嬰을 찾아가 말했다.

"조순, 조삭 부자가 얼마나 훌륭한 사람이었습니까? 우리에게도 산과 같은 은혜를 베풀어 주셨는데……. 우리 자결함으로써 그 은혜에 보답합시다."

그러자 정영이 대답했다.

"아니, 그럴 순 없네. 조씨 부인께서 지금 임신 중이라 하니 곧 아기를 낳을 걸세. 만약 남자아이를 낳으면 그 아이를 성년이 될 때까지 키워야 할 것이 아닌가? 딸을 낳으면 그때 가서 자살을 해도 늦지 않네."

얼마 후 조삭의 아내가 아이를 낳았다. 다행히도 그녀가 낳은 아이는 아들이었다. 그러나 이 소식은 순식간에 도안가의 귀까지 들어갔다. 잔인한 도안가는 조씨 집안의 뿌리까지 뽑아 버려야겠다고 생각했다. 바로 사람들을 이끌고 궁으로 들어가 뒤지기 시작했다. 아이에게 젖을 물리고 있던 조삭의 아내는 바깥에서 잽싸게 움직이는 발자국 소리를 듣고 불청객이 찾아온 것을 알아챘다. 그 순간 부인은 기지를 발휘하여 아이를 강보로 잘 싼 다음 자신의 바짓가랑이 속에 넣었다. 그러고는 침상 끝에 기대고 앉아 편안히 쉬는 척을 했다. 악마 같은 놈들이 이곳저곳을 뒤지자 그녀의 심장이 쾅쾅 요동을 쳤다. 그러나 부인은 속으로 조용히 기도를 올렸다.

'천지신명이시여, 만약 조씨 집안을 멸하실 생각이시라면 이 아이가 울게 내버려두시고, 대를 잇게 해주실 거라면 아이가 울지 않게 해주십시오.'

바로 이때 한 호위병이 조삭의 아내 곁으로 와 이리저리 살펴보기 시작했다. 조삭의 아내는 너무 긴장해서 심장이 금방이라도 목구멍으로 튀어나올 것만 같았다. 그러나 다행히 아이는 울지 않았다. 이 얼마나 위험한 상황인가! 이 소식을 전해들은 공손저구와 정영 역시 깜짝 놀라 식은땀을 흘렸다. 정영이 먼저 입을 열었다.

"더 이상 이렇게는 안 되겠네. 이번에는 요행히 위험을 피했으나 다음에도 이렇게 운이 좋으란 법은 없잖은가! 어서 방법을 생각해 봐야 하네."

공손저구는 깊은 한숨을 내쉬며 물었다.

"고아를 키우는 것과 죽음으로 은혜에 보답하는 것 중에 어떤 것이 더 어렵겠습니까?"

"이런 위험한 상황에는 고아를 데려다 키우는 것이 더 어렵겠지, 죽는 게 뭐 그리 어렵겠는가?"

정영이 대답하자, 공손저구가 입을 뗐다.

"전 이미 늙었고 선생께선 아직 젊으십니다. 게다가 재상께서도 선생을 가장 아끼셨지요. 그러니 제가 쉬운 일을 맡겠습니다. 선생께서는 어려운 일을 맡아 주십시오!"

이내 공손저구의 속내를 헤아린 정영은 눈물을 머금고 친구의 손을 감싸쥐며 고개를 끄덕였다. 이어 공손저구는 책략을 내놓았다. 정영은 그 뜻에 동의하고 바로 밖으로 나갔다. 며칠 후 정영은 밖에서 막 태어난 아기 하나를 안고 왔고, 공손저구는 화려한 강보를 찾아와 아이를 감쌌다.

다음날 정영은 도안가의 앞으로 나아갔다.

"소인은 재능도 없고 덕도 부족하여 출세할 기회를 얻지 못했습니다. 그러나 이번에 하늘의 보살핌 덕분에 조씨 집안의 그 아이가 어디 있는지 알게 되었습니다. 만약 제게 황금 천 냥을 주신다면 제가 그 비밀을 일러드립지요."

도안가는 크게 기뻐하며 바로 정영의 제안을 받아들였다. 그리고 정영에게 군사를 붙여 그 아이를 찾게 했다. 정영은 대군들을 이끌고 산에 올라가 어느 낡은 집 앞에 멈춰 섰다. 문을 열자 공손저구가 아이 하나를 안고 나오다가, 정영이 군사들을 이끌고 온 것을 보고 분노한 척하며 욕을 퍼부었다.

"정영, 이 나쁜 놈! 정말 부끄러움도 모르는 소인배로구나.

재상께서 널 얼마나 아끼셨는데 아이를 대신 키워주지는 못할망정, 감히 배신을 해?"

병사들은 공손저구의 말이 다 끝나기도 전에 몰려가서 그를 붙잡았다. 공손저구는 슬픈 모습으로 땅바닥에 무릎을 꿇고 빌었다.

"장군들, 이렇게 부탁하오. 나는 죽여도 이 조씨의 후손만은 살려주시오. 이제 막 태어난 갓난아이에게 무슨 죄가 있단 말이오?"

그러나 그런다고 물러설 군사들이 아니었다. 군사들은 바로 칼을 들어 저구와 아이를 내리쳤다.

도안가는 이제야 한숨을 돌릴 수 있었다. 명성을 날리던 조씨 집안을 뿌리째 뽑았기 때문이다. 그러나 그는 정영과 공손저구가 연극을 한 것임은 상상도 못하고 있었다. 죽은 아이는 다른 곳에서 데려온 아이였다. 진짜 조씨 고아는 이름과 성을 숨긴 채 정영에게서 키워졌다. 이 아이의 이름이 바로 무武이다. 15년이 흐른 후에야 사건의 전말을 알게 된 경공은 간악한 도안가를 처벌하고 정영과 조무를 깊은 산 속에서 찾아내어 다시 관직에 봉하고 작위를 주었다. 그리고 원래 조씨 소유였던 밭과 봉지를 조무에게 돌려주었다.

조무가 스무 살이 되던 어느 날, 정영은 조무를 불러 앉히고 정이 듬뿍 담긴 손으로 머리를 어루만지며 말했다.

"얘야, 이제 너도 성인이 되었으니, 나도 그만 가야겠구나."

조무는 깜짝 놀라 물었다.

"어딜 가시려고요?"

정영이 대답했다.

"당시 조씨 집안에 위험이 닥쳤을 때 모두 목숨을 잃었단다. 나도 죽고 싶었으나 조씨 집안의 유일한 후손을 키우기 위해 지금까지 살아 있었던 것이지. 그러나 너도 이제 만 스물이 되었고 선조들의 관직도 물려받았으니, 내 할 일도 이제 다 끝난 것이 아니냐. 이제 나도 구천으로 돌아가 네 할아버지와 공손저구에게 보고를 해야겠다."

정영의 말에 눈물범벅이 된 조무는 머리를 조아리며 부탁했다.

"20년 동안 저희는 친 부자지간처럼 지냈지 않습니까? 그런데 어떻게 제 앞에서 돌아가시는 모습을 본단 말입니까? 그럴 수 없습니다. 이제 남은 인생 온 힘을 다해 키워주신 은혜에 보답하겠습니다."

그러나 정영은 조무를 일으켜 세우며 단호하게 말했다.

"난 더 이상 살 수 없다. 당시 저구는 내가 너를 잘 키워줄 것이라 믿었기 때문에 나보다 먼저 죽었던 깃이야. 만약 내가 돌아가서 보고하지 않으면 두 사람은 내가 일을 다 마치지 못했다고 생각할 게다."

이렇게 말을 마친 정영은 칼을 들어 자결해 버렸다.

오늘날 우리가 보는 경극 〈조씨고아〉는 이 이야기의 인물과 줄거리를 조금 바꾼 것이다. 예를 들면 정영이 다른 곳에서 조씨 고아 대신 죽을 아이를 데리고 오는 대목이다. 경극에서는 정영이 데려오는 아이를 정영의 친 아들이라고 설정하고 있다. 그리고 정영이 직접 자신의 아들을 죽여 조씨 고아를 살리는 것으로 이야기를 전개하였다. 극적인 감동을 더하기 위해서이다.

역사에서는 가끔 놀라울 정도로 비슷한 사건들이 재현되는 경우가 있다. 청나라 말기, 그 유명한 '무술변법[3]'이 실패한 후 서태후는 변법에 참가한 인사들을 닥치는 대로 잡아 죽인다. 담사동譚嗣同은 강유위康有爲에게 도망칠 것을 권하고는, 자신은 그곳에 남아 무술변법을 위해 죽음을 택한다. 그리고 정영과 저구의 이야기를 생각하며 격양된 어조로 시를 한 수 쓴다.

'가는 자나 남는 자나 그 기개와 용기는 곤륜과 같구나!'

● **각주**

_____

3 변법자강운동. 청나라 말기, 중국의 지식인들이 벌였던 정치·교육 개혁운동. 유럽의 무기와 기술만 도입하려던 양무운동의 한계를 깨닫고 시작되었다.

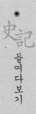

춘추 말기 진晋나라는 조趙, 한韓, 위魏 세 나라로 나뉘었고, 진
의 왕은 속국의 지도자가 되었다. 주나라 위열왕威烈王 23년(기
원전 403년), 주나라 천자는 정식으로 세 나라를 제후국으로 인
정했다. 그중 조나라는 조무의 후손들이 세운 것이다.

역사극 〈조씨고아〉

越王 句踐

월나라 구천 : 치욕을 참아 큰일을 이루다

오吳나라와 월越나라는 비교적 남쪽에 위치한 제후국이었다. 오나라의 도성은 오늘날의 소주蘇州이며, 월나라의 영토는 지금의 절강성과 강소성江蘇省 일대이다. 여러 영웅들이 패권을 두고 싸움을 벌이던 시절, 두 나라는 땅과 백성들을 차지하기 위해 걸핏하면 전쟁을 벌였고, 오랜 전쟁으로 인해 두 나라는 대대로 원수 국가가 되었다.

기원전 497년, 월나라의 국왕이었던 윤상允常이 죽자 구천句踐이 즉위했다. 오나라의 합려闔閭는 신구정권이 교체하는 틈을 타 공격할 요량으로 군사를 동원하여 월나라 정벌에 나섰다.

월나라 왕 구천은 직접 군사를 이끌고 오나라의 군사를 맞았다. 두 나라의 군대가 대치하자 오나라 군대는 적진을 향해 고함을 치며 돌격하려고 했다. 그때 갑자기 월나라 군대에서 나란히 정렬한 세 대열이 걸어 나오더니 혼을 빼놓을 듯한 소리로 '와- 와' 하고 소리를 질렀다. 그러더니 일치된 동작으로 패도를 뽑아 자기의 목을 베어 자결해 버리는 것이 아닌가? 이게 대체 무슨 일이지? 무슨 짓을 하는 것일까? 오나라 군대는 깜짝 놀라 입을 쩍 벌린 채 서로의 얼굴만 마주보았다. 여기저기 수군대는 소리가 나면서 질서정연하던 대열이 흐트러지기 시작했다. 이렇게 오나라 군대가 넋을 놓고 있을 때 월나라의 말과 군사들은 엄청난 기세로 기습해 왔다. 결국 오나라 군사들은 추리欈李에서 크게 패했고, 합려 역시 중상을 입게 된다.

합려는 부상을 당한 데다 화병까지 겹쳐 숨이 끊어질 지경에 이르렀다. 죽기 전, 그는 아들인 부차夫差에게 마지막 유언을 남겼다.

"나를 대신해서 반드시 월나라에 원수를 갚아야 한다!"

부차는 눈물을 흘리며 아버지에게 복수하겠노라 다짐을 했다. 그때부터 부차는 날마다 병술을 익히며 부지런히 전쟁을 준비하였다.

3년 후 구천은 선제공격이 유리할 것이라 믿고 군사를 일으켜 오나라를 공격했다. 그러나 당시 대신이던 범려范蠡가 말리고 나섰다.

"경솔하게 전쟁을 일으키면 불리한 일을 당하기가 쉽습니다."

그러나 구천은 범려의 충고를 들으려 하지 않았다. 한편 3년이나 전쟁을 준비한 부차가 전쟁에 질 리 있었겠는가? 이번에는 구천이 부초夫椒에서 크게 패한다. 오나라 군대는 5천여 명 밖에 남지 않은 구천의 부대를 에워쌌다. 그 순간 구천은 후회하며 범려에게 말했다.

"내 군사의 말을 듣지 않아 이 지경까지 오게 되었네. 이제 어쩌면 좋단 말인가?"

범려가 대답했다.

"대장부는 참을 때와 일어날 때를 아는 법입니다. 지금은 사죄하며 화평을 구하는 수밖에 없습니다."

구천은 바로 대신 문종文種을 오나라에 보냈다. 오나라에 도착한 문종은 무릎을 꿇은 채로 절을 하면서 앞으로 나아갔다.

"대왕마마, 구천이 잘못을 뉘우칩니다! 이제 왕의 신하가 되게 해주십시오."

이 말에 마음이 약해진 부차는 고개를 끄덕여 문종의 제의를 수락하려고 했다. 이때 오자서伍子胥가 급히 앞으로 나와 부차를 막았다.

"지금은 월나라를 점령하라고 하늘이 주신 기회입니다. 절대 이 기회를 놓쳐서는 안 됩니다. 절대 화평을 약속하지 마

159

십시오!"

부차는 고개를 저었다.

문종이 돌아간 후 부차가 평화 제의를 거절했다는 소식이 구천에게 전해졌다.

"아무래도 월나라의 운이 다했나 보다. 이제 어쩔 수 없지! 차라리 아내와 자식들을 죽이고 보석들을 불태운 다음 오나라와 최후의 결전을 벌이리라!"

구천이 이렇게 말하자 문종이 재빨리 입을 열었다.

"상황이 그렇게까지 나쁘지는 않습니다. 다시 한 번 시간을 주십시오. 방안을 짜내어 보겠습니다."

한참이나 생각에 잠겨 있던 문종이 입을 뗐다.

"생각났습니다. 오나라 태재太宰 중에 비嚭라는 자가 있는데 재물에 대한 욕심이 많다고 합니다. 그를 이용해 보는 건 어떻겠습니까?"

구천은 문종을 보내 아름다운 미녀들과 희귀한 보물들을 비밀리에 비에게 전했다. 뇌물을 받은 비는 문종을 데리고 다시 한 번 오나라 왕을 찾아갔다. 문종은 다시 한 번 부차에게 간곡히 부탁했다.

"제발 구천의 죄를 사해 주십시오. 그러면 구천은 나라의 모든 금은보화를 대왕께 바칠 것입니다. 그러나 용서하지 않으신다면 구천이 목숨을 건 결전을 벌일 것입니다. 만약 그렇다면 구천에게 있는 군사 5천여 명을 다 죽이기까지 싸우셔야 하지 않습니까?"

비 역시 옆에서 월나라의 역성을 들고 나섰다.

"맞습니다. 월나라를 용서하는 일은 우리 오나라에게 가장 유리한 일입니다. 어떤 해악도 없을 것입니다."

부차는 두 사람의 간청을 거절하지 못해 결국 구천을 놓아 보내기로 약속해 주었다. 오자서가 다시 말리고 나섰지만 부차는 그의 말을 들으려 하지 않았다.

회계에 잡혀 풀이 죽어 있던 구천이 탄식했다.

"정녕 내 여기서 생을 마감해야 한단 말이냐?"

그러자 옆에 있던 문종이 용기를 북돋아주었다.

"탕은 일찍이 감옥에 갇혔었고, 문왕은 유리에 구금되었습니다. 진나라 공자였던 중이는 적나라까지 도망을 가야 했고, 제나라 공자인 소백은 거나라로 도망하였습니다. 그러나 그들은 결국 패자가 되지 않았습니까? 그러니 지금 상황이 꼭 나쁘다고만 할 수는 없을 것입니다."

월나라에 돌아온 후 구천은 자신이 눈앞의 편안함에 젖어 복수하려는 뜻이 사라질까 두려웠다. 그래서 일부러 고달프게 생활환경을 만들어 생활했다. 그는 직접 노동을 하고 부인 역시 옷감을 짜게 했다. 음식에는 고기를 넣지 못하게 했으며 옷을 지을 때도 비단을 쓰지 않았다. 또 밤에는 장작과 건초 더미 위에서 잠을 잤고 쓰디쓴 돼지의 쓸개를 걸어 놓고 맛을 보며 스스로에게 다짐했다.

'구천, 회계의 치욕을 잊었느냐?'

이것이 그 유명한 '와신상담臥薪嘗膽'의 유래로, 이후 사람들은 목적을 이루기 위해 온갖 고난을 참는 상황을 형용할 때 이 고사를 사용했다.

스스로 고생을 사서 하던 구천은 복수를 하고 나라를 다시 세우려면 민심이 가장 중요한 것임을 알고 있었다. 그는 현지 백성들과 함께 노동을 하며 밭을 갈았고, 가난한 사람들을 구제하며 그들의 기본적인 생활에 필요한 것을 채워주려고 관심을 기울였다. 또 지식인들에게는 각종 우대 정책을 실시하고 어진 이를 후대함으로써, 각지의 인재들을 불러 모았다. 특히 범려와 문종에게 중요한 직책을 맡겼다. 마침내 월나라의 모든 사람들이 구천을 지지하게 되었다.

대부 봉동逢同이 구천에게 간언했다.

"사나운 새는 출격을 할 때 먼저 그 몸을 숨기는 법입니다. 저희 월나라도 전쟁에 져 유랑생활을 경험했으니, 대대적으로 군사를 모으고 무기와 장비를 손질하는 일은 삼가는 것이 좋습니다. 오나라에서 그 소식을 듣는다면 저희를 완전히 몰살시키려 들 것입니다. 지금은 외교적으로 제, 초, 진晉 나라와 결맹을 맺거나 종속되어 오나라의 지위를 높여주어야 할 것입니다. 그러면 오나라는 분명 오만해질 것입니다. 그리 되면 세력을 확장하기 위해 전쟁을 일으키겠지요. 우리는 그 틈에 오나라를 공격하면 됩니다."

월나라 왕은 이 제의를 받아들여 생산과 경제 발전에 온 힘을 기울였다.

2년 후, 오나라가 제나라를 치려고 할 때 오자서가 왕에게 간언하였다.

"구천은 지금 먹고 자는 것을 백성들과 같이 하며 동고동락하려고 애쓰고 있습니다. 이런 사람을 죽이지 않는다면 오나라에 큰 재앙을 가져올 것입니다. 그러니 오나라의 강적은 제나라가 아니라 월나라입니다. 대왕께서는 제나라를 칠 계획을 접으시고 월나라를 먼저 공격하소서."

그러나 부차는 오자서의 충언에 귀를 기울이지 않고 제나라를 공격했다. 그는 그 전쟁에서 승리를 거두고 개선가를 부르며 기세등등하게 귀국했다. 돌아온 그는 오자서를 책망하며 모욕을 주었지만, 오자서는 자신의 생각을 굽히지 않았다.

부차가 진노하자 오자서는 자결을 하려고 했다. 그러나 다행히 부차가 옛정을 생각해서 말린 덕에 오자서는 목숨을 건질 수 있었다.

월나라에 대한 오나라의 생각을 시험하기 위해 월나라에서는 문종을 보내 식량을 빌려오게 하였다. 부차는 이번에도 오자서의 충고를 무시하고 월나라에 양식을 빌려주었다. 이 소식을 들은 월나라 구천은 크게 기뻐했다. 이는 오나라가 월나라를 전혀 경계하지 않는다는 뜻이었기 때문이다. 그러나 오자서는 부차에게 분통을 터뜨렸다.

"오늘 대왕께서 제 충고를 듣지 않으셨으니, 3년 후에 이곳은 폐허가 될 것입니다!"

늘 오자서와 의견이 대립되던 태재 비는 마음 깊이 그를 미워하고 있었다. 그래서 다른 대신들과 내통해 오자서를 모함하고 그에 관한 나쁜 소문들을 퍼뜨렸다. 오의 왕은 사자를 보내 오자서에게 칼을 내리며 자결을 권했다. 오자서는 보검을 받아들고 크게 웃었다.

"폐하, 저는 당신의 부친을 보좌해 패자의 자리에 앉혔고 당신을 왕위에 앉힌 사람입니다. 왕께서 제게 오나라의 절반을 주겠다고 하셔도 사양했었는데, 이젠 저를 죽이려고 하시는군요. 정말 통탄할 일입니다. 제가 죽으면 대왕께서도 돕는 자를 잃게 되실 터이니, 이 나라도 오래가지 못할 것입니다."

그는 또한 부차의 사자에게 말했다.

"내게 청이 하나 있네. 내가 죽으면 내 눈을 뽑아 오나라 도성 동쪽 문에 걸어주게. 월나라가 그 문으로 들어오는 것을 봐야겠네."

말을 마친 오자서는 두려워하는 기색 없이 스스로 목숨을 끊었다.

3년 후 구천이 범려에게 말했다.

"오나라에서 중신인 오자서를 죽이고 재물만 탐하는 비에게 조정을 맡겼으니, 조정이 심히 어지러울 것이네. 그러니 지금 오나라를 공격하도록 하세!"

그러나 범려는 구천을 말렸다.

"아직 시기가 무르익지 않았으니 조금만 더 기다리십시오."

이렇게 또 일년이 지나갔다.

이듬해 봄, 마침내 기회가 찾아왔다. 부차가 정예 부대를 이끌고 북방과 제후 연맹에 가는 바람에 오나라에는 늙고 병든 사람들만 남아 있었던 것이다. 월왕 구천과 범려는 이 기회를 틈타 정예병사와 우수한 장수들을 뽑아 오나라를 침공해 대승을 거두었다. 그리고 내친김에 오나라의 태자까지 죽여 버렸다.

오나라 사자는 재빨리 달려가 이 소식을 멀리 북방으로 출정 나가 있는 부차에게 전한다. 부차는 제후들이 이 사실을 알게 될까 두려워 철통같이 비밀을 유지하는 한편, 사람들을 보내 월왕 구천에게 후한 예물을 보내며 화해를 청했다. 월나라는 자신의 힘이 아직 오나라를 전멸시키기에는 부족한 것을 깨닫고 화의에 응했다.

오자서가 죽은 지 4년이 흘렀을 때, 두 나라의 군사력과 경제력은 크게 역전되었다. 월나라는 다시 한 번 오나라를 쳐 전멸시키고 부차를 산에 구금시킨다. 역사의 한 장면이 입장만 바뀌어 다시 재현된 것이다. 오나라 왕은 사자를 보내 월나라에게 사정을 했다. 사자는 바닥에 꿇어앉아 무릎걸음으로 걸으며 부차가 구천의 신하가 되기를 원한다며 빌었다. 이 모습을 본 구천이 마음이 약해져 부차를 용서하려고 하였지만, 범려가 이를 저지했다.

오나라의 사자는 울면서 돌아갔다. 구천은 이후 사자를 통해 부차에게 말을 전했다.

"오나라의 어느 곳으로든 가거라. 내 너를 1백 가구의 군주로 삼아주겠다."

이 말을 들은 부차는 자살을 결심한다. 임종 전, 그는 얼굴을 가리며 말했다.

"지하에 내려가 오자서를 볼 면목이 없구나!"

월왕 구천은 부차를 안장하고 오나라를 평정한 후 다시 북벌에 나섰다. 그리고 북방의 제후국들과 동맹을 맺어 마침내 패자의 자리에 앉았다. 그가 와신상담을 한 지 14년째 되는 해였다.

그러나 이렇게 큰 공을 세운 범려는 어느 날 갑자기 제나라로 떠나 버리더니, 문종에게 서찰을 보내왔다.

'잡을 새가 없어지면 좋은 활도 깊이 넣게 되고, 교활한 토끼가 죽으면 사냥개는 필요 없게 되어 주인에게 먹히는 법이네. 월왕은 목이 길고 까마귀 주둥이로 야박한 인상이니, 환난은 같이할지언정 안락은 함께할 수 없는 사람이네. 헌데 자네는 아직도 떠나지 않고 무얼 하고 있는가?'

문종 역시 지혜로운 사람이라 서신을 보자마자 병을 핑계로 조정에 나가지 않았다. 그러나 그는 범려의 지혜에는 못

미처 바로 월나라를 떠나지는 않았다. 사람들에게 문종이 반란을 일으키려 한다는 소문을 들은 월왕은 결국 문종에게 칼을 내린다.

"선생이 과인에게 오나라를 칠 일곱 수를 알려주었으나, 과인은 그중 세 수만으로 오나라를 쳤소이다. 그러나 선생에게는 아직 네 수가 남아 있는 것이 아닙니까? 과인 대신 선왕에게 가 그 수를 다 사용하시지요!"

결국 문종은 자결을 하고 만다.

전하는 말에 따르면, 범려는 바다를 건너 제나라로 빠져나갔다. 그 후 이름과 성을 숨기고 스스로를 치이자피鴟夷子皮라 부르며 바닷가에서 부지런히 일을 했다. 얼마 지나지 않아 그는 가산이 수십만에 달하는 부호가 된다. 그의 뛰어난 수완을 본 제나라 사람들은 그를 재상으로 천거하지만, 범려는 오히려 탄식했다.

"사는 집은 천금이 되고, 관직에 앉으면 재상이 되는구나. 이것이 백성들에게는 최상의 일이나, 오랫동안 존귀한 자리에 있으면 목숨은 위태로워지리."

범려는 재상의 인장을 반납하고 가산을 최대한으로 나눠 이웃과 친구들에게 주었다. 그리고 자신은 귀한 보물을 품에 넣고 말없이 떠나 도陶, 현재 산동의 정도라는 지역으로 갔다. 도는 춘추전국시대에 유명한 상업 도시로 경제, 교통의 중심이었다. 범려는 그곳에서 놀라운 안목을 가지고 장사를 시작했다. 얼마 후 그는 다시 부자가 되어 세상에 도주공陶朱公이라는 이름으로 유명해졌다. 사람들이 거상들에게 도주공이라는 별명을 붙여주는 것도 이 때문이다.

도주공은 도 지역에서 막내아들을 낳았다. 이 아들이 자랐을 때 둘째아들이 사람을 죽여 초나라에 구금되는 일이 생겼다.

"사람을 죽였으면 죽는 것이 마땅한 일이다. 그러나 부호의 아들은 저자에서는 죽지 않는다고 들었다."

그래서 그는 막내아들에게 형이 어떻게 지내는지 알아보라면서 황금 1천 일鎰. 과거 중량 단위로 1일은 20냥을 준비하였다. 막내아들이 떠나려는 찰나 큰아들은 자신이 가야 한다며, 이를 허락하지 않으면 자신은 불초자식이 되는 것이니 자결하겠다고 고집을 부렸다. 그러자 그 어미까지 거들고 나섰다. 도주공은 어쩔 수 없이 큰아들을 보내며 친구인 장생莊生에게 전할 편지를 써주었다. 초나라에 도착한 큰아들은 장생의 집에 가서 아버지가 시킨 대로 서찰과 황금을 전달했다.

"자네는 재빨리 이곳을 떠나도록 하게! 절대 초나라에 남아 있어서는 안 되네. 동생을 살리고 싶다면 그 연유도 절대 묻지 말게."

그러나 큰아들은 장생의 말을 듣지 않고 몰래 초나라에 남아 있었다. 또 자신이 가지고 온 돈을 초나라의 한 귀족에게 보냈다.

사실 장생은 가난하기는 했지만 청렴하고 바르기로 유명한 사람이었다. 그래서 초나라 왕 이하 모든 사람들에게 깊은 존경을 받고 있었다. 주공의 아들이 준 돈을 받은 것은 일을 다 마친 후에 돌려주려는 뜻이었다. 장생이 초나라 왕에게 나가 설득하자, 초나라 왕은 사자에게 화폐인 금, 은, 동을 보관하던 세 창고를 봉인하게 했다. 큰아들에게 돈을 받은 귀족은 이 사실을 주공자의 큰아들에게 전해 주었다.

"대왕께서 대사면을 하실 걸세."

"그것을 어찌 아십니까?"

주공의 큰아들이 묻자 그 귀족이 알려주었다.

"대왕은 대사면을 할 때마다 사람을 보내 재물을 저장한 세 창고를 봉인하신다네. 그런데 어제 저녁 사람을 보내 창고를 봉인했다지 뭔가."

동생이 무사할 것이란 말을 듣자, 큰아들은 순간 장생에게 바친 황금 천 냥이 아깝게 느껴졌다. 그래서 큰아들은 장생을 찾아가 황금 천 냥의 행방에 대해 물었다. 이 때문에 수치와 분노를 느낀 장생은 다시 초왕에게 나간다. 그는 세 치 혀를 놀려 너무나 간단히 초왕이 주공의 둘째아들을 죽이게 만들었다. 결국 주공의 장자는 동생의 시체를 안고 집으로 돌아가야 했다.

그가 집에 돌아오자 모두 슬픔에 잠겼지만, 주공만은 이미 다 예측했다는 듯 담담하게 말했다.

169

"나는 첫째가 제 동생을 죽일 줄 진작 알고 있었다. 그 애가 동생을 사랑하지 않아서가 아니라 재산을 너무 아까워하기 때문이다. 첫째는 어려서부터 나와 함께 고생하며 힘들게 자랐기 때문에 재물을 귀히 여긴다. 그러나 막내아들은 어려서부터 부하게 자랐기에 돈을 내놓는 데 인색함이 없다. 그래서 내가 막내아들을 보내려고 했던 것이다."

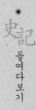

史記
들여다보기

범려가 빠른 시일 내에 부호가 되고, 빈곤을 구휼하였기 때문에 후대 사람들은 그를 숭상하였다. 그래서 후세 사람들은 그와 상나라의 비간을 문재신文財神이라 칭송하였다. 그리고 세 번이나 재물을 나누어주었다는 이 이야기를 널리 퍼뜨렸다.

범려

와신상담

월왕 구천의 검

◉ 주요 인물
　관중

◉ 주변 인물
　공자 소백, 포숙아

◉ 키워드
　출중한 정치가

◉ 주요 사건
　소백에게 활을 쏘았으나 제의 재상이 되다

◉ 고사
　존왕양이尊王攘夷, 아홉 제후와 연합해 천하를 바로잡다[九合諸侯, 一匡天下]

◉ 이야기 출처
　『한서』「관안 열전管晏列傳」

管仲

관중 : 패업을 이루고 나라를 강성하게

서주가 막 건립되었을 무렵, 제후국으로 봉해진 나라만 이미 수백여 개가 되었다. 이후 주나라의 왕실이 약해지면서 일부 강대한 제후국들은 주나라 천자를 지킨다는 명분을 내세워, 사흘이 멀다 하고 크고 작은 전쟁을 일으키고 작은 나라를 병합하며 자신의 세력을 키워 패자가 되려고 했다. 이 격렬한 경쟁 속에서 제나라의 환공은 당시 영웅들을 다 꺾고 놀라운 능력을 발휘해 춘추시대의 첫 번째 패자가 되었다. 제 환공이 어떻게 패자가 되었는지 묻는다면, 훌륭한 정치가 관중管仲을 중용했기 때문이라 답하는 게 옳을 것이다. 그리고 관중은 그의 가장 절친한 벗 포숙아의 추천이 없었다면, 아무 일도 이루지 못한 채 이름 없이 죽어갔을 것이다.

관중은 제나라 사람으로, 자는 이오夷吾이다. 그에게는 어릴 적부터 함께 한 포숙아라는 친구가 있었는데, 둘은 서로를 잘 이해했다. 포숙아는 관중에게 천하를 움직일 만한 재능이 있다는 것을 잘 알고 있었다. 처음에 두 사람은 함께 장사를 했다. 당시 관중은 집안 형편이 매우 안 좋았기 때문에 장사가 끝나고 결산할 때마다 몰래 더 많은 돈을 챙겨 갔다. 포숙아의 수하에 있던 사람들은 화가 나서 관중이 돈만 밝히는 수전노이며 의리도 모른다고 욕을 했다. 그러나 포숙아는 오히려 관중의 편을 들며 그들을 말렸다.

"관중은 재물을 탐하는 사람이 아니네. 다만 집이 너무 가난해서 돈이 많이 필요하기 때문에 그런 것이네."

또 몇 번이나 왕에게 쫓겨났던 관중은 고개를 축 늘어뜨리며 포숙아에게 물었다.

"자네가 봐도 내가 참 어리석지?"

그러자 포숙아는 아무런 망설임도 없이 고개를 저었다.

"물론 아니네! 아직 자네의 때가 오지 않았을 뿐이야."

한번은 병사를 이끌고 전쟁에 나간 관중이 막상 공격할 때는 뒤로 숨더니, 퇴각할 때는 가장 앞에 서는 일이 있었다. 그러자 수하에 있던 군사들은 모두 관중을 무시하며 더 이상 그와 함께 전쟁터에 나가지 않으려고 했다. 그때 포숙아가 또 그를 옹호하며 병사들을 설득했다.

"관중에게는 노모가 계시네. 그가 자신을 지키려 한 것도 죽음이 두려워서가 아니라, 어머니를 봉양하려는 효심에서 나온 행동인 게지."

어느새 이 말은 관중의 귀에까지 전해졌다. 관중은 크게 감동하며 고백했다.

"나를 나아주신 분은 부모이시나, 나를 알아주는 이는 포숙아로구나!"

이렇게 관중과 포숙아는 서로를 위해 목숨까지도 내어놓을 수 있는 절친한 벗이 되었다.

당시 제나라의 왕이었던 양공에겐 아들이 없었지만 배가 다른 동생 규糾와 소백小白이 있었다. 어느 날 관중이 포숙아에게 말했다.

"대장부로서 평생 이렇게 장사치로만 살 수는 없지 않은가? 내가 볼 때 앞으로 제나라의 왕위를 계승할 사람은 규 공자가 아니면 소백 공자일 걸세. 그러니 우리 두 사람이 한 명씩 보좌하기로 하세."

포숙아도 관중의 뜻에 동의했다. 그래서 관중은 규 공자의 스승이, 포숙아는 소백의 스승이 되었다. 당시 제나라 양공은 어리서고 폭정을 휘둘렀기 때문에, 관중과 포숙아는 그가 비참한 최후를 맞이할 것임을 직감했다. 그래서 어느 정도 시간이 흐르자 관중은 규 공자를 데리고 노나라로 건너가고, 포숙아는 소백 공자를 데리고 거나라로 떠났다.

과연 얼마 지나지 않아 양공은 늘 자신과 마음이 맞지 않았던 동생 공손무지公孫無知에게 살해당하고 왕위마저 빼앗겨 버렸다. 그리고 한 달이 채 되기도 전, 공손무지마저 대신들에게 죽임을 당했다. 나라는 하루라도 임금이 없으면 안 되기 때문에 제나라의 일부 대신들은 몰래 사자를 보내 거나라에서 소백 공자를 데려와 왕위에 앉히려고 했다.

노나라 왕은 이 소식을 듣고 바로 군사를 보내 제나라로 돌아가는 규 공자를 호위하게 했다. 동시에 관중은 다른 부대를 이끌고 거나라에서 제나라로 오는 길목을 지켜, 소백 공자의 귀국을 막기로 했다.

관중은 30여 대의 전차와 군사들을 이끌고 밤낮 없이 달려 마침내 소백을 따라잡게 되었다. 두 군이 마주하자 관중은 바로 활을 뽑아 화살을 끼우고 수레에 앉아 있는 소백을 겨냥해 쏘았다. 소백은 비명을 지르며 붉은 피를 토하더니 바로 바닥에 쓰러져 버렸다. 소백의 부하들은 깜짝 놀라 벌떼처럼 달려들어 그를 구하려 했다. 그중 한 사람이 소리쳤다.

"큰일 났다!"

많은 사람들이 울기 시작했다.

멀리서 이 모습을 지켜본 관중은 소백이 죽은 줄 알고 기뻐하며, 재빨리 노나라로 돌아가 노나라 왕에게 이 일을 보고했다. 노나라의 호송부대는 더 이상 서두를 이유가 없기 때문에 유유자적 제나라를 향해 진군했다.

176　　그러나 이것은 관중의 착각이었다. 소백 공자는 기지가 뛰

어난 사람이었다. 당시 관중이 쏜 화살은 소백의 허리띠 고리
에 박혔다. 그 순간 소백은 바로 혀를 깨물고 쓰러져 피를 토
하며 죽은 척했는데, 워낙 혼란스러운 상황이라 모든 사람들
이 소백에게 속아 넘어갔던 것이다. 관중이 멀찌감치 사라지
자 소백은 눈을 뜨고 일어나 앉았다. 포숙아가 말했다.

"빨리 도망가야 합니다. 관중이 다시 올 수도 있지 않습니
까?"

소백은 옷을 갈아입고 수레를 바꿔 탔다. 그리고 지름길을
따라 쉼 없이 달려 빠른 시일 내에 제나라에 도착했다.

제나라로 돌아오자 대신들은 신속하게 소백을 왕위에 앉혔
다. 이 사람이 바로 역사상 그 유명한 제나라 환공이다. 환공
이 왕좌에 앉은 후 가장 먼저 한 일은 군사를 보내 노나라의
호송을 받고 귀국하던 규 공자의 부대를 막는 것이었다. 그때
규 공자는 느긋하게 왕이 될 꿈을 꾸며 제나라로 향하던 길이
었다. 그때 부하 한 사람이 갑자기 뛰어와 보고했다.

"제나라의 신임 군주가 보낸 강력한 부대가 길을 막고 있습
니다."

그 순간 규는 눈이 휘둥그레졌다. 양측의 군대가 맞붙었지
만 결국 규 공자는 대패했다. 이어서 환공은 노나라 왕에게
협박 편지를 보내 규를 죽이라고 요구했다. 노나라는 제나라
보다 국력이 약한 상태였기 때문에 그 말을 따를 수밖에 없었
다. 그렇게 규 공자는 죽임을 당했다. 이어 환공은 관중을 죽

177

이라는 명령을 내리려고 했다. 이 소식을 들은 포숙아는 급히 왕궁에 나가 환공을 저지했다. 화가 난 환공이 포숙아에게 이유를 물었다.

"공은 잊은 게요? 관중이 나에게 화살을 쏘아 내가 죽을 뻔했소. 그러니 이 원수는 꼭 갚아야겠소."

"그것은 서로 섬기는 주인이 다르기 때문이었습니다. 관중은 규 공자 밑에 있었으니 목숨을 바쳐 직무를 다했던 것뿐입니다."

그러나 환공은 쉽게 그 뜻을 굽히지 않았다.

"나는 한 나라의 군왕이오. 그런데 이 원수를 어찌 안 갚을 수 있겠소?"

포숙아가 다시 한 번 왕을 저지했다.

"왕께서는 제나라 한 나라만을 다스리시겠습니까? 아니면 천하의 패권을 가지시겠습니까?"

한참을 생각하던 환공이 대답했다.

"그것이 관중과 무슨 상관이 있소?"

"만약 제나라 하나만 잘 다스리실 거라면 왕께서는 고해와 저만으로도 충분하실 겁니다. 그러나 만약 천하의 패업을 이룰 뜻이 있으시다면 반드시 관중의 보좌를 받으셔야만 합니다."

포숙아는 간곡하게 아뢰었다.

"관중의 능력이 그렇게 뛰어나단 말이오?"

포숙아는 고개를 끄덕였다.

환공은 워낙 포부가 큰 사람인 데다 도량도 넓은 사람이었다. 그는 즉시 노나라 왕에게 자기에게 활을 쏜 관중을 직접 죽여야만 속이 시원할 것 같다며, 되도록 빨리 관중을 제나라로 압송하라는 거짓 서찰을 써 보낸다.

관중이 제나라에 압송되어 오자 포숙아는 친히 마중을 나갔다. 그리고 관중과 함께 목욕재계를 한 후 환공 앞에 나아갔다. 환공은 지난날의 잘못에 대해서는 묻지 않고, 후한 예절로 관중을 대부에 임명하고 나라의 중대사를 맡겼다. 관중 역시 환공의 기대를 저버리지 않고 대범하게 개혁 정책들을 실시해 제나라의 경제를 번영시켰다. 그리하여 마침내 백성들의 생활이 부유해지고 국력은 전례 없이 강해졌다. 환공은 다른 제후들의 존경을 받았고 여러 번이나 제후간의 회맹을 주도하여 제후국간의 갈등을 해소하고 패자로서 군림하였다.

이후 관중이 병들어 죽게 되었을 때, 환공이 찾아와 군신들 중에서 누가 재상의 일을 이어받을지 물었다. 그러면서 포숙아를 언급했지만 관중은 자신과 포숙아의 사적인 감정 때문에 그를 추천히지는 않았다. 이후 이 사실을 안 포숙아 역시 서운해하기는커녕 오히려 기뻐하며 관중을 칭찬했다.

"관중은 무슨 일을 하든 나라의 이익을 가장 귀히 여기는구나. 죽음 앞에서도 그 마음이 변치 않으니 내가 진정 제대로 보았도다!"

공자는 『논어』에서 친구에 관해 이런 말을 했었다.

"정직한 사람과 사기는 자, 성실한 사람과 사귀는 자, 견문이 넓은 사람과 사귀는 자는 유익할 것이나, 아첨하는 사람과 사귀는 자, 겉으로는 복종하나 속으로는 따르지 않는 자와 사귀는 자, 감언이설을 하는 사람과 사귀는 자는 해를 입을 것이다."

이렇게 볼 때 포숙아는 관중에게 진정으로 유익한 친구였다고 할 수 있을 것이다.

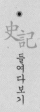

史記
들여다보기

관중은 제갈량이 숭상하며 본받고 싶어 했던 인물로, 그의 사
상과 언행, 작품은 『관자管子』라는 책에 모두 담겨 있다.

관중

墨子

안자 : 기민하고 능력 있는 외교가

혜성을 본 적이 있는가? 요즘 사람들은 혜성이 태양의 주위를 도는 작은 천체라는 것을 다 알고 있다. 그러나 아주 먼 옛날, 사람들은 과학적인 지식이 부족했다. 그래서 혜성이 꼬리를 길게 늘어뜨리며 떨어지는 모양과, 가끔씩 출몰하는 것을 이유로 혜성이 나타나면 인간 세상에 재난이 오게 된다는 미신을 갖게 되었다. 그래서 사람들은 혜성을 '불길한 별', '재수 없는 별(빗자루 별)'이라고 불렀다.

제나라 경공景公 32년의 어느 날 밤, 빛나는 혜성이 짙푸른 밤하늘을 가르며 지나갔다. 당시 경공은 높은 누대에 앉아 있다가 이 혜성을 보았다. 순간 민간에서 떠돌던 여러 전설들이 떠오르며 비통한 마음이 생겨 깊은 탄식을 내뱉었다.

"아! 인생은 무상한 것! 오늘 혜성이 나타났으니, 이제 내 왕위도 오래가지 못하겠구나."

이 말에 신하들도 세상의 마지막 날이 온 것만 같았다. 순식간에 그 자리는 울음바다가 되었다. 그런데 이때 누군가 큰 소리로 웃어댔다. 경공은 화가 났다.

'내 나라가 망할 것이라는데 감히 소리를 내어 웃어?'

그래서 웃음을 터뜨린 신하에게 물어보았다.

"경은 혜성이 몰고 온 재앙을 쫓을 방법이 있소?"

그 사람은 당황하는 기색 하나 없이 대답했다.

"신께 기도를 올린다면 혜성이 몰고 온 재앙은 당연히 사라질 것입니다. 그러나 왕께서는 늘 왕궁을 보수 건축하고 개와 말을 기르기를 좋아하십니다. 또한 세금을 과하게 받으시고 가혹한 형벌을 내리셔서 천하에 고통을 받는 백성들이 수만 명에 달하고 있습니다. 지금 재앙을 몰아낼 수 있는 분은 왕 한 분뿐이란 말씀입니다. 생각해 보십시오. 왕께서 홀로 수천 수만 명의 저주와 원성을 막아내실 수 있겠습니까?"

경공과 대신들은 그제야 울음을 멈추고 조용히 자신의 과거 정치를 돌아보았다.

그럼 여기서 큰 웃음을 터뜨렸던 사람은 누구일까? 바로 제나라에서 삼대 재상을 지낸 안자晏子, 안영을 높여 부르는 말이다. 그의 이름은 안영晏嬰으로 영공, 장공, 경공을 보좌하여 제나라 백성들의 큰 존경을 받았다고 전해진다. 그는 일국의 재

184

상이었으나 평소에는 한 끼에 고기반찬을 두 개 이상 올리지 않았으며 아내와 첩까지 비단 옷을 걸치지 못하게 했다. 조정에서는 왕이 말을 시키면 공손하게 대답하였으며, 왕이 그에게 말을 걸지 않으면 스스로의 행실에 잘못이 없었는지 돌아보았다. 정치가 투명하고 깨끗할 때는 명령에 따라 일을 처리하였지만, 정치가 부패한 시기에는 스스로 시비를 분별하여 옳은 명령에는 순종하고, 옳지 않은 일은 따르지 않았다. 이러한 안자가 있었기 때문에 관중이 죽은 지 1백여 년이 지났어도 제나라는 대국의 면모를 지켜나갈 수 있었다.

안자에 대해서는 민간에서 여러 재미있는 고사들이 전해지고 있다.

한번은 안자가 진晉나라에 갔을 때였다. 그는 길에서 죄를 짓고 노역을 하고 있는 사람과 마주친다. 사람들은 노역을 하던 그 사람을 월석부越石父라고 부르고 있었다. 안자는 그 사람이 인품과 덕이 뛰어나고 재능이 있는 사람인 것을 알아보았다. 그는 즉시 마차를 끌던 말 한 마리를 몸값으로 내주어 월석부를 자유의 몸으로 만들어주었다. 그러고는 월석부를 자신의 마차에 함께 앉히고 집까지 데리고 왔다. 집에 돌아온 안자는 월석부에게 아무런 말도 없이 내실로 들어가 옷을 갈아입더니 한참 동안이나 가족들과 인사만 나누고 있었다. 월석부는 크게 실망했다. 드디어 응접실로 나온 안자에게 월석부가 말했다.

"절 그만 보내주십시오."

안자는 깜짝 놀랐다.

"나 안영이 부족한 사람이라고는 하나, 매인 몸이었던 자네를 풀어준 은인인데 어찌하며 이렇게 빨리 나를 떠나려 하는가?"

월석부가 대답했다.

"맞습니다. 대인께서는 저를 구해 주셨지요. 하지만 옛말에도 군자는 자신을 알아주지 않는 사람에게 억울한 일을 당하는 것은 상관없지만, 자신을 알아주는 사람에게는 그에 합당한 존중을 받아야 한다고 했습니다. 제가 다른 사람들에게 잡혀 노역을 할 때는 화가 나지 않았습니다. 왜냐하면 그들은 저를 전혀 몰랐기 때문입니다. 그러나 대인은 저를 구해 주셨으니 저를 이해하는 분이라 할 것입니다. 그런데 저는 지금 그에 합당한 존중을 받지 못하고 있지 않습니까? 이럴 바에는 차라리 돌아가서 죄인으로 살겠습니다."

월석부의 말을 들은 안자는 정신이 번쩍 들었다. 그는 자신이 큰 실례를 범했다며 월석부에게 진심으로 사과하였다. 그리고 예의범절을 갖춰 월석부를 대청으로 안내하고 귀빈으로 대접했다.

안자가 제나라의 재상이었기 때문에 수하에 있던 사람들은 모두 그의 하인인 것을 큰 자랑으로 여겼다. 안자의 마부 역시 예외는 아니었다. 그는 늘 커다란 말 위에 앉아 등뒤에 호화로운 차양을 쳤고, 말채찍을 세게 흔들고 끊임없이 소리를 지르며 한없이 우쭐댔다. 어느 날 안자가 외출 채비를 하고 있을 때, 대문 뒤에 숨어 자신의 남편을 몰래 살펴보던 마부의 아내는 저녁이 되어 집에 돌아온 마부에게 헤어지자고 말했다. 영문을 알 수 없었던 마부가 그 이유를 물었다.

"안 대인은 키가 6척도 되지 않지만 일국의 재상으로서 천하에 이름을 날리고 있어요. 하지만 그 모습에서는 겸손함과 신중함이 느껴졌지요. 하지만 당신은 어떤가요? 키가 8척이나 되지만 남의 마차나 끌면서도 자기만 잘난 것처럼 행동하잖아요. 똑같은 대장부인데 안 대인과 당신은 하늘과 땅 차이예요. 그런데 내가 당신에게 뭘 더 바라겠어요? 차라리 빨리 이혼하는 것이 나아요."

아내의 대답에 마부는 부끄러워졌다. 깊은 생각에 잠겨 있던 그는 아내에게 진심으로 사과했다.

"여보, 당신 말이 맞소. 내가 정말 모자란 놈이었소. 이제 다른 사람이 될 테니 제발 떠나지 마시오."

그의 진심 어린 사과를 받아들인 아내도 떠나지 않기로 약속했다.

그날 이후 마부는 완전히 다른 사람이 되었다. 과거의 우쭐대는 모습은 온데간데없고 겸손하고 믿음직한 태도를 보였다. 그의 변화를 알아챈 안자가 마부에게 그 연유를 물어보았다. 마부는 아내가 자신에게 했던 말을 안자에게 고하였다.

그 말을 들은 안자는 잘못을 깨닫고 돌이킬 줄 아는 사람이라면 충분한 교양과 잠재력이 있다고 여기고 그를 대부로 천거하였다.

안자는 '윗사람을 섬길 때는 충성을 다하고, 물러나서는 그 허물을 메울 방법만 생각하라[進思盡忠, 退思補過]'는 말을 했었다. 이는 조정에 나가서 일을 볼 때는 최선을 다해 직임을 다하며 충성하고, 조정에서 물러나 집에 돌아온 후에는 어떻게 과실을 보완할지 생각하라는 뜻이다. 이 말은 그 평생의 좌우명과도 같은 것이었다. 만약 우리 한 사람 한 사람이 모두 이렇게 살아간다면 이루지 못할 일은 없지 않을까?

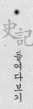

史記
들여다보기

『안자춘추晏子春秋』의 옛말들은 안자가 지었다고 하지만, 실제
로는 전국시대 사람들이 안자에 의거하거나 안자가 했던 말
을 모아 지었다. 이 책에서 보이는 안자에 관한 이야기들은
모두 생동감이 넘친다. 1972년 산동 임기臨沂 은작산銀雀山 한
漢나라 무덤에서 출토된 『안자』는 죽간으로 만든 책으로, 지
금의 관련 글들과 내용을 대조해 보아도 그 내용이 일치한다.

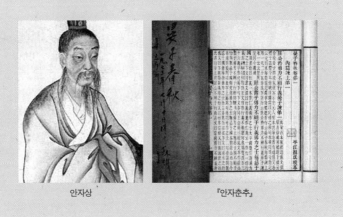

안자상   『안자춘추』

老子

노자 : 가늠할 수 없는 위대한 신룡

노자老子는 춘추시대 후기의 유명한 대철학가로 도교의 창시자이기도 하다. 성은 이李이고, 이름은 이耳이며, 시호는 담聃이었다. 그의 '이'씨 성에 대해서는 여러 가지 전설이 전해진다. 옛 사람들은 어머니의 성을 따랐기 때문에 그도 어머니의 성 이씨를 따랐다는 설과, 어머니가 배나무 아래를 거닐 때 그를 낳았다 하여 성이 이씨가 되었다는 설이다. 이름을 이이라 지은 것은 태어났을 때 모습이 남달랐기 때문이다. 그는 이마와 입이 넓고 귓불이 유난히 컸는데, 옛 사람들은 귓불이 큰 사람은 복이 있다고 여겼다. 그래서 그의 부모 역시 그에게 이이라는 이름을 지어주었던 것이다.

　그렇다면 그가 노자라고 불리는 이유는 무엇일까? 여기에도 여러 가지 설이 있다. 첫 번째는 그의 어머니가 임신하고 81년이 지나서야 그를 낳았기 때문에, 태어나자마자 81세여서 노자라고 불렸다는 것이다. 또 어떤 사람들은 노자가 160세에서 2백 세 정도 살았기 때문에 노자라고 불렀다고 말한다. 노자라는 이름에도 이렇듯 여러 가지 전설이 있다. 이것만 보아도 우리는 사람들이 노자를 신비한 존재로 여기고 있으며, 그를 가늠할 수 없는 신룡神龍과 같은 존재로 인식하고 있다는 사실을 알 수 있다.

역사서에서 노자에 대해 정확히 기록한 내용은 매우 적지만, 노자가 많은 책을 읽고 철학적인 깊이가 있는 사람이었다는 것은 확신할 수 있다. 그것은 그가 주나라 서고에서 관리원으로 있었기 때문이다.

공자가 여러 나라를 떠돌아다닐 때 주나라 도성인 낙양에 온 적이 있었다. 낙양에 도착한 공자는 노자의 학문이 깊고 해박하다는 말을 듣고 노자에게 예禮에 대해 가르쳐 달라 청하였다. 공자는 먼저 과거 성현들이 예법에 대해 품고 있었던 관점들을 쭉 읊조린 후, 노자에게 어떻게 생각하는지 물었다. 공자의 말을 들은 노자는 웃으며 대답했다.

"방금 자네가 언급한 성현들은 모두 돌아가신 지 한참이라, 땅 속의 유골까지 다 썩었을 것이네. 그분들께서 남기신 것은 고작 한 마디 말뿐이지. 그러니 자네는 그 말로 자신을 속박할 필요가 없네. 게다가 군자는 어떠한 환경에도 적응하고 만족하는 마음가짐을 가져야 하는 것 아닌가? 자신에게 적합한 기회가 온다면 기세 있게 나아가 대업을 이루어야 할 것이나, 기회를 만나지 못했다면 쑥갓처럼 바람이 가는 대로 가면 그뿐이네. 똑똑한 장사꾼은 자기 물건을 깊이 숨겨 둘 줄 안다 하지 않던가? 그래야 좋은 값에 팔 수 있기 때문이지. 군자는 또한 자신의 덕을 숨겨 다른 사람에게는 우둔한 사람처럼 보여야 하네. 그래야만 더욱더 훌륭하게 자신을 수양할 수 있으니 말이네. 자네는 빨리 그 나약함과 탐욕, 그리고 슬픔과 기쁨, 마음속의 쾌락과 음욕을 씻어 버리게. 그것들은 자네에게 일말의 도움도 되지 않는 것이네. 아, 내가 자네에게 해줄 수 있는 말도 이것뿐이군."

노자를 만나고 돌아온 공자는 노자의 지혜에 감탄하며 그의 제자들에게 이렇게 묘사했다.

"새는 나는 것에 능하고, 물고기는 헤엄을 잘 치며, 짐승은 잘 뛴다는 것을 나는 잘 안다. 그리고 또 새가 그물에 뛰어드는 것과, 물고기가 미끼와 낚싯바늘에 현혹되며, 짐승들이 활에 맞아 죽는 것도 알고 있다. 그러나 구름과 안개를 타고 하늘을 나는 용은 어떤 재주를 가졌는지 어떤 것에 속박되는지 전혀 알지 못한다. 오늘 노자를 뵙고 나니 마치 용을 본 것만 같구나!"

노자는 도덕적인 수양에서 '자은自隱. 이름을 숨기고'과 '무명無名. 명리를 쫓지 않는 삶'을 가장 중요하게 여겼다. 그는 한동안 주나라 수도인 낙양에서 지냈으나, 주나라의 운명이 지는 해와 같이 나날이 쇠퇴하여 가자 다시 일어날 수 없음을 깨닫고 은거생활을 결심한다. 그가 함곡관函谷關에 도착하자 일찍부터 노자의 명성을 들어 알고 있던 수문장 윤희尹喜가 노자를 찾아와 겸손히 청하였다.

"선생님, 곧 은거에 들어가실 텐데 책을 지어 제게 선생님의 사상을 가르쳐주시면 안 되겠습니까?"

노자는 윤희의 극진함에 감동해 한동안 함곡관에서 머물면서 영원히 남을 도가의 경전 『도덕경』 두 권을 짓는다. 도덕경은 5천자에 달하는 매우 긴 책이었다.

저술을 마친 노자는 홀연히 떠났는데, 그 후 그가 어디로 갔는지 종적을 찾을 수 없었다고 한다.

史記
들여다보기

항주 황룡동굴 문 위에는 한 쌍의 대구가 적혀 있다. '황택黃澤은 마르지 않으리니, 노자도 이와 같으리.' 이것은 황룡동굴은 도교 황 노자의 땅이라는 뜻으로, 첫 번째 문장의 첫 글자인 누를 황黃과 두 번째 문장에 숨겨진 용龍 자를 빌어 노자의 놀라운 능력을 칭송한 것이다. 공자 왈, "노자는 용과 같아라 [老子其猶龍乎]". 아래는 노자가 함곡관의 관수 윤희에게 『도덕경』을 설한 후 외뿔소를 타고 출관出關하는 장면을 그린 〈노자출관도〉와 〈노자 종중 세계도〉.

〈노자출관도〉

〈노자 종중 세계도〉

● 주요 인물
  공자

● 주변 인물
  노 정공, 양호

● 키워드
  성현

● 주요 사건
  협곡의 회맹

● 고사
  위편삼절韋編三絶, 한 권의 책을 여러 번 정독하다,
  삼월부지육미三月不知肉味, 3개월간 고기를 먹지 않다, 협곡의 회맹

● 이야기 출처
  『사기』 「공자세가孔子世家」

孔子

공자 : 모든 중국인의 스승

스승이란 무엇인가? 당나라 시인 한유韓愈는 '도를 전하고 학업을 가르쳐주며 의혹을 풀어주는 자'라고 설명하였다. 공자가 우리 곁을 떠난 지 이미 2천5백 년이 넘었다. 사람들 중에는 글을 모르는 사람도 있을 수 있고 또 평생 공자에 관한 책한 권 펼쳐보지 않은 사람도 있을 것이다. 그러나 중국인이라면 도덕적인 관념과 이상, 처세 방법 속에서 크든 적든 공자의 사상이 낙인 찍혀 있을 수밖에 없다. 그는 정말 중국인 한사람 한 사람, 심지어 중국의 정치조직과 사회 이데올로기에까지 깊은 영향을 남겼다. 중국인 모두의 스승이나 다름없는존재인 것이다.

그렇다면 공자는 대체 어떤 사람이었을까?

1. 소년 공자

　주 영왕靈王 21년(기원전 551년) 음력 8월 27일, 공자가 태어
났다. 그의 탄생은 이미 예순여섯 살이 되어 머리까지 하얗게
세어버린 아버지 숙량흘叔梁紇에게 매우 큰 기쁨을 안겨주었
다. 숙량흘은 노나라의 군관으로, 그에게는 처가 낳은 아홉
명의 딸만 줄줄이 있었다. 첩이 힘겹게 낳은 아들은 그마저도
절름발이였다. 그래서 그는 늘 건강한 아들이 태어나 자신의
뒤를 이어주기만을 간절히 바라고 있었다. 그런데 오늘, 마침
내 그 오랜 숙원이 이루어진 것이다. 그는 기쁨에 들떠 용모
가 수려하고 울음소리가 우렁찬 아이를 들여다보았다. 아이
의 머리꼭지는 산 언덕처럼 봉긋한 데 반해 정수리가 움푹 들
어가 있었다. 머리모양을 보고 있자니 과거 아들을 얻기 위해
현 부근의 니구산을 찾아가 기도했던 일이 생각났다. 그래서
숙량흘은 아들에게 공구孔丘라 이름 짓고, 자는 중니仲尼라 하
였다. 중은 항렬이 두 번째라는 뜻이다.

　그러나 숙량흘은 아들이 어른이 되는 것까지 지켜볼 수 없
었다. 공자가 세 살이 되었을 무렵 세상을 떠나버린 것이다.
어머니는 공자를 데리고 추읍陬邑에서 멀지 않은 노나라 도성
곡부曲阜로 이사하여 청빈한 생활을 이어갔다. 입에 풀칠하기

위해 공자는 어려서부터 닥치는 대로 일을 했다. 밭을 매고 소나 양을 치고 다른 사람의 양식과 사료를 지키고, 또 다른 사람의 장례에서 악사 노릇을 하고……. 그러나 이러한 힘겨운 생활도 그를 평범한 일꾼으로 만들지는 못했다. 그가 결코 평범하지 않은 나라, 노나라에서 태어나 자랐기 때문이었다.

노나라는 주공의 봉지였다. 주공이 서주 초기(춘추전국 시기) 오랫동안 정권을 쥐고 있었기 때문에 노나라는 천자의 예악禮樂을 써서 하늘과 조상에게 제사를 지낼 수 있는 유일한 제후국이 되었다. 이런 특수한 정치적인 지위로 인해 노나라는 서주시대 동부 지역 문화의 중심으로 부상하였다. 오랫동안 주 왕실의 오랜 법령과 제도를 보존하였기에 춘추시대에는 제후국 중 2위로 부상했다. 또 정치적으로는 큰 나라들과 패권을 다투는 틈바구니 속에 끼어 있었지만, 문화적으로는 주 문화의 전통을 그대로 보존하고 있었다. 그래서 춘추 말기에는 '주나라의 예악은 모두 노나라에 있다'는 칭송을 받기도 했다. 유년 시절 공자는 이러한 문화적 분위기 속에서 자라면서 예의와 제도에 대해 깊은 관심을 가지게 되었다. 그는 동네 친구들과 놀이를 할 때도 완구를 제기처럼 늘어놓고 어른들이 제사를 지낼 때 하는 각종 예법들을 따라 했다.

열다섯 살이 되었을 때 공자는 학업에 힘을 썼다. 당시 사회에서 귀족이 되려면, 오랫동안 전해져 내려온 예와 악뿐 아니라 궁술, 서예, 마술馬術, 산술을 할 수 있어야 했다. 열심히

199

공부한 덕에 공자는 금세 숙련된 솜씨로 이 육예六藝를 익히고 쓸 수 있게 되었다. 그는 이후 이러한 육예를 더욱 다듬고 향상시켜 『시경詩經』, 『서경書經』, 『예기禮記』, 『악기樂記』, 『역경易經』, 『춘추』라는 육경六經의 기초로 삼았다. 또 그는 자기 수양에 힘쓰며 도덕과 윤리를 중시하였다. 서른 살쯤 되었을 때 공자는 널리 이름을 날렸으며, 학문과 인품이 뛰어난 거장이 되었다.

2. 공부에 힘쓴 공자

공자가 쉰이 넘었을 때 초나라의 대부가 공자의 학생인 자공子貢에게 물었다.

"내 진작부터 공자 선생의 존함을 들었소. 대체 공자는 어떤 분이시오?"

이 말을 들은 자공은 순간 멍해졌다. 그토록 넓고 깊은 경지를 어디서부터 설명해야 한다는 말인가? 결국 그는 스승인 공자에게 물어보았다. 공자는 미소를 지으며 대답했다.

"왜 이리 말하지 않았느냐? '공자라는 사람은 공부를 시작하면 끼니를 거를 정도로 열심히 하며, 이로써 슬픔도 달래니 그 끝이 어느 정도인지는 저희도 가늠할 수 없습니다'라고 하면 될 것을……."

이렇듯 공자는 평생 열심히 공부하고 묻기를 즐겨 하는 사람이었다.

곡부 동북쪽에는 노나라의 시조인 주공 단의 종묘가 자리하고 있었다. 그곳에는 수많은 상, 주 시기부터 내려오는 예기가 진열되어 있었는데, 노나라는 그곳에서 각종 예절과 의식을 자주 행하였다. 역사와 문화를 이해하는 데 매우 중요한 장소였던 것이다. 그래서 스무 살 무렵, 공자는 늘 그곳에 가서 이것저것 연구하였다. 연구할 때 분명치 않은 부분이 있으면 끝까지 그 문제를 탐구하려 들었고, 확실히 이해가 될 때까지 다른 사람에게 물어보았다. 이 일이 오래되자 사람들은 오히려 그를 비웃었다.

"추읍 대부 숙량흘의 아들이 예절을 잘 안다고 누가 그랬나? 그 자는 주공의 묘에 가서도 하나하나 다 물어보더이다!"

이 이야기는 결국 공자의 귀에까지 들어갔다. 그러나 공자는 화를 내기는커녕 당연하다는 듯 대답했다.

"그것이 바로 예라는 것이다. 모르는 것을 묻는 것, 그것이 바로 예에 부합하는 행동이 아니던가?"

공자는 일찍이 노나라 음악대사인 사양師襄에게 금琴을 배웠다. 한 곡을 열흘 정도 배우자 사양이 만족하며 말했다.

"정말 훌륭한 연주군. 이제 새로운 곡을 배워도 되겠어."

그렇지만 공자는 고개를 저었다.

"곡조는 다 익혔다고 하나 아직 기교를 마음대로 부릴 수는 없습니다."

며칠 후 공자는 자연스럽고 막힘없이 감동적으로 연주를 할 수 있게 됐다. 하지만 그는 거기서 만족하지 않았다.

"이 곡이 내포하는 있는 의미를 아직 깨닫지 못했으니 더 연습해야 합니다."

또 며칠이 지나자 사양이 말했다.

"이제 자네의 연주는 음도 풍부하고 표현력도 뛰어나니, 곡에 담긴 내적인 정신도 다 깨달은 것이나 다름없네. 그러니 이제 새로운 곡을 배워보는 것이 어떻겠나?"

"허나 저는 아직까지 작곡가가 누구인지, 어떤 사람인지 깨닫지 못했습니다."

드디어 어느 날, 공자가 금을 내려놓고 사양의 앞에 나와 흥분하며 말했다.

"스승님! 곡조 속에서 작곡가의 모습을 보았습니다. 그는 키가 크고 얼굴이 검으며 눈빛이 깊은 사람이었습니다. 그는 생각에 잠긴 듯 먼 곳을 바라보고 있었으며, 곳곳에서 그의 넓은 마음과 고상한 인품, 원대한 포부가 드러나 여러 나라가 그의 발아래 무릎을 꿇었습니다. 주 문왕 외에 이런 사람이 또 어디 있겠습니까?"

202 사양은 깜짝 놀라 벌떡 일어났다. 그러고는 공자에게 고개

를 깊이 숙여 절했다.

"자네 말이 맞네! 나의 스승께서 당시 나에게 이 곡을 가르쳐주실 때 이 곡이 〈문 왕조文王操〉라고 하였다네."

공자가 학업에 매진한 고사는 매우 많다. 그는 말년에 『역경易經』을 즐겨 읽었다. 고대의 책은 부드러운 쇠가죽으로 죽간을 엮어 만든 것이었는데, 공자가 여러 번이나 『역경』을 넘긴 까닭에 쇠가죽이 몇 번이나 끊어졌다고 한다. 이것이 고사성어 '위편삼절韋編三絶'의 유래이다. 한 번은 제나라에 간 공자가 〈소詔, 순 임금 때의 악곡 이름〉의 연주를 들었다고 한다. 〈소〉는 요순시대부터 전해지는 춤곡으로, 중원에서부터 제나라까지 전해 온 곡이다. 악사의 연주 속에 은은하면서도 힘 있게 퍼지는 금 소리는 악곡의 정서를 한껏 표현해 내었다. 온몸으로 연주를 들은 공자는 취한 듯, 홀린 듯한 상태가 되어 '석 달이나 고기를 먹지 않는' 지경까지 갔다고 한다.

3. 처음으로 두각을 나타내다[初露鋒芒]

공자는 51세에 노나라 중부 지방의 행정관이 되어 임직 일년 동안 훌륭한 성과를 내었다. 그 덕분에 각계의 추천을 받아 노나라의 사공司空, 건설을 관리하는 관직에 임명되었다가, 얼마 후 다시 사구司寇, 전국의 사법과 치안을 관리하던 관직로 가게 되었다. 그가 덕으로 백성들을 감화시키고 예로 가르쳤기 때문에 노나라 사회는 매우 안정되었고, 길가에 버려진 것조차 함부로 줍는 자가 없는 태평성대가 되었다.

노나라와 제나라는 이웃 국가로 겉으로 보기에는 매우 화목해 보였으나 속으로는 늘 서로를 경계하고 견제하는 사이였다. 이때 노나라가 각 분야에서 남다른 움직임을 보이며 명망이 높아지자, 제나라는 이를 자국에 대한 위협으로 해석했다. 그래서 제나라 경공은 노나라로 사자를 보내 협곡夾谷이라는 곳에서 회맹을 갖고 양측의 관계를 조정하자며 정공定公을 불렀다. 정공은 초청을 받고 크게 기뻐하며 바로 협곡으로 가려고 했다. 그때 공자가 저지하고 나섰다.

"폐하, 이렇게 급히 가셔서는 안 됩니다. 이번에 제나라와의 회맹이 이전의 우호관계를 회복하는 것이라고는 하나, 무장한 수행원들을 데리고 가 만일의 사태에 대비하는 것이 옳을 것입니다."

정공은 공자의 말대로 좌우사마를 대동하는 한편, 공자를 찬례관贊禮官으로 지목해 함께 협곡으로 갔다. 제 경공은 예로써 정공을 맞이했고, 서로 예물을 교환한 후 성대한 연회를 열렸다. 연회가 한참일 무렵, 제나라 찬례관이 노나라 정공에게 시끄러운 음악을 연주해 주었다. 그러자 음악에 맞춰 한 무리의 무사들이 창과 검, 미늘창을 들고 뛰어 나왔다. 비록 춤이라고는 하나 살기가 느껴져 정공의 얼굴은 흙빛이 되었다. 정공을 수행하던 좌우사마도 검을 들고 정공의 곁을 호위했다. 이때 공자가 빠른 걸음으로 계단에 오르더니, 제나라의 찬례관에게 소매를 흔들며 소리를 질렀다.

"두 나라 군주가 우호적인 자리를 갖고 있는 이때 칼춤과 창춤을 추는 저의가 무엇이오? 당장 무사들을 물리지 못하겠소?"

공자의 말에 제나라의 찬례관이 무사들을 물리려고 했지만, 무사들은 꼼짝도 하지 않은 채 눈만 돌려 경공의 눈치를 살폈다. 적당한 명분을 찾지 못한 경공은 어쩔 수 없이 손을 내저어 그들을 물린 후 '궁중음악'을 연주하게 하였다. 얼마 후 한 무리의 난쟁이들이 나와 쭈뼛쭈뼛한 춤을 추었는데, 그 모습이 속되고 조악해 차마 눈을 뜨고 보기 힘들 정도였다. 공자는 다시 한 번 잰 걸음으로 앞에 나가 성난 목소리로 제나라 찬례관에게 물었다.

"이런 난쟁이들이 공공연히 제후를 희롱하며 눈과 귀를 어지럽게 하고 있잖소. 법대로 한다면 참수하는 것이 옳을 것이오. 아직도 집행을 하지 않고 뭐 하시오?"

제나라 찬례관은 어쩔 수 없이 이들을 모두 죽여 버렸다. 결국 연회는 끝나고 모두 불쾌한 마음을 안고 헤어졌다. 이것이 바로 역사적으로 유명한 '협곡의 회맹'이다. 이 회맹이 있은 후 경공은 노나라 군신들이 약하게 나오지 않을 것임을 알고 과거 침략했던 노나라의 영토, 운鄆, 문양汶陽, 구음龜陰 등을 돌려주어 사죄의 뜻을 전했다. 공자는 군주를 지킨 공을 인정받아 노 정공의 신임을 받았다.

4. 양호와의 만남을 거절하다

'협곡의 회맹'은 공자의 재능과 식견, 담력과 기백을 증명해 주었다. 그러나 그 일 후에도 공자는 성공적으로 벼슬길에 나가지 못했다. 당시는 주 왕실이 쇠퇴하고 제후들이 패권을 두고 다투면서 전쟁이 끊이지 않던 시기였다. 공자는 이런 어지러운 사회 국면은 주례가 파괴되었기 때문에 생긴 것이므로, 너그러운 정치를 펼치고 '예'와 '악'으로 주나라를 다스려야 주나라 천자의 존엄성을 회복할 수 있다고 주장했다. 그래서 공자의 궁극적인 목표 역시 관직에 앉거나 부귀영화를 누리는 것이 아니었다.

당시 노나라의 정권은 사실상 맹손씨孟孫氏와 숙손씨叔孫氏, 계손씨季孫氏라는 세 귀족 집안(환공의 3가라고도 함)이 조정하고 있었다. 노나라 군주는 아무런 실권도 가지지 못했던 것이다.

얼마 후 계손씨 수하에 있던 양호陽虎라는 가신이 계손씨를 손에 쥐고 노나라의 조정을 독점하였다.

그 후 공자는 양호라면 이를 갈 정도로 싫어했다. 그러나 양호는 찬탈한 정권을 공고히 다지기 위해서 공자의 도움이 필요했다. 어떻게든 공자를 관직에 앉혀 자신을 돕게 할 생각 뿐이었다. 그리하여 어느 날, 그는 마차에 잘 익힌 돼지를 싣고 공자의 집으로 찾아갔다. 공자는 만나고 싶지 않아 침실에 숨어 나오지 않았다. 양호는 어쩔 수 없어 수행원들에게 그 돼지를 공자의 집으로 보내라 명한 후 화를 내며 돌아갔다.

그러나 집으로 돌아가는 길, 양호는 신이 나서 웃음을 터뜨렸다. 고대 왕래하는 법도에 따르면 다른 사람의 선물을 받은 경우 다른 날을 택해 직접 찾아가 감사 인사를 해야 하기 때문이다. 양호는 공자가 예의범절을 잘 지키기로 유명하니 자신의 선물을 받고 반드시 자신을 보러 올 것이라며, 자신은 집에만 있으면 된다고 생각했다.

침실에서 나온 공자는 돼지를 보고 시름에 잠겼다. 그러나 어느새 공자의 찌푸린 이마가 펴졌다. 좋은 생각이 떠올랐던 것이다. 그는 양호가 집에 없는 틈을 타서 인사를 가기로 결심한다. 이렇게 하면 표면적으로는 실례를 범하는 것이 아니면서도, 실제적으로는 도둑놈과 같은 난신과 말을 섞을 필요도 없게 되는 것이다. 마음을 정한 공자는 제자들을 불러 명을 내렸다.

드디어 어느 날, 제자 하나가 달려와 양호가 집에 없다고 보고했다. 공자는 급히 제자들에게 마차를 대령하게 한 후 양호의 집으로 향했다. 이렇게 후다닥 일을 처리한 공자는 마침내 안도의 한숨을 내쉬며 급히 집으로 돌아왔다.

그러나 원수는 외나무다리에서 만난다고 했던가? 돌아오는 길에 공자 일행은 집으로 돌아오고 있던 양호와 딱 마주친다. 양호는 이 기회를 놓칠세라 간곡히 공자를 청했다. 공자는 어쩔 수 없이 몇 마디 나누고는 도망치듯 집으로 돌아왔다.

그러나 양호의 질문 하나가 계속 공자의 마음을 어지럽게 했다.

"시간은 나를 기다려주지 않습니다! 그런데 선생은 정치 이상을 실현하기 위해 얼마나 더 기다리려 하십니까?"

'그래, 나는 이미 마흔여덟 살이다. 지금이야말로 재능을 마음껏 펼치며 나라를 위해 헌신할 나이가 아니던가? 허나, 눈을 들어 돌아보아도 나를 써줄 이 없구나.'

비록 공자가 정치적 업적으로 노나라 군신들의 존경을 받기는 했지만 정공은 안락만을 쫓는 무능한 군주일 뿐이었다. 그래서 공자는 쉰다섯 살에 번민과 무거운 마음을 안고 제자들과 함께 부모의 나라를 떠나 14년간 각국을 떠도는 나그네 생활을 시작했다. 그 기간 동안 공자와 그의 제자들은 이리저리 떠돌아다니며 수고했고, 때로는 굶어 죽을 위기를 만나기도 했다. 또 때로는 의지가지없이 떠돈다 하여 '상갓집의 개'

라고 불리기도 했으나 결국 아무런 수확도 얻지 못했다.

그 이유는 무엇일까? 해답을 알기 위해서는 그 시대가 백가쟁명, 즉 각 나라의 군주들이 앞을 다투어 인재를 유치하려던 시기임을 명심해야 한다.

객관적으로 볼 때 가장 주된 원인은 공자가 사회의 변화를 읽지 못했기 때문이었다. 제후들이 패권을 두고 다투고 약육강식이 그 시대의 주류가 되었지만, 공자는 여전히 이름뿐인 주나라 왕실의 통치를 회복시키려고만 했다. 이것은 매우 보수적이고 낙후된 관점으로 역사 발전의 흐름과는 역행하는 것이었다.

이후 공자 역시 이러한 문제점을 인정했다. 그러나 그는 '불가능한 것을 알면서도 끝까지 행하는[知其不可爲而爲之]' 모습을 보여주었다. 이야말로 우리가 본받아야 할 정신이 아닐까?

5. 공자 어록

공자의 가장 훌륭한 업적은 역시 교육이었다. 고대의 학교들은 모두 관에서 운영했기 때문에 귀족의 자제들만이 교육을 받을 수 있었다. 그런 환경 속에서 공자는 '사학私學'을 세워 제자를 모으고 가르쳐 귀족의 '교육 독점'을 깨뜨렸다. 그는 '가르침에는 차별을 두지 않는다〔有敎無類〕'는 구호를 내걸고 집안이나 등급에 관계없이 학생을 뽑았다. 그래서 그의 제자 중에는 귀족도 있었고 뒷골목에 사는 빈민도 있었으며, 노나라 제자뿐 아니라 다른 나라 출신의 제자도 있었다. 그는 덕행, 언어, 정무政務, 문학 네 과목을 개설하고 예절, 음악, 궁술, 마술馬術, 서예, 산술 등 '육예'의 기능을 전수했다. 공자는 '자신은 한결같이 배우기를 좋아하고, 다른 사람에 대해서는 참을성 있게 가르친다'는 말을 자신의 좌우명으로 삼았다. 그 뜻인즉 배움에는 만족이 없으며 사람을 가르치는 일에는 피곤함이 없다는 것이다. 그는 학생들에게 배움과 생각하는 것을 통일하라고 격려했으며, 죽어라 책을 읽으면서 진지하게 고민하지 않으면 미혹되기 쉽다고 가르쳤다. 그리고 생각만 하고 공부하지 않으면 사도로 빠지게 되니, 이것이 더욱 위험하다 하였다. 공자의 이런 교육 방법과 태도는 많은 이들의 칭송을 받았다. 공자의 학교 역시 큰 공을 세웠는데, 그의 제자가 된 사람만 3천 명이나 되어 그 중 상위 72위 안에 드는 것도 정말 어려운 일이었다고 한다.

공자가 죽은 후 그의 제자들이 그의 말을 정리, 기록하여 『논어論語』를 편찬하였고 그 책은 지금까지 전해지고 있다.

『논어』에는 다양한 내용이 담겨 있는데, 오늘날 읽어도 여전히 우리에게 많은 가르침을 주는 것들이다. 여기서 공자의 어록 몇 가지를 소개하고자 한다.

(1)공자가 말하기를, 배우고 때때로 익히니 이 어찌 기쁘지 아니한가? 먼 곳에서 친구가 와 만나니 어찌 기쁘지 아니한가? 상대가 나를 몰라주어도 원망하지 않으니, 어찌 덕 있는 사람이라 하지 않겠는가?〔子曰, 學而時習之 不亦說乎, 有朋自遠方來 不亦樂乎? 人不知而不慍 不亦君子乎?〕

이 문장에서 우리는 사람은 반드시 배워야 하며, 배운 것을 복습하고 적용하여 행해야 한다는 것을 알 수 있다. 도를 행하다 보면 반드시 친구가 생길 것인데 친구에게는 진심과 신뢰로 대해야 할 것이나, 진심과 신용이라도 상대에게 이해를 받지 못할 수도 있음을 알 수 있다. 상대가 나를 이해해 주지 못해도 원망하지 않는다면 이는 사람으로서 가장 이상적인 경지에 도달했다고 할 것이다.

(2)공자가 말하기를, 부모의 나이는 기억하지 않을 수 없다. 자식 된 자는 부모님이 장수하시는 것을 기뻐하면서도 한편으로는 부모님이 늙는 것을 걱정한다고 했다.〔子曰, "父母之年 不可不知也. 一則以喜, 一則以懼."〕

이 글은 우리에게 자녀 된 자로서 부모에게 효를 다해야 하며, 부모로 인해 기뻐하고 또 걱정해야 한다는 것을 말해 준다. 이것은 마음속 깊은 곳에서 우러나오는 부모님에 대한 사랑과 그리움

211

이다.

(3)번지樊遲가 공자에게 인仁에 대하여 물었다. 공자가 말하기를, 인은 바로 사람을 사랑하는 것이다.〔樊遲問仁. 子曰, "愛人."〕

유교 사상에서 인정仁政, 즉 어진 정치는 백성들을 사랑하고 지키는 정치이다. 현대 사회에서도 우리들은 가장 기본적인 도리는 행해며 살아야 한다. 즉 부모와 친구를 사랑하고 동기를 아끼며 노인을 공경하고 어린 자를 돌보며 남을 돕는 것을 기쁨으로 삼는 것이다.

(4)공자가 말하기를, 사람이 멀리 생각하지 않으면 가까운 곳에 근심이 생긴다.〔子曰, "人無遠慮, 必有近憂."〕

사실 우리들은 모두 원대한 목표를 세우고 굳은 신념을 지키며 심사숙고 하는 삶을 살아야 한다. 그래야만 발전의 주도권을 쥘 수 있는 것이다.

(5)공자가 말하기를, 말한 것은 반드시 지키고, 시작한 일은 반드시 해낸다.〔言必信, 行必果.〕

지킬 수 없고 행할 수 없는 일에 대해 함부로 입을 열어서는 안 된다. 그리고 만약 약속을 했다면 무슨 수를 써서라도 그 일을 완수해 내야 한다. 말하고 행동하고 언행이 일치되는 것은 우리들 모두가 갖춰야 할 훌륭한 소양인 것이다.

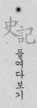

史記
들여다보기

공자의 자子는 경칭으로 '선생'이라는 뜻이 된다. 공자의 제
자는 모두 3천 명이며, 특히 육예六藝에 통달한 문인門人이 72
명이라고 한다. 그는 '教人不倦'이라고 술회했던 것처럼, 이
상을 미래에 건 위대한 교육자였다. 그의 말과 행동은 『논어』
를 통해서 전해지고 그의 사상을 가장 잘 기록한 자료도 『논
어』밖에 없으나, 이는 제자나 제자의 제자들이 기록한 것이
지 공자 자신의 저술은 아니다. 오경五經을 편찬하였다고 전
해오지만, 이는 제자들을 교육하기 위해 『시경』, 『서경』 등의
고전을 정리했던 것으로 생각된다.

편종

공자

孔子和他的弟子们

공자와 그의 제자들 : 스승과 제자가 함께 성장하다

공씨 집 정원 서편에서 멀지 않은 곳에 살구나무가 많이 자라고 있었다. 매년 봄여름이 되면 그곳은 가지와 잎이 무성하여 공기까지 신선하였다. 공자와 그의 제자들은 나무 그늘 아래 앉아 공부하고 책을 읽었으며, 변론하거나 대화를 나누었다. 맑고 신선한 바람이 불어오고 꽃향기가 자욱한 시간, 그곳에서는 책 읽는 소리와 웃음소리를 들을 수 있었다. 그러다 지치면 그들은 옆에 있는 평상으로 가서 휴식을 취했다. 수업이 끝나면 학생들은 배운 것을 익혔고 스승인 공자는 금을 연주하며 노래를 불렀다. 모든 사람에게 행복하고 아름다운 시간이었던 것이다.

공자가 가장 아끼는 학생은 안회顔回였다. 공자보다 서른

살이나 어린 안회는 집안이 가난하여 매 끼니마다 밥 한 그릇과 국 한 그릇만 먹었고, 낡고 누추한 집에서 살았다. 그러나 그의 꿈은 원대했으며, 너그럽고 관대한 성품을 가지고 있었다. 동기들을 대할 때는 열정과 진심으로 대했으며, 스승에게는 존경과 신임을 보였다. 그래서 공자도 안회를 이렇게 칭찬하였다.

"내가 안회를 얻은 후부터 제자들의 관계가 더욱 친근해지고 끈끈해졌다."

안회는 학문을 연마하는 데도 가장 열심이었다. 공자가 수업을 할 때면 그는 늘 정신을 집중하며 열심히 생각하였다. 너무 집중해서 눈은 커다래지고 입은 살짝 벌어졌으며 몸은 앞으로 기울어져 꼭 넋이 빠진 것처럼 보였다. 그러나 스승의 질문에 대답할 때는 요점을 놓치지 않았고 응용능력까지 뛰어났다. 게다가 스승에게 배운 이치를 평소의 언행에 적용시켜 자신의 사상에서 지혜의 빛이 발산되도록 했다.

공자와 제자들이 여러 나라를 떠돌아다닐 때 진陳과 채蔡나라에 며칠 밤낮을 갇힌 적이 있었다. 어느새 식량이 떨어져 굶어죽을 지경이 되었다. 그러자 몇몇 제자들이 공자의 가르침에 의심을 품기 시작했다.

'스승님께서는 매일 우리에게 마음에 거리낌이 없이 살며, 노인을 공경하고 약한 자를 돌보는 군자가 되라고 하시지 않았던가? 듣기에는 비할 데 없이 고상했는데, 그 고상한 분이

지금은 어찌 이렇게 곤궁한 지경에 처했단 말인가?'

공자는 참을성 있게 제자들에게 이치를 설명했다. 그때 안회가 벌떡 일어나더니 격양된 목소리로 공자에게 말했다.

"스승님, 스승님의 학설은 위대한 것이라 세간의 범인들은 이해하지 못하는 것입니다. 하지만 이해하지 못하고 받아들여지지 않으면 또 어떻습니까? 그것 때문에 군자로서 세속에 영합하지 않으시는 스승님의 고상하고 굳은 절개가 더 도드라져 보이는 것을요. 그러니 우리는 타협하지 말고 계속 밀고 나가야 합니다."

순간 공자의 눈이 반짝이더니 위안을 받아 얼굴에 미소가 떠올랐다.

"안회야, 어느 날 네가 출세를 한다면 내 너의 부하가 되어도 좋겠구나!"

마침내 모두의 마음이 하나가 되었다. 그러나 굶주린 배는 어쩌면 좋단 말인가? 모두 배고픔에 어쩔 줄을 몰라 했다. 그러다 공자의 다른 제자 하나가 천신만고 끝에 촌민에게 물건과 쌀 조금을 바꿔 왔다. 스승과 제자들은 모두 기뻐했다. 안회와 자로子路는 바로 밥을 지을 곳을 찾아갔다. 기무죽죽하고 낡은 집 하나를 발견하여 두 사람은 빗자루로 대충 몇 번 쓸고는 불을 붙였다. 밥이 다 지어졌다. 안회는 흥분하며 솥뚜껑을 열었다. 그런데 눈처럼 희고 향긋해야 할 쌀밥에 지붕의 먼지가 내려앉아 밥 윗부분이 새까맸다. 이렇게 더러운 것을 어떻게 스승님께 드시라고 드린단 말인가? 이렇게 생각한 안회는 주걱으로 더러워진 쌀밥을 떠서 먹어 버렸다.

공교롭게도 이때 밖에 나가서 땔감을 안고 들어오던 자로가 문 앞을 지나다가 안회가 '몰래 먹는' 모습을 보았다.

'안회는 청렴하고 너그럽다고 유명한 사람이잖아? 그런데 어떻게 저런 짓을 할 수가 있지?'

자로는 답답하고 울적한 마음을 안고 공자에게 이 일을 고했다. 공자 역시 궁금했지만 자로에게 말했다.

"안회는 가장 어질고 의롭다고 믿지 않았던가? 안회가 그런 짓을 한 데는 분명 어떤 이유가 있을 것이다. 그러니 먼저 가거라. 내 직접 시험해 보겠다."

안회가 쌀밥을 들고 와 스승에게 올렸다. 공자는 막 잠에서 깬 것처럼 꾸미며 말했다.

"방금 꿈을 꾸었는데 조상님께서 이 쌀밥을 먼저 조상님께 올리라고 하시더구나!"

안회는 고개를 휘휘 내저으며 말했다.

"안 됩니다, 안 돼요! 방금 지붕에서 먼지가 밥솥에 떨어졌는데 버리기는 아까워 제가 먹었습니다. 이 쌀밥은 이미 정갈하지 않은 것이니, 조상님께 올릴 수는 없습니다!"

'아, 그런 것이었군.'

공자는 안도의 한숨을 내쉬었다.

218

"그럼 그렇지! 안회는 역시 믿을 만한 사람이다."

이때부터 모든 제자들이 더욱더 안회를 존경하게 되었다.

그러나 안타깝게도 안회의 일생은 우여곡절로 가득했다. 29세가 되었을 때 백발이 되더니, 32세에는 세상을 떠나고 만 것이다. 그가 죽었을 때 공자는 지팡이로 땅을 치고 가슴을 치며 슬피 울었다.

"하늘이 날 죽이려고 하시는구나! 가장 귀한 제자를 데리고 가시다니, 내 목숨을 원하심이야."

자로는 공자의 문하생 중에서 가장 개성이 뚜렷한 제자였다. 공자를 만나기 전, 그는 거칠고 사나운 성격이었고, 머리에는 늘 수탉의 깃털을 꽂고 몸에는 수퇘지의 이빨을 건 띠를 차고 다녔다. 또한 힘자랑을 좋아하고 성격이 시원시원하면서도 사나웠다. 공자는 자로의 성격에 맞게 차근차근 잘 타이르며 단계별로 교육해 나갔다. 처음에 자로는 공부는 해서 뭐에 쓰냐며, 남산의 대나무는 돌봐주지 않아도 반듯하게 잘 자라고 활로 만들어도 예리하다며 고집을 부렸다. 그러나 공자는 참을성 있게 자로를 타일렀다.

"자네의 활에 더 예리한 청동 화살촉을 끼운다면 더 멀리 날아가고, 더 힘껏 관통하지 않겠는가?"

결국 자로는 유학자의 옷을 입고 즐거운 마음으로 공자의 제자가 되었다.

어느 날, 염구冉求라는 제자가 공자에게 물었다.

"반드시 해야 할 일을 들었을 때 바로 가서 행하는 것이 옳 **219**

은 것입니까?"

공자는 힘껏 고개를 끄덕이며 대답했다.

"그렇다. 바로 가서 행하거라!"

이번에는 자로가 같은 질문을 했다.

"해야 할 일을 들었을 때 바로 가서 하는 것이 옳습니까?"

그러자 공자는 고개를 가로저으며 대답했다.

"위로는 부모님과 형들이 있으니, 그분들과 먼저 상의를 해야지, 어떻게 듣자마자 바로 행하느냐?"

이를 지켜본 다른 제자들이 이상히 여겨 공자에게 물어보았다.

"두 사람의 질문이 똑같은데 스승님께서는 왜 다른 대답을 하셨습니까?"

공자가 설명했다.

"염구는 천성적으로 겁이 많고 걱정이 많은 아이이니 내 일부러 격려해 준 것이요, 자로는 경솔하고 성미가 급하여 자제시킨 것이다."

이것이 바로 유명한 공자의 '인재시교人材施教, 인재별 맞춤교육'이다. 공자의 가르침으로 자로는 서서히 믿음직스럽고 성실하며, 언행이 일치하는 우수한 제자로 성장해갔다. 공자역시 이렇게 말했을 정도이다.

"자로를 얻은 뒤부터 나를 공격하는 악한 말들이 들리지 않게 되었다."

그 후 어느 날 위衛나라 궁중에서 정변이 일어났다. 당시 공자의 제자인 자고子羔는 위나라의 대부로 있었고, 자로는 위나라 대부 공회孔悝의 읍재邑宰로 있었다. 공자는 그들의 안위가 몹시 걱정되었다. 공자는 날쌔고 눈치가 빠른 자고는 이런 정치 소용돌이 속에 빠지지 않을 것이지만, 강직하고 의리를 중시하는 자로는 화를 모면하기 힘들 것이라고 생각했다.

과연 공자의 예상이 맞아떨어졌다. 사건이 벌어진 날 자로는 자고와 성문에서 마주쳤다. 자고는 나가고 자로는 들어가는 길이었다. 문지기가 문을 닫으려 할 때 자고가 자로에게 말했다.

"성 안은 지금 몹시 어지럽네. 그러니 성에 들어가지 말게. 잘못하다가는 무고한 피해를 당하게 될 것이네."

그러나 자로는 자고의 충고를 듣지 않았다.

"나는 성에 들어갈 것이네. 대부 공리의 가신으로서 그 분이 주시는 봉록을 받고 있는 내가 그 분이 어려운 상황에 있다고 나만 빠져나가서야 되겠는가? 나는 그럴 수 없네."

자고는 어쩔 수 없이 혼자 빠져 나왔고, 자로는 결국 성에 들어가 난투에 참여하게 되었다. 격투 중에 부상을 당해 모사끈이 끊어지자 자로가 말했다.

"군자는 죽더라도 모자가 땅에 떨어지게 하지는 않는다."

자로는 병기를 버리고 두 손으로 모자의 끈을 고쳐 매었다. 이때 무수히 많은 예리한 칼날이 그를 향했고, 결국 자로는 그 자리에서 목숨을 잃었다.

재여宰予는 공자의 제자 중 말솜씨가 가장 뛰어난 입담꾼이었다. 공자가 제자들을 가르칠 때 재여는 모순을 하나 발견했다. 공자는 늘 삼년상을 가르쳤었다. 즉 부모님이 돌아가시면 3년간 상복을 입고 효를 다하며 일상적인 오락과 교제를 끊으라 한 것이다. 그러면서도 공자는 군자가 3년간 오락과 교제를 끊는다면, 예악은 파괴될 것이라고 말했다. 그래서 재여는 공자에게 이렇게 건의했다.

"부모님께서 돌아가시면 일년만 상을 치러도 되지 않겠습니까?"

재여의 말에 공자는 깜짝 놀랐다.

"재여야, 너는 부모님께서 세상을 떠나신 지 일년 만에 오락과 교제를 할 흥이 나겠느냐?"

"할 수 있습니다."

재여의 대답을 듣고 공자는 화가 머리끝까지 났다.

"할 수 있다 싶으면 그리 하여라. 그러나 나는 할 수 없느니라. 군자는 부모님의 상을 하는 동안 음식을 먹어도 달지 않으며 음악을 들어도 즐거울 수 없는 법, 그래서 예와 악을 버리는 것이니라. 부모님께서 우리를 낳으신 후 3년은 키워주셔야 우리가 부모님의 품을 떠날 수 있기에, 나도 3년간 상을 치르며 효를 다하라 정한 것이었다. 이것은 세상 모두가 따라야 할 도리[義]이거늘 너는 오히려 이의를 제기하다니, 불의하고 불효한 놈이로구나!"

재여는 또 낮잠을 즐기는 사람이었다. 그 모습을 보고 "후목불가조요, 분토지장불가오야朽木不可雕也 糞土之牆不可杇也."[4]라고 꾸짖었다. 즉 재여라는 사람은 썩은 나무와 같아서 쓸모 있는 물건으로 만들 수 없으며, 더러운 흙으로 만든 벽과 같아서 깨끗하게 단장할 수 없다는 뜻이다. 재여는 이후 제齊나라 대부가 되었으나 자로처럼 제나라 궁중에 정변이 일어났을 때 온 가족이 몰살당했다. 그러나 공자는 이를 안타까워하지 않았다고 한다.

자공 역시 공자가 아끼던 제자 중의 하나로 지혜와 재능을 겸비하고 언변이 능한 사람이었다.

제나라의 귀족 중에 전상田常이란 자는 반란을 일으켜 제나라의 왕을 다시 세우고 싶었지만, 대신들의 세력이 무서웠다. 그래서 군대를 보내 노魯나라를 치려고 했다. 자신의 지위를 높여볼 속셈이었던 것이다. 공자는 조국에 위기가 찾아올 것을 걱정하여 자공을 보내 이 전쟁을 막도록 했다.

제나라로 온 자공은 전상에게 이렇게 제안했다.

"노나라를 치신다면 그것은 큰 실수입니다. 노나라는 약소국이니 차라리 강대한 오吳나라를 치십시오."

자공의 말에 전상의 얼굴빛이 변하였다.

"지금 나를 희롱하는 것이오? 약소국을 치지 말고 강대국을 치라니, 지금 날 더러 스스로 무덤을 파라는 말이잖소."

그러나 자공은 당황하는 기색 하나 없이 대답했다.

"조정에 우환이 있는 사람은 강국을 쳐야 하며, 백성을 걱정하는 사람은 약한 나라를 치는 것입니다. 경께서는 세 번이나 제후에 봉해지려 했으나 좌절되었다 들었습니다. 이는 조정의 대신들이 경을 반대하기 때문이지요. 그렇다면 경의 우환은 조정에 있는 것이 아닙니까? 노나라는 작고 약하니 얼마든지 손에 넣을 수 있을 것입니다. 그러면 경이 섬기는 왕께서는 영토를 얻고 더욱더 오만해지실 테지요. 대신들 또한상을 받고 더욱 방자해질 것입니다. 경에게 돌아오는 것은 무엇입니까? 그러나 경께서 강대한 오나라를 치신다면 전쟁이쉬이 끝나지 않을 것입니다. 그러면 대신들도 전쟁에 나설 테니 조정도 비게 되겠지요. 그럼 그때 제나라를 차지할 수 있지 않겠습니까?"

자공의 말은 전상이 바라는 바를 정확하게 꿰뚫은 것이었다. 전상의 노기 띤 얼굴에도 미소가 떠올랐다. 그는 바로 자공에게 오나라 왕을 만나 노나라를 구하도록 설득해 달라며부탁했다. 오나라를 공격할 명분을 만들 생각이었다.

자공은 오나라로 건너가 왕을 알현했다.

"제나라와 오나라는 줄곧 강자의 자리를 두고 싸움을 벌여왔습니다. 지금 사람들은 제나라가 노나라를 치려고 한다고말하고 있습니다. 만약 노나라가 제나라에게 먹힌다면 제나라는 오나라보다 더욱 강대해질 것인데, 대왕께서는 걱정도

안 되십니까?"

오나라 왕이 말했다.

"나도 노나라를 구해 제나라가 세력을 확장하는 것을 막고 싶네. 그러나 우리와 전쟁을 한 월越나라의 왕과 대신들이 회계 일대를 지키며 앙갚음할 기회만 노리고 있다네. 그러니 월나라부터 쳐야 하지 않겠나?"

그러자 자공이 고개를 끄덕였다.

"그거야 어렵지 않습니다. 제가 월나라로 가 왕께서 제나라를 칠 때 함께 가도록 하면 되는 것 아닙니까?"

일찍부터 자공의 명성을 듣고 흠모하던 월왕 구천은, 자공이 온다는 말에 도로를 정비하고 성 밖까지 나와 그를 맞았다. 자공을 만난 구천은 절을 올리며 자공에게 오나라를 칠 방법을 물어보았다.

"오나라 왕은 사납고 포악한 자였으나 뜻을 이루자 더욱 자만하여 본분도 잊은 채 기고만장해 있습니다. 이런 때에 왕께서 군사를 보내 오나라가 제나라를 치는 것을 돕는다면, 오나라 왕의 환심을 살 수 있을 뿐 아니라 경계심마저 사라지게 할 수 있을 겁니다. 만약 그가 전생에서 진다면 그것은 왕의 복일 것입니다. 만약 오나라 왕이 이긴다면 그는 중원의 패권을 차지하기 위해 진晉나라를 치려 하겠지요. 오와 진이 전쟁을 벌인다면 오나라의 세력은 약해질 것이 아닙니까? 그때 왕께서 피곤에 지친 오나라 군을 친다면 오나라 왕은 손도 쓰지 못하고 당할 것입니다. 어떻습니까?"

월나라 왕은 크게 기뻐하며 자공의 말대로 군사를 움직이겠다고 약속한다.

그 후 모든 것은 자공이 예상한 대로 진행되었다. 오나라와 제나라 사람들은 애릉艾陵이라는 곳에서 전쟁을 벌였고 결국 오나라가 큰 승리를 거두었다. 오나라는 자공의 예상대로 군대를 철수하지 않고 바로 진나라로 쳐들어가 격전을 벌였지만, 결국 진나라에 패하고 말았다. 오나라 군사들이 패했다는 소식을 들은 월왕은 바로 병사들을 이끌고 오나라를 습격했다. 마침내 월나라 군사들은 오나라의 왕궁을 포위하고 오의 왕 부차를 죽여 버렸다.

월나라는 오나라를 친 후 3년 만에 패자의 자리에 올랐다. 자공이 나섬으로써 노나라는 무사하고 제나라는 혼란스러워졌으며 오나라는 멸망한 것이다. 또 진나라는 강성해졌고 월나라는 패자가 되었다. 제후국들 간의 힘의 경쟁에 연쇄적인 변화가 생긴 것이다. 자공은 이 사건으로 인해 널리 명성을 떨치게 되었다.

● 각주

---

4 "썩은 나무에는 조각을 할 수 없고, 분토로 만든 벽은 손질할 수 없다"는 뜻

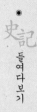

史記
들여다보기

공자 문하의 72현 중에는 덕행이 뛰어난 안연顏淵, 안회과 민자
건閔子騫, 염백우冉伯牛, 중궁仲弓이 있다. 또 정치적으로 재능이
뛰어난 사람으로는 염유冉有, 자로가 있으며 언변이 출중했던
사람으로는 재여, 자공이 있다. 문학적으로 두각을 나타낸 제
자로는 자유子游와 자하子夏가 있다.

〈공자강학도〉

● 주요 인물
  사마양저

● 주변 인물
  제 경공, 안자, 장가

● 키워드
  걸출한 군사가, 엄격하고 공정한 군사 규율

● 주요 사건
  장가 살해, 진晉과 연燕을 몰아낸 사람

● 고사
  전씨대제田氏代齊, 제나라를 거머쥔 전씨

● 이야기 출처
  『사기』「사마양저 열전司馬穰苴列傳」

司馬穰苴

사마양저 : 한마디 말로 산을 뒤집는 위엄

제나라는 춘추전국 시기 첫 번째 대국이었다. 당시 제나라의 영토는 오늘의 산동성 동부와 북부까지 이르렀다. 제나라를 창립한 사람은 주나라의 개국공신이었던 강자야로, 역사에서는 이 시기를 '강제姜齊'라고 부른다. 제나라 환공은 춘추오패 중 첫 패자이기도 했다.

하지만 몇 대가 흐른 후 강씨 성을 가진 통치자들은 사치스러운 생활과 부패한 정치로 인해 전완田完, 시호 경중敬仲의 후손에게 정권을 빼앗겼다. 역사에서는 이 시기를 '전제田齊'라고 부른다.

사마양저司馬穰苴는 전완의 후손이나 대사마大司馬 직에 있었기 때문에 사람들은 그를 '사마양저'라고 불렀다.

　제 경공이 통치하던 어느 날, 진晉나라 군사들이 제나라의 동부를 공격해 왔고, 연燕나라는 제나라의 북쪽을 치고 내려왔다. 화는 홀로 오지 않는다는 것이 바로 이런 상황일 것이다. 그러나 제나라는 양국의 적수가 되지 못해 연이어 패배의 쓴 잔을 마셨다.

　그래서 경공은 어찌 할 바를 몰라 수심이 가득한 얼굴로 조정에 나와 있었다.

　이때 사람의 재능을 알아보고 적재적소에 잘 쓰는 재상인 안자가 대신들 사이에서 걸어나왔다.

　"대왕, 소인 왕께 한 사람을 추천하고자 합니다. 그 사람이라면 전방의 문제를 해결할 수 있을 것입니다."

　"오, 정말인가?"

　경공은 정신이 번쩍 나는 것만 같았다.

　"누구인가?"

　"전양저입니다. 그자의 글 솜씨는 모두가 따를 만하고 무예는 적에게 큰 위협이 될 정도로, 그는 흔치 않은 만능인입니다."

　안자의 말에 경공은 매우 기뻐하며 곧바로 양저를 불러들였다.

　양저가 조정에 나오자 경공은 단도직입적으로 군대를 운용할 방책을 함께 의논했다. 이야기를 나눌수록 양저가 마음에 든 경공은 그 즉시 그를 장군으로 임명하고, 군사를 이끌고 나가 연과 진 두 나라의 침략을 막게 했다.

하지만 양저는 그 직위를 사양했다.

"왕께서 저를 이토록 믿어주시니 감사합니다. 저는 비천한 신분[5]으로 평민 중에서도 이름 없는 병졸에 불과한 자였습니다. 그러나 대왕께서는 저를 한 번에 장군으로 삼아 대부보다도 더 높은 직위를 주셨습니다. 옛말에 지위가 낮으면 그 의견도 경시된다고 하였는데, 저 같은 신분이면 사병들이 복종하기 힘들 뿐 아니라 백성들도 절 믿지 못할 것입니다.

그러니 대왕께서는 백성들의 존경을 받으면서 왕께서 총애하시고 신임하는 신하를 군 감독관으로 보내주십시오. 제가 그 분과 함께 대군을 통솔하면 좋은 성과도 거둘 수 있을 것입니다."

양저의 말에 경공은 총애하던 부하 장가莊賈를 보내 군을 감독하도록 했다.

양저는 경공에게 작별을 고하고 떠나기 전, 장가와 다음날 정오에 군영 입구에서 만나기로 약속하였다.

다음날 양저는 아침 일찍 병영에 도착했다. 시간을 정확하게 지키기 위해 그는 사람들에게 해 그림자를 측정할 수 있는 나무木表와 물시계를 설치시켜 시각을 재면서 장가가 오기만을 기다렸다.

그러나 장가는 시간이 지나도 오지를 않았다. 어떻게 된 일일까?

사실 장가는 경공에게 총애를 받아 오만해져 있었다. 그래서 장군이 군영에 도착했다 하더라도 자신은 군대를 감독하는 사람이므로 제시간에 도착할 필요가 없다고 생각했다. 때마침 그의 동료와 부하, 친지들도 전방에 전쟁을 하러 간다는 말을 듣고 찾아와 그를 붙잡았다. 그러고는 장가를 위해 성대한 송별연까지 열어주어 거절하기도 힘든 상황 되어 버렸다. 그래서 장가는 즐겁게 먹고 마시다 결국 취해서 잠이 들어 버렸다.

시간은 그렇게 흘러가 어느덧 정오가 되었다. 그러나 병영에는 장가의 그림자조차 보이지 않았다. 양저는 나무시계와 물시계를 정리한 후 홀로 병영을 순시하고 군사들을 훈련시켰다. 그리고 군사 규율에 대해 선포했다.

저녁에 되었을 무렵, 취기로 몽롱하게 눈이 풀린 장가가 느릿느릿 걸어오는 모습이 보였다. 이 모습을 본 양저는 장가에게 물었다.

"시간 약속을 정해 놓고 어찌 늦으셨소?"

장가는 미안해하면서 사과했다.

"친지와 벗들이 송별회를 해주겠다고 찾아와 이리 늦게 되었소."

양저는 엄한 목소리로 대답했다.

"삼군의 군관은 임무를 받은 그 순간부터 자신의 가족을 잊어야 하며, 군대에 와서 호령한 후에는 사사로운 정을 잊어야 하오. 그리고 진중에 북소리가 울리고 전황이 급박해지면 자신의 안위도 잊어야 하는 법이오. 지금 적군이 침략해 군대는 궤멸하였고 국내 민심은 불안정해 군주는 근심으로 먹지도 잠들지도 못하는 이때, 온 나라와 백성들의 운명이 모두 당신 한 사람의 손에 걸렸거늘, 친지와 벗들의 환송을 받을 흥이 났단 말이오?"

말을 마친 양저는 즉시 각급 군관들을 모으고 긴급회의를 소집하였다. 군관들이 다 모이자 양저는 군법관에게 물어보았다.

"군법에서 시간 약속에 늦었을 경우 어떻게 처벌하는가?"

군법관이 대답했다.

"그 자리에서 목을 벱니다."

그 말에 깜짝 놀란 장가는 빠른 말과 사람을 보내 경공에게 구조를 요청하였다. 그러나 양저는 그 심부름꾼이 돌아오기도 전에 장가를 죽여 버리고 모든 장병들에게 이 소식을 통고하였다. 그 소식에 모든 장병들이 두려움에 떨었다.

한참이 지난 후 장가의 심부름꾼이 데리고 온 경공의 사자가 달려와 증표를 전해 주었다. 경공의 사자는 왕이 보냈다는 사실에 득의양양하여 사전 통고도 없이 바로 군영으로 들어왔다. 그러고는 경공이 장가를 사면한다는 명령을 양저에게 전했다.

"군영에 나와 있는 장군은 왕의 명령을 따르지 않을 수도 있소."

이렇게 대답한 양저는 다시 군법관에게 물었다.

"수레와 말을 이끌고 병영을 내달린 사람은 어떻게 처벌하는가?"

군법관이 대답했다.

"그 자리에서 베어 버려야 합니다."

그 말에 놀라 사자의 얼굴이 하얗게 질렸다.

"왕의 사자를 죽일 수는 없다."

양저는 사자의 수하와 좌마를 죽이게 하고, 사자가 타고 온 마차의 왼쪽 말뚝을 자르게 했다. 그리고 그를 경공에게 보내 보고하게 했다. 이 소식을 들은 삼군의 장병들은 다시 한 번 두려워 떨었다.

마침내 양저가 이끄는 군대가 이동을 시작했다. 행군을 하든 주둔을 하든 양저는 군사들이 마실 우물물이나 부뚜막, 세끼 식사와 음식을 직접 살폈고, 환자와 부상병들의 치료를 도와주며 그들을 위로하였다. 조정에서 장군만이 쓸 수 있도록 허가한 물자와 양식을 꺼내 사병들에게 나누어주었고, 자신은 사병들과 같은 음식을 먹었다.

양저는 또한 피곤에 지치고 병약해진 사람들을 헤아려 한 곳에 모은 후, 사흘 동안 다시 군대를 정비하고 훈련하며 전쟁에 나갈 준비를 마쳤다.

234　　양저의 이런 모습은 전군에게 용기를 주어 사기를 진작시

켰으며 일치단결하게 만들었다. 그뿐만 아니라 병사들은 서로 앞을 다투어 전쟁에 나가겠다고 나섰으며, 병약한 사람들조차 쉬기를 거부하고 전방에 나가려고 하였다.

이 소문을 들은 진과 연 나라 군사들은 겁에 질려 급히 철군했다. 그 틈에 기회를 얻은 제나라는 바로 출격하여 마침내 침략당했던 모든 영토를 되찾고 승리하여 돌아왔다. 경공은 직접 문무 대신들을 이끌고 성 밖으로 나와 양저의 군을 맞이하였고 삼군에 상을 내리는 한편 양저를 대사마로 모셨다.

이때부터 전씨 집안사람들은 제나라에서 점점 지위가 높아졌다. 이에 일부 권세를 잡은 신하들의 자리가 위태로워졌다. 그들은 전씨의 권세와 지위가 자신들에게 지장을 줄까 두려워 경공에게 나아가 양저의 험담을 늘어놓았다. 유언비어를 들은 경공은 양저의 직위를 물렸고, 얼마 후 양저는 병으로 숨지고 만다.

그러나 양저의 죽음은 전씨 집안의 부흥에 어떤 영향도 끼치지 못했다.

이때 전씨 집안의 또 다른 후예인 전걸田乞은 제나라 경공의 대부로 있었다. 그는 민심을 살 줄 아는 사람이었다. 제나라의 모든 백성들이 전씨의 은덕에 감사하며 서로 전걸의 수하가 되려 하자 전씨 집안은 점점 더 강성해졌다. 마침내 기원전 386년, 전걸의 4대 손인 전화田和는 강씨를 대신하여 스스로 왕의 자리에 앉았다.[6] 그가 바로 역사적으로 유명한 제나라의 위왕威王이다. 그는 병사들을 이끌어 전쟁을 하거나 권위를 과시할 때 대부분 양저의 방식을 따랐다. 그리하여 나라는 나날이 강성해졌고, 마침내 '전국시대 칠웅七雄' 중의 하나로 우뚝 서게 되었다.

● **각주**

5   그의 어머니는 전씨의 첩으로, 옛 사람들이 흔히 서자라고 부르던 신분이었다.

6   역사에서는 이 사건을 '전씨 대제'라고 부른다.

史記
들여다보기

제나라 위왕은 대부에게 과거 사마의 병법을 정리하게 했다.
사마양저의 병법도 그중의 하나인 『사마양저병법』으로 기록
되었다.

장대삼창 미늘창 앞부분

孫武

손무 : 여군을 훈련하고 엄히 다스린 병법가

손무孫武는 중국 고대의 위대한 군사가로서, 그가 지은 『손자병법孫子兵法』은 중국에서뿐 아니라 세계에서 가장 오래된 병서이다. 이 병서는 역사적으로 '병서의 경전'이라고 불리며 7세기에는 일본에까지 전해졌다. 그리고 18세기 이후 영국, 프랑스, 독일, 체코, 러시아 등으로도 수출, 번역되어 큰 영향을 미쳤다. 손자병법은 중국의 가장 뛰어난 군사학 서적으로서 의미가 있을 뿐 아니라 세계 군사학술사에서도 매우 중요한 위치를 차지하고 있다.

그러나 손무는 『사기』에서 유성처럼 잠깐만 등장하고 만다. 기록된 내용도 매우 적어 여군을 훈련시킨 이야기만 담겨 있을 뿐이다.

손무는 원래 제나라 사람이었으나 재난을 피해 오나라로 갔다. 병서를 다 쓴 손무는 그것을 오나라 왕 합려에게 바쳤다. 합려는 이를 보고 크게 칭찬하며 그 즉시 손무를 궁중으로 불러들였다. 그리고 흥미진진한 표정으로 손무에게 물어보았다.

"선생, 선생이 쓴 병법 13편을 모두 다 읽어보았는데 정말 훌륭하고 놀라웠소. 하지만 선생이 쓴 것은 모두 이론인데 그것을 실제 군사훈련에 쓸 수 있겠소?"

"물론 가능합니다."

손무의 대답을 듣고 합려가 다시 물었다.

"여자들도 가능하겠소?"

손무는 아무런 망설임 없이 바로 대답했다.

"물론입니다."

그래서 오나라 왕 합려는 명을 내려 자신이 아끼는 비를 포함한 모든 후궁과 궁녀들을 집합시켰다. 총 180명이 모이자 이들을 손무에게 맡겼다. 합려는 흥미진진한 표정으로 월병대에 올라 그 광경을 지켜보았다. 손무는 그들을 두 개의 대대로 편성하고 합려가 가장 총애하는 두 명의 미인을 각 대대의 대장으로 삼았다. 그런 다음 후궁과 궁녀들에게 미늘창을 들게 해 훈련 준비를 시켰다. 대오가 질서정연하게 줄을 맞춰 선 후 손무는 여인들을 향해 명령을 내렸다.

240　　"모두들 자신의 심장과 왼손, 오른손, 등이 어디 있는지 아

는가?"

궁녀들이 한 목소리로 대답했다.

"네, 알고 있습니다!"

손무가 다시 입을 열었다.

"좋다! 그럼 내가 앞으로 전진이라고 외치면 자신의 가슴이 향하는 방향으로 행진한다. 내가 좌향좌라고 명령을 내리면 모두 왼손 방향으로 행진한다. 내가 우향우라고 명을 내리면 오른손 방향으로 행진하고, 뒤로 돌아라고 명하면 등 쪽으로 행진한다. 모두 알아들었는가?"

궁녀들이 대답했다.

"알겠습니다."

훈련 요령과 규정 동작들을 다 가르친 후 손무는 쇠도끼인 철월鐵鉞과 같은 형틀을 세워놓고 다시 한 번 엄한 목소리로 명을 내렸다.

"반드시 명령에 복종해야 한다. 명령에 불복종할 때는 군법에 따라 엄히 다스릴 것이다."

말을 마친 손무는 북을 울리는 것을 신호로 우향우라고 명을 내렸다. 그러나 이게 어찌된 일인가? 평소 경쾌한 노래와 우아한 춤, 놀이에 길들여진 궁녀들은 손무가 그럴듯하게 명령을 내리자 궁이 떠나가라 웃어대기 시작한 것이다. 그 모습을 본 손무는 궁녀들을 나무라기보다는 스스로를 꾸짖었다.

"사령관으로서 명령과 동작을 제대로 설명하지 못해 훈련이 제대로 되지 않은 것이다. 잘못은 너희가 아니라 나에게 있는 것이다."

그러고는 다시 한 번 규정 동작과 명령 내용을 궁녀들에게 상세히 설명했다. 몇 번을 반복한 후 그는 다시 북을 울리며 좌향좌라는 명을 내렸다. 그런데 궁녀들은 더 심하게 웃어댈 뿐이었다. 궁녀들이 하하호호 웃어대자 훈련장은 엉망이 되었다.

손무는 이마를 찌푸리며 엄하게 말했다.

"앞서는 명령을 제대로 설명하지 못했으니, 사령관인 내 책임이었다. 그러나 지금은 명령을 상세히 설명했음에도 따르지 않았으니, 너희들의 책임이다."

이렇게 말한 후 큰 소리로 명령을 내렸다.

"군법에 따라 명을 어긴 자를 벤다! 그러나 병사를 모두 죽일 수는 없으니 두 명의 대장만 끌어내어 목을 쳐라!"

명령이 떨어지자 열병대에서 훈련을 지켜보던 합려가 깜짝 놀라 바로 사람을 내려 보냈다.

"과인은 장군이 용병술에 능하다는 것을 이미 알고 있소. 그러니 그 두 여인은 절대 죽이지 마시오. 그들은 과인이 가장 아끼는 자들이오. 만약 두 여인이 없다면 과인은 음식도 먹지 못할 것이오."

그러나 손무는 고개를 저으며 당당하게 말했다.

"나는 이미 대왕의 임명을 받아 사령관이 되었소. 사령관이 병사를 다스릴 때는 군법에 따라 의무를 행해야 하니, 왕의 명을 따르지 않아도 되는 것이오."

이렇게 말하고는 명을 내려 바로 두 대장을 끌어내 목을 베게 하였다. 그리고 다른 두 명의 궁녀를 대장으로 삼고 다시 훈련 북을 울렸다. 그러자 훈련장 안은 쥐 죽은 듯 조용해졌다. 양 대대로 나뉜 여군들은 좌향좌나 우향우, 전진이나 후퇴 등의 동작이 명령이 떨어짐과 동시에 수행해 냈는데, 동작이 칼로 자른 듯 모두 규정에 맞게 일치되었다. 모든 여군들이 진지하고 엄숙하게 정신을 집중했다.

훈련을 마친 후 손무는 합려에게 사람을 보내 보고했다.

"대오는 이미 질서정연하게 훈련되었으니, 왕께서 직접 오셔서 검열해 주십시오. 이제 이 부대는 대왕이 원하시는 대로 움직일 것이며, 불 속에 뛰어들라 하여도 기꺼이 뛰어들 것입니다."

그러나 합려는 두 애첩을 잃은 슬픔에 잠겨 손무에게 사람을 보내 말만 전했다.

"장군은 부대를 해산시키고 숙소로 가서 쉬시오! 과인은 더 이상 볼 마음이 없소."

이 말을 들을 손무는 크게 실망하였다.

"대왕은 종이에 적은 내 병법만을 좋아할 뿐, 진정으로 내 실력을 발휘하게 할 생각은 없었구나!"

손무의 말을 전해 들은 합려는 고개만 푹 숙였다. 합려는 더 이상 아무 말도 하지 않았지만 손무가 진정한 장군임을 가슴 깊이 느끼고 있었다. 이후 합려는 손무를 장군으로 삼는다.

그 후 합려는 자그마한 오나라를 이끌어 서쪽으로는 강대국인 초楚나라를 쳐 도성인 영郢을 차지하고, 북으로는 중원을 쳐서 제와 진晉나라까지 명성을 떨쳤다. 오나라가 이렇듯 대단한 성과를 거둔 데는 손무의 역할이 컸기 때문이었다.

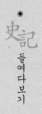

史記
들여다보기

송나라 시기에는 무과시험을 볼 때 『손자』, 『오자吳子』, 『육도
六韜』, 『사마법司馬法』, 『삼략三略』, 『울요자尉繚子』, 『이위공문대
李衛公問對』 등 7권의 병서를 선정하여 무과시험 응시자들이
연구하게 했다. 이를 『무경칠서武經七書』, 약자로 『무경』이라
고 부른다.

전국시대 웅봉운문피순
(용·봉황·구름 문양의 가죽 방패)

● 주요 인물
  손빈

● 주변 인물
  방연, 전기

● 키워드
  군사가, 고난을 만나나 지혜와 계략을 발휘하다

● 주요 사건
  형벌을 받다, 위나라를 포위해 조나라를 구하다

● 고사
  위위구조圍魏救趙, 위나라를 포위해 조나라를 구하다

● 이야기 출처
  『사기』「손자오기 열전」

손빈 : 일생이 불운했던 군사가

1. 함정에 빠지다

전국 시기, 진秦나라 효공孝公은 상앙商鞅을 기용, 변법을 실시해 자신의 나라를 최고의 강대국으로 성장시켰다. 그러자 중원에 있는 다른 나라들도 진나라를 본받아 곳곳에서 인재를 찾아 모았다. 천하에 뜻을 가진 인재들 역시 속속 나서 각지의 명사들을 스승으로 모시고 학업에 정진하면서 공명을 세울 기회를 기다렸다.

　제나라 사람 손빈孫臏과 위魏나라 사람 방연龐涓 역시 그런 사람이다. 그들은 귀곡자鬼谷子라는 학문이 뛰어난 사람 밑에서 함께 병법을 배웠다.

그러던 어느 날, 위나라 혜왕惠王이 많은 돈을 내놓고 인재를 모은다는 소식이 퍼졌다. 그러자 방연은 스승에게 오랜 시간을 배웠으니 이제 그만 그 기술을 사용할 때도 되었다 고하고 하산하여 혜왕을 찾아갔다. 하산하기 전 그는 아쉬움에 손빈의 손을 잡고 말했다.

"사형, 내가 내 몫을 해내면 바로 사형을 추천하겠네!"

그 말에 감격한 손빈이 말했다.

"좋네. 내 자네에게 좋은 소식이 오기만을 기다림세."

위나라에 당도한 방연은 혜왕에게 천하의 형세에 대해 이야기하며 자신의 재능을 보여주었다. 이를 들은 혜왕은 감탄하며 그 자리에서 방연을 대장군 겸 군사로 임명했다. 군사가 된 방연은 몇몇 작은 나라부터 치기 시작했다. 위衛나라와 송나라를 치고 승승장구하자 작은 나라들이 깜짝 놀라 위나라에 공물을 바치기 시작했다. 혜왕은 방연의 재능을 완전히 신뢰하게 되었다. 재물과 저택, 미녀를 연달아 상으로 내렸고, 위나라의 모든 사람들도 방연을 칭송하고 치켜세웠다. 성취감에 흠뻑 젖은 방연은 손빈이나, 이별할 때 그에게 했던 맹세 같은 것들은 모두 까맣게 잊어버렸다.

이후의 일에 대해 『사기』는 방연이 자신의 재주가 손빈에게 미치지 못함을 깨닫고 몰래 사람을 보내 손을 썼다고만 적고 있다. '방연은 손빈의 재능이 자신보다 뛰어남을 걱정하여 법을 빌어 손빈의 두 다리를 자르고 묵형을 가해 세상에 나오지 못하게 하였다.' 그러나 후대 사람들은 여기에 살을 보태어 이런 이야기를 만들어냈다.

오랜 시간이 흐른 어느 날, 손빈의 친구인 금활리禽滑厘가 귀곡을 지나다가 손빈이 아직 산속에서 고학하는 것을 보고 이상히 여겨 물어보았다.

"벌써 몇 년이 흘렀건만 왜 아직도 여기 있나? 하산해서 공을 세웠어야지……."

우직하고 충직한 손빈이 대답했다.

"나는 내 사제인 방연과 이미 약속을 했네. 방연이 관직에 오르면 나를 추천해 주기로 말이야."

금활리는 이해할 수가 없었다.

"뭐라고? 방연은 벌써 오래 전에 위나라의 대장군이 되었지 않는가? 내가 자네 대신 가서 방연의 속마음이 어떤지 알아보고 오겠네."

금활리는 위나라 혜왕을 만나 직접 손빈을 추천하였다.

"그 사람이 우리의 방장군보다 더 뛰어나오?"

혜왕의 물음에 금활리는 호탕하게 웃으며 대답했다.

"솔직하게 말씀드립지요. 방연이 반딧불이라면 손빈은 달과 같은 사람입니다."

혜왕은 방연을 불러 왜 진작부터 손빈을 데려오지 않았냐며 질책했다. 혜왕의 입에서 손빈의 이름이 나오자 방연은 깜짝 놀라 생각했다.

'손빈이 와도 내가 이 자리를 보전할 수 있겠는가?'

방연은 아무런 일도 없었다는 표정으로 혜왕에게 대답했다.

"손빈은 제나라 사람입니다. 만약 그를 저희 위나라로 데려왔다가 그가 제나라로 전향이라도 한다면 어쩌겠습니까? 그래서 왕께 추천하지 않았던 것입니다."

그러나 혜왕은 그의 말에 동조하지 않았다.

"진나라 효공은 상앙을 기용해 변법을 하였다. 상앙도 진나라 사람이 아니지 않았는가?"

더 이상 어쩔 도리가 없게 되자 방연은 일단 왕의 뜻을 따르기로 결정한다.

"대왕께서 그를 데려오기 원하신다면 제가 바로 서찰을 보내 그를 부르겠습니다."

방연의 서찰을 받은 손빈은 스승에게 작별을 고하고 기뻐하며 산에서 내려와 위나라로 향했다. 위왕은 손빈을 부군사로 임명하여 방연과 함께 군권을 움직이게 할 계획이었다. 이 말을 들은 방연은 마음이 상했지만 변명조로 둘러댔다.

"손빈은 제 사형입니다. 그런데 어찌 동생은 군사로 있으면서 형님을 부군사로 삼겠습니까? 일단 손빈을 객경客卿으로 삼아 공을 세우게 하십시오. 그러면 제가 군사 자리를 내놓고 그의 부하가 되겠습니다."

250　　이에 손빈은 방연에게 크게 감사해했다.

그러나 방연은 이때부터 마음의 병이 생겼다. 손빈의 재능을 깊이 질투하여 언젠가 자신의 부귀영화를 잃게 될 것이라는 두려움에 빠지게 된 것이다.

'안 돼! 그럴 순 없어. 어떻게든 손빈을 제거해야 해.'

이리저리 방법을 생각하던 방연은 마침내 무서운 계략을 세우게 된다. 그는 심복을 객지를 떠돌아다니는 나그네로 변장시키고 제나라의 말투를 익히게 했다. 그에게 울면서 손빈을 찾아가 손빈이 어렸을 때 헤어진 사촌 형이 보내서 왔다며, 지금 형이 어려움에 처해 손빈에게 도움을 청하러 왔다고 말하도록 시켰다. 손빈은 네 살 때 어머니를 잃고 아홉 살에 아버지를 여윈 후 홀로 외롭게 자라왔다. 또 객지로 나온 지 오래 되었기 때문에 고향에 대한 기억이 별로 없었다. 그래서 방연이 보낸 사람을 보자 별다른 생각도 하지 않고 슬퍼하며 바로 편지를 한 통 써주었다. 그러면서 자신은 이제 막 위나라에 임용되었으니 지금 바로 떠난다면 위나라 혜왕에게 미안한 일이라면서, 공을 세운 후에 가겠다는 말도 덧붙였다.

심복은 손빈의 편지를 받아 바로 방연에게 전했다. 방연은 손빈의 필체를 본떠 서신의 내용을 바꿨다. 제나라 왕이 싫어하지만 않는다면 온 힘을 다해 제나라를 위해 일을 하겠다는 내용이었다. 그런 후 그 편지를 들고 혜왕에게 나가 고자질을 했다.

"대왕마마, 어서 보시옵소서! 제가 그때 손빈이 이럴까 봐 걱정되어 만류했던 것입니다. 그런데 정말 이리 변심하지 않았습니까? …… 손빈의 실력은 너무 뛰어나니 제나라에서 그를 쓴다면 위나라는 위험에 처하고 말 것입니다. 그러니 지금 당장 그 자를 죽이십시오."

혜왕은 손빈의 편지를 보고 노발대발했다. 하지만 이렇게 빨리 찾아낸 손님을 죽인다면 세상 사람들이 자신을 비웃을까 두려운 마음도 들었다. 방연이 옆에서 왕을 부추겼다.

"그럼 제가 가서 손빈을 설득해 보겠습니다. 그가 이곳에 남겠다고 하면 대왕께서는 그에게 큰 상을 내리십시오. 그러나 그가 며칠이 지나지 않았는데도 떠나려 한다면 다른 뜻이 있는 것일 테니 그때 그를 처리하면 될 것입니다."

방연은 손빈이 기거하는 곳으로 찾아와 안쓰러워하는 척하며 말했다.

"자네가 집을 떠난 지도 오래 되었으니 한번 가봐야 하지 않겠나? 한두 달 정도 휴가를 내면 어떻겠나?"

손빈은 망설이며 말했다.

"여기 온 지 얼마나 됐다고 그런 부탁을 하겠나? 그러다 왕께서 싫어하시거나 오해를 하시면 어쩌려고……."

그러나 방연은 가슴을 치며 대답했다.

"내가 있지 않나! 나만 믿게."

다음날, 손빈은 제나라에 다녀오겠으니 휴가를 달라며 보고를 올렸다. 이를 보고 손빈이 제나라와 내통했다고 확신한

위 왕은 끓어오르는 분노를 참을 수 없었다. 그는 즉시 손빈을 감옥에 처넣으라는 명을 내리고 군사가 처벌토록 했다.

그날 밤, 방연은 다시 손빈을 찾아와 짐짓 미안하고 괴로워하는 표정을 지으며 거짓말을 늘어놓았다.

"아니, 이보다 더 억울한 일이 어디 있겠나? 내 즉시 왕께 나가 자네를 놓아주시라 간청해 보겠네."

말을 마친 방연은 밖을 나가 한 바퀴 휘 돌아 다시 손빈에게로 돌아왔다.

"왕께선 기필코 자네를 죽이라 하셨네. 그러나 내 간절히 빌어 죽음만은 면하게 되었다네. 허나……."

여기까지 말한 방연은 한술 더 떠 목이 메는 척을 하며 말을 이어갔다.

"사형은 모면했으나 살아서 받을 형벌이 남아 있으니 어쩌겠나. 왕께서는 자네에게 살가죽을 벗기는 고통을 느끼게 하라셨네."

손빈은 망설임이 없이 대답했다.

"자네가 최선을 다했다는 걸 잘 알고 있네. 내 어떤 벌을 받더라도 자네에겐 감사할 따름이네."

그리하여 방연의 명령이 떨어지자 큰 칼과 도끼로 무장한 도부수刀斧手가 나와 악귀처럼 칼을 휘둘렀다. 순식간에 손빈의 두 무릎 뼈가 도려내졌다. 손빈은 고통을 견디지 못해 비명을 질렀다. 그러나 악독한 방연은 다시 망나니에게 눈짓을 보냈다. 망나니는 손빈이 괴로워하는 틈을 타 손빈의 얼굴에 자자刺字. 과거 중국에서 글씨를 새기는 형벌를 새기고 먹물을 들였다.

불쌍한 손빈은 오랜 세월 스승 밑에서 예와 학업을 익혔으면서도, 그 실력을 채 발휘하기도 전에 걸을 수도 없는 불구자, 영원히 자자를 지울 수 없는 죄인이 되어 버렸다. 그때 방연은 손빈을 위해 의원을 찾아 상처를 치료해야 한다며 바쁜 척을 했다. 하지만 속으로는 가슴을 짓누르던 바위를 치운 것처럼 후련하여 안도의 한숨을 내쉬었다.

'흥! 평생 걷지도 못하는 불구자로 살아보거라. 그 모양으로 관직에 나갈 기회나 있겠느냐? 이제 이 세상에서 나와 경쟁할 적수는 없다!'

2. 범의 아가리에서 벗어나다

이때부터 방연은 다정스럽고 세심하게 손빈의 일상생활을 보살폈다. 엄청난 일을 겪은 후 손빈의 마음은 이미 까맣게 타버려 아무런 의욕도 없었지만, 친구에게 보살핌을 받으며 살자니 미안하기만 했다.

어느 날 방연은 손빈과 대화를 나누던 중 스승에게 몇 년 더 배우지 않았던 것이 아쉽다는 말을 무심코 흘린다. 이를 들은 손빈이 즉시 입을 열었다.

"이보게, 이번에 내 자네에게 큰 도움을 받지 않았는가? 목숨을 구해준 은혜에 보답할 길이 없었는데 마침 잘됐네. 내가 평생 배운 것을 병서에 다 담아 자네에게 주겠네."

이 말을 들은 방연은 기뻐서 자신의 귀를 믿을 수 없었다. 그러나 그는 여전히 사양하는 척하며 대답했다.

"힘들게 어찌 그런 일을 부탁하겠나!"

손빈의 마음에 쓸쓸한 생각이 훑고 지나갔다.

'어쩌면 내 평생 할 수 있는 일은 이것뿐인지도 모른다.'

다음날부터 손빈은 밥 먹고 잠자는 시간 외에는 계속 의자에 앉아 자세하게 병서를 써 내려갔다. 당시 책을 쓰는 것은 결코 쉬운 일이 아니었다. 종이도 붓도 없던 시절이기 때문에 칼로 죽편이나 목판에 글자를 새긴 후에 색을 칠해야만 했다. 거기다 손빈은 거동도 불편한 몸이라 책을 쓰는 것은 더 어려운 일이었다. 그러나 그는 이를 악물고 힘들다는 불평 한마디 하지 않았다. 그저 시무치는 고통을 참아내며 계속해서 책만 써 내려갈 뿐이었다.

그러던 어느 날, 날마다 그에게 식사를 갖다 주던 노병 하나가 더 이상 참지 못하고 손빈을 슬쩍 떠보았다.

"선생, 뭣 하러 그리 고생스럽게 책을 쓰십니까? 몸보다 더

귀한 게 어디 있다고……."

그러나 손빈은 고개도 들지 않은 채 대답했다.

"내 이 목숨은 자네의 군사가 준 것이네. 그런데 어찌 대충 대충 쓸 수 있겠나?"

늙은 병사는 손빈이 들고 있던 조각칼을 낚아챘다.

"어쩜 이리도 어리석으십니까? 선생께서 이 병서를 완성하시면 방 군사가 어찌 하실지 정말 모른단 말씀입니까?"

손빈은 망연한 얼굴로 그 노병을 바라보았다. 노병은 더 이상 참지 못하고 방연이 한 모든 짓을 손빈에게 다 고해 바쳤다.

번개에라도 맞은 듯 손빈은 정신을 차릴 수가 없었다. 방연이 그런 사람일 줄은 꿈에도 생각지 못했던 것이다.

'정말 열 길 물속은 알아도 한 길 사람속은 모른다더니, 그말이 맞았구나! 내 그토록 많은 병서를 읽었고 병법을 손금 보듯 꿰뚫고 있었는데, 사람에 대해서는 이토록 무지할 수 있단 말인가! 그러나 이제 어쩐단 말인가? 방연에게 더 이상 병서를 쓸 마음이 없다고 하면, 방연은 나를 죽이려 들 텐데……."

이리저리 고민하던 손빈은 마침내 좋은 방안을 생각해 내었다.

저녁에 노병이 다시 손빈에게 밥을 들고 찾아왔다. 밥이 상에 올라오자 손빈은 손을 뻗어 휙 내저었다. 상이 넘어지고 밥도 전부 쏟아져 버렸다. 그러고는 이상한 비명을 내지르며 책상 위에 있던 죽편과 목판을 전부 불 속으로 던져 넣었다. 깜짝 놀란 노병은 바로 방연에게 이 사실을 알렸다. 급히 달려온 방연의 눈에 들어온 것은 머리를 산발하고 땅에 엎드려 울다 웃다 하는 손빈의 모습이었다. 손빈은 방연에게 기어가서 다리를 끌어안은 채 큰 소리로 외쳤다.

"귀곡 선생님!"

아무래도 손빈이 미쳐 버린 것만 같았다. 그러나 영리한 방연은 손빈이 미친 척하는 것은 아닐까 의심스러웠다. 그래서 미간을 좁히고 호위병들에게 손빈을 돼지우리에 쳐 넣으라고 명령했다. 손빈은 돼지똥 위에 누워 늘어지게 잠을 잤다. 호위병들이 돼지 분뇨를 손빈의 입에 밀어 넣자 손빈은 신이 나서 먹었다. 그러자 방연도 손빈이 미쳤다고 믿게 되었다. 그는 고개를 휙 돌리며 손빈을 쫓아내라는 명을 내렸다.

손빈은 낮에는 나가고 저녁에는 돌아와 돼지우리에서 잠을 잤다. 거리에 나갈 때도 더럽고 냄새나는 옷을 걸치고 불구가 되어 버린 두 다리를 끌면서 울다 웃다 했다. 입으로는 연신 알 수 없는 소리를 중얼거렸다. 그의 이런 모습을 사람들은 싫어하기는커녕 모두 불쌍히 여기며 먹을 것을 던져주곤 했다. 그가 미친 척한다는 것을 눈치 채는 사람은 아무도 없었다. 오직 방연만이 마음을 놓지 못하고 날마다 밀정들을 보내 손빈의 행적을 감시했다.

　　그러던 어느 날 손빈이 처한 상황을 알게 된 금활리는 제나라 대신인 전기田忌와 손빈을 구할 방책을 의논했다. 마침내 제나라 위왕이 선물을 보냈다는 명목으로 사절단을 위나라에 보낸다. 위 혜왕은 선물을 받고 매우 기뻐했다. 한밤중, 사절단 속에 섞여 들어온 금활리는 몰래 돼지우리로 들어간다. 금활리를 본 손빈은 기쁨과 슬픔으로 벅차오른다. 이렇게 탈출 계획이 완성되었다.

　　제나라 사절단이 귀국하기 전날 밤, 금활리는 빈틈없이 꽁꽁 싸맨 수레에 손빈을 태우고, 그의 더러운 옷을 벗겨 자신의 심복에게 입혔다. 그리고 손빈이 늘 그랬던 것처럼 돼지우리에 누워 있게 했다. 날이 밝고 사절단의 무리가 출발할 준비를 마치자, 방연이 그들을 배웅하러 나왔다. 그러나 마차 속에 손빈이 숨어 있다는 것은 상상도 하지 못했다. 손빈이 안전하게 제나라를 빠져나간 후, 손빈인 양 위장하고 있던 심복도 몰래 탈출해 나왔다. 수하들이 손빈이 실종됐다는 소식을 보고했을 때 방연은 의심이 생겼지만, 어디서부터 찾아야 할지 갈피를 잡을 수가 없었다.

3. 전기의 말 시합

제나라의 전기는 손빈을 매우 아껴 그를 후대하였다.

전기는 제나라의 병권을 쥐고 있던 대장군이었다. 그는 시간이 날 때마다 제나라 종실의 공자들과 말 달리기 시합을 하며 큰돈이 걸린 내기를 했다. 하지만 전기가 이기는 일은 그리 많지 않았다. 제나라에 가게 된 손빈은 그들의 시합을 관찰했다. 그들이 각축하는 말의 다릿심은 사실 큰 차이가 없었지만 상, 중, 하 3등급으로 나눌 수는 있었다. 그래서 손빈은 속으로 계획을 세운 후 전기에게 말했다.

"다음에 경주를 하실 땐 무조건 큰돈을 걸고 그분들과 내기를 하십시오. 제가 반드시 이기게 해 드리겠습니다."

또다시 말 달리기 경주가 시작되었다. 이번 경주는 유난히 떠들썩해 제나라 왕까지도 좋은 말을 데리고 와 참가했다. 경기장 안에는 왕족과 귀족들이 화려한 옷을 입고 담소를 나누며 왁자지껄하게 떠들고 있었고, 말들은 긴 울음소리를 내며 발을 굴러 출발 신호를 기다리고 있었다. 전기의 친구들은 모두 그에게 다가와 왜 그렇게 많은 돈을 걸었냐고, 집에 돈이 너무 많아 사람들에게 나눠줄 생각이냐고 농담을 걸어왔다.

그러나 전기는 웃기만 할 뿐 아무런 대꾸도 하지 않았다.

259

시합이 시작되자 손빈은 전기에게 비밀 전략을 직접 알려주었다.

"첫 번째 시합에서는 가장 질이 나쁜 말을 내보내십시오. 저들은 최상품의 말을 내놓을 것입니다. 두 번째 시합에서는 최상품 말을 내보내 저들의 중등 말과 시합하게 하십시오. 그리고 세 번째 시합에서는 중등 말을 내보내 저들의 하등 말과 시합하게 하시면 됩니다."

세 번의 시합이 끝나고 전기의 말은 2승 1패를 했다. 총점을 따져 전기는 엄청난 양의 금을 딸 수 있었다. 제 왕은 호기심이 생겨 전기에게 물어보았다.

"늘 지기만 하던 장군이 오늘은 어찌 그리 쉽게 이기셨소?"

전기는 하하 웃으며 손빈이 전수해 준 비법을 제왕에게 일러주는 한편, 슬쩍 손빈을 추천하였다. 이 말을 들은 제왕은 바로 손빈을 자신의 앞으로 불렀다. 병법에 대해 이야기를 나누던 제왕은 손빈의 지혜에 감탄하며 그 즉시 군사로 모셨다.

4. '방연, 이 나무 아래서 죽다!'

기원전 353년, 위魏나라의 공격을 받은 조나라는 위험에 처하자 제나라에 사람을 보내 구원을 요청했다. 제나라 왕은 전기를 사령관으로, 손빈을 군사로 임명하였다. 전기는 명령을 받자마자 바로 조나라 도성을 향해 진격하려고 했다. 그의 머릿속에는 오로지 조나라를 구할 생각뿐이었다. 그러나 손빈이 막아섰다.

"조나라는 방연의 적수가 되지 못합니다. 저희가 천릿길을 달려 도착한들 너무 늦을 것입니다."

전기가 생각해 보니 손빈의 말이 옳았다. 그렇다고 조나라가 당하는 것을 지켜만 볼 수는 없지 않은가?

그때 손빈이 입을 열었다.

"싸움을 말릴 때 어떻게 하는지 보신 적이 있습니까? 잘 말리는 사람은 절대 싸우는 무리 속으로 끼어들지 않습니다. 도리어 쌍방이 주먹질하고 발길질하는 것을 피해 있다가 기회를 틈타 한쪽 편의 무방비 상태인 배에 일격을 가합니다. 맞은 사람은 배를 감싸고 주저앉게 되겠지요. 그러면 서로 치고박고 싸우던 형세에 큰 변화가 생기지 않겠습니까?"

전기는 무언가를 생각하는 듯 고개를 끄덕였다. 손빈이 계속 설명했다.

"지금 위나라에서 조나라를 치기 위해 군사들을 보냈으니, 정예부대가 모두 나라 밖에 나와 있을 것입니다. 국내에 남아 있는 병사들은 모두 늙고 약하거나 병자, 불구자일 것입니다. 차라리 시끌벅적하게 군사들을 이끌고 가 텅 비어 있는 위나라의 수도를 치고, 가는 길의 교통의 요지들을 점령하십시오. 방연이 이 소식을 들으면 조나라를 포기하고 바로 자기 나라로 돌아올 것입니다. 그러면 조나라를 포위에서 구할 수 있고, 위나라 군대도 오는 내내 지칠 터이니 저희에게 유리할 것입니다. 이것이야말로 일거양득이 아니겠습니까?"

전기는 무릎을 치며 감탄하고는 바로 손빈의 계획을 실행에 옮겼다. 과연 위나라 부대들은 후방에 불길이 일어났다는 소식을 듣고 급히 자신의 나라로 돌아왔다. 그때 갑자기 전기가 길을 막고 나서자 낙화유수落花流水처럼 참패하고 말았다. 이것이 바로 위나라를 포위해 조나라를 구한다는 '위위구조圍魏救趙'이다.

방연은 제나라 군대의 깃발 위에 '손孫'이라는 글자가 쓰여 있는 것을 보고 손빈이 죽지 않은 것을 확신했다. 그는 분해서 이를 갈았지만 더 이상 어찌할 방법이 없었다.

오랫동안 함부로 움직이지 못했던 방연은 13년이 흐른 후 더 이상 참지 못하고 조나라와 함께 한韓나라를 공격했다. 한나라는 약소국으로 그들의 공격을 견디지 못해 바로 제나라에 도움을 요청했다. 제나라 왕은 전기를 사령관으로, 손빈을 군사로 임명하고 한나라를 구하라 명한다. 손빈은 또다시 '위위구한', 즉 위나라를 포위해 한나라를 구하는 방법을 쓰기로 하고, 바로 위나라의 수도로 돌진했다. 그리고 이번에는 더 뛰어난 계략을 짜냈다.

방연은 또다시 손빈이 자신의 등뒤를 공격한다는 말을 들었지만 다른 방법이 없었기에 허둥거리며 본국으로 돌아왔다. 제나라의 군대와 막 마주치려는 순간, 방연은 온 힘을 모아 한 번에 손빈을 때려눕힐 계획을 세웠다.

그러나 누가 생각이나 했겠는가? 제나라 군사들이 위나라 군대를 보고 바로 도망가기 시작한 것이다. 방연은 제나라 대군이 다 철수한 것을 보고 제나라 군영이 있던 곳에 사람을 보내 밥을 지을 때 쓰던 부뚜막을 세어 오게 했다. 10만 인분은 될 법한 부뚜막이 발견됐다는 보고가 올라왔다. 제나라 군대의 두 번째 진영으로 쫓아가자 부뚜막은 5만 인분만 남아 있었다. 계속 따라가자 세 번째 진영에는 3만 인분만 남아 있었다. 마음이 놓인 방연은 큰 소리로 웃음을 터뜨렸다.

"제나라 사람들은 겁이 많다고들 하더니, 과연 그 말이 사실이었구나."

부하들이 궁금함을 참지 못해 방연에게 물었다.

"어째서 그런 말씀을 하십니까?"

방연은 득의양양해서 대답했다.

"자네들도 봤지 않나? 우리가 계속 제나라 군대를 쫓아오자 겁을 집어먹고 놈들은 도망을 쳤네. 며칠 안 되어 10만 명이었던 사병들이 다 도망가고 3만 명만 남은 것이지. 어서 쫓아가세. 지금 바로 공격하면 놈들은 손도 쓰지 못하고 당할 것이네. 그럼 지난번 패배한 원한도 갚고 절름발이 손빈도 죽일 수 있네!"

큰 부대를 이끌고 가면 시간이 많이 걸리기 때문에 방연은 아예 보병들을 남겨 놓기로 했다. 그리고 가벼운 차림을 한 기병들만 이끌고 밤낮없이 손빈의 군대를 쫓아갔다.

그러나 이것은 모두 방연을 깊숙이 들어오게 하려는 손빈의 함정이었다. 모든 것은 손빈의 예상대로 되었다. 그때 손빈은 마릉馬陵이라는 곳으로 가서 방연이 오기만 기다리고 있었다. 마릉은 길이 좁고 양쪽에 벼랑이 깎아지른 듯 서 있어 지세가 험준한 곳이었다. 석양이 서쪽으로 기울고 황혼이 사방을 두르자 얼추 시간을 셈해 본 손빈은 방연이 곧 도착할 것임을 알았다. 그는 사병들에게 나무들을 베어와 길을 막으라고 명령하는 한편, 크고 곧은 나무 한 그루를 골라 나무껍질을 벗겨냈다. 그리고 껍질을 벗겨 드러난 하얀 속살에 글자를 몇 자 써넣었다.

모든 준비를 마친 손빈은 군사 중에서 활을 잘 쏘는 정예병과 장수 백여 명을 선발하여 길 양쪽에 매복시켜 두었다. 그리고 큰 나무 아래 누군가 불을 붙이면 즉시 활을 쏘라 명하였다. 사병들은 손빈의 명에 우렁차게 대답하고 임무를 이행하기 위해 배치 받은 자리로 갔다.

과연 그날 밤, 어둠이 내려올 무렵 방연이 쫓아왔다. 도로에 가로로 누워 있는 커다란 나무를 보고 방연은 다시 하하하 큰 소리로 웃음을 터뜨렸다.

"손빈의 그 쥐꼬리만 한 재간마저 바닥이 났나? 나 방연을 고작 나무 몇 그루로 막을 수 있다 생각했던 말인가? 제나라 군이 우리가 쫓아오는 게 정말 겁났던 모양이다. 여봐라, 어서 이 나무들을 옮겨라. 우리는 계속 전진할 것이다!"

사병들이 나무를 다 옮겼을 무렵, 방연은 멀지 않은 곳에 커다란 나무가 홀로 서 있는 것을 발견했다. 이상하게 여겨 자세히 살펴보니 어렴풋이 희끄무레한 부분이 보였다. 그는 급히 나무 아래로 다가갔다.

'아, 글자로군. 헌데 뭐라고 적혀 있는 거지?'

궁금증이 더해진 방연은 명령을 내렸다.

"불을 붙여라!"

수하들이 건네는 횃불을 받아 고개를 들어보니 나무 위에 적힌 글자가 눈에 확 들어왔다.

'방연, 이 나무 아래서 죽다!'

화가 난 방연이 소리를 지르자 갑자기 '휙휙' 하는 소리가 나며 사방에서 화살이 날아왔다. 비처럼 날아오는 화살들은 바람이 통할 구멍조차 없이 빽빽했다. 활을 피할 수 없었던 위나라 군사들은 놀라 허둥대며 엉망으로 엉켜 버렸다. 다들 어떻게든 살아보겠다고 꽁무니만 내뺄 뿐이었다. 방연은 대세가 이미 기운 것을 느끼고 칼을 뽑아 자결했다. 죽기 전, 그는 깊은 후회의 말을 내뱉었다.

"그때 마음이 약해지지 말았어야 했는데……. 저 절름발이

265

를 한 칼에 죽이지 못해 결국 이름만 날리게 해주었구나!"

제나라 군사들은 승리의 여세를 몰아 공격했고, 마침내 위나라 군사들을 전멸시켰다. 그리고 위나라 태자를 포로로 잡아 갔다. 이때부터 손빈의 명성은 천하에 드높아졌고 그의 병법도 후대에까지 전해졌다.

史記
들여다보기

역사에서는 가끔 놀랄 정도로 비슷한 일들이 발생하곤 한다. 옛날 같은 문하에서 자란 사형제 역시 방연과 손빈과 비슷한 경험을 하는데 그들이 바로 이사李斯와 한비자韓非子이다.

이사와 한비자는 본래 순자荀子의 제자였는데, 이사는 늘 자신이 한비자에게 미치지 못하는 것을 원통하게 생각했다. 그래서 그는 한비자를 중상 모략했다. 결국 진나라 왕은 한비자가 진나라의 강적이라 여기고 그를 감옥에 처넣었다. 이사는 사람을 시켜 독약을 보내 결국 한비자를 자살하게 만들었다.

한비자

● 주요 인물
　오기

● 주변 인물
　위 문후, 전기, 공숙

● 키워드
　군사 천재, 나라를 잘 다스리는 유능한 신하[治世能臣], 각박 · 매정

● 주요 사건
　아내를 죽여 장군이 되다, 위나라를 떠나 초나라로

● 이야기 출처
　『사기』「손자오기 열전」

오기 : 모순 덩어리

'난세에 영웅이 나온다'는 말처럼, 전국 칠웅들이 힘을 겨루던 시절 수많은 영웅호걸들이 쏟아져 나왔다. 군사 방면에서는 널리 명성을 떨쳤던 손무, 손빈 등이 있었는데, 오기吳起 역시 이 시기에 명성을 떨친 걸출한 군사가였다.

오기는 본래 위衛나라 사람으로 매우 부유한 가정에서 태어났다. 젊었을 때는 관직에 오르길 간절히 원해 곳곳을 두루 다니며 기회를 찾아 다녔다. 그러나 해가 거듭해 가는데도 공명을 떨치기는커녕 그 많던 재산만 탕진하고 말았다. 그가 무일푼으로 고향 거리에 돌아왔을 때 많은 사람들이 실의에 가득 찬 오기를 비웃음 가득한 얼굴로 바라보며 경멸하는 말들로 비아냥거렸다. 오기는 부끄럽다 못해 분이 치밀러 올라 늘 지니고 다녔던 보검을 휘둘렀고, 30여 명이 그 자리에서 목숨을 잃었다.

사람을 죽여 위나라에서 더 이상 살 수 없게 되자 오기는 고향을 떠날 결심을 했다. 떠나기 전 어머니와 눈물을 흘리며 작별을 고하던 오기는 팔뚝의 살을 물어뜯고 어머니에게 맹세했다.

"오기는 왕후장상이 되지 못하면 위나라에 한 발짝도 들여놓지 않겠습니다."

이후 오기는 유명한 증자曾子의 문하로 들어가 유가의 지식을 배웠다. 그런데 얼마 후 어머니께서 돌아가셨다는 소식이 들려왔다. 그러나 떠나기 전 했던 맹세 때문에 상을 치러야 함에도 집으로 돌아갈 생각조차 하지 않았다. 증자는 공자의 제자로 효를 매우 중요하게 생각하는 사람이었다. 그런 사람이 자신의 제자가 불효하는 것을 보고 참을 리가 없었다. 그는 매우 화를 내며 오기를 사문에서 쫓아내 버렸다.

그래서 오기는 노나라로 가 병법을 배웠다. 그는 금세 용병술로 유명해졌고 노나라 왕의 주목을 받기에 이르렀다. 그 해 제나라가 노나라를 공격해 오자, 노나라 왕은 오기를 대장군으로 삼아 침략을 막으려고 했다. 그러나 오기의 아내가 제나라 사람이란 사실이 떠올랐다. 왕은 오기가 아내 때문에 제나라와 내통할까 걱정되어 주저하며 결단을 내리지 못했다.

제나라가 노나라를 공격해 올 때 오기는 이미 나라 안에 인재가 없으니 왕이 자신을 대장군으로 삼을 것이라 확신하고 기다리고 있었다. 그러나 아무리 기다려도 위임 명령은 계속 미뤄지기만 했다. 이리저리 알아보니 아내 때문이었다. 그에게는 이번이야말로 성공하여 이름을 날릴 좋은 기회였으므로 절대로 놓칠 수 없었다. 한참을 고민한 끝에 오기는 독한 마음을 먹고 아내를 죽여 버렸다. 자신과 제나라가 더 이상 아무런 관계가 없음을 증명한 것이다.

노나라 왕은 이 소식을 듣고 즉시 오기를 대장군으로 임명해 군사를 이끌고 적을 막게 했다. 오기는 기대를 저버리지 않고 제나라 군대를 쳐서 이기고 돌아왔다. 노나라 왕은 매우 기뻐하며 오기의 공을 치하하기 위해 연회를 베풀었다.

노나라의 일부 대신들은 오기가 뜻을 이루고 의기양양한 모습을 보고 질투를 느낀 데다 그의 위인 됨이 마음에 안 들어 노나라 왕 앞에 나가 오기의 험담을 늘어놓았다.

"대왕, 그렇게 기뻐하실 일이 아닙니다. 오기가 제나라를 친 것이 꼭 좋은 일이라 할 수는 없습니다."

노나라 왕이 깜짝 놀라 대신들에게 물었다.

"그것은 왜인고?"

대신들이 대답했다.

"노나라는 작은 나라에 불과합니다. 이런 작은 나라가 대국과의 전쟁에서 이겼다고 소문이 났으니 모든 대국들이 불안에 떨 것입니다. 그래서 힘을 합쳐 우리나라와 맞서려 할 것

271

입니다. 게다가 노, 위衛 두 나라는 형제의 나라가 아닙니까? 그런데 우리가 위나라의 살인범인 오기를 중용하여 쓴다면 두 나라의 우의에도 큰 상처를 입힐 것이옵니다. 살인범을 쓰기 위해 위나라와의 교분을 저버리다니, 이 얼마나 말도 안 되는 일입니까?"

이러한 유언비어와 중상모략을 들은 노나라 왕은 겁을 집어먹고 다시는 오기를 신임하지 않았다.

오기 역시 노나라는 자신이 오래 머물 곳이 아님을 잘 알고 있었다. 마침 위나라의 문후文侯가 인재를 등용한다는 말이 들려왔다. 그는 즉시 노나라를 떠나 위나라로 갔다. 오기가 온다는 말에 위 문후는 특별히 국내에서 인재를 알아보는 안목이 뛰어나다는 이극李克에게 물어보았다.

"오기는 어떤 사람인가?"

이극이 대답했다.

"오기는 명예를 중시하고 여색을 좋아하는 사람입니다. 이것이 그의 단점이기는 하나 용병술에 있어서는 사마양저도 그를 따르지 못할 것입니다."

인재에 대해 갈급함이 있었던 문후는 이 말을 듣고 오기를 장군으로 삼아 진秦나라를 치라 명했다. 그 결과 오기는 다섯 개의 성을 연달아 쳐부수는 공적을 세우고 돌아왔다.

오기는 군대에서 가장 높은 통솔자였지만 먹고 입는 것을 최하급의 병사들과 똑같이 하였다. 밤에 잠을 잘 때도 요와 이불을 쓰지 않았고, 행군할 때도 말이나 마차를 타지 않았다. 오히려 양식과 무기를 직접 등에 지는 등 모든 면에서 반 사병들과 똑같이 행동하였다. 사졸들의 상처가 곪고 썩는 것을 보면 아무런 망설임도 없이 땅에 엎드려 병사들의 고름을 빨아내었다. 그중 한 사병의 어머니가 이 소식을 듣더니 괴로워하며 통곡하였다. 옆에서 이를 본 사람들이 어머니를 위로하며 물었다.

"아드님은 이름도 없는 한낱 사병에 불과하지만, 오 장군은 상장군으로 귀하신 분이잖아요. 그런 분이 아드님의 고름을 빨아주었다는데 영광으로 생각해야지 왜 울고 그러세요?"

그러자 그 어머니가 대답했다.

"다들 몰라서 하는 소리요. 옛날에 오 장군께서 애들 애비의 고름을 빨아내주시자 애비가 그 은혜에 보답한다며 전쟁이란 전쟁은 다 나서며 적에게 맞섰다오. 결국 얼마 가지 않아 전쟁터에서 목숨을 잃었지. 그런데 오 장군께서 우리 아들의 고름을 빨아내셨다니, 또 언제 아들이 오 장군을 위해 전사할지 모를 일이 아니오? 그런데 어떻게 안 울 수 있겠소?"

위나라 문후가 보기에도 오기는 용병술에 뛰어났고 상군으로서 청렴하고 공정한 데다 병사들도 모두 그를 잘 따랐다. 그는 오기를 서하수西河守로 임명하여 진나라와 한나라를 막게 했다.

그 해, 위나라 재상의 자리가 공석이 되었다. 많은 사람들이 오기를 높이 샀고, 오기 역시 자신의 공이 크다 여겨 군왕이 자신을 재상의 자리에 앉힐 것이라 믿고 있었다. 그러나 뜻밖에도 평소 눈에 거슬려 하던 전문田文이 재상으로 임명되었다. 오기는 화가 나서 전문을 찾아가 씩씩거리며 말했다.

"당신과 나, 누구의 공로가 더 큰지 비교해 보러 왔네!"

전문이 대답했다.

"원하는 대로 하십시오."

"삼군을 통솔해 사병들이 자신의 목숨을 돌보지 않고 용감하게 적을 치게 하며, 적군들이 이름만 들어도 놀라 도망가 국가의 안위에 걱정이 없어지게 하는 일에서, 자네와 나 중에 누가 더 뛰어난가?"

"당연히 제가 장군만 못하지요."

"그럼 백관을 다스리는 데다 백성을 아끼고 보호하며, 곡식 창고가 그득해지고 나라를 부유하게 하는 일, 이 분야에서는 자네와 나, 둘 중에 누가 더 뛰어난가?"

"물론 장군께서 저보다 더 나으시지요."

"서하를 지켜 진나라 군사들이 경거망동하지 못하게 하고, 한과 조 나라 역시 신하의 나라라 자청하게 하는 일. 이 방면에서 자네와 나, 둘 중에 누가 더 뛰어난가?"

"그 방면에서는 더욱더 제가 장군만 못하지요."

오기는 더 화가 났다.

"이 세 방면에서 모두 자네가 나만 못하거늘, 어찌하여 자네가 나보다 더 높은 자리에 앉는 것인가? 그것 참 이상한 일 아닌가?"

그러자 전문이 차분히 대답했다.

"왕께서는 어려서 즉위하여 겸손히 그분을 보좌하려는 대신들이 없습니다. 백성들 또한 왕을 신뢰하지 않지요. 이런 때 안팎으로 화합시키고 중앙의 힘을 강화할 재상을 뽑아야 할 것입니다. 말씀해 보십시오. 저와 장군 중에 누가 더 그 자리에 적합하겠습니까?"

그러자 오기는 한참동안 말이 없었다. 오랜 시간 생각한 후 그는 진심으로 기뻐하며 대답했다.

"이런 때라면 당연히 자네가 더 적합하지."

이후 전문이 죽자 재상의 자리를 공숙公叔이란 자가 이어받았다. 그는 위나라의 부마駙馬였지만 특별한 능력은 없었다. 그는 공로나 능력, 어느 하나 오기에게 미치지 못했기 때문에 늘 오기의 존재가 위협으로 느껴졌다. 그래서 날마다 어떻게 오기를 없앨지 고민했다.

늘 가까이서 공숙을 모시던 하인 중 하나가 주인의 이런 마음을 알고 책략을 내놓았다.

"오기를 없애는 것은 아주 쉬운 일입니다."

그의 말에 공숙은 매우 기뻐했다.

"어디 한번 말해 보거라."

하인이 말했다.

"오기는 청렴하고 결백하며 정직한 사람입니다만, 한 가지 명성을 너무 중시한다는 단점이 있습지요. 우리가 그 점을 이용한다면 얼마든지 그를 처단할 수 있을 것입니다."

그리하여 주인과 하인 두 사람은 무서운 계략을 세웠다.

다음날 공숙은 위나라 왕(이때는 이미 무후가 왕위에 있었다)에게 아뢰었다.

"오기는 재능과 계략이 뛰어나고 포부가 큰 사람인 데 반해 우리나라는 너무 작습니다. '절이 작으면 거대한 신선을 모시지 못한다'는 말도 있지 않습니까? 신은 늘 오 장군이 위나라를 떠나 더 크게 발전하려 들지 않을까 염려했습니다."

무후는 이 말을 듣고 다급히 물어보았다.

"그럼 어찌 해야 오기를 잡을 수 있겠나?"

공숙은 한 가지 의견을 내놓았다.

"공주님을 오기와 맺어주면 되지 않습니까? 그리고 그것을 빌미로 오기를 시험해 볼 수도 있을 것입니다. 만약 그가 공주님과의 혼사를 약속하면 위나라에 계속 머물겠다는 뜻일 것이나, 만약 이를 거절한다면 위나라를 떠날 결심을 했다는 뜻일 겁니다."

무후는 기뻐하며 대답했다.

"좋은 생각이로구나, 그야말로 일거양득일세."

공숙은 속으로 회심의 미소를 지었다.

276 '왕이 내가 예상한 대로 움직여주는구나.'

위나라 왕을 만나고 나온 공숙은 그 즉시 오기에게 식사를 대접할 것이라며 하인에게 큰 연회를 준비하라 명했다. 오기가 집에 다다랐을 무렵, 공숙은 역시 조정의 공주였던 자신의 부인과 한참 동안 밀담을 나누고 있었다.

마침내 오기가 도착했고, 공숙은 그를 극진히 대접했다. 그러던 중 오기는 놀라운 장면을 보게 된다. 재상의 부인이 가족이 아닌 타인, 바로 자신이 앞에 있는데도 자신의 남편을 모욕하고 난처하게 만들었던 것이다. 성격이 그렇게 거만하고 멋대로일 수가 없었다. 그것만 보더라도 재상이 평소 어떻게 지낼지 짐작이 가면서 가련한 생각마저 들었다.

다음날, 무후는 정식으로 오기에게 혼담을 건넸다. 공주를 그에게 주겠다는 것이다. 그러나 오기는 전날 밤 재상 공숙의 집에서 보았던 장면을 떠올리며 생각했다.

'만약 내가 공주와 결혼을 하면 똑같은 모욕을 당해야 할 것이다.'

그래서 결국 단호한 태도로 위나라 왕의 혼담을 거절했다. 그러자 무후는 오기를 의심하게 되었고 신임하던 마음도 사리져 버렸다. 공숙의 음모가 성공한 것이다. 사실 공숙의 부인이 그렇게 함부로 행동했던 것은 공숙의 지시 때문이었다. 오기처럼 자신의 명성과 체면을 중시하는 사람은 그런 부인을 맞아들이지 않을 것이라는 공숙의 예상이 적중한 결과였다.

277

오기는 무후의 변화를 감지하고 더 이상 위나라에도 머무를 수 없다고 느꼈다. 그래서 위나라를 떠나 초나라로 간다.

초나라의 도왕悼王은 오기의 재주에 대해 진작부터 소문을 들어왔다. 오기가 오기만 기다렸던 그는 그가 오자 바로 재상으로 삼았다. 오기는 초나라의 재상으로 임명받자마자 바로 과감한 개혁을 실시했다. 법률을 강화했으며 필요 없는 관직을 폐지하고 병력을 증강시켰다. 몇 년이 지나자 초나라는 부강해지기 시작했다. 그러나 초나라의 수많은 귀족들은 자신이 가져야 할 이익이 줄어들게 되자 오기를 몹시 미워했다. 얼마 후 도왕이 세상을 떠나자 귀족들은 힘을 합쳐 반란을 일으켰다. 그 과정에서 오기는 결국 살해당하고 만다.

오기가 군사 방면으로는 천재였고 나라를 잘 다스리는 유능한 신하라는 사실은 의심할 여지가 없다. 그러나 동시에 각박하고 매정했으며 명예를 가장 중요하게 여겼던 것도 부정할 수는 없다. 그야말로 그는 모순 덩어리였던 것이다.

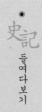

史記
들여다보기

서한 시기 이광李廣 역시 오기처럼 병사들을 극진히 대하고 아끼는 사람이었다. 이 일은 『사기』의 「이장군 열전李將軍列傳」 에 기록되어 있다.

오기

● 주요 인물
  오자서

● 주변 인물
  오사, 초나라 평왕, 비무극, 오나라 왕 등

● 키워드
  결연함과 지혜

● 주요 사건
  오사의 죽음, 오나라로의 망명

● 고사
  평왕의 시체를 채찍질하다[鞭平王尸]

● 이야기 출처
  『사기』「오자서 열전伍子胥列傳」・「초세가楚世家」・「자객 열전刺客列傳」

伍子胥

오자서 : 망명 인생, 하룻밤 사이 머리가 희어지다

옛날 밤새도록 고민을 해 하룻밤 사이에 머리가 다 희어져 버린 젊은이가 있었다.

바로 오자서伍子胥이다.

오자서는 초나라의 충성스럽고 선량한 관리의 집안에서 태어났다. 그의 아버지 오사伍奢는 초나라 평왕의 태자인 건建의 스승이었다.

태자가 장성하여 혼례를 해야 할 나이가 되었을 때였다. 그 해 평왕平王은 대부 비무극을 진나라로 보내 태자 건의 혼담을 전했다. 비무극費無極은 악하고 아첨과 아부에 능한 사람이었다. 진나라에 도착한 비무극은 태자의 신붓감이 너무나 아름다운 것을 보고 악랄한 계략을 생각해 낸다. 그러나 그는 아무런 내색도 하지 않고 신부를 데리고 천천히 초나라로 돌아왔다. 그런 다음 신부를 맞이하는 행렬이 도성에서 아직 멀리 있을 때, 자기가 먼저 왕궁으로 들어가 평왕에게 신부의 아름다움을 극찬했다. 평왕은 색을 밝히는 어리석은 사람이라 비무극의 말을 듣자마자 마음이 흔들렸다. 그러나 그 아름다운 여인이 이미 자신의 며느리로 정해진 사람이 아니던가? 그는 그곳에 앉아 안타까운 표정만 짓고 있었다. 옆에서 그의 안색을 살피던 비무극은 초나라 왕의 표정을 보고 바로 자신의 의견을 말하였다.

"대왕, 이 여인이 비록 태자비로 정해진 몸이긴 하나 아직 도착하지 않았고 혼례도 올리지 않은 상태입니다. 그러니 그 여인이 도착하면 바로 이곳으로 맞아들이십시오. 그런 다음 태자에게 다른 여인을 짝 지워 주신다면 누가 뭐라고 하겠습니까?"

초 평왕은 매우 기뻐하며 비무극의 뜻대로 했다.

이때부터 비무극은 평왕의 총애와 신임을 받는다. 그러나 비무극의 하루하루는 매우 불안했다. 그는 자신의 계획대로 초왕이 태자의 부인을 빼앗은 일이 늘 마음에 걸렸다. '낮 말은 새가 듣고 밤 말은 쥐가 듣는다'고 하는데, 태자가 이 일을 알게 되면 어떻게 한단 말인가? 언젠가는 평왕은 죽을 것이고 그때 왕위에 앉을 사람은 태자였다. 태자가 왕이 되면 가장 먼저 죽일 사람 역시 자신이 아니겠는가?

그래서 비무극은 평왕의 앞에서 하루 종일 앉아 태자의 험담을 늘어놓았다. 태자가 부인을 빼앗긴 일로 원한을 품고 있으며 이미 병사들을 모아 모반을 준비하고 있다는 것이었다. 평왕은 태자에게 빼앗은 비를 몹시 아껴서 어느새 둘 사이에는 아들까지 있었다. 그는 그녀를 기쁘게 하기 위해 그녀가 낳은 아들을 태자로 삼고자 했다. 그래서 비무극의 중상모략만 믿고 태자를 변경 지대인 성부城父, 지금의 안휘성安徽省 호주시亳州市 동남부로 귀양 보냈다. 그리고 얼마 가지 않아 태자의 스승인 오사를 불러 태자의 상황을 물어보았다.

원래부터 성품이 강직했던 오사는 초왕과 비무극이 그동안 해온 일이 마음에 들지 않았다. 그는 평왕에게 꼿꼿하게 말했다.

"대왕마마, 어찌하여 소인배의 말만 듣고 친 골육을 멀리하시는 것입니까?"

이 말을 들은 평왕은 수치심과 분노가 치밀었다. 비무극은 옆에서 왕의 분노를 부추겼다.

"왕께서 이를 저지하지 않으신다면 태자에게 잡혀 목숨을 보존키 힘들 것입니다."

평왕은 즉시 오사를 감옥에 넣고, 성부의 사마 분양奮揚에게 명하여 태자를 죽이라 명했다.

비무극은 불씨까지 제거하기 위해 다시 한 번 평왕에게 간언했다.

"오사에겐 두 아들이 있는데 모두들 재능이 많은 인재라 입을 모으고 있습니다. 그러나 제가 볼 때 그들은 야심이 많은 자들입니다. 그러니 이번에 한꺼번에 죽여 버리십시오. 후에 아버지의 복수를 한답시고 반란을 일으키면 큰일이지 않습니까?"

평왕은 사자를 보내 오사에게 말을 전했다.

"만약 자네가 두 아들을 불러 온다면 자네를 풀어줄 것이네만, 불러오지 못한다면 자네를 죽여 버릴 것이네."

오사는 평왕이 그들 세 식구를 죽일 속셈인 것을 너무나 잘 알고 있었다. 그러나 '왕이 신하에게 죽으라 명하면 신하는 죽을 수밖에 없는 일'이 아닌가? 오사는 거절하지 못하고 이렇게 대답했다.

"상尙은 필시 오겠지만 원員은 오지 않을 것입니다."

오사의 말에도 불구하고 평왕은 사람을 보내 오씨 형제를 불러 협박했다.

"오거라. 그럼 너희 아버지는 살 것이다. 그러나 오지 않는다면 네 아비를 죽일 것이다!"

오사에게는 오상과 오원, 즉 오자서라는 두 아들이 있었다. 오상은 본래 효성이 지극하여 아버지의 말을 한 번도 거역한 적이 없었다. 그러나 오자서는 강직한 성품에 멀리 내다보는 안목이 있어 당장의 치욕쯤은 참아야 한다고 생각하는 사람이었다. 오상이 왕에게 가려 하자 오자서가 형을 말렸다.

"형님, 절대로 경성에 들어가서는 안 됩니다! 평왕이 우리 형제를 부른 것은 아버님을 풀어주려는 것이 아니라, 후환을 없애기 위해 아버님을 인질로 우리 두 사람을 부른 것입니다. 우리가 가면 아버님과 함께 죽임을 당할 게 뻔합니다. 그러니 다른 나라로 도망갑시다. 가서 아버님의 치욕을 갚자고요. 여기서 다 죽으면 무슨 의미가 있습니까?"

그러나 오상은 괴로워하면서 대답했다.

"그거 나도 잘 알고 있다. 그러나 죽기가 두려워 아버님의 부르심을 거역해 놓고 후에 아버님의 복수마저 하지 못한다면 세상 사람들의 비웃음만 사지 않겠느냐? 마지막으로 아버님 얼굴을 뵈는 것이라 하여도 나는 가야겠다."

오자서는 형을 설득할 수 없자 눈물을 흘리며 작별을 고했다. 그리고 활을 들어 사자를 겨냥하였다. 왕의 사자가 겁을 먹고 나오지 못하는 틈을 타 오자서는 도망을 칠 수 있었다.

오상이 경성에 도착하자 평왕은 즉시 그와 오사를 죽여 버렸다. 그리고 동시에 전국에 오자서를 잡는 자에게 상금을 주겠다는 명을 내렸다.

오자서는 아직 멀리 도망가지 못한 상태에서 아버지와 형이 살해당했고 자신의 체포령이 떨어졌다는 소식을 듣는다. 마음속에 비통함과 분노가 차오르며 앞날이 막막하기만 했다. 이제 어디로 가야 한단 말인가? 그러던 중 평왕이 죽이려 했던 태자 건이 송나라로 도망갔다는 소식을 듣게 된다. 그는 송나라로 가 태자에게 몸을 의탁할 결심을 한다.

오자서가 송나라에 도착했을 때 송나라는 정변으로 어지러운 상황이었다. 그래서 오자서는 그 즉시 태자 건과 함께 정鄭나라로 도망쳤다. 정나라 사람들은 두 사람에게 잘 대해 주었지만 태자는 어리석은 일을 범하고 말았다. 진晉 경공頃公의 사탕발림에 넘어가 정나라를 뒤엎을 계획을 세운 것이다. 그러나 수하 중 한 사람이 이 일을 고발하자, 정나라 정공定公과 자산子産은 크게 노하여 태자 건을 죽여 버렸다.

오자서는 또 급히 태자의 아들 승勝을 데리고 오나라로 피신했다. 정나라 사람의 추격과 초나라 사람들의 눈을 피하기 위해 오자서와 승은 풀숲으로 걷고 한데서 묵어야만 했다. 또 낮에는 숨어 있다가 밤이 되면 길을 재촉하며 이루 말할 수 없는 고통을 겪었다.

어느 날, 두 사람은 마침내 초나라와 오나라가 맞닿아 있는 소관昭關에 도착했다. 소관은 앞뒤가 산으로 막혀 지세가 매우 험준한 곳으로, 길이라고는 통관하는 곳뿐이었다. 소관을 지나면 큰 강이 있었는데, 거기서 배를 타야지만 오나라로 건너갈 수 있었다. 초 평왕 역시 오자서가 오나라로 피할 것을 예상하고 특별히 병사와 말을 보내 소관을 지키게 했다. 또 입구에 오자서의 초상화를 그려 놓고 통관하는 사람마다 얼굴을 대조해 보게 했다. 다행히 오자서는 밤새 고민하다가 머리가 희어져서 탈출에 성공할 수 있었다.

강가에 다다랐지만 아득하고 넓은 강에 건네줄 배는 한 척도 보이지 않았다. 게다가 추격하는 병사들은 언제든 들이닥칠 수 있는 상황이었다. 이러지도 저러지도 못하고 애를 태우고 있을 때 강 위에서 작은 배 한 척이 다가왔다. 사공은 강변에 서 있는 사람이 오자서인 것을 알고도 그들을 배에 태워 강을 건네주었다. 오자서는 감격해서 차고 있던 검을 풀어 사공에게 건넸다.

"이 검은 황금 백 냥 정도 나가는 보검입니다. 목숨을 구해 주신 은혜를 이것으로나마 갚고 싶습니다."

그러나 사공은 보검을 거절했다.

"초나라에서 상금까지 걸고 당신을 잡으려고 하고 있소. 누구든 당신을 잡아 바치면 1만 냥의 황금을 받고 관직에도 오를 수 있소이다. 그런데 고작 그 백 냥을 탐내겠소? 난 다만 당신이 불쌍해 도운 것뿐이오."

사공에게 작별을 고한 오자서는 계속해서 오나라를 향해 걸어갔다. 그러나 그는 오나라에 도착도 하기 전에 병에 걸리고 만다. 온몸에 힘이 없었지만 돈이 없어 치료를 받을 수도 없는 형편이었다. 어쩔 수 없이 오자서는 그곳에 머무르며 거리로 나가 구걸을 했다. 이런 우여곡절을 겪은 끝에 두 사람은 마침내 오나라에 당도했다.

당시 오나라는 요僚 왕이 막 즉위하여 공자 광光을 장군으로 삼은 때였다. 오자서는 공자 광에게 오나라 왕을 만나게

287

해달라고 청하였다. 이후 오나라와 초나라의 국경 지대에 있는 두 마을 여인들이 양잠 때문에 뽕나무를 두고 다투는 일이 있었는데, 이것은 결국 두 나라의 전쟁으로까지 이어졌다. 오나라는 공자 광을 내보내 초나라를 치고 대승을 거두었다. 오자서는 오나라 왕에게 계속 초나라를 공격해야 한다고 진언하였지만, 공자 광은 이에 반대하고 나섰다.

"오자서는 부친과 형님이 초나라에서 살해당했기 때문에 초나라를 공격하라 하는 것입니다. 사적인 복수를 하려는 것이지요. 게다가 이번에도 초나라를 이길 수 있을지는 알 수 없는 일입니다."

오자서는 공자 광이 다른 계략이 있어 일을 더 이상 키우지 않을 속셈인 것을 알고 있었다. 그래서 자객 전제專諸를 공자 광에게 추천하여 주고 자신은 공자 승과 밭을 갈며 은거생활을 시작했다. 5년 후 초 평왕이 죽자, 태자 건에게서 빼앗은 미녀가 낳은 아들 진軫이 왕위를 물려받고 소왕昭王이 되었다. 오나라 왕 요는 초나라가 상을 당한 틈을 타 둘째아들을 보내 초나라를 습격했다. 그러나 초나라 군사들이 오나라 군사들의 퇴로를 막아 돌아갈 수 없게 되었고 나라는 텅 비어 버렸다. 공자 광은 이틈을 타 전제를 보내 오나라 왕 요를 죽이고 스스로 왕위에 올랐다. 이 사람이 바로 오나라 왕 합려이다. 합려는 이때부터 오자서를 중용하고 함께 나라의 기본 방침을 상의했다.

초나라의 신포서申包胥는 진秦나라로 도망가 도움을 요청했다. 초나라 소왕이 마침 진나라의 외손자였던 것이다. 처음에 진나라는 들은 척도 하지 않았다. 그러나 신포서가 진나라 조정에 서서 이레 동안 밤낮없이 울어대자, 이 모습에 감동한 진나라 애공哀公은 초나라를 위해 군사를 보내주었다. 그들은 결국 오나라를 쳐서 승리를 거두었다. 그때 오나라 왕 합려는 오랫동안 초나라에 머물고 있었는데, 동생인 부개夫槪가 그 틈을 타 귀국하여 스스로 왕이 되었다. 합려는 어쩔 수 없이 군사를 이끌고 오나라로 돌아와 부개를 쫓아냈다. 초나라 소왕은 오나라에 내란이 일어난 틈을 타 영도郢都로 돌아왔다. 합려는 왕위에 오른 몇 년 동안 손무를 장군으로 세우고 여러 차례 초나라를 공격해 적잖은 승리를 거두었다. 마침내 초나라의 도성도 합려의 손에 들어왔다. 이때 초나라는 평왕의 아들 소왕이 왕위에 앉아 있었다. 그는 오나라 군사가 성 아래 닥치자 급히 도망쳤다. 오자서는 소왕을 찾지 못하자 평왕의 무덤을 파헤쳐 시체를 끌어내고 채찍질을 3백 대나 했다고 한다.

2년 후 합려는 태자인 부치에게 병사를 주어 초나라를 치게 해 승리를 거두었다. 초나라는 오나라가 다시 쳐들어오는 것이 무서워 도읍을 약都이라는 곳으로 옮겨 버렸다. 이때 오나라는 오자서, 손무를 기용하여 서쪽으로는 초나라를 깨뜨리고, 북쪽으로는 제와 진晉을 위협했으며, 남쪽으로는 월나라 사람들을 굴복시켜 널리 이름을 떨쳤다.

　이후 오나라와 월나라가 전쟁을 벌이지만 오나라는 패하고 합려도 죽고 만다. 이후 왕위에 오른 부차는 태재 비嚭의 중상모략을 듣고 오자서를 자결시키지만, 결국 자신도 전쟁에 져 자살하고 만다.

오자서는 합려를 이어 왕위에 오른 부차에게 월나라의 침입에 대비하라고 계속 진언했으나, 부차는 그를 받아늘이지 않고 오히려 오자서에게 자결할 것을 명한다. 오자서는 죽기 전 "내가 죽거든 내 눈을 동쪽 성문에 매달아라. 오나라가 망하는 것을 보겠다"고 유언을 남겼다. 결국 부차는 오자서의 말을 듣지 않아 구천의 공격에 목숨을 잃었고 오나라는 멸망했다.

위의 이야기를 담고 있는 유명한 경극 작품 〈오자서〉는 양楊, 보삼寶森 파 선생의 대표작이다.

오자서

扁鵲

편작 : 명의

전국시대 제나라에 중국 최고의 명의가 탄생했다. 그의 본명은 진월인秦越人이었으나, 의술이 워낙 뛰어났기 때문에 사람들은 그를 고대 전설 속에 나오는 명의 편작扁鵲과 비견하곤 했다. 그렇게 오랜 세월이 지나니 사람들은 어느새 그를 편작이라고 부르게 되었고, 그의 본명인 진월인이라는 이름을 아는 사람은 극소수가 되어 버렸다.

편작은 처음으로 진맥하는 치료를 시술한 사람이었다. 그는 처음으로 환자를 볼 때 보고〔望〕, 듣고〔聞〕, 묻고〔問〕, 진맥〔切〕하는 네 가지 방법을 제시했다. 당시 사람들은 편작의 실력에 놀라움을 금치 못하였다. 어떻게 환자의 몸 상태를 묻고 맥을 짚으며, 환자가 말하는 목소리만 듣고도 어떤 병에 걸렸

느지 알 수 있단 말인가? 그야말로 불가사의한 일이었다. 그의 이 '초인적'인 능력은 어디서 왔을까? 그래서 그에 관한 신비스러운 전설들이 탄생하게 된다.

전설에 따르면 편작은 젊었을 때 객잔을 운영한 주인이었다고 한다. 그때 장상군長桑君이라는 손님이 하나 있었다. 편작은 장상군의 말과 행동, 학문과 기개가 남다름을 알아보고 늘 예의바르게 그를 대접하였다. 10년이 넘는 시간 동안 장상군은 늘 이 객잔에서 머물러 편작의 사람 됨됨이를 잘 알고 있었다.

어느 날 밤, 장상군은 편작을 자신의 방으로 부르더니 문을 닫고는 낮은 소리로 속삭였다.

"내게 병든 사람을 치료하고 구할 비방이 좀 있네. 그러나 나는 이제 나이가 너무 많아 천하를 돌아다니며 환자를 치료할 수 없다네. 그래서 이 모든 것을 자네에게 전수하려 하니 그 비밀을 절대 누설해서는 안 되네."

편작은 두말하지 않고 약속했고, 장상군은 모든 비방을 편작에게 전해 주었다. 그리고 약을 하나 꺼내들고 말했다.

"이 약을 먹게. 약효가 어떤지는 30일이 지나면 알게 될 걸세."

말이 끝나기가 무섭게 장상군은 순식간에 사라져 버렸다.

편작은 즉시 장상군의 분부대로 그 약을 먹었다. 30일이 지난 날, 그는 문득 자신이 벽 너머의 것들을 볼 수 있다는 사실을 알게 된다. 사람을 쳐다보면 그 사람의 오장육부까지 선명하게 볼 수 있게 된 것이다.

사실 편작이 명의 장상군을 스승으로 모실 수 있었던 것은 그가 겸손하고 배우기를 즐겼기 때문이다. 또 곳곳을 찾아가 의술을 베풀고 연구를 게을리 하지 않았으며, 선인들의 치료 경험을 배우고 자신의 경험까지 세심하게 잘 정리했기 때문에 천하제일의 유명한 명의가 될 수 있었을 것이다.

다음은 편작이 환자를 치료했던, 신비하지만 실제로 있었다는 실화 두 편을 소개하겠다.

1. 기사회생

어느 날 편작은 괵虢 나라를 지나간다. 그때 이 나라는 전국적으로 애도의 뜻을 표하느라 많은 일들이 처리되지 않고 있었다. 알아보니 태자가 세상을 떠났기 때문이었다. 그는 왕궁 문 앞의 문지기에게 물어보았다.

"태자께서 무슨 병에 걸리셨던 게요?"

문지기 역시 의술을 좀 아는 사람이라 자세하게 대답해 주었다.

"태자의 병은 혈기가 제대로 돌지 않고 음양이 어지러워 사기邪氣가 상승했기 때문입니다. 사기가 많아지면서 제때 배출되지 못했고, 이것이 가슴에 사무치고 기가 거꾸로 차올라 돌아가신 것이지요."

편작은 잠시 망설이더니 다시 문지기에게 물었다.

"태자께서 언제 돌아가셨소?"

"날이 막 밝아올 때였습니다."

"이미 염을 하셨소?"

편작이 다급한 어투로 물었다.

"아직 안 했습니다. 돌아가신 지 반나절도 안 됐는걸요."

편작은 안도의 숨을 내쉬며 문지기에게 말했다.

"어서 왕께 가서 제나라의 진월인이 왔다고 전해 주시오. 내가 태자를 치료해 다시 살릴 수 있소."

문지기는 놀라움과 의혹이 가득 담긴 목소리로 물었다.

"뭐요? 죽은 사람을 치료해 다시 살릴 수 있단 말이오? 지금 어디서 허풍을 치는 거요? 아주 오랜 옛날 환자를 볼 때 약도 안 쓰고 안마도 안 하는 명의가 있다 들었소. 그분은 보기만 해도 병인이 뭔지 아셨다지요. 그리고 오장의 혈 자리를 따라 살을 찢고 근육을 갈라 경락을 터주고 위장을 씻어 병을 고쳤다 들었소. 선생의 의술이 이 정도로 놀랍다면야 태자께서 살아나실 수 있겠지만, 그렇지 않다면 세 살배기 아이도 선생을 비웃을 것이요."

편작은 고개를 저으며 대답했다.

"당신이 말한 것은 너무 기본적인 것이오. 만약 내가 사람을 속이는 것 같거든 들어가서 한번 물어보시오. 아직도 태자에게 귀울림이 있고 코가 붓는 증상이 있으신지……. 그리고 두 다리에서 몸까지 아직 따뜻한 기운이 있을 거요."

이 말을 듣고 깜짝 놀란 문지기는 눈을 동그랗게 뜨고 입을 반쯤 벌린 채 한참 동안 아무런 말도 하지 못했다. 잠시 후 정신을 차린 문지기는 급히 궁 안으로 뛰어 들어가 편작이 한 말을 왕에게 전했다.

괵나라 왕은 문지기의 말을 듣고 매우 놀라며 옆에 있는 태의에게 태자의 몸 상태가 편작의 말과 일치하는지 물었다. 태자를 잘 살펴본 태의는 고개를 끄덕였다.

왕은 대단한 인물이 와 있다는 것을 알아차렸다. 그는 잠시라도 지체될까 걱정돼 직접 달려 나가 편작을 맞이했다. 그리고 눈물을 흘리며 편작을 잡아끌었다.

"제발 우리 태자를 살려주시오."

편작은 왕을 위로했다.

"태자의 병은 '가사증假死症'이옵니다. 양기가 떨어지고 음기가 솟구치면서 음양이 한데 뭉쳐 길을 막았기 때문에 생긴 증상으로, 음기에 양기가 막혀 기혈이 어지러워지고 몸을 움직일 수 없어 죽은 것처럼 보이는 것입니다. 그러나 진짜로 죽은 것은 아니지요. 이는 오장이 균형을 잃어 생긴 것으로 고치기 어려운 병도 아닙니다."

이렇게 설명한 편작은 태자의 곁으로 다가갔다. 그리고 제자에게 돌 침을 잘 갈게 하고 손과 발의 태양太陽, 소양少陽, 백회百會, 흉회胸會 등 혈 자리에 침을 놓았다.

이어서 편작은 제자에게 태자의 양쪽 겨드랑이에 고약을 붙이게 하여 맺혀 있던 양기가 통하도록 했다. 얼마 후 태자가 서서히 깨어났다. 옆에서 이를 지켜보던 사람들은 깜짝 놀라 소리쳤다. 편작은 배출을 도와 태자의 몸이 균형을 찾도록 해주었다. 스무 날이 지나자 태자는 완전히 회복할 수 있었다.

이때부터 편작이 죽은 사람을 살렸다는 소문이 천하에 널리 알려졌다. 그러나 편작은 이런 말을 들어도 그저 웃으며 이렇게 말할 뿐이었다.

"내가 어찌 죽은 사람을 살릴 수 있겠나? 그 사람이 죽지 않았기에 치료해서 건강을 회복하게 해주었을 뿐이지……."

2. 편작, 제나라 환공을 만나다

편작이 제나라에 왔을 때였다. 제 환공은 진작부터 명의 편작의 명성을 들어왔던 터라 그를 귀빈으로 대하며 융숭하게 대접했다. 어느 날 조정에 나간 편작은 제 환공의 낯빛이 좋지 않은 것을 보고 병에 걸린 것을 알아챘다.

"대왕마마께서는 지금 병에 걸리셨으나 다행히 병이 중하진 않습니다. 그저 피부에만 문제가 있을 뿐이지요. 그러나 하루속히 치료를 받으셔야 합니다. 안 그러면 병세가 급속도로 악화될 것입니다."

환공은 그러나 편작의 말을 심각하게 받아들이지 않았다.

"내 건강은 더 이상 좋을 수 없을 정도로 좋소. 그런데 어찌 병에 걸리겠소?"

그 말을 듣고 편작이 나가자 환공은 옆에 있는 대신들에게 말했다.

"의원들은 괜히 겁주기를 좋아한다니까. 병에 걸리지 않은 사람도 환자로 만들고 말이네. 다들 돈이나 좀 벌어볼까 하는 심산인 게지."

환공의 말에 사람들도 모두 그렇다며 고개를 끄덕였다.

닷새가 지나고 편작이 다시 환공을 찾아와 말했다.

"폐하의 병이 이미 혈맥까지 진행됐습니다. 지금 치료를 받지 않으시면 날마다 더 신해질 것입니다."

환공의 얼굴엔 불쾌한 빛이 역력했다.

"병이 없다 하지 않았소. 그러니 괜한 걱정 마시오."

또 닷새가 지나자 편작이 세 번째로 환공의 앞에 나와 말했다.

"폐하의 병이 이미 장기까지 퍼졌습니다. 어서 치료하지 않으면 늦습니다."

환공은 더욱더 불쾌해져서 얼굴까지 돌리며 편작의 충고를 무시했다.

다시 닷새가 지나 편작이 다시 환공을 찾아왔다. 편작은 조정에 들어서다 말고 멀리서 환공을 보더니 즉시 몸을 돌려 뛰어나갔다. 환공은 궁금증이 생겨 사람을 보내 그 연유를 물어보았다. 편작이 대답했다.

"병이 아직 피부와 근육에 머물렀을 때에는 탕약과 온습포만으로도 치료할 수 있었소. 병이 혈맥에 있었을 때는 침으로 치료할 수 있었고, 장기까지 갔을 때는 약으로 치료할 수가 있었지. 그러나 환공의 병은 이미 골수까지 파고들어 더 이상 약효를 볼 수 없게 되었소. 이젠 내가 아니라 하늘이 나서도 고칠 수 없단 말이오. 그런데 내가 더 무슨 말을 하겠소?"

닷새가 지난 후 환공은 중한 병에 걸려 급히 편작에게 사람을 보냈지만, 편작은 이미 제나라를 떠난 후였다. 결국 환공은 숨을 거두고 만다.

이후 진秦나라 태의령 이혜李醯는 자신의 실력이 편작만 못한 것에 시기심을 품고 있다가 결국은 사람을 보내 편작을 죽여 버렸다. 그러나 편작의 명성은 시대가 바뀌어도 계속 전해지고 있다.

史記
들여다보기

『황제내경黃帝內徑』은 서한 이전에 책으로 편찬된, 현존하는
의학 문헌 중 가장 오래된 이론서이다. 중국 고대 전설상의
다섯 제왕 중 의학을 창안한 황제가 썼다는 전설이 있으나,
전국시대부터 시작되어 서한에 이르러서야 완성된 것으로 알
려져 있어 당대 의학자들의 끊임없는 경험과 연구의 산물로
보는 것이 옳을 것이다. 원시의학 초기부터 전해져 내려오던
각종 의학적 경험을 집대성하여 인체의 해부·생리·병리·
진단·치료원칙 등 다양한 분야에서 동양의학의 기초 이론을
제시하였다.

황제와 명의名醫의 문답 형식으로 기술된 『황제내경』은 「소문
素問」 9권과 「영추靈樞」 9권으로 되어 있는데, 「소문」은 자연
철학의 처지에서 병리학설을 주로 다루었고, 「영추」는 침구
에 관한 내용을 다루었다.

후대 화가의 황제 상상도

『황제내경』

● 주요 인물
  전제, 예양, 섭정

● 주변 인물
  오자서, 광, 오왕 요, 지백, 엄중자

● 키워드
  은혜에 보답하다, 목숨보다 의를 더 중요하게 여기다

● 고사
  요를 죽인 전제,
  칠신탄탄漆身呑炭, 원한을 잊지 않기 위해 몸에 옻칠을 하고 숯을 삼킨다

● 이야기 출처
  『사기』「자객 열전」

聶政 豫让 聶政

전제 · 예양 · 섭정 : 직업 자객

춘추전국시대, 귀족과 권세를 잡은 신하들은 무예가 출중한
사람을 사서 키우며 정치적인 숙적이 나타나면 암살하였다.
여기에 그 유명한 자객들의 이야기가 있다.

1. 전제

초나라 대부였던 오자서의 아버지는 초나라 왕의 미움을
받아 전 가족이 죽임을 당했다. 그러나 오자서만은 오나라로

도망하여 목숨을 건질 수 있었다. 그는 아버지와 형의 복수를 하겠다고 맹세했기 때문에 오나라에 도착하자마자 오나라 왕 요에게 초나라를 공격하라고 진언했다. 요는 오자서의 말에 마음이 움직여 조정의 문무 대신들과 초나라를 공격하는 문제를 의논했다. 조정에서 요왕은 초나라를 칠 계획을 공표하지만 그의 형인 공자 광의 반대에 부딪쳤다.

"오자서가 우리에게 초나라를 공격하라 한 것은 자신의 사사로운 복수를 하기 위함이지, 오나라를 위한 생각이 아닙니다. 초나라를 공격하기에는 아직 이른 감이 있습니다. 그러니 오자서에게 이용당하지 마십시오."

요왕이 생각해 보니 그 말도 일리가 있었다. 그래서 왕은 즉시 전쟁 계획을 취소해 버렸다.

오자서는 마음에 불길이 일어난 듯 애가 탔지만 어찌할 도리가 없었다. 그래서 오나라에 머물면서 기회가 오기만 기다렸다.

어느 날 그가 거리를 거닐고 있는데 사람들이 모여 있었다. 재미있는 구경거리가 있는지 매우 떠들썩했다. 거기서는 두 사람이 싸움을 하고 있었다. 그중 한 사람은 어깨가 쩍 벌어지고 허리도 굵어 우위를 차지하고 있었고, 상대편은 적수가 되지 않아 힘겹게 맞서고만 있었다. 이때 멀지 않은 곳의 변소에서 부녀자의 목소리가 들려왔다.

304 "전제專諸 너 이녀석, 또 싸움을 하고 있는 게냐? 당장 멈추

지 못해?"

그러자 체격이 우람한 사내가 바로 싸움을 멈추고 고개를 숙인 채 집으로 돌아갔다. 상대편은 이때다 싶어 바로 도망쳤다.

흥미를 느낀 오자서는 바로 덩치 큰 사내에 대해 알아보았다. 그 사람은 전제라는 젊은이로 얼마 전에 어머니와 이곳으로 이사를 왔다고 했다. 전제는 용감하고 정직하며 불의를 보면 참지 못하는 사람이었다. 그러나 그는 또 소문난 효자로 어머니의 말을 가장 잘 듣는다고 했다. 오자서는 전제라는 사람이 무척 마음에 들어 그와 교분을 쌓을 기회만 찾았다. 두 사람은 마침내 좋은 친구가 되었다. 한참이 지난 후 그는 전제를 공자 광에게 소개해 주었다. 공자 광은 전제를 보자마자 몹시 마음에 들어 했다.

오자서가 전제를 공자 광에게 소개한 이유는 무엇일까? 오자서는 오나라에서 오랜 시간을 머물고 나서야 공자 광이 오나라 왕 요에게 불만이 많은 것을 알았다. 광은 자신이야말로 합법적인 계승자라고 생각했던 것이다. 공자 광의 아버지는 오나라 왕 제번諸樊이었다. 제번에게는 세 명의 동생이 있었는데 순서대로 여제余祭, 이말夷昧, 계자찰季子札이었다. 제번은 막내아들 계자찰의 재능이 뛰어난 것을 알고 그에게 왕위를 물려주려고 했다. 그래서 태자를 세우지 않고 순서에 따라 동생들에게 물려주게 한 것이다. 제번이 죽은 후 여제가 왕위에 올랐다. 여제가 죽자 이말이 또 왕위에 올랐다. 이말이 죽은 후 원래는 계자찰이 왕위에 올라야 했으나 계자찰은 왕위를 거부해 버렸다. 그래서 오나라 사람들은 이말의 아들인 요를 왕으로 세운 것이다. 공자 광은 분개했다.

"형제의 항렬에 따라 왕을 세운다면 계자찰 숙부가 왕위에 오르는 것이 맞지만, 그리 하지 않을 때는 마땅히 내가 왕위에 올라야 하는 것이 아니냐."

그래서 그는 늘 왕위를 빼앗을 준비를 하고 있었다. 공자 광은 기개 있고 대범한 인물로, 인재를 예로써 겸손히 모셔 수하에 유능한 신하와 장수들이 많았다. 오자서는 진작부터 그런 인물 됨됨이를 보고 공자 광이 머지않아 왕이 될 것임을 알았다. 그래서 오나라 왕 요가 초나라에 군사를 보내려 했을 때 공자 광이 반대를 했음에도 그 일을 마음에 담아두지 않았다. 오히려 오자서는 공자 광과 친하게 지내려고 애썼다. 광은 일찍부터 오자서가 천하를 다스릴 만한 보기 드문 인재임을 알아보고 그를 매우 신임하고 있었다.

마침내 때가 왔다. 그 해 오나라 왕 요는 많은 군사들을 초나라로 보내 공격했지만 초나라 군사에게 퇴로가 막히는 일이 일어난다. 오나라 군사가 한참이 지난 후에야 본국으로 돌아올 수 있게 된 것이다. 공자 광은 전제의 거처로 가 그의 뜻을 물어보았다. 전제 역시 고개를 끄덕였다.

"정말 좋은 기회입니다. 지금 왕의 정예병들과 장수들이 모

두 밖에 나가 있어서 국내는 비어 있는 상태가 아닙니까? 왕
이라 해도 지금은 우리를 어찌하지 못할 것입니다."

공자 광은 마음을 다잡고 바로 행동에 들어갔다. 그는 자신
의 집 지하실에 도부수를 매복시켜 둔 다음, 식사를 차리고
요왕을 자신의 집에 초대하였다. 요왕은 경계심을 늦추지 않
고 자신의 병사들을 왕궁에서 공자 광의 집까지 길게 줄을 세
웠다. 모든 문과 집 앞, 길 양쪽의 돌계단에는 요왕의 호위병
들이 빽빽이 서 있었다. 그것으로도 모자라 왕은 자신의 뒤에
긴 창과 날카로운 칼을 든 심복을 세워놓았다.

술자리에서 모두들 즐겁게 먹고 마실 때였다. 공자 광이 갑
자기 "아이고!" 하고 외마디 비명을 질렀다. 발이 너무 아프
니 내실에 가서 한번 싸매고 와야겠다고 말했다. 그는 즉시
지하실로 내려가 매복해 있던 도부수와 전제에게 명령을 내
렸다. 잠시 후 전제는 요리사처럼 꾸미고 생선이 담긴 접시를
들고 와 요왕 앞에 두었다. 요왕이 어떤 생선인지 보려고 할
때, 전제는 재빨리 생선 뱃속에서 비수를 꺼내 들었다. 휙, 바
람을 가르며 비수가 요왕에게 가서 박혔다. 너무 갑작스러운
공격에 그는 방어조차 하지 못했고, 심장을 관통한 비수 때문
에 그 자리에서 즉사했다. 요왕의 뒤에 있던 무사들은 심상치
않은 분위기에 즉시 앞으로 뛰어 나왔다. 그 많은 수를 다 상
대할 수 없던 전제는 결국 무사들이 마구 휘두르는 칼에 맞아
죽고 말았다.

307

객실이 혼란스러운 틈을 타 지하실에 있던 도부수가 뛰어
나와 오나라의 왕 요가 데려온 사람들을 모두 죽여 버렸다.

모반에 성공한 공자 광은 스스로 오나라 왕이 되었다. 이 사
람이 바로 한때 춘추시대 패자의 자리에 앉았던 오나라 왕 합
려이다.

오자서 역시 결국은 합려의 힘으로 초나라를 쳐서 아버지
와 형의 원수를 갚을 수 있었다.

2. 예양

전제가 죽고 70여 년이 흘렀을 때 예양豫讓이라는 또 다른
자객이 등장했다. 예양은 춘추 시기 진晉나라 사람이었다. 그
는 당시 가장 큰 권세를 쥐고 있던 신하 지백智伯의 수하에서
크게 인정받고 중임을 맞고 있었다. 그 후 진나라에는 그 유
명한 '삼가분진三家分晉' 사건이 일어난다. 즉 조양자趙襄子가
한강자韓康子, 위환자魏桓子와 손을 잡고 지백을 친 후, 세 집안
이 진나라를 세 등분해 가진 사건이었다. 이렇게 조나라, 위
나라, 한나라가 세워진다. 나무가 넘어지면 거기 살던 원숭이
들이 흩어지는 법, 예양을 포함한 지백의 수하들은 우두머리

가 사라지자 모두 뿔뿔이 흩어져 버렸다. 지백을 쳤던 세 사람 중 지백을 가장 미워했던 사람은 조양자였다. 그는 지백이 너무 쉽게 죽어 버리자 분이 다 풀리지 않았다. 그래서 지백의 머리를 베어 두개골을 취한 뒤 색을 칠하고 술 주전자로 사용했다.(요강으로 사용했다는 설도 있다).

산속으로 도망간 예양은 이 소식을 듣고 슬픔의 눈물을 흘렸다.

'선비는 자신을 알아주는 사람을 위해 죽고, 여인을 자신을 어여삐 여기는 사람을 위해 단장한다고 하지 않던가? 내게 산 같은 은혜를 베푸셨던 지백님이 저런 치욕을 당하고 계시는데 목숨을 걸고 복수하지 않는다면 죽어서도 뵐 면목이 없겠구나!'

그래서 예양은 이름을 바꾸고 노역을 하는 죄수로 변장했다. 몰래 비수를 챙겨 들고 조양자의 저택으로 들어가 뒷간에 벽을 바르는 척했다. 기회가 생기면 조양자를 치기 위함이었다.

그때 마침 측간에 가려던 조양자는 오싹한 기운을 느끼고 경각심이 생겼다. 사람을 보내 뒤지게 하니, 아니나다를까 흉기를 지니고 있던 예양이 발견됐다. 사로잡힌 예양은 숨김없이 당당하게 말했다.

"나는 지백님의 가신으로 어르신의 복수를 하러 왔소!"

조양자의 부하가 검을 뽑아 예양을 죽이려 했다. 그러나 조양자는 급히 손을 뻗어 부하를 제지했다.

"지백에게 아들이 없어 그를 죽여도 복수할 사람이 없겠다 했었는데……. 이 사람의 충심이 갸륵하구나. 복수를 하겠다고 혼자 호랑이 굴로 찾아오다니. 정말 보기 드문 의인이다. 그러니 오늘은 그냥 놔주도록 하자. 다음에 또 만나게 되면 그땐 피하면 되지 않겠느냐?"

그러나 복수를 하지 못한 예양은 그대로 포기할 수가 없었다. 그는 이번 실수로 자신의 외모가 이미 조양자와 그의 부하들에게 분명히 각인되었으니, 또다시 복수를 시도하기는 더 어려울 것이라 생각했다.

예양은 자신의 몸에 옻칠을 해 온몸에 독창이 생기도록 했다. 그리고 숯을 집어삼켜 목소리가 쉬게 해버렸다. 그의 외모는 머리부터 발끝까지 추악하고 무섭게 변해 버렸고, 온몸에서는 견디기 힘든 악취가 났다. 그는 그 몰골로 거리에서 구걸을 했다. 그리고 집으로 돌아가보니 아내 역시 그를 알아보지 못하였다.

그래도 마음이 놓이지 않은 예양은 가장 친하게 지냈던 친구를 찾아갔다. 한참 후에야 예양을 알아본 친구가 망설이며 물었다.

"예양, 자넨가?"

"그렇네."

310   예양의 대답에 친구는 가슴이 저며 와 눈물을 흘리며 말

했다.

"예양, 이 친구야! 대체 왜 이런 짓까지 했나? 복수를 하려거든 그냥 하면 되지 무엇 하러 이런 어리석은 짓을 해? 자네 능력이나 재능이면 조양자에게도 크게 쓰임을 받았을 거네. 그럼 그에게 접근할 수 있는 기회를 노렸다가 치면 간단했을 거 아닌가?"

예양 역시 눈물을 흘리며 대답했다.

"대장부로서 해야 할 일과 하지 말아야 할 일이 있는 것 아닌가? 지백 님을 위해 모든 것을 버리고 복수할 수는 있지만, 자네가 말한 방법만은 쓸 수 없었네. 내가 조양자의 가신이 되었다가 그를 죽인다면 하극상이 아닌가. 그것은 불충이네. 난 절대 불충하고 불의한 일은 할 수 없어."

얼마 후 조양자가 외출을 나갔다. 예양은 그가 지나는 다리 밑에 숨어 있었다. 조양자가 다리에 다다랐을 무렵, 갑자기 말들이 놀란 것처럼 앞다리를 들고 울어댔다. 마부가 아무리 채찍질을 해도 말들은 앞으로 나아가지를 않았다.

'그래, 예양이 이 근처에 와 있나 보군.'

급히 수레에서 내린 조양자는 사람을 보내 주변을 뒤지게 했다. 마침내 호위병들이 다리 밑에서 온몸에 농창이 든 괴물 같은 사람을 하나 데려왔다. 조양자는 한참 동안이나 그 사람을 살피고서야 예양이라는 것을 알아보았다.

조양자가 크게 노하여 말했다.

"예양, 네이놈! 네놈이 지백을 섬기기 전에 범范 씨와 중행中行 씨를 위해서도 일한 것을 알고 있다. 허나 지백이 그들을 죽였을 때 네놈은 복수조차 하지 않았다. 헌데 어째서 내가 지백을 죽였다고 몇 번이나 나를 죽이려드는 것이냐?"

이에 예양이 대답했다.

"범 씨와 중행 씨는 보통사람으로 절 대해 주었기에 저도 보통사람으로서 그분들께 보답했습니다. 허나 지백 님은 저를 나라의 뛰어난 일꾼처럼 대해 주셨습니다. 그래서 저도 그에 맞게 보답하려는 것입니다."

조양자는 감동하여 긴 한숨을 내쉬고는 동정의 눈물을 흘리며 말했다.

"예양, 지백을 위해 그토록 충성을 다하는 것을 탓하지는 않겠네. 그러나 전에 이미 한번 봐주었는데 또 이대로 놔줄 수는 없네."

그러더니 부하에게 예양을 죽이라고 신호했다.

예양이 목놓아 울음을 터뜨리자, 눈물에 피가 섞여 나왔다. 그 모습을 보고 조양자가 물어보았다.

"죽는 게 무서워서 그러나?"

예양이 대답했다.

"죽는 게 뭐가 무섭겠습니까? 다만 지백 님을 위해 복수를 하지 못한 것이 안타까울 뿐입니다. 청이 하나 있습니다. 제게 대인의 옷을 벗어 몇 대 치게 하여 주십시오. 그러면 죽어도 눈을 감을 수 있을 것입니다."

조양자는 허락하고 겉옷을 벗어주었다. 예양은 이를 악물고 분노 가득한 눈빛으로 옷을 땅바닥에 내동댕이쳤다. 그러고는 칼을 뽑아들고 온 힘을 다해 세 번을 내리치며 다 쉰 목소리로 소리를 질렀다.

"지백 님, 지백 님! 마침내 당신을 위해 복수를 했습니다."

말을 마친 예양은 바로 검을 들어 자결해 버렸다. 그 광경을 지켜본 사람들은 모두 감동하여 눈물을 떨어뜨렸다.

3. 섭정

전국 시기 한나라의 높은 관리 중에 엄중자嚴仲子라는 자가 있었다. 그는 상相나라 재상인 협루俠累와 원수가 되자 죽임을 당할까 두려워 도망을 쳤다. 그리고 이름과 성을 바꾸고 여러 나라를 떠돌았는데, 강호에서 의협심이 많은 사람들을 만나며 자신을 위해 복수해 줄 자객을 찾았다.

같은 해, 그는 제나라에 가게 된다. 그곳에서 누군가 위나라의 섭정聶政에 대해 알려주었다. 섭정은 강인하고 용맹하며 무술이 뛰어난 사람이었지만, 사람을 죽인 후 원수를 피해 재작년 제나라로 도망쳐왔다고 했다. 그때 어머니와 누나를 데리고 왔는데 지금은 가축을 도살해 생계를 꾸려가고 있다는 것이었다.

엄중자는 그 즉시 좋은 술과 맛있는 음식을 가지고 섭정의 집을 찾아갔다. 섭정을 만나자 자신의 진짜 이름을 알려주긴 했지만 복수에 관한 일은 언급하지 않았다. 다만 섭정의 이름은 오래 전부터 들어왔다며 그와 친구가 되고 싶다고 말했다.

이렇게 엄중자는 여러 번 섭정을 찾아갔고, 서서히 서로를 알아가던 두 사람은 마침내 좋은 벗이 되었다. 어느 날 엄중자는 좋은 술과 예물들을 준비하고 잔치를 베푼 후 섭정을 초대했다. 술이 세 순배 돌고 여러 요리를 먹은 후 엄중자는 백 냥의 황금을 섭정에게 쥐어주며, 그의 어머니께 드리라고 했다. 어머니의 생일을 준비하라는 명목에서였다. 섭정은 깜짝 놀라며 세 번이나 거절했다.

엄중자는 옆에 있던 사람들을 물리고 섭정에게 자신이 찾아온 진짜 이유를 털어놓았다. 섭정은 진작부터 그것을 예측하고 있었지만 약속은 해줄 수 없다고 했다.

"내가 내 포부를 접고 시정배들과 함께 백정으로 살아가는 것은 내 어머니를 모시고 살아갈 곳을 찾기 위함이었소. 어머니가 세상에 계시는 동안은 절대 다른 사람이 내 목숨을 해치게 할 수는 없소이다."

314　　엄중자는 섭정의 완강한 태도와 효심을 보고 더 이상 고집

을 부리지 않았다. 그래서 선물을 거두고 취할 때까지 술을 마신 후 헤어졌다.

얼마 후 섭정의 어머니가 세상을 떠났다. 어머니의 3년 상이 다 끝나자 섭정은 엄중자에게 갈 결심을 했다.

'나는 그저 시정잡배에 불과하나 엄중자는 대부보다 더 높은 경卿이었음에도 몸을 낮추어 나와 벗이 되었다. 대장부로 태어나 은혜를 알고 갚는 것은 당연한 일. 이제 어머니께서도 세상을 떠났고 누님도 시집을 가셨으니, 더 이상 거정할 것이 없지 않은가? 이제 그를 위해 복수를 해야겠다.'

엄중자는 섭정이 자신을 위해 목숨을 버릴 결심이 선 것을 보고, 원수인 한나라 재상 협루의 상황에 대해 설명해 주었다.

"이 사람은 워낙 높은 사람이라 집안에 장수가 많고 경비도 매우 삼엄하네. 암살하기 결코 쉽지 않단 말이지. 그런데 자네 몇 사람을 데려갈 생각인가?"

섭정은 보검을 닦으며 고개를 저었다.

"사람이 많아질수록 비밀이 새어나갈 가능성도 많아지는 법. 싱대는 한나라 재상이자 왕의 숙부가 아니오? 그러니 비밀이 새어나가면 한나라 사람 모두가 경과 나의 적이 될 것이오. 그러니 나 혼자서 가겠소."

그래서 섭정은 엄중자에게 읍하여 작별을 고한 후 검을 들고 홀로 한나라로 향했다.

이날 한나라 재상인 협루는 재판정에 나가 있었다. 손에 무기를 든 호위병들이 재판정 입구부터 관저 입구까지 길게 늘어서 있어, 과연 경비도 매우 삼엄했다.

그러나 섭정은 두려워하는 빛 하나 없었다. 그는 깊은 숨을 내쉬더니 갑자기 긴 검을 휘두르며 앞으로 뛰어 나갔다. 호위병들은 이 모습에 순간 경직되어 꼼짝도 하지 못했다. 잠깐 사이, 섭정은 수많은 사람들을 베어 쓰러뜨리고 두 번째 입구까지 통과했다. 이때 화가 난 목소리가 들려왔다.

"어서 자객을 체포하라!"

그제야 호위병들은 정신을 차리고 홍수처럼 섭정에게 달려들었다. 그러나 섭정은 아랑곳하지 않고 두 눈을 부라린 채 칼을 이리저리 휘두르며 바람처럼 앞으로 뛰쳐나갔다. 그가 손목을 휘저으면 검에서 빛이 번쩍하면서 비명이 터져 나왔다. 그렇게 호위병들이 하나씩 쓰러졌고 섭정은 점점 협루에게 다가갔다. 협루는 상황이 불리한 것을 보고 도망치려 하였지만 섭정에게 잡히고 말았다. 섭정이 칼을 휘두르자 협루의 머리가 계단 아래로 굴러 떨어졌다.

재상의 관저는 사람과 말이 뒤섞여 소란스러웠고, 검 부딪치는 소리와 살기가 가득했다. 협루를 구하러 온 호위병들이 물샐 틈도 없이 빽빽이 섭정을 포위하자 더 이상 도망갈 수 없게 되었다.

316　섭정은 호통을 쳐 위협하면서 다시 칼을 휘둘러 사람들을

쳐내려갔다. 관저에는 어느덧 피가 바다를 이루었다.

그러나 섭정은 더 이상 당해 낼 수가 없었다. 더 이상 싸움이 되지 않을 것을 깨달은 섭정은 마음을 독하게 먹고 자신의 얼굴을 칼로 마구 그어 상처를 냈다. 그리고 두 눈을 도려낸 후 배를 갈라 자결했다.

호통 치는 소리, 병기들이 부딪치는 소리들이 뚝 끊어지고 사방이 조용해졌다.

한나라 조정도 뒤집어졌다. 한나라 왕이 가장 분하게 여긴 것은 자객이 스스로 얼굴을 그어 재상을 죽인 범인이 누구인지조차 알 수 없다는 사실이었다.

왕은 명을 내려 섭정의 시체를 매장하지 말고 거리에 걸어 백성들에게 보이게 했다. 그리고 많은 돈을 내걸고 자객의 이름과 내력을 아는 자에게 상으로 주겠다고 했다. 그러나 많은 날이 지나도 시체의 신분을 알아내는 자가 없었다.

이 소식은 섭정의 누나인 섭영聶榮에게까지 전해졌다. 순간 소름이 돋으며 의심이 생겼다.

"설마 내 동생?"

섭영은 비로 집을 떠나 한나라로 건너갔다.

거리에서 사람들이 지켜보고 있었지만 섭영은 시체를 자세히 살펴보았다. 아, 역시 섭정이었다. 슬픔을 못 이긴 섭영은 동생의 시체에 엎드려 대성통곡을 하며 중얼거렸다.

"섭정아, 섭정아……."

지켜보던 사람들이 물었다.

"이놈은 우리 재상을 죽였소. 용서받지 못할 죄를 저질렀단 말이오. 알 만한 사람이라면 도망부터 칠 텐데 당신은 어떻게 다짜고짜 아는 척을 하시오?"

그러자 섭영이 대답했다.

"내 동생 섭정은 엄중자가 자신의 재능을 인정해 준 것이 고마워 어머니가 돌아가시고 내가 시집가기만 기다렸다가 협루란 자를 죽인 것입니다. 죽기 전에도 나를 연루시킬까 두려워 스스로 몸을 상하게 해 모든 흔적까지 없애 버린 것이지요. 그런데 내가 화를 당할까, 죽음을 당할까 두려워 동생의 명예가 먹칠 되든 말든 도망가야 한단 말입니까?"

말을 마친 섭영은 고개를 들어 하늘을 바라보았다. 그리고 날카롭고 슬픈 목소리로 울먹이며 소리를 질렀다.

"하늘이시여, 하늘이시여!"

그러더니 갑자기 뒤로 획 쓰러졌다. 사람들이 급히 달려가서 살펴보았지만 석영의 숨은 이미 끊어진 뒤였다.

이때부터 이들 남매는 의사義士와 열녀烈女가 되어 오랜 세월 그 이름이 전해지게 되었다.

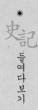

史記
들여다보기

지금의 산동성 제원성濟源省 남쪽 사간泗澗 서북부 지역에는 섭정총聶政冢이라는 무덤이 있다. 이것은 고향사람들이 섭정을 기념하여 그의 의관을 묻었던 무덤으로, 세간에서는 자객 묘라고 부른다. 전국시대 4대 자객은 전제, 예양, 섭정, 형가荊軻이다.

자객

자객 형가

●주요 인물
　상앙

●주변 인물
　공숙좌

●키워드
　개혁가

●주요 사건
　상앙 변법, 살해당하다

●고사
　남문의 나무를 옮기다[南門徙木]

●이야기 출처
　『사기』「남군 열전南君列傳」

商鞅

상앙 : 개혁가

1. 상앙이 아직 공손앙이던 시절

전국 시기 칠웅이 패권을 두고 다투던 시절, 모두들 천하통일
을 꿈꾸고 있었다. 마침내 진秦나라가 여섯 개 나라를 멸하고
온 나라를 병탄하였다. 진나라가 통일을 이루는 힘을 갖게 된
이유는 무엇일까? 그것은 개혁가 상앙商鞅이 진나라에서 실시
한 변법운동 때문이라고 할 수 있다.

상앙의 본래 성은 공손公孫이었다. 또 그는 위衛나라 사람이
었기 때문에 사람들이 그를 위앙이라고 부르기도 했다. 상은
이후 그가 진나라에서 받은 봉지의 이름이다. 젊은 시절, 그
는 위魏나라 재상 공숙좌公叔座의 수하에서 시중을 들었다. 공

손은 공부하는 것을 매우 좋아하여 일찍부터 많은 책을 읽었고, 특히 엄한 법령과 제도로 나라를 다스려야 한다는 법가사상에 심취해 있었다. 말투나 태도가 다른 시종들과는 남달랐기 때문에 공숙좌는 그를 매우 아꼈다.

그러나 공숙좌가 공손앙을 위나라 왕에게 천거하기도 전에 공숙좌는 병으로 다시는 일어나지 못하게 되었다. 어느 날 공숙좌를 보기 위해 위나라 왕이 찾아왔다. 재상의 명이 얼마 남지 않은 것 같자 왕은 공숙좌에게 물었다.

"친애하는 공숙 경, 경에게 뜻밖의 변고가 닥쳤을 때 경의 직무를 물려받아 나를 보좌하고 나라를 관리할 이가 누구라고 생각하시오?"

공숙좌는 자신 있게 대답했다.

"그런 사람은 공손앙밖에 없습니다. 아직 나이가 어리긴 하나 재능이 많은 친구이니, 중한 짐을 지워줘도 감당할 수 있을 것입니다."

하지만 위나라 왕은 그의 말에 한참 동안이나 대답을 하지 않았다. 공숙좌는 금세 왕의 속내를 알아차렸다. 위나라 왕이 자리에서 일어나려고 하자, 그는 좌우의 사람들을 물리고 단독으로 왕과 마주해 이야기했다.

"왕께서 공손앙을 쓰실 준비가 되지 않으셨나 보군요. 그렇다면 그자를 죽이십시오. 절대 그자가 위나라 밖으로 나가게 해서는 안 됩니다."

왕은 알겠다고 약속하며 바로 자리에서 일어났다.

위나라 왕이 떠나자 공숙좌는 즉시 공손앙을 불러 말했다.

"오늘 너에게 재상의 임무를 맡기시라고 대왕께 천거해 드렸다. 그러나 대왕께서는 너를 쓸 마음이 없으신 것 같더구나. 나는 무슨 일을 하든 먼저 왕에게 충성을 다하고 친구에게 신의를 지키는 것을 원칙으로 하였다. 그래서 아까는 대왕께 자네를 죽이라 하였지. 정말 미안하게 되었군. 어서 도망치게."

공손앙은 그 말을 듣고도 놀라는 기색 하나 없이 여유 있게 웃으며 대답했다.

"저는 도망가지 않을 것입니다. 제겐 아무 일도 없을 테니까요. 생각해 보십시오. 대왕께서 저를 기용하라는 말을 듣지 않으셨는데 절 죽이라는 말을 들으시겠습니까?"

그러고는 아무 일도 없었다는 듯 집으로 돌아가 평소와 똑같이 먹고 자고 책을 읽으며 어디로도 피신하지 않았다.

위나라 왕은 궁으로 돌아와서 긴 한숨을 내쉬었다.

"아, 공숙좌여! 날더러 이름도 없는 어린 노비에게 나라의 중대사를 맡기라는 겁니까? 아무래도 중한 병에 걸려 정신마저 어찌 되셨나 보오."

2. 공손앙이 위앙으로 지내던 시절

얼마 후 공숙좌는 눈을 감았다. 공손앙, 즉 위앙은 자신이 위나라에서는 더 이상 재능을 발휘할 기회가 없음을 알고 당시 문을 활짝 열고 인재들을 찾던 진秦나라로 갔다. 그리고 변화를 굳게 다짐하고 있는 진나라 효공孝公과 몇 차례 대화를 나누었다. 효공은 그를 매우 높이 평가하며 중의를 물리치고 신 법령을 시행할 권력을 위앙에게 주었다. 권력을 쥐고 변법 방안을 제정해 내라는 뜻이었다.

순식간에 따끈따끈한 새 법령이 나왔다. 가장 먼저 법령을 본 효공은 연신 감탄을 터뜨리며 위앙에게 어서 시행하라 명하였다. 위앙은 자신이 새로 온 사람이라 백성들이 자신이 제정한 법을 신뢰하지 않을까 걱정되어 도성의 남문에 세 장짜리 나무를 옮겨다놓았다. 그리고 명을 내렸다.

"누구든지 이 나무를 북문으로 옮겨놓는 사람에게 금 열 냥을 내리겠다."

나무를 옮기는 그 쉬운 일에 상금을 준다니, 백성들은 이상히 여겨 아무도 나무에 손을 대지 않았다. 위앙은 아무런 움직임도 없자 상을 황금 50냥으로 올렸다. 사람들은 더욱더 영문을 알 수 없어 나무와 방 앞에서 왈가왈부 떠들어대기만 했다. 마침내 한 젊은이가 더는 참지 못하고 사람들 사이에서 걸어 나왔다. 그리고 반신반의하며 말했다.

"나무만 옮기면 되는 건데 뭐 어떻게 되겠소? 나한테 죄를 묻지는 않을 것 아니오. 옮기라면 옮기지 뭐!"

그러더니 나무를 어깨에 메고 북문으로 향했다. 사람들도 모두 그 젊은이의 뒤를 따라갔다. 북문에 도착하자 위앙은 바로 금 50냥을 그 젊은이에게 주고, 엄지손가락까지 치켜들며 칭찬했다.

"내 명령을 믿고 실행했으니, 그야말로 훌륭한 백성이로다!"

동시에 구경하던 백성들에게도 말했다.

"나는 말하면 무조건 행동으로 옮기는 사람이오."

다음날 새 법령이 반포되었다. 사람들은 모두 거리로 뛰쳐나와 신 법령의 내용을 살펴보았다. 안 본 사람은 몰라도 한 번 본 사람은 모두 칭찬을 아끼지 않았다. 그러나 황실의 친척이나 외척들은 분통을 터뜨렸다. 왜였을까?

신 법령은 다섯 집을 '오伍'로 묶고, 열 집을 '십什'으로 묶어 집집마다 서로 감시 감독하게 규정히고 있었다. 만약 한 집에 일이 생기면 다른 집들이 함께 벌을 받는 것이었다. 누가 법을 어겼는지 알고도 고발하지 않으면 모두 한꺼번에 죽임을 당하게 된다. 집안에 남자가 두 명 이상 있을 경우 서로 떨어져 지내야 했으며, 그러지 않으면 세금을 더 많이 징수했다.

농민들은 열심히 밭을 갈고 옷감을 짜야 했는데, 일을 잘할 경우 노역을 면할 수 있었다. 적을 죽인 공이 있는 사람은 규정에 따라 관직과 작위를 높여주기로 했다. 그러나 왕의 친척이라도 적을 죽인 공이 없으면 제아무리 많은 돈이 있다 해도 평생 평민으로 지내야 했다.

이렇게 되니 귀족들의 지위는 금방이라도 떨어질 것처럼 위태로워졌다. 날마다 일을 하고 적을 죽여야 했으며, 명을 어겼다간 관직과 작위를 잃을 판이었다. 일단 이 무서운 '연좌제'가 실시되면 그 누구도 마음대로 할 수 없게 될 것이다. 그러면 그들 수중에 있던 권력 역시 아무런 쓸모가 없어지는 것 아닌가?

이윽고 진나라의 귀족들은 미친듯이 신 법령을 공격하고 나섰다. 이 와중에 태자가 새 법을 어기는 일이 일어나자 위앙이 말했다.

"태자가 법을 어긴 것은 스승이 제대로 가르치지 못한 탓이다."

그렇게 말하고는 태자의 두 스승을 데려다가 한 명은 얼굴에 묵자를 새기고, 한 명은 코를 베어 버렸다.

위앙이 이토록 결연하게 법을 집행하자, 이러쿵저러쿵 불만을 토로하는 소리들이 사라졌다. 그리고 모두 착실하게 법을 지키기 시작했다.

10년이 지나자 진나라는 당시 최고의 강대국으로 자리잡았다. 새로운 법령 아래 백성들이 한마음으로 농사에 힘쓰니 생산이 크게 늘어났고 생활수준도 크게 높아졌다. 자신의 물건이 아니면 가져가는 사람이 없었고, 도적떼 또한 사라졌다. 전쟁이 일어났을 때는 너도나도 앞을 다투어 용맹함을 보여주었다. 백성들은 위앙이 만든 새로운 법을 좋아하게 되었다. 심지어 주나라의 천자까지 사람을 보내 진나라가 천하의 패자가 되었다고 공표하였고, 각 제후국들도 진나라 왕을 알현하며 축하 인사를 전했다

진 효공의 기쁨은 이루 말할 수가 없었다. 이후 그는 상商, 우于 일대 15개 성과 도시를 위앙에게 봉지로 하사해 감사를 전했다. 이때부터 사람들은 위앙을 상앙이라고 부르기 시작했다.

3. 위앙이 상앙이 된 후

하지만 진나라의 귀족과 왕실은 상앙에 대한 미움이 뼈까지 사무칠 정도였다. 어떤 이들은 상앙에게 빠져나갈 구멍을 만들어가면서 일하라고 충고하기도 했다. 일을 너무 꽉 막히게 하면 좋은 결말을 보긴 힘들다는 것이다. 그러나 상앙은

그들의 말에 귀를 기울이지 않았다.

몇 년이 흐른 후 효공이 죽고 태자가 왕위에 올랐다. 태자의 두 스승은 먹자가 새겨지고 코를 잃어 집안에 처박힌 채 8년이나 두문불출하고 있었다. 그러다가 태자가 왕위에 올라 세력을 잡게 되자, 집에서 뛰어나와 이를 갈며 복수할 기회만을 찾았다. 그들은 태자 앞에 나가 상앙이 반역을 일으키려 한다고 거짓말을 지어냈다. 원래부터 상앙에게 악 감정이 있었던 태자는 바로 군사를 보내 상앙을 잡아오게 했다.

이 소식에 상앙은 깜짝 놀라 급히 변장을 하고 도망길에 올랐다. 한달음에 진나라 변경인 함곡관에 도착했지만 날은 이미 어두워져 있었다. 그는 여관에서 하룻밤 묵으려고 하였지만 여관 주인은 거절했다.

"여기서 묵으실 수 없소. 상앙이 정한 법도 모르시오? 신분증이 없는 손님을 유숙시키면 나까지 벌을 받는단 말이오."

상앙은 깊은 한숨을 내쉬었다.

"내가 제정한 법에 목숨을 잃을 줄이야……."

어쩔 수 없이 그는 밤새 길을 재촉해 위魏나라로 피하였다. 그러나 얼마 전 상앙이 군대를 이끌고 위나라를 친 일 때문에 위나라 사람들은 상앙에게 화가 나 있었다. 그래서 바로 상앙을 결박하여 진나라로 보내 버렸다.

진나라로 돌아온 상앙은 자신의 봉지로 달려가 사람과 말을 모으고 북쪽에 있는 정鄭나라를 공격했다. 어떻게 해서든 빠져나갈 길을 만들기 위해서였다. 그러나 진나라 왕은 즉시 군사를 보내 상앙을 쳤다. 상앙이 가르치고 키운 군사들이니 얼마나 강했겠는가? 상앙은 몇 번 싸워보지도 못하고 결국 죽임을 당하고 만다.

왕과 상왕에게 원한이 있던 귀족들은 그래도 화가 풀리지 않았다. 그래서 상앙의 시체를 가져다가 머리와 사지를 밧줄로 묶어 다섯 필의 말에 매었다. 이어 채찍질을 하자 놀라고 아픈 말들이 다섯 방향으로 뛰쳐나갔고, 상앙의 시체도 갈가리 찢기고 말았다. 그것으로도 모자라 왕은 그의 구족까지 멸해 버렸다.

사실 전국시대의 역사적 흐름은 나라와 백성을 부강하게할 때였다. 그래서 각국은 경쟁적으로 개혁을 할 수밖에 없었다. 예를 들면, 위魏나라는 이회李悝가, 초나라는 오기가 변법을 하였고, 한나라는 신불해申不害가 나서 변법을 실시하였다. 그러나 가장 강성해진 나라는 바로 진秦나라였다. 그 이유는 상앙이 실시한 변법이 가장 철저하고 효과가 뛰어났기 때문이다.

그러나 그 때문에 상앙은 이토록 비참한 최후를 맞이했다. 이런 상황을 두고 자업자득이라고 할 수 있을까? 개혁을 하면 필연적으로 기득권을 가지고 있던 사람들이 당연한 줄 알고 누렸던 이익을 빼앗기게 될 것이며, 또 어떤 이들은 사상과 관념의 충돌을 경험하게 될 것이다. 개혁은 늘 이렇게 너

죽고 나 사는 식의 전쟁과도 같은 것으로, 상앙 때부터 이러
한 개혁은 피 흘림을 의미하게 되었다.

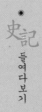

史記
들여다보기

책형磔刑은 범인의 사지를 찢은 후 죽은 사람의 목과 시체를
매달아 백성들에게 전시하는 매우 참혹한 고대의 형벌이었
다. 춘추전국시대 이미 이러한 형벌이 등장했는데, 한나라도
이를 이어받아 사형 중에 책형이란 형벌이 있었다.

상앙의 미늘창

● 주요 인물
  소진

● 주변 인물
  조나라 왕, 초나라 왕, 연나라 왕, 소대, 소력

● 키워드
  뛰어난 말솜씨

● 주요 사건
  6국 유세

● 고사
  전거후공前倨后恭, 거만하던 태도가 공손해지다

● 이야기 출처
  『사기』「소진 열전蘇秦列傳」

蘇秦

소진 : 6개국의 재상

전국 시기 진秦, 제齊, 초楚, 조趙, 연燕, 한韓, 위魏 나라가 패권을 다투던 시절, 이들 전국 칠웅은 다른 나라를 집어삼켜 천하를 통일할 야심으로 가득 차 있었다. 이들 중 진나라는 상앙을 기용해 변법을 시행함으로써 단숨에 가장 강성한 나라로 부상하였다. 그리고 끊임없이 다른 나라들을 공격해 잇단 승리를 거두고, 수많은 영토를 차지하였다. 다른 여섯 나라는 이에 두려움을 느끼고 어떻게든 진나라를 막아보려고 하였다. 그때 어떤 사람이 대처 방안으로 '합종책合從策'을 주장하고 나섰다. 여섯 개 나라는 모두 진나라의 서쪽에 위치하였고 지리적으로 남북을 가로지르고 있었다. 옛날 사람들은 남북으로 가로지르는 것을 '종'이라 했기 때문에, 합종이란 여섯 개 나라가 연합하여 진나라에 공동으로 대응한다는 뜻이었다. 그럼 이런 책략을 생각해 낸 사람은 누구일까? 그는 바로 전국 시기 이름을 널리 떨쳤던 '종횡가從橫家[7] 소진蘇秦'이었다.

1. 6개국 유세

소진은 주나라 낙양 사람으로, 젊은 시절 당시 유명한 학자였던 귀곡 선생의 가르침을 받았다. 당시 주나라 사람들은 주로 농사를 짓거나 장사를 하면서 현실에 만족해야 한다고 생각했다. 그러나 소진은 귀곡 선생에게 수학한 이후, 자신의 세 치 혀로 벼슬자리에 오를 꿈을 꾸게 되었다. 그래서 각지를 두루 돌아다니며 기회가 생기기만 기다렸다. 그의 형과 형수, 동생은 모두 그를 말렸지만 그는 좀처럼 들으려 하지 않았다. 그러나 여러 해가 지나도 소진은 아무런 수확도 거두지 못했고, 도리어 집안의 재산만 모두 탕진해 버렸다. 결국 그는 낡아 해진 옷을 입고 풀이 죽어 집으로 돌아왔다.

집에 들어와 보니 아내는 옷감을 짜고 있었다. 아내는 소진을 보고도 그의 안부조차 묻지 않고 부지런히 베틀북만 움직였다. 겸연쩍어진 소진은 고개를 축 늘어뜨린 채 형수에게 가

풀이 죽은 목소리로 말했다.

"형수님, 배고파 죽겠습니다. 먹을 것 좀 주십시오."

그러나 형수는 눈을 흘겼다.

"그럴 시간 없어요!"

그러더니 화를 내면서 나가 버리는 것이 아닌가?

소진은 부끄러워서 쥐구멍에라도 숨고 싶은 심정이었다. 어쩔 수 없이 자신의 방에 숨어 들어간 그는 문을 닫고 그 누구도 만나려 들지 않았다. 며칠 동안 고민한 끝에 그는 진짜 실력이 뒷받침되지 않는다면 세상에 발붙일 수 없다는 것을 깨닫는다. 그래서 잔뜩 쌓여 있는 자신의 책더미 속에서『음부陰符』라는 책을 찾아내 무서운 기세로 파고들었다.

소진은 밤낮없이 책을 읽었다. 깊은 밤, 졸음이 밀려와 견딜 수 없게 되면 소진은 날카로운 송곳으로 자신의 허벅지를 찔렀다. 통증 때문에 정신이 들면 다시 책을 읽어 내려갔다. 가끔은 전날 송곳으로 찌른 자리에서 피가 계속 흘렀지만, 다음날 다시 허벅지를 찌르며 책을 읽었다고 한다. 그는 다양한 분야에서 풍부한 지식을 축적하였다. 그리고 당시 7개국의 지형, 생산물, 인문·풍습, 그리고 각국의 정치, 경제, 문화 등을 연구했다. 심지어 각 나라 군왕이 좋아하는 것과 싫어하는 것, 왕실과 군신들의 미묘한 관계까지도 조사했다. 일년 후, 그는 다시 한 번 형수와 아내에게 작별을 고하고 새로운 유랑의 길에 올랐다.

그는 먼저 주나라의 현왕顯王을 알현했다. 그러나 현왕은 소진이 호언장담을 좋아하는 사람이란 말을 들어왔기 때문에 처음부터 그를 무시하며 바라봤다. 그 후 소진은 진나라 혜왕惠王을 만났다. 그러나 진나라 혜왕은 상앙을 죽인 지 얼마 안 돼 유세객들에게 염증이 나 있는 상태였다. 그는 대충 몇 마디 대꾸하더니 소진을 보내 버렸다.

일 년 후, 소진은 연나라의 국왕인 문후文侯를 접견했다. 이때부터 그의 인생 여정도 새로운 국면을 맞이한다. 연 문후를 만난 소진은 먼저 손금 들여다보듯 연나라의 지형과 국력에 대한 분석을 줄줄 늘어놓았다.

"연나라의 동쪽에는 조선朝鮮, 고조선과 요동이 있으며, 북쪽에는 임호林胡와 누번樓煩이 있습니다. 서쪽에는 운중云中과 구원九原이 있으며, 남쪽은 타하沱河와 역수易水로 둘러싸여 있습니다. 영토는 2천여 리이며 사병들은 몇십만 명에 달하지요. 전차는 6백 대가 있고 말은 6천 필이나 있습니다. 비축한 양식도 몇 년은 아직 넉넉히 쓸 수 있지요. 게다가 남쪽에는 갈석산碣石山과 안문산雁門山을 통해 풍부한 외국의 물품을 들여올 수 있습니다. 북쪽 지역에서는 백성들이 대추와 밤을 대량으로 생산하고 있고요. 비록 백성들이 논밭을 경작하지는 않지만, 밤과 대추 수확으로 이 나라는 상당히 부유해졌습니다. 그야말로 땅이 비옥하고 자원이 풍부한 나라이지요."

평범하기 그지없는 서생이 연나라에 대해 이토록 깊이 알고 있다니, 문후는 소진을 다른 시선으로 바라보게 되었고 계속 그의 말에 귀를 기울였다.

소진은 새로운 화제를 꺼냈다.

"지금 천하에서 전쟁으로 인한 소란이 가장 적은 나라가 어디인지 아십니까? 바로 연나라입니다. 그 연유가 무엇이겠습니까?"

문후가 대답했다.

"과인우 모르네."

소진이 설명을 시작했다.

"그것은 조나라가 연나라의 남쪽을 막고 있기 때문입니다. 진나라와 조나라가 싸운다고 가정해 보십시오. 연나라는 아무것도 하지 않고 있다가, 두 나라가 패하거나 크게 약해진 후 손을 쓰면 됩니다. 연나라가 원하는 대로 두 나라를 처리할 수 있는 것이지요. 게다가 진나라가 연나라를 공격하려고 하면 반드시 운중, 구원을 넘고, 대군과 상곡을 지나야 합니다. 그 모든 곳을 뚫고 오기엔 전쟁의 범위가 너무 넓지요. 이것은 진나라에 매우 불리한 것입니다. 설령 진나라가 연나라를 공격하는 데 성공하더라도 지키기도 어려울 것입니다. 그래서 최근 몇 년 동안 진나라는 연나라를 치지 못하고 있습니다. 하지만 반대로 조나라는 연나라를 치기 좋은 입지에 있습니다. 명령만 내리면 열흘이 지나지 않아 몇십만의 군대를 이끌고 연나라의 국경에 진을 칠 수 있기 때문이지요. 또 닷새가 지나지 않아 연나라의 도성까지 쳐들어올 수 있습니다. 그렇다면 왕께서 방비해야 할 대상은 누구겠습니까?"

여기까지 들은 문후를 고개를 끄덕였다.

"그럼 선생은 연나라가 어찌 해야 한다고 생각하시오?"

이렇듯 분위기가 만들어지자 소진은 편안히 자신의 책략을 이야기해 나갔다.

"왕께서는 조나라와 연합하시고 천하 각 나라와 힘을 합치십시오. 그러면 연나라의 외환은 모두 사라질 것입니다."

소진의 분석이 일리가 있다고 여긴 문후는 그에게 수많은 수레와 말, 황금, 옷감을 내리고 조나라로 유세를 보냈다.

당시 조나라의 형세는 소진에게 매우 유리한 상황이었다. 소진을 그토록 싫어하던 재상 봉양군奉陽君이 얼마 전 세상을 떠나, 국왕이던 숙후肅侯가 전반적으로 조정을 재정비하기 시작했던 것이다. 소진은 숙후의 마음을 깊이 헤아려 봉양군의 죽음에서부터 이야기를 시작했다.

"지금 천하에서 가장 지혜롭고 학문이 뛰어나며 인의가 넘치는 국왕은 바로 폐하이십니다. 그래서 모두 폐하께 나와 가르침을 받고 충성을 다하기를 바랍니다. 그러나 과거 봉양군이 폐하의 앞을 가로막고 있어, 폐하께서는 충분히 재능을 발휘하실 수 없었습니다. 그러나 이제 그가 죽었으니, 폐하의 원대한 계획을 마음껏 펼치십시오."

소진의 생각대로 이 전략은 매우 효과가 있었다. 소진의 말에 숙후의 마음이 우쭐해졌던 것이다. 숙후는 미소를 띤 얼굴로 소진에게 물었다.

"그렇다면 선생, 내가 어디서부터 시작해야겠소?"

"외교에서부터 시작하시면 됩니다. 한 나라의 군왕으로서 폐하의 가장 큰 고민은 어떻게 해야 태평성대를 만들고 백성을 안정시킬 수 있을까 하는 문제일 것입니다. 나라가 평안하고 백성이 안정되는 가장 근본적인 방법은, 바로 올바른 외교책을 선택하는 것입니다. 만약 조나라가 제, 진 두 나라와 적이 된다면 조나라는 절대 태평해질 수 없습니다. 이는 불을 보듯 자명한 일이지요. 또한 조나라와 진나라가 연합하여 제나라를 치거나, 조나라와 제나라가 연합하여 진나라를 공격한다면 백성들은 안녕을 누릴 수 없게 될 것입니다. 그러니 누구와 적대 관계를 가질 것인지 함부로 결정하지 마십시오. 제가 지금, 폐하께서 가만히 계셔도 다른 나라들의 공물을 받을 수 있는 방법을 알려드리겠습니다. 만약 제가 알려드린 방법을 쓰신다면 연나라는 폐하께 융단과 생축이 많이 나는 비옥한 토지를 바칠 것입니다. 제나라는 생선과 소금이 많이 나는 해변의 성을 바칠 것이며, 초나라는 귤과 유자가 많이 나는 과수원을 바칠 겁니다. 한, 위魏, 중산中山과 같은 나라들은 폐하께 일부 토지의 농지세를 바칠 것입니다. 게다가 폐하의 존귀한 친지들과 부형들은 제후의 자리에 앉게 되시겠지요."

힘들게 싸우지 않아도 이렇게 많은 것을 얻을 수 있단 말인가? 이것은 숙후가 꿈에서도 생각해 보지 못한 일이었다. 그는 다급하게 소진에게 물었다.

"대체 그 방법이 무엇이오?"

그러나 소진은 서두르지 않고 국제 형세에 관해 차분히 분석해 나갔다.

"지금 대왕께서 진나라와 우호관계를 맺으시면, 진나라는 그 우세를 이용해 한과 위 두 나라를 약하게 하려 들 것입니다. 만약 제나라와 손을 잡으시면 제나라는 거기에 힘을 입어 초와 위를 약하게 하려 하겠지요. 위나라는 일단 약해지면 강 밖의 땅을 진나라에 내놓을 것입니다. 한나라는 약해지면 의양宜陽을 진에게 바치겠지요. 이렇게 의양과 강 밖의 땅이 진나라에게 들어가면 상군으로 가는 것은 더욱 힘들어질 것입니다. 초나라가 약해지면 조나라에 어려움이 생겼을 때 도움을 받을 곳이 사라집니다. 이렇듯 다른 나라의 지원이 없는 상황에서 진나라가 한, 위衛, 제 나라를 하나씩 치며 올라온다면 조나라는 버틸 수 없을 것이옵니다. 이 얼마나 위험한 일입니까?"

"조나라는 강대하며 면적도 2천여 평방 리가 넘습니다. 군대도 몇십만에 달하고 전차도 1천 대가 넘지요. 말은 1만 필이 넘고 비축한 양식은 몇 년을 버틸 정도로 많습니다. 게다가 조나라의 서쪽으로는 상산常山이 있고 남쪽으로는 장하漳河가, 동쪽으로는 청하淸河가 있으며 북쪽은 연나라와 접해 있습니다. 연나라는 약국이니 두려워할 것이 없습니다. 지금 천하 모든 대국들 중에 진나라에게 가장 큰 위협이 되는 나라는 조나라입니다. 그러나 진나라가 계속 조나라를 공격하지 않는 이유가 무엇인지 아십니까? 바로 한, 위 나라가 막고 있기 때문입니다. 즉 한나라와 위나라는 조나라 남부에 있는 천혜의 장막입니다. 만약 진나라가 한과 위를 조금씩 삼켜 나간다면, 그 두 나라는 진에 투항하게 될 것이요, 그러면 조나라 역시 위험에 빠지게 될 것입니다."

"옛날 요 임금은 부하가 얼마 없었고 순임금은 땅이 없었지만, 온 천하를 손에 넣었습니다. 부하가 백 명도 못 되었던 우임금은 제후들 사이에서 왕이라 불렸습니다. 상나라의 탕왕, 주나라의 무왕이 거느린 장수들은 3천 명이 못 되었고 전차는 3백대가 안 됐으며 병사들도 3만이 못 되었지만, 그들은 모두 천자의 자리에 앉았습니다. 그 이유가 무엇인지 아십니까? 바로 그들은 천하를 다스리는 이치를 알았기 때문입니다! 제가 전하를 대신해 지리를 연구해 보니, 각 제후국의 토지를 합한 것이 진나라의 다섯 배였습니다. 각 제후국의 사병들을 합히면 진나라 군대의 열 배가 넘고요. 만약 여섯 개 나라가 하나가 되어 진나라에 대항한다면, 진나라는 결국 무너지고 말 것입니다. 그러나 지금은 각 나라들이 이런 생각은 하지 않고 너도나도 진나라에 토지를 바치며 진의 부하가 되려 하고 있습니다. 폐하, 생각해 보십시오. 다른 사람을 치는 것과 다른 사람에게 당하는 것, 둘 중에 어느 쪽이 더 낫겠습니까? 이것이 비교가 된다고 생각하십니까?"

그러니 폐하께서 여섯 나라의 왕과 재상들을 원수洹水에 불러 모으십시오. 그간에 쌓였던 미움을 거두고, 가축을 잡아그 피를 입술에 묻혀 굳은 맹세를 하십시오. 만약 진나라가 초나라를 공격하려고 하면 제, 위 나라는 바로 출병하여 초를 도와주고, 한나라는 진의 양식 수송로를 막습니다. 조나라는 장하를 건너 서남쪽에서 치고 올라가고, 연나라는 상산을 굳게 지키면 됩니다. 만약 진나라가 한, 위 두 나라를 공격하려고 하면 초나라는 진의 퇴로를 막고 제나라는 구원병을 보내며, 조나라는 장하를 건너가 도와주고, 연나라는 운중을 굳게 지킵니다. 또 진나라가 제나라를 칠 때는 초나라가 진의 퇴로를 막고 한나라가 성고城皐를 지키며, 위나라는 황하의 길을 막으면 됩니다. 조나라는 장하, 박관博關을 건너 진을 압박하고, 연나라가 정예 병사를 보내 구원하면 됩니다. 또 진나라가 연나라를 공격하면 조나라는 상산을 지키고, 초나라는 병사를 보내 무관武關을 쳐 진을 압박합니다. 제나라는 병사를 영주瀛州로 보내 돕고, 한과 위나라 역시 구원병을 보내면 됩니다. 진나라가 조나라를 공격하면 한나라는 의양으로 군사를 보내고, 초나라는 무관으로 나가며, 위나라는 강 너머로 군사를 보냅니다. 제나라는 청하를 건너고, 연나라 역시 구원병을 보냅니다. 이렇게 여섯 나라가 연합하여 공동으로 진나라에 맞서는 것입니다. 혹 제후들 중 한 나라가 이 맹세를 어긴다면, 다른 다섯 나라들이 함께 그 나라를 치면 됩니다. 여섯 나라가 제 말대로 한다면 진나라는 함곡관 밖으로 한 발자국도 나오지 못할 것이며, 폐하의 패업도 달성될 것입니다."

이 기나긴 설명을 들으며 숙후는 소진의 말에 가슴 깊이 동의하게 되었다. 그는 격양된 목소리로 소진에게 말했다.

"나는 아직 젊고 왕위를 계승한 지 얼마 되지 않아 경험도 많지 않소. 또 이처럼 나라를 다스리는 장구한 계획조치 들어 본 적이 없었소. 그런데 선생께서 천하를 안정시킬 좋을 방법을 보여주셨구려. 내 선생의 말에 무조건 따르리다."

그래서 조 숙후는 소진에게 아름답게 장식된 수레 백 대를 주고 천 냥에 달하는 황금을 주었다. 또 백 쌍의 백옥과 5천 필의 비단을 주었다. 그것으로 다른 나라들이 합종에 참여하도록 설득하라 보냈다.

그러나 바로 이때, 진나라에서 조나라를 공격하려 한다는 소식이 들려왔다. 소진은 깜짝 놀랐다. 자신의 '합종' 동맹이 아직 조성되지도 않았는데 진나라에서 전쟁을 벌인다면 각국은 자신의 나라를 지키기에 급급해질 것이다. 그러면 합종 동맹에 누가 동의를 하겠는가? '이제 어쩌지?' 초조해하며 애를 태우던 소진의 머릿속에 함께 공부했던 장의張儀가 스쳐 지나갔다. 그는 머리를 짜내어 장의가 진나라로 가도록 만들었다. 그리고 진나라가 조나라를 공격하지 않도록 설득하게 했다.

소진이 어떤 방법을 생각해 냈는지는 뒤에 나오는 장의의 이
야기에서 다시 언급하겠다.

일단 소진이 기회를 어떻게 잡았는지부터 살펴보자. 소진
은 한韓나라에 도착해 선왕宣王을 만났다.

"한나라는 아주 훌륭한 지리적 이점을 가지고 있습니다. 북
쪽에는 난공불락의 공鞏과 성고가 있으며, 서쪽에는 의양宜陽,
상판商阪과 같은 요새가 있습니다. 동쪽으로는 원宛과 양穰 같
은 강물이 흐르고 있으며, 남쪽으로는 형산陘山이 있지요. 게
다가 천하에서 가장 강한 활과 가장 날카로운 병기들, 그 유
명한 용연龍淵, 태아보검太阿寶劍 등이 다 한나라에서 생산되고
있습니다. 용맹한 병사들에게 튼튼한 갑옷을 입히고 힘 좋은
쇠뇌, 날카로운 검까지 준다면 한 사람이 적군 열을 당해 낼
것입니다. 이토록 강한 병력이 있고, 또한 폐하께서 이렇게
현명하신데 진나라에 절을 하며 신하의 나라를 자청하다니,
부끄럽지도 않으십니까? 게다가 폐하께서 진나라에 토지를
바치신다면, 올해는 의양과 성고를 바치고 내년에는 또 다른
땅을 내놓아야 합니다. 그 다음은 어찌 됩니까? 다른 땅을 주
자니 영토가 얼마 남지 않을 것이요, 안 주자니 과거 영토를
할양하며 들인 공이 다 사라져버릴 것입니다. 한나라의 토지
는 한계가 있고 포악한 진의 욕망은 무한합니다. 민간에서는
'뱀의 머리가 될지언정 용의 꼬리가 되지는 말라'는 속담이
있습니다. 지금 대왕께서 토지를 할양하여 진나라에 굴복하

신다면 용의 꼬리가 되는 것과 무엇이 다르겠습니까?"

소진의 말에 선왕은 장검을 빼어든 채 노기어린 눈을 치켜 뜨고 목을 꼿꼿이 세우며 소리를 질렀다.

"과인이 특별한 능력은 없으나 한나라의 영토를 바쳐 진의 신하가 되는 일은 절대 없을 것이다! 조나라 왕의 의견에 따라 여섯 나라가 연합하는 데 동참하겠다!"

이어서 소진은 위魏나라에 갔다. 위 역시 한나라처럼 진나라와 변경을 접하고 있어 함부로 진의 비위를 건드릴 수는 없는 처지였다. 그래서 소진은 위나라 군주인 상왕襄王에게도 자존심을 자극하는 방식을 썼다. 상왕 앞에 나간 소진은 먼저 위나라의 장점, 예를 들면 인구가 많다거나 국왕이 현명하다는 등의 칭찬을 늘어놓은 후에 이렇게 덧붙였다.

"월나라의 구천은 3천 명의 패잔병을 이끌고 오나라와 전쟁을 벌여 왕인 부차를 포로로 만들었다고 합니다. 주나라 무왕은 3천 명의 병사와 3백 대의 전차만 가지고 목야에서 상나라 주왕을 굴복시켰지요. 그들이 군대의 힘에 의지해 그런 일을 이룬 것입니까? 아닙니다. 그들이 승리한 이유는 강한 의지가 있었기 때문입니다! 지금 폐하의 군대는 무사민 20만 명이요, 청색 두건을 두른 사병이 20만, 적진으로 돌진할 수 있는 정예병이 또 20만입니다. 잡역을 할 수 있는 인부가 20만이요, 전차가 6백 대, 군마가 5천 필입니다. 이것은 월왕 구천이나 주 무왕과 비교할 때 정말 엄청난 병력입니다. 그런데

345

지금 대왕께서는 진나라에 굴복하려 하십니다. 사실 진나라에 굴복하라고 간언을 드리는 신하들은 모두 간신배들입니다. 나라를 팔아 저 자신의 잇속을 차릴 생각뿐이지요.『주서周書』를 보면 풀을 벨 때는 반드시 뿌리째 뽑으라고 하였습니다. 만약 뿌리가 약하고 얕을 때 통째로 뽑지 않는다면 나중에는 더 큰 도끼가 필요하기 때문이지요. 진나라를 어떻게 대할 것인가? 이 문제에 대해서 지금 정확하게 생각해 두시지 않으면, 앞으로 여러 문제들이 쏟아져 나올 것입니다. 그러니 신중하게 고려해 주십시오."

위 상왕은 소진의 말이 모두 일리가 있다 여겨 기꺼이 합종의 제의를 받아들였다.

이어 소진은 제나라에 도착해 제 선왕宣王을 설득했다. 제나라는 강대국이었기 때문에 다른 나라에서 한 것처럼 제나라의 지리적 위치에 대해 먼저 언급한 후 제나라의 넓은 영토와 많은 인구를 찬양했다.

"가까이 있는 임치성만 봐도 7만 가구가 있습니다. 각 가구마다 세 명의 남자가 있다고 계산하면 21만 명의 인구가 있는 것입니다. 전쟁을 할 때 다른 곳은 내버려두고 임치에서만 징병해도 21만 명의 병사가 나온다는 말이지요. 게다가 제나라의 백성들은 풍족한 생활을 하고 있으며 진취적인 성향을 가지고 있습니다. 그들은 피리 불고 슬瑟, 큰 거문고이나 축築, 거문고와 비슷한 현악기, 금을 연주하기를 좋아합니다. 또 닭싸움이나 개싸움, 장기, 제기차기 등의 호전적인 놀이를 즐겨 하죠. 임치의 거리는 늘 북적거려 길을 다닐 때면 어깨와 어깨가 부딪치기 일쑤이며, 수레끼리 부딪치는 경우도 많습니다. 제나라 사람들의 옷을 하나로 이으면 거대한 장막이 나올 것이며, 사람들이 흘린 땀만 모아도 큰 비가 될 것입니다. 이렇게 강대한 나라가 지금 진나라에게 고개를 숙이며 신하가 되겠다고 하고 있으니, 민망하여 제 얼굴이 다 화끈거립니다.

한과 위가 진을 두려워하는 것은 진나라와 국경을 접하고 있기 때문입니다. 두 나라가 진나라와 전쟁을 하게 되면 승리를 거두기는커녕 나라 전체가 위험에 빠질 것이 자명한 일이니까요. 이것이 두 나라가 감히 진나라와 전쟁을 벌이지 않는 이유이지요. 그러니 두 나라가 진에 투항하려 해도 모두 이해할 것입니다. 그러나 제나라는 상황이 전혀 다릅니다. 진나라가 제나라를 공격하려면 반드시 한나라와 위나라를 등에 지고, 위衛나라 양진陽晉의 길목을 통과해야만 합니다. 그리고 제나라의 항부亢父라 불리는 요새도 통과해야 하지요. 그러나 항부는 일당백의 장부처럼 함락하기 힘든 요새입니다. 이런 상황에서 진나라가 마침내 항부까지 접근했다 하더라도, 제라는 호랑이가 앞에서 버티고 늑대와 같은 한나라와 위나라가 뒤에서 막고 있다면, 진나라는 두려움에 움츠러들게 될 것입니다. 즉 진나라는 제나라를 절대 어찌할 수 없다는 것이지요. 헌데 제나라의 군신들은 이러한 사실을 자세히 조사해 보지도 않고, 대왕께 진의 신하가 되시라 청하며 앞 다투어 나라를 어지럽히고 있습니다. 이 얼마나 어리석은 일입니까?"

그 결과 제 선왕 역시 6개국이 연합하여 진에 대항하자는 소진의 주장을 받아들였다.

마지막으로 소진은 초나라에 당도한다. 여섯 나라 중 초나라는 가장 강성한 나라였다. 그래서 소진은 초 위왕威王에게 이렇게 말했다.

"진나라의 가장 큰 걱정은 바로 초나라입니다. 초나라가 강해지면 진나라는 약해질 것이요, 진나라가 강해지면 초나라는 쇠약해질 것입니다. 지금의 정세로 보면 두 나라는 병립할 수 없습니다. 그러니 가장 좋은 방법은 다른 제후국들과 남북으로 연맹을 맺어 진나라를 고립시키는 것이옵니다. 만약 합종의 계획이 성공한다면 초나라는 패자가 될 수 있습니다. 그러면 한, 위, 조, 제, 연과 같은 제후국들의 아름다운 음악과 여인들이 초나라의 궁을 채울 것이며 연, 대代와 같은 나라에서 생산된 낙타와 귀한 말들이 초나라의 마구간을 채울 것입니다. 허나 이 일이 성공하지 못한다면, 진나라는 황제의 자리에 오를 것입니다. 폐하, 잘 생각해 보십시오. 어떤 결말을 원하십니까?"

초나라 왕이 대답했다.

"진나라에 대응할 방법을 고심하느라 과인은 늘 누워도 편히 쉬지를 못했고, 음식을 먹어도 단맛을 느낄 수 없었네. 그럼에도 불구하고 좋은 생각은 떠오르지 않아 끙끙 앓고만 있었는데……. 지금 경이 천하를 하나로 합하고 제후들을 연합시켜 진나라에 공동으로 대응하게 만들었으니, 이보다 더 좋은 생각이 어디 있겠나? 과인도 선생의 주장을 받아들이겠네."

이렇게 소진은 자신의 뛰어난 말솜씨와 광대한 지식, 각 나라 왕의 마음을 정확하게 꿰뚫는 기지로 성공적인 유세를 이뤄냈다. 한, 위, 제, 초 등 여섯 나라는 힘을 한데 모아 동맹을 결성하는 동시에, 소진을 동맹군의 지도자로 임명했다. 드디어 소진이 6개국의 재상이 된 것이다.

소진은 6개국 재상의 관인을 차고 득의양양하여 조나라로 향했다. 그의 수레 행렬은 깃발을 나부끼고 징과 북소리를 울리며 기세등등하게 입성했다. 각국에서 보낸 사자와 조나라에 군수물자로 보낸 물품이 매우 많았기 때문에 수레 행렬은 20리나 될 정도였다. 각 나라의 관원들은 멀리서 수레가 일으키는 먼지를 바라보며 몸을 굽혀 절을 했다. 이 기세에 백성들은 당시의 천자가 행차하는 줄 알았다고 한다. 과거 소진을 거들떠보지도 않았던 주나라 현왕까지 소진이 낙양을 지나간다는 말을 듣고 사람을 보내 도로를 정비케 했을 정도였다. 그리고 자신이 친히 교외로 나가 소진을 맞이하며 예물도 전해주었다. 소진의 지위가 정말 대단해진 것이다.

수레의 행렬이 소진의 집 앞을 지날 때였다. 그의 형수와 형제들은 모두 허리를 깊게 숙이고 도로 곁에 꿇어앉아 있었다. 고개를 푹 숙인 채 감히 눈을 들어 그를 쳐다보지도 못했다. 그들은 과일과 야채들을 차려 놓고 공손한 자세로 소진에게 식사를 들라 청했다. 소진은 웃으며 형수에게 물었다.

"아니, 전에는 그리 거만하게 저를 대하시더니, 갑자기 왜 이리 공손해지셨습니까?"

그 말에 형수가 급히 땅에 엎드리더니, 뱀처럼 얼굴을 땅에 붙이고 소진의 발아래까지 기어와 사죄했다.

"지금은 서방님이 지위도 높고 돈도 많으시니까요."

소진은 순간 만감이 교차했다.

'같은 사람인데 부귀해지면 친지들도 두려워하고, 가난하고 비천하면 가족조차도 멸시하는구나. 친지들도 이러는데 다른 사람들이야 오죽하겠는가. 만약 그때 낙양성 밖에 내가 마음 놓고 경작할 밭이 한 마지기라도 있었다면, 오늘의 이 성공을 거둘 수 있었겠는가?'

그래서 소진은 금을 한가득 꺼내 친지와 친구들에게 나눠 주었다. 그 옛날 연나라에 가기 전, 소진에게 백 냥을 빌려준 사람에게는 황금 백 냥으로 갚아주었다. 과거 그에게 은혜를 베풀었던 사람들에게 후히 보답하는 것도 잊지 않았다. 그러나 그 가운데 소진의 보답을 받지 못한 사람 하나가 소진을 찾아와 손을 벌렸다.

"내가 당신을 잊어서 안 갚은 게 아니오. 과거 당신은 나와 함께 연나라로 가다가 역수 강변에서 몇 번이나 날 떠나려고 하였소. 당시 나는 너무나 빈곤하여 당신이 원망스럽고 미웠소. 그러니 내가 당신에게 이 정도로 대우한 것만도 크게 보답한 것이오."

소진이 조나라에 돌아가자 조의 숙후는 그를 무안군武安君으로 봉하였다. 소진은 6개국의 합종 소식을 진나라에 공표했다. 진나라는 깜짝 놀라 향후 15년 동안 함곡관 밖으로 군대를 보내지 못했다.

2. 소진의 죽음

이후 진나라는 사람을 보내 제와 위魏 두 나라를 속여 함께 조나라를 공격하게 했다. 합종의 맹약을 깨려는 속셈이었다. 결국 조나라가 전쟁에서 패하자, 조나라 왕은 소진에게 합종 실패에 대해 문책하였다. 소진은 조나라 왕에게 잡혀 죽을까 두려워 연나라로 도망쳤다. 결국 합종의 동맹이 와해되고 만 것이다.

그러나 연나라 역시 소진에게 매우 불리한 상황이었다. 진나라 혜왕이 연나라와 관계를 맺고자 자기 딸을 연나라 태자와 맺어주었던 것이다. 그런데 그 해, 문후가 세상을 떠나고

태자가 왕의 자리에 오르게 된다. 그가 바로 역왕易王이다. 역
왕이 왕위를 막 계승했을 무렵, 제나라 선왕宣王은 군대를 보
내 상을 치르고 있는 연나라를 공격하고 연의 성 열 개를 빼
앗았다. 바로 이때 소진이 도착했던 것이다. 역왕은 소진에게
화가 나서 퍼부어댔다.

"과거 선생이 연나라에 왔을 때 우리 선왕께서는 당신이 조
나라 왕을 만날 수 있도록 지원해 주셨소. 선생을 종약장從約
長으로 만들고 6개국을 연합시키기 위해서였지. 그런데 지금
제나라가 조나라를 치는 것으로도 모자라 연나라까지 쳐들어
왔으니, 이를 어찌 설명할 것이오?"

소진은 그 말에 매우 송구스러워했다.

"제가 잃어버린 열 개의 성을 되찾아 오겠습니다."

제나라 왕의 궁전에 들어가 인사를 올린 소진은 먼저 제 왕
에게 축하 인사를 한 후, 다시 애도를 표명했다. 제 왕은 갑자
기 궁금해졌다.

"지금 뭐하는 것이오? 과인에게 축하를 해놓고 왜 다시 애
도를 표하는 것이오?"

그러자 소진이 대답했다.

"아무리 배가 고픈 사람이라도 독이 있는 가시연은 먹지 않
습니다. 잠시 배를 채울 수 있을지는 몰라도, 독에 중독돼 죽
을 수 있기 때문이지요. 중독돼 죽는다면 굶어죽는 것과 무엇
이 다르겠습니까? 연나라는 비록 작은 나라이나 연의 역왕은

진나라 혜왕의 사위입니다. 비록 대왕께서 열 개의 성을 얻으셨으나 연의 배후에 있는 진나라의 비위를 건드리셨으니, 천하에서 가장 뛰어난 군대를 불러들인 꼴이지요. 이것이 배고픈 사람이 가시연을 먹은 것과 무엇이 다르겠습니까?"

이 말에 깜짝 놀란 선왕은 하얗게 질린 얼굴로 물어보았다.

"그럼 이제 어쩌면 좋단 말이오?"

소진이 대답했다.

"그 열 개의 성을 연나라에 돌려주십시오. 그러면 연나라가 기뻐할 것이요, 진나라 왕도 자기 때문에 연이 잃었던 성 열 개를 되찾았다며 매우 기뻐할 것입니다. 그러면 연과 진 나라 모두 제나라와 가까이 지낼 것이 아닙니까? 이리 되면 폐하의 명을 감히 거역할 자가 없을 것이옵니다."

이에 제나라 왕은 즉시 열 개의 성을 연나라에 돌려주었다.

소진이 일을 마치고 돌아오자 연나라 왕은 그를 융숭히 대접했다. 그 후 소진은 연 역왕의 어머니, 즉 문후의 부인과 정을 통하고 만다. 죽임을 당할까 두려워진 소진은 왕에게 주청을 올렸다.

"제가 연나라에 있으면 다른 제후국들이 연나라를 귀하게 여기게 할 수 없습니다. 허나 제가 제나라에 가면 어떤 방법을 써서라도 연나라가 제후국들 중에서 중요한 존재가 되게 만들겠습니다."

연나라 역왕은 소진이 가는 것을 허락했다.

소진이 제나라에 도착하자, 제나라 선왕은 그를 객경客卿[8]으로 모셨다. 어느덧 시간은 흘러 제나라 선왕이 세상을 떠나고 민왕湣王이 즉위하게 되었다. 그러자 소진은 민왕에게 성대하게 장례를 치러 효를 다하는 것을 보이라고 권하였다. 그리고 화려한 궁전을 짓고 왕실의 정원을 확장해 대국의 위엄을 보이라고 충고했다. 이것은 제나라가 재물과 물자를 다 소진하도록 만들어 연나라에게 쳐들어올 기회를 주려는 작전이었다.

한편 제나라 민왕이 워낙 소진을 신임했기 때문에 제나라의 많은 대신들은 소진을 질투하였다. 몇몇 대신들이 소진을 암살하기 위해 자객을 보냈다. 그때 소진은 심한 부상을 당했지만 목숨을 걸고 탈출하였다. 민왕은 자객을 체포하려 했지만 도무지 범인이 나타나지 않았다. 소진은 죽기 전 민왕에게 알려주었다.

"제가 죽으면 제 사지를 찢으며 형장에서 이렇게 공표하십시오. '소진은 연나라의 첩자로 제나라에서 난을 일으키려 했다. 이것이 바로 그의 최후이다.' 그러면 저를 죽인 범인을 잡을 수 있을 것입니다."

제나라 왕이 소진의 말대로 했더니, 과연 소진을 죽인 범인이 제 발로 걸어 나왔다. 그때 민왕은 범인을 잡아 죽여 소진의 복수를 해주었다.

3. 소대와 소력

소대蘇代와 소력蘇歷은 소진의 동생이다. 그들은 형인 소진이 순풍에 돛을 단 듯 성공 가도를 달리는 것을 보고 소진에게 종횡술을 배웠다.

소진이 죽은 후, 그가 연나라를 위해 제나라를 망치려 했다는 사실이 드러났다. 이 소식을 들은 제나라 왕은 크게 분노하며 연나라를 몹시 미워하게 되었다. 연나라는 그 소식을 듣고 큰 두려움을 느꼈다. 소대는 연나라로 가서 당시 군주였던 역왕에게 말했다.

"저는 여러 나라를 다니며 여러 왕을 만나보았습니다만, 모두 매우 실망스러웠습니다. 허나 지금 폐하를 뵈니, 천하에서 가장 현명한 군주시라는 게 느껴집니다."

역왕이 물었다.

"선생이 말한 현명한 군주란 어떤 사람이오?"

소대가 대답했다.

"현명한 군주는 다른 사람이 칭찬하는 소리만 듣지 않고, 잘못을 지적하는 소리에도 귀 기울입니다. 저는 오늘 폐하의 잘못을 지적하기 위해 왔습니다. 제나라와 조나라는 연나라의 적이며, 초나라와 위나라는 연나라의 벗입니다. 그런데 대왕께서는 왜 적을 섬기고 벗을 치려 하십니까?"

"과인도 제나라를 치고 싶소. 허나 연나라는 너무 작고 힘이 부족하지 않소."

역왕의 대답을 들은 소대가 다시 말을 이었다.

"연나라가 사람들을 모두 모아 전쟁을 일으키지 않아도 제나라를 없앨 수 있는 방법이 있습니다. 제나라가 초나라를 공격한 지 벌써 5년이요, 진나라의 포위를 받은 지 벌써 3년입니다. 이미 제나라의 재정은 바닥났고 병사들은 피로에 지쳐 있지요. 제나라가 연나라와 싸울 때 연의 두 장수를 잡아가긴 했지만, 자국의 병사도 3만 명 넘게 잃었습니다. 그런데도 지금 적극적으로 송나라를 공격할 준비를 하고 있다 들었습니다. 폐하께서 체면이 좀 깎이는 것을 감수하실 수 있다면, 자제분을 제나라에 인질로 보내십시오. 그리고 수많은 금은보화를 제나라 신하들에게 주십시오. 그러면 제나라는 필시 연나라를 후대하며 연에 대한 경계심을 늦출 것입니다. 그리고 어떻게든 송나라를 공격하는 데 힘을 집중하겠지요. 이리 되면 제나라는 더욱 피폐해질 것이 아닙니까? 그때 연나라가 제나라를 멸망시키면 될 것입니다."

역왕은 소대의 말을 듣고 아들 하나를 제나라에 인질로 보냈다. 소력은 인질을 보내는 기회를 놓치지 않고 제나라 왕을 알현했다. 이후 소력은 쭉 제나라의 신하 노릇을 했다.

역왕이 죽자 연나라는 엄청난 혼란에 휩싸였다. 소대는 연나라의 정치적 혼란에 연루되어 있었기 때문에 즉시 송나라로 도망갔다. 송나라 왕은 그를 매우 신임했다. 마침 제나라가 송나라를 공격해 오자 왕은 깜짝 놀라 어쩔 줄 몰라 했다. 그러자 소대는 즉시 편지를 써서 연나라에 새로 즉위한 소왕 昭王에게 보냈다.

제나라가 송나라와 주변 지역을 집어삼킨다면, 제나라는 지금의 두 배에 가까운 병력을 더 얻게 될 것입니다. 지금도 제나라는 연나라가 감히 상대할 수 없는 강력한 적인데, 그 힘을 견뎌낼 수 있겠습니까? 연나라는 지금 아주 심각한 위험에 처해 있습니다. 이 위험을 벗어날 수 있는 가장 좋은 방법은 각 나라와 힘을 합쳐 제나라를 패자로 추대하는 것입니다. 그리고 방방곡곡에 우리의 최종 목표는 진나라가 함곡관에 돌아가 영원히 다시 나오지 않게 만드는 것이라고 알려야 합니다. 그러면 진나라는 이 소식을 듣고 대노하겠지요. 그때 폐하께서는 언변이 뛰어난 대신을 진나라로 보내시어 연, 조, 진이 동맹을 맺고 제나라를 치자 하십시오. 소인의 소견이 어떻습니까?

소왕은 소대의 편지를 읽고 매우 흡족해했다. 그래서 소대를 연나라로 불러 제나라를 칠 방법을 함께 의논했다. 마침내 연나라는 제나라를 쳐서 이겼고, 제나라 민왕은 황급히 피신했다.

오랜 시간이 흐른 후, 진나라에서 연나라의 소왕을 초대했다. 그러나 소대는 초대에 응하려던 소왕을 말렸다.

"진나라는 범이나 이리처럼 잔인하고 욕심이 많아 늘 강압적으로 천하를 정복해 왔습니다. 게다가 그들은 신의라고는 지킬 줄을 모릅니다. 전에 한번은 진나라 병사들이 조나라의 초석譙石에서 패하고, 또다시 양마陽馬에서 패배한 적이 있었습니다. 그러자 진나라는 그 틈에 위나라가 쳐들어올까 두려워 엽葉, 채蔡 두 지역을 위나라에게 주겠다고 약속했습니다. 하지만 조나라와 화해한 후에는 즉시 마음을 바꿔 엽과 채를 위나라에 주지 않았습니다."

소왕은 소대의 말을 듣고 진나라에 가려는 마음을 접었다. 그리고 더욱더 소대를 신임하고 존경했다. 그 후 연나라 왕은 소진이 생전에 주장했던 것처럼 사람을 보내 각 제후들과 연합하여 진나라에 대항하였다.

소대, 소력은 제후들에게 널리 칭송을 받으며 지내다가 천수를 다하고 죽었다.

● **각주**

7 전국시대 정치적 책략을 내세우며 국제 외교에서 활약한 유세객들
8 다른 나라에서 와서 공경의 높은 지위에 있는 사람

史記
들여다보기

2003년 9월, 하남성에서 당나라 초기에 새겨진 소진의 묘비가 발견되었는데, 비문에는 '무안군 육국 승상 소공묘'라고 기록되어 있었다. 왼쪽에는 '중서령이 명을 받고 송국공 상서 우복야右僕射 소우蕭瑀가 세우다'라는 낙관이 새겨져 있었고, 오른쪽에는 '대당 무덕 8년 황제의 명으로 낙읍을 찾아', '고헌리古軒里 태평장太平莊에서 소진의 묘를 방문하다'라고 기록되어 있었다. 묘비의 높이는 2.6미터, 폭은 0.6미터로 상단에는 몸을 말고 있는 용이, 하단에는 목단 그림이 새겨져 있었다.

유세가 소진

張儀

장의 : '연횡'을 외치다

위魏나라 사람인 장의 역시 소진과 마찬가지로, 귀곡 선생의 문하에서 학문을 배운 후 각국을 돌며 유세해 어느 왕에게든 중용되기를 기다리고 있었다. 그러나 장의는 가정 형편이 매우 안 좋았기 때문에 초라한 몰골로 늘 사람들의 무시를 받았다.

　그 해 초나라에 간 장의는 초나라 재상인 소양昭陽의 집에서 문객으로 지냈다. 한번은 소양이 병사들을 이끌고 출전해 위나라를 치고 일곱 개의 성을 연달아 차지하는 공을 세웠다. 그러자 초나라 왕은 매우 기뻐하며 그에게 화씨벽和氏璧을 하사했다. 사람들은 이 화씨벽이 세상에서 가장 귀한 보물이라는 것을 잘 알고 있었다. 화씨벽은 흠이 하나도 없는 완전무결한 옥으로, 나중에는 옥새로 만들어져 대대로 전해졌다. 소양은 매우 기뻐하며 늘 몸에 지니고 다녔다.

어느 날 소양은 또 화씨벽을 몸에 품고 큰 연회를 열어 빈객들을 대접했다. 술이 얼큰하게 오르자 사람들은 재상 소양에게 진귀한 보물을 보고 견문을 넓히고 싶다며 화씨벽을 보여달라고 청했다. 소양은 어느 정도 취기가 오른 터라 신이 나서 화씨벽을 꺼내 보여주었다. 화씨벽을 본 사람들은 입에 침이 마르도록 칭찬했다.

연회가 끝났을 때, 소양은 화씨벽이 없어진 것을 알아챘다. 그는 즉시 사람들에게 찾아보라 명했다. 그러나 한참을 찾아도 화씨벽은 좀처럼 나타나지 않았다. 이때 한 문객이 슬쩍 장의를 가리키며 재상에게 말했다.

"저놈을 뒤져보십시오. 곤궁한 행색에 인품도 안 좋으니 분명 저놈이 훔쳤을 겁니다."

그러자 소양은 더 물어볼 것도 없다는 듯, 장의를 잡아 묶고는 채찍으로 내리치며 화씨벽을 내놓으라고 소리쳤다. 도둑질을 하지 않았는데 어떻게 내놓을 수 있겠는가? 장의는 억울하다고 외치는 수밖에 없었다. 화씨벽이 어디 있는지 알아낼 수 없자 하인들은 죽어라고 장의를 때렸다. 결국 장의의 살점이 떨어져나가고 피가 흘러나왔다. 그러나 장의가 계속 죄를 부인하자, 소양은 어쩔 수 없이 그를 풀어주었다.

온몸에 상처를 입은 채 집에 돌아온 장의를 본 그의 아내는 마음이 찢어지는 것만 같았다. 아내는 약을 발라주며 화를 참지 못하고 그를 원망했다.

"차라리 유세니 뭐니, 안 배웠으면 이런 모욕도 당할 일이 없었잖아요."

그때까지 통증을 참고 있던 장의가 갑자기 입을 크게 벌리더니 이상한 질문을 했다.

"여보, 빨리 내 혀가 아직 붙어 있나 보시오."

아내는 황당해하며 대답했다.

"있어요. 당신 맞아서 머리가 어찌 된 거예요? 갑자기 그런 건 왜 물으세요?"

"그럼 됐소! 혀만 있으면 난 성공할 수 있소."

아무런 잘못도 없이 초나라 재상에게 매를 맞은 장의는 집에서 상처를 치료하며 요양했다. 상처가 거의 다 나아가자 장의는 걱정이 생겼다.

'이제 더 이상 초나라에는 머무를 수 없다. 이제 어디로 가야 한단 말인가? 아, 집에만 있으니 너무 답답하구나. 차라리 나가서 좀 걷다 와야겠다.'

집에서 몇 발자국 나가지 않았을 때 길가에서 어떤 사람이 큰 소리로 띠들어대는 것이 보였다. 가만히 들으니 사람들이 주로 '소진'이란 사람에 대해 이야기하고 있었다.

'소진? 소진이라면 내 동학이 아닌가? 무슨 일일까?'

장의는 급히 사람들 틈을 헤집고 들어가 가장 잘 아는 것처럼 보이는 사람에게 인사부터 했다.

"대형, 저는 장의라고 합니다. 솔직히 말씀드리자면 소진은 저의 동학이지요. 헌데 방금 소진이 어쨌다고 하셨습니까?"

"소진은 지금 조나라에서 재상을 지내며 넉넉한 봉록을 받고 커다란 저택에서 살고 있습니다. 좋은 말에 조각이 새겨진 마차를 타고 아름다운 여인을 첩으로 거느렸으니, 그야말로 남부러울 게 없는 삶이지요."

그의 말에 장의의 두 눈이 반짝 빛났다. 그가 물었다.

"나리는 어느 직위에 있으십니까?"

장의가 아무런 대답도 없이 긴 한숨을 내쉬자, 그 사람이 자신을 소개했다.

"저는 조나라 사람으로 성은 가賈 씨입니다. 장사를 하기 위해 초나라로 왔는데 며칠 후면 다시 돌아갈 계획이지요. 소진이 그리 잘살고 있는데 왜 찾아갈 생각을 않으십니까? 만일 갈 마음이 있으시다면 제가 동행이 되어 드리지요."

그 사람의 말에 장의는 기뻐하며 즉시 아내에게 작별을 고하고 가 상인과 함께 조나라로 향했다. 조나라에 도착해 가 상인은 장사를 하러 가야 한다며 장의에게 작별을 고했다. 장의는 지낼 만한 여관을 찾은 후 재상 관저, 즉 소진의 저택으로 갔다. 문지기들에게 자신의 명패를 건네주며 즉시 소진을 만나게 해달라고 청했다. 그런데 명패를 전한 후에도 아무런 소식이 없는 것이 아닌가? 장의가 날마다 재상의 관저를 찾아가 물어보았지만, 문지기들은 그가 오는 것을 보고도 아는 척조차 하지 않았다. 장의는 소진의 문객들도 찾아가 소진에게 데려가 달라고 부탁했지만, 문지기들의 손에 들어간 명패처럼 감감무소식이었다. 닷새가 지나고 열흘이 지나고 보름이 지나갔다. 장의가 가져온 경비가 다 떨어질 무렵, 소진은 마침내 장의를 데리고 오라는 명을 내렸다.

드디어 한참을 만나지 못했던 옛 동학을 만나게 된 것이다. 장의가 감격에 겨워 소진의 손을 잡으려고 다가갔지만, 소진이 냉담한 표정을 지어 더 이상 다가갈 수가 없었다. 게다가 소진은 계속 공무만 보았다. 그렇게 기다리다 보니 어느덧 아침나절이 다 지나가 버렸다. 너무 기다렸더니 머리가 어질어질하고 눈이 침침하면서 금방이라도 깊은 잠에 빠질 것만 같았다. 정오가 되자 소진은 식사를 내오라 했다. 장의는 이제야 두 사람이 한 식탁에 마주앉아 식사를 하며 지난 일들을 회고할 수 있게 됐다고 생각했다. 그러나 소진의 낯빛을 보니 자신과 함께할 뜻은 전혀 없어 보였다. 장의는 어쩔 수 없이 그 자리에서 계속 기다렸다. 식사가 시작되어 자신의 식탁을 보니 거친 쌀과 맑은 국이 전부였다. 하지만 소진의 식탁에는 산해진미가 잔뜩 놓여 있었다. 배가 너무 고파 꼬르륵 소리가 날 정도였지만, 장의는 한 숟가락도 입에 넣지 않았다.

잔뜩 화가 나 있는 장의에게 하인이 소진의 말을 전하러 왔다.

"이제 대청으로 드시랍니다."

장의는 벌떡 일어나서 소진을 향해 욕을 퍼부었다.

"소진, 이 배은망덕한 놈! 네가 이런 놈인지 이제야 알았구나! 당시 동학으로서 우리의 우정을 잊어버리다니. 날 돕기 싫으면 말 것이지 이렇게 모욕까지 줘야겠더냐?"

소진은 여전히 냉랭한 웃음을 지으며 일침을 놓았다.

"우리가 귀곡 선생 밑에서 공부할 때 난 장의 자네가 늘 나보다 더 총명하다고 생각했었네. 그런데 이제 보니 내가 잘못 본 것이군. 지금 그 초라한 몰골을 보게! 내 자네를 왕께 추천해 줄 수도 있네만, 중임을 맡겼다가 자네가 잘못이라도 하면 어찌겠나. 괜히 나까지 욕을 먹지 않겠나?"

장의는 그 말에 더 이상 분을 참을 수가 없었다.

"너 같은 놈의 추천은 필요 없다!"

소진은 입을 삐쭉거렸다.

"그럼 여기는 뭣 하러 온 건가?"

장의는 발을 동동 굴렀다.

"내가 진짜 보는 눈이 없었구나!"

그러더니 화가 나서 밖으로 휙 나가 버렸다.

여관에 돌아온 장의는 두말없이 짐을 정리해 조나라를 떠나려고 했다. 하지만 조나라를 떠나면 또 어디로 간단 말인가?

이렇게 어찌할 바를 모르고 있을 때 밖에서 문 두드리는 소리가 들려왔다. 문을 열고 보니 그와 함께 조나라에 왔던 가 상인이었다. 그가 들뜬 목소리로 물었다.

"이미 소진 재상과 만나셨다면서요? 이제 높은 관직에 오를 일만 남으셨군요!"

그러자 장의가 버럭 화를 냈다.

"내 앞에서 그자 이야기는 하지도 마십시오."

가 상인은 깜짝 놀라 그 연유를 물었고, 장의는 그간의 일을 소상하게 말해 주었다.

그는 장의를 딱하게 여겨 위로해 주었다.

"그럼 앞으로 어찌하실 계획입니까?"

"전 초나라에 갈 준비도 되지 않았고, 또 초나라로 돌아간다 해도 얼굴을 들고 살 수 없습니다. 소진이 내게 너무나 깊은 상처를 주었으니 그 원수를 꼭 갚아야 합니다. 그래서 생각해 보았는데, 여섯 나라 중 조나라의 적수가 될 수 있는 나라는 오직 진나라뿐이더군요. 그래서 진나라로 가려 했으나 여비가 다 떨어져 버렸지 뭡니까."

장의가 대답하자 가 상인이 입을 열었다.

"그럼 이렇게 합시다. 어차피 제가 선생을 이곳까지 모셔온 것이니, 진나라까지 가는 경비는 제가 대겠습니다. 안 그래도 저 역시 진나라에 장사를 하러 가려던 참이었으니, 함께 동행을 하면 되겠군요."

장의는 가 상인의 말에 크게 감동했다.

"아이고, 정말 감사합니다. 오전에는 소진 같은 소인배를 만났지만, 오후에는 선생처럼 고귀한 분을 만나는군요. 아무래도 제가 여기서 끝날 운명은 아닌가 봅니다."

다음날 두 사람은 진나라를 향해 떠났다. 가는 도중에 가 상인은 장의를 위해 아낌없이 돈을 썼다. 옷과 하인뿐 아니라 호사스럽다 싶을 정도로 아름다운 마차까지 마련해 준 것이다. 진나라에 도착하자 가 상인은 또 상당한 액수의 돈을 챙겨 진나라 왕의 수하들을 매수하고 장의의 출셋길을 열어주었다. 그 덕분에 장의는 금세 진나라 왕을 알현할 기회를 얻었다. 장의와 이야기를 나눈 진나라 왕은 장의가 보기 드문 인재인 것을 알아보고, 그 즉시 그에게 중요한 직책을 맡겼다. 마침내 장의도 기를 활짝 펴게 된 것이다.

어느 날이었다. 장의는 진나라 왕에게 조나라를 공격하자는 건의를 하려고 계획을 세우고 있었다. 소진에게 받은 치욕을 되갚아줄 생각이었던 것이다. 이때 가 상인이 떠나겠다며 장의를 찾아왔다. 장의는 아쉬운 마음을 떨칠 수가 없었다.

"가 선생, 오늘 나의 이 모든 것은 다 당신이 준 것입니다. 그 큰 은혜에 아직 보답조차 하지 못했는데 어찌 이리 급히 가버리신단 말이오?"

가 상인은 옅은 미소를 지으며 대답했다.

"저에게 감사하실 필요 없습니다. 사실 전 상인이 아닙니다. 제가 선생님을 처음 뵌 그날부터 제가 해드린 모든 것은 저희 주인님의 분부였습니다. 그리고 이제 그 일을 모두 마쳤으니, 저도 이만 제 주인께로 돌아가야지요."

장의는 깜짝 놀랐다.

"아니, 대체 누가 나에게 이리 잘해 주었단 말이오?"

가 상인이 대답했다.

"바로 소진 나리이십니다. 주인님께서는 진나라가 조나라를 공격해 합종의 맹약을 깨지는 않을까 늘 노심초사하셨습니다. 그분은 선생만이 진나라의 정권을 쥘 수 있다 믿으셨기에 먼저 선생께 그리 무례하게 대한 것입니다. 선생의 투지를 자극하기 위해서요. 그러고는 제게 큰돈을 주시며 선생께서 진나라에 중용되시도록 몰래 도우라 하셨습니다. 그러니 앞으로 저희 주인님을 많이 도와주십시오."

가 상인과 함께 했던 순간순간을 회상해 본 장의는 그제야 자신의 이마를 쳤다.

"그런 것이었군요. 진작 알아차렸어야 했는데……. 이 역시 과거에 배웠던 기술이었습니다. 그런데 소진이 그 기술을 쓰는 동안에도 전혀 깨닫지 못하고 있었다니. 전 정말 소진에게는 미치지 못하는 사람입니다. 그럼에도 불구하고 소진이 나에게 이렇듯 잘해 주었으니 선생께서 가시거든 대신 꼭 감사하다는 인사를 전해 주십시오. 그리고 소진이 조나라에 있는 한은 절대 조나라를 공격하지 않겠다는 말도 전해 주십시오."

이후 장의는 진나라의 재상 자리에 올라 진나라와 다른 여섯 나라 간에 '연횡連橫' 정책을 시도한다. 자신의 뛰어난 말솜씨로 다른 여섯 나라가 진나라와 연맹을 맺도록 유세를 하고 다닌 것이다. 진나라가 여섯 나라의 서쪽에 위치하고 있었

기 때문에 가로로 동맹을 맺게 되므로 연횡이라 이름을 붙였
다. 당시 여섯 나라는 소진의 합종 정책에 찬성하고는 있었지
만, 진나라의 강대한 힘 때문에 어떻게든 진나라에 붙어 자국
을 지키려는 생각을 하고 있었다. 그래서 중요한 순간이 되면
즉시 진나라와 손을 잡았다. 반대로 다른 나라가 진나라와 손
을 잡은 것을 보면 금세 초조해져서 서로 간에 전쟁을 벌이곤
하였다. 결국 연횡을 통해 진나라는 다른 나라들을 쳐 멸망시
키는 데 성공한다.

그럼 장의가 어떻게 여섯 나라를 설득해 진나라와 동맹을
맺게 했을까?

위魏나라를 진나라에 굴복시키기 위해 장의는 먼저 위나라
로 갔다. 그곳에서 재상이 된 장의는 위 양왕襄王을 열심히 설
득하였다. 하지만 위 양왕은 장의의 의견을 받아들이지 않았
다. 이 소식을 들은 진나라는 크게 노하며 병사들을 보내 위나
라의 곡옥과 평주平周를 점령했다. 그리고 위나라 몰래 장의에
게 더욱 후한 대우를 해주었다. 임무를 완수하지 못했는데도
진나라에서 이렇게 큰 은혜를 베풀자 장의는 송구한 마음이
들었다. 그래서 진나라로 돌아가지 않고 위나라에 남아 기회
가 생기기만을 기다렸다. 4년 후 위 양왕이 죽고 애왕哀王이 왕
위를 계승했다. 장의는 애왕에게 진나라를 섬기라고 계속해서
설득했다. 하지만 애왕은 장의에 말에 좀처럼 귀를 기울이지
않았다. 마침내 장의는 몰래 진나라 왕에게 이 사실을 고하고

병사들을 보내 위나라를 치게 했다. 진나라와 위나라가 맞붙자 자연히 위나라는 크게 패했고, 8만여 명에 달하는 병사들이 목숨을 잃었다. 천하가 깜짝 놀랄 만한 일이 벌어진 것이다.

장의는 그 기회를 놓치지 않고 애왕을 설득했다.

"위나라의 토지는 1천 리가 되지 않으며 병사들도 30만 명이 넘지 않습니다. 지세로 봐도 사면이 모두 평탄하여 산이나 강으로 막힌 곳이 없습니다. 그래서 위나라와 국경을 접한 정, 초, 한, 조, 제와 같은 나라들은 별 힘을 들이지 않고도 바로 위나라로 진군해 들어올 수 있습니다. 이 때문에 위나라는 매년 10만 명이나 되는 군사들을 변경으로 보내야 하지요. 위나라에게는 지리적인 우세가 전혀 없으니, 그야말로 전쟁터나 다름없습니다."

"합종을 주장한 사람은 여섯 나라가 마음을 한데 모아 진나라에 대항해야 한다고 말했습니다. 그러나 생각해 보십시오. 같은 부모 밑에서 나온 친형제라도 재산 때문에 싸움을 벌이는 세상에서, 소진이 정한 그런 변덕스러운 책략이 무슨 힘이 있겠습니까? 합종, 그것은 필시 실패하고 말 것입니다."

"폐하께서 지금 진나라와 동맹을 맺지 않으신다면 진나라는 다시 군대를 보내 강 너머를 점령하고 양진을 빼앗을 것입니다. 일단 양진을 빼앗기면 조나라는 남하할 수 없게 되며 위나라는 북으로 올라올 수 없게 됩니다. 위나라와 조나라 간에 구원병을 보낼 길이 막혀버리는 것입니다. 위나라가 그 누구도 구해 줄 수 없는 고립된 지경에 이르렀을 때는 나라를 구하고자 하여도 구할 수 없게 될 것입니다."

"물론 진나라에서 위나라를 먼저 공격하지 않고 한나라를 공격할 수도 있습니다. 그러나 한나라는 약소하여 진나라를 매우 무서워하니, 반드시 진나라와 손을 잡을 것입니다. 진나라와 한나라가 일단 동맹을 맺으면 위나라는 더 빨리 망하지 않겠습니까?"

애왕은 이미 진나라의 강한 군사력을 맛본 데다 장의가 이렇게 어르고 협박하자 정신을 차릴 수가 없었다. 결국 그는 그 자리에서 장의의 연횡책을 받아들였다. 또 합종의 약속을 깨겠다고 공표한 후에 장의를 진나라로 보내 동맹의 일을 의논하게 했다.

장의는 진나라로 돌아가 다시 재상의 자리에 올랐다.

그렇게 몇 년이 지나자 진나라에서는 제나라를 칠 계획을 세웠다. 하지만 제나라와 초나라는 서로 합종을 맺은 상태였다. 그러자 진나라는 장의를 초나라에 사자로 보낸다. 장의는 '6백 리' 거짓말로 초나라 회왕懷王이 제나라를 배신하도록 유도했다(자세한 내용은 '굴원'편 참고). 그러고는 마침내 초나라가 진나라의 '형제의 나라'가 되도록 만든다.

장의는 또 한나라, 제나라, 조나라, 연나라를 찾아가 각국의 왕에게 합종은 믿을 만한 것이 못 된다고 피력하면서 진나라에 귀속되면 좋은 점들을 설명하였다. 장의의 협박과 유혹에 못 이겨 결국 여섯 나라는 모두 합종의 맹약을 깨고 진나라에 고개를 숙였다. 이것은 진나라가 6개국을 통일하는 데 든든한 초석이 된다. 마침내 장의의 연횡책이 성공한 것이다.

이후 진나라 혜왕이 죽고 무왕武王이 왕위를 이어 받았다. 무왕은 태자로 있을 때부터 장의를 매우 못마땅하게 생각했던 자였다. 진나라의 대신들은 모두 이 사실을 알고 있었다. 대신들 역시 장의가 중용되는 것을 질투했기 때문에 슬슬 장의에 대한 험담을 늘어놓기 시작했다.

"장의는 변덕스러운 소인배에 불과합니다. 계속해서 그를 썼다가는 제후들의 비웃음만 사게 될 것입니다."

여섯 나라 역시 장의와 진 무왕 간에 틈이 생겼다는 말을 듣고 연횡을 배신하고 다시 합종으로 돌아갔다. 제나라는 특별히 진나라로 사자까지 보내 어째서 장의를 중용하느냐고 질책하기도 했다. 장의는 결국 죽임을 당할까 두려워 몸을 보전하기 위한 이중 계략인 '계중계計中計'를 썼다. 그는 먼저 진나라 무왕에게 말했다.

"폐하께 드릴 좋은 계략이 있습니다. 지금 제나라는 절 미워하여 제가 있는 나라라면 어디라도 군대를 보내 공격할 것이라 합니다. 제가 이 기회를 빌려 동쪽의 각 나라를 돌며 망명한 것처럼 꾸미겠습니다. 그러면 제나라는 그 나라들과 전쟁을 벌일 것입니다. 그때 폐하가 뒤에서 그들을 치시면 더 많은 영토를 얻을 수 있을 것입니다."

진 무왕에게 이것은 그야말로 일거양득이었다. 자신이 눈 엣가시처럼 여기던 장의를 내보내면서도 세력을 확장할 수 있으니, 이보다 더 좋은 일이 어디 있겠는가? 무왕은 그 즉시 장의의 계획을 받아들였다.

장의는 위나라로 갔다. 과연 제나라 왕은 즉시 군사를 보내 위나라를 공격했다. 위나라 왕이 두려워하자 장의가 달랬다.

"걱정하실 필요 없습니다. 제가 제나라 군대를 멈추게 하겠습니다."

그러더니 장의는 자신의 심복을 초나라로 보냈다. 그리고 초나라 사자의 입을 빌어 제나라 왕에게 말을 전했다.

"이번에 장의가 위나라에 간 것은 그가 진나라 무왕에게 약속을 했기 때문입니다. 그가 어디로 가든 제나라가 그 나라를 칠 것이니, 그때 진나라가 나서서 제나라와 공격받은 나라를 치라는 것이었지요. 그런데 장의가 위나라에 가자 폐하께서는 정말로 즉시 위나라를 치셨습니다. 이는 대왕의 나라를 위험하게 할 뿐 아니라 장의가 진나라 무왕에게 더 큰 신임을 받게 하는 일이 아니겠습니까?"

이 말을 들은 제의 왕은 급히 위나라를 향한 공격을 거두었다. 장의는 위나라 왕의 신임을 얻어 재상의 자리에 올랐다. 이것이 바로 장의가 무사히 위기를 벗어났던 계중계이다. 장의는 위나라에서 일년 정도 편안히 살다가 세상을 떠났다.

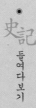

史記
돌여다보기

위나라에서 진나라로 돌아온 장의는 그 즉시 재상으로 선발
되고 공손연을 대신해 대량조大良造의 직위에 오른다. 대량조
는 전국 시기 진나라에서 가장 높은 직책으로 군사력과 정권
을 쥐는 자리였다. 동시에 대량조는 작위의 이름이었기 때문
에 대상조大上造라고도 불렀다. 진나라 혜왕이 상국相國을 세워
군권과 정권을 다 맡긴 후부터는 주로 작위 명으로 쓰였다.

『사기』의 「장의전張儀傳」

진나라 책사 장의

● 주요 인물
　굴원

● 주변 인물
　초회왕, 상관대부, 자란, 경양왕

● 키워드
　충성을 다하나 의심받고, 신의를 지키나 비방을 당하다

● 주요 사건
　장의가 초나라를 속이다, 백기가 초나라를 치다

● 고사
　굴원 자살

● 이야기 출처
　『사기』「굴원가생 열전屈原賈生列傳」

屈原

굴원 : 세상 사람 모두 취해 있으나 나만 홀로 깨어 있네

전국 시기에 재능 있는 인재들은 여러 나라를 돌며 자신을 써줄 사람을 찾아다녔다. 만약 누군가 나서서 자신을 써주겠다고 하면 그를 위해 충성을 다했고, 자신을 알아주지 않으면 더 이상 연연하지 않고 그곳을 떠났다.

그러나 한 사람, 무능하고 어리석은 군주를 만났으나 자신의 조국을 너무나 사랑한 나머지 그 나라를 떠나지 못하고 절망 속에 죽은 사람이 있다. 바로 굴원屈原이다.

굴원의 이름은 평平이요, 원原은 그의 자였다. 그는 본래 초나라의 귀족 출신으로 학식이 풍부했으며 외교술에 능했다. 어린 나이에 이미 초나라의 좌도左徒를 지냈을 뿐 아니라 여러 차례 초나라의 회왕과 함께 정치를 연구하고 법령을 지었다. 또 외국의 사신들이 오면 그들을 접대하여 회왕의 깊은 신임도 받았다.

그러나 굴원이 이토록 요긴하게 쓰이자 회왕의 측근들은 그를 매우 시기하였다. 상관대부上官大夫였던 근상靳尙 역시 그 중 하나였다.

어느 날 굴원이 회왕을 위해 중요한 법령의 초안을 잡고 있을 때였다. 막 초고를 썼는데 근상이 다가오더니 억지로 빼앗아 보려고 하였다. 굴원은 즉시 초고를 거두어 근상에게 보여 주지 않았다.

근상은 창피하기도 하고 화가 나기도 해서 즉시 회왕에게 달려가 굴원을 모함했다.

"폐하, 폐하께서 굴원에게 법령의 초안을 잡게 하지 않으셨습니까? 굴원이 기고만장하여 사람들에게 나 아니면 아무도 이런 일을 할 수 없다며 떠들고 다닌답니다!"

우매한 회왕은 의심조차 하지 않고 그 즉시 굴원의 좌도라는 직책을 빼앗아 버렸다. 그리고 굴원을 삼려三閭의 대부로 강등시켰다. 사사로운 일만 맡기고 국가의 대소사는 더 이상 함께 의논하지 않았던 것이다.

굴원은 회왕에 대한 충심이 이런 결과를 초래했다는 것을 믿을 수 없었다. 그는 회왕이 한쪽 말만 듣고 시비를 가리지 못한다는 사실에 마음 아파했으며, 조정에 상관대부처럼 국왕을 기만하는 소인배들이 많다는 사실 또한 비통했다. 나아가 나라에 보답하고 싶은 마음 하늘과 같으나, 어디에도 쓸 수 없다는 것이 괴로웠다. 굴원은 근심과 번민 속에서 나라를 향한 뜨거운 사랑을 시에 쏟아 부었다. 이렇게 해서 탄생한 것이 바로 그 유명한 장편시 『이소離騷』이다. 이 위대한 문학 작품에는 나라에 대한 뜨거운 사랑과 함께 굴원의 불타는 정의감과 진리를 향한 결심이 담겨 있다. 또한 예술적으로도 매우 뛰어나 중국과 세계 문학사에서 크게 숭상받고 있다.

당시 초나라와 제나라는 동맹관계였다. 강대국인 이 두 나라가 동맹을 맺자 진나라는 큰 위협을 느꼈다. 진 혜왕은 이 소식을 듣자마자 즉시 재상인 장의를 찾아 대책을 의논했다. 장의가 자신만만하게 대답했다.

"저를 초나라로 보내주십시오. 초나라가 제나라와의 동맹을 깨도록 만들겠습니다."

혜왕의 허락을 받아 초나라에 온 장의는 먼저 진귀한 보석들을 상관대부인 근상에게 보낸 후 초나라 회왕을 알현했다. 생각하는 게 단순한 회왕은 진나라에서 사자가 왔다는 말을 듣고 마냥 좋아하며 정중하게 장의를 접대했다.

"폐하, 지금 천하에서 진정으로 강대한 나라는 초나라, 제나라, 진나라뿐이옵니다. 만약 진나라와 제나라가 연합하면 제나라가 강성해질 것이며, 진나라와 초나라가 우호관계를 맺으면 초나라가 가장 강성해질 것입니다. 진나라는 제나라를 미워하고 있습니다. 그래서 저희 군주께서는 폐하께서 제

379

나라와 동맹을 끊으시면 상商과 우于 일대의 진나라 영토 6백 리를 폐하게 드리겠다고 하셨습니다. 폐하가 보시기엔 어떻 습니까?"

사리에 어두운 회왕은 놀랍기도 하고 기쁘기도 하여 사람 을 보내 제나라와 즉시 동맹을 끊는 한편, 장의에게 사신을 딸려 보내 토지를 이관하는 일을 처리하게 했다.

그런데 진나라에 도착하자 생각지도 못한 일이 벌어졌다. 장의가 술에 취해 마차에서 떨어져 버린 것이다. 곁에 있던 시종들이 즉시 그를 부축하여 일으켰으나, 장의는 아파 죽겠 다며 신음소리를 냈다.

"큰일이다. 아무래도 내 다리가 부러진 것 같다. 어서 가서 의원을 만나봐야겠다."

시종들이 서둘러 그를 둘러메고 자리를 떠나갔다.

하지만 그렇게 간 장의는 석 달 동안 나타나지 않았다. 문 밖 출입도 하지 않고 조정에도 나가지 않아 그 누구도 그를 만날 수 없었다. 초나라의 사자는 더 이상 기다릴 수가 없어 직접 진나라 혜왕에게 서신을 써 장의가 초나라에게 토지를 주기로 약속한 일을 고하였다.

마침내 혜왕의 답신이 내려왔다.

장의가 협의한 협정이라면 반드시 실행할 것이다. 그러나 초 나라와 제나라가 아직도 완전히 관계를 끊지 않았는데, 어찌 영토를 내어줄 수 있겠는가? 장의의 다리가 다 나은 후 다시 상의토록 하겠다.

사자는 진왕의 뜻을 초나라 회왕에게 전했다. 회왕은 제나라와 관계를 끊으려는 자신의 결심을 진나라 왕이 믿지 못한다고 여겨, 즉시 제나라로 사람을 보내 제 왕에게 욕을 퍼붓게 했다. 그러자 제 왕은 화가 머리끝까지 치밀어 진나라로 사신을 보내 함께 초나라를 공격하자고 한다.

제나라와 초나라의 동맹이 자신의 계략으로 끊어졌다는 소식을 들은 장의는 바로 다리가 다 나았다고 발표한다. 그러고는 즐겁게 조정으로 나갔다. 왕궁 입구에는 마침 초나라 사자가 장의를 기다리고 있었다. 장의는 깜짝 놀란 표정을 지으며 물었다.

"겨우 땅 여섯 리가 아니오? 일이 금방 마무리 되었을 터인데 어찌 아직도 여기 계시오?"

"6백 리라고 하시더니 여섯 리가 웬 말이오?"

초나라 사자가 깜짝 놀라 당황하며 물어보자, 장의는 무심하게 대답했다.

"아무래도 댁의 폐하께서 잘못 들으신 모양이외다. 진나라의 영토는 모두 백성들이 피를 흘려 얻은 것이거늘 어찌 그리 쉽게 남에게 주겠소?"

그제야 회왕은 사기꾼 장의에게 속았다는 것을 깨달았다.

화가 난 회왕은 즉시 군사를 일으켜 진나라를 공격했다. 하지만 진나라와 제나라가 동맹을 맺은 터라 초나라는 그들의 상대가 되지 않았다. 그 전쟁에서 초나라는 수많은 장군과 병사들뿐 아니라 한중 지역의 6백여 평방 리까지 잃고 만다. 결국 초나라는 어쩔 수 없이 진나라와 화해했다. 진나라가 토지를 돌려주겠다고 제안했지만 장의가 너무나 미웠던 회왕은 이렇게 대답한다.

"땅은 바꿀 필요 없소. 장의만 내어준다면 검중黔中, 지금의 귀주貴州 일대의 몇백 리에 달하는 토지까지 다 진나라에 바치겠소."

진왕은 고개를 저으며 이를 거절하려고 했다. 그런데 갑자기 장의가 가슴을 치며 자진해 앞으로 나왔다.

"폐하, 저를 초나라로 보내주십시오. 이 몸으로 진나라에 몇백 리의 토지를 안겨 드릴 수 있다면 이 얼마나 남는 장사입니까? 게다가 제 목숨도 위험하지 않을 것입니다."

장의가 초나라에 도착하자 회왕은 즉시 그를 옥에 가두고 죽일 날을 선택하려 했다. 그러나 장의는 다시 한 번 금은보화로 근상과 회왕이 총애하던 애첩 정수鄭袖를 매수했다. 두 사람은 날마다 회왕 앞에서 장의의 좋은 점만을 이야기했다. 또 정수는 회왕의 머리맡에서 훌쩍거리며 간청했다.

"폐하께서 장의를 죽이시면 진나라에서 대군을 보내 초나라를 칠 것입니다. 그럼 폐하를 위해 노래도 못 부르고 춤도

쥐드릴 수 없게 되겠지요?"

근상 역시 회왕을 비꼬며 말했다.

"검중의 땅 몇백 리를 장의 한 사람과 맞바꾸다니, 이 얼마나 어리석은 짓입니까?"

아둔한 회왕은 결국 엉겁결에 장의를 보내줘 버린다.

마침 이때 제나라에 사자로 갔던 굴원이 돌아와 그 소식을 듣고는 회왕의 잘못을 꾸짖었다.

"어째서 장의를 죽이지 않으셨습니까? 저런 변덕스러운 소인배를 세상에 남겨 놓았다가는 백성들의 분노만 사게 될 것입니다."

그 말에 회왕은 즉시 사람을 보내 장의를 잡아오게 하였다. 하지만 이미 너무 늦어 버렸다.

한 나라의 군주로서 장의에게 몇 번이나 속고 농락당했으면 교훈을 얻고 깨닫는 것이 마땅한 일이다. 하지만 회왕은 달라지지 않았다.

몇 년 후 진나라 왕은 다시 한 번 초나라 회왕을 꼬드겼다.

"꽃처럼 예쁜 내 딸을 당신에게 주겠으니, 진나라로 와서 나와 만납시다."

회왕은 그 말에 들떠 바로 출발하려고 하였지만, 굴원이 막아섰다.

"진나라는 신의를 지킨 적이 없사옵니다. 헌데 진의 왕이 한 말을 어찌 믿는단 말입니까?"

이에 회왕의 막내아들인 자란子蘭은 굴원의 말을 반박하고 나섰다.

"진나라에게 미움을 샀다가는 엄청난 일이 생길 것입니다! 게다가 진왕이 호의를 베풀었는데 아무런 이유도 없이 거절한다면 어찌 되겠습니까?"

결국 회왕은 자란의 말을 듣고 진나라로 향했다. 그가 진나라 국경으로 들어서자 굴원의 예상대로 진나라 왕은 그를 구류하고 협박하여 토지를 바치게 하였다. 회왕은 분을 이기지 못하고 두 번이나 탈출을 시도하였지만, 성공하지 못한 채 결국 진나라에서 객사하고 만다.

회왕의 큰아들 경양왕傾襄王이 그 뒤를 위어 왕위에 오르지만, 그는 아버지보다도 더 우매하고 아둔한 왕이었다. 자란과 같은 소인배들을 중용하고 굴원을 멀리하였다. 이렇게 우매한 임금과 소인배들이 정권을 잡자 초나라는 하루가 다르게 쇠약해져 갔다. 결국 경양왕은 자란 일당의 충동질에 못 이겨 굴원을 초나라의 남쪽 변경으로 유배 보낸다.

초나라의 남쪽 변경에는 멱라수汨羅水라는 강이 있었는데, 워낙 물살이 세서 밤낮없이 물이 콸콸 흘렀다. 강가에는 기나긴 길을 따라 잡초들에 뒤덮여 있어 아득하면서도 깊고 고요하게 느껴졌다. 어느 날 굴원은 멱라수 강가에 나와 거닐며 자신이 지은 시를 읊조리고 있었다. 초췌하고 파리한 얼굴은 시름에 겨운 그의 마음을 보여주는 듯했다. 이때 한 어부가 그를 알아보고는 깜짝 놀라 물었다.

"삼려 대부 아니십니까? 어떻게 여기에 와 계십니까?"

굴원은 발아래 세차게 흐르는 강물을 바라보며 대답했다.

"세상 사람들이 모두 혼탁하고 더러우나 나 홀로 순결하고 깨끗하며, 세상 사람들은 모두 취하였으나 나 홀로 깨어 있으니 이리 유배 오게 된 것이네."

"세상이 그 모양이면 함께 더러워져야 목숨을 보존할 것이거늘, 무엇하러 이 지경까지 오셨습니까?"

굴원은 고개를 저으며 단호하게 말했다.

"아니, 그럴 수 없네. 방금 씻고 나온 사람이 어찌 더러운 먼지와 진흙탕 속으로 들어간단 말인가? 나는 강물에 빠져 고기밥이 될지언정 소인배와 같은 길을 가지는 않을 것이네."

기원전 278년, 진나라는 대장군 백기白起를 보내 초나라를 치고 수도인 영郢을 차지했다. 또 초나라 선왕들의 능묘도 파헤쳤다. 경양왕은 황급히 도망갔지만 초나라는 이미 바람 앞의 등불 같은 상황이었다. 이 소식을 들은 굴원은 초나라가 곧 멸망할 것을 알고 슬픔에 겨워 통곡했다. 조국이 망하는 꼴을 볼 수 없었던 그는 그 해 음력 5월 5일 커다란 돌을 품에 안고 멱라수에 뛰어들었다.

초나라 백성들은 굴원의 충심과 애국심을 숭상하여 배를 띄워 굴원의 시체를 찾으려 했다. 또한 물고기가 그의 시체를 먹을까 봐 갈댓잎으로 찹쌀밥을 싸서 강에 던져주었다. 그렇게 며칠, 몇 년, 몇 세대가 지났다. 이후 매년 음력 5월 5일 단오절이 되면 중국 사람들은 용머리를 장식한 배 경주를 하고 종자粽子, 찹쌀밥을 대나무 잎으로 싼 중국의 전통요리를 만드는 풍습을 지키게 되었다.

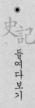

史記
들여다보기

『초사楚辭』에는 미인을 향초香草에 비유하는 표현이 나온다. 다양한 신화와 전설, 풍부한 상상력을 화려한 문장력과 거대한 구조로 엮어 짙은 낭만주의적 정신을 표현한 것이다. 이 작품은 후세 문학에도 깊은 영향을 남겼다. 그중에서도 '길은 아득히 멀고 멀지만 나는 하늘땅 누비며 찾아내리라'는 명구는 우렁찬 나팔 소리처럼 후세 사람들이 진리를 좇도록 인도한다.

초나라 대부 굴원

● 주요 인물
　장자

● 주변 인물
　혜시, 초나라 위왕의 사자

● 키워드
　구속받지 않는 자유로움

● 고사
　예미도중曳尾塗中, 진흙탕 속에 꼬리를 끌며 살아도 구속된 삶보다 낫다,
　장주몽접莊周夢蝶, 장자의 나비 꿈.
　고분이가鼓盆而歌, 대야를 두드리며 노래하다

● 이야기 출처
　『사기』「노자한비 열전老子韓非列傳」,
　『장자』「추수秋水」·「양생주養生主」

장자 : 구속받지 않는 자유로운 영혼

장자莊子의 이름은 주周로 양梁나라 몽현蒙縣, 지금의 하남성 상구商
丘 동북 지역 사람이다. 또 어떤 사람들은 그가 송末나라 출신이
라고 말하기도 한다. 그는 양나라 혜왕惠王, 제나라 선왕 시기
에 살았던 인물로, 그가 집필한 『장자』와 노자의 『도덕경道德
經』은 도교 사상을 대표하는 위대한 작품으로 손꼽히고 있다.

장자는 가난한 집안 출신이었지만 학식이 풍부하고 사상의
깊이가 있는 사람이었다. 장자가 살던 시대는 주나라 황실이
쇠약해지고 제후들이 전쟁을 일삼아 백성들이 도탄에 빠진
어지러운 시대였다. 이런 시대 속에서 학문을 연마하는 사람
들에게는 두 가지 길밖에 없었다. 책사가 되어 제후들 간의
전쟁에 참여하거나, 아예 모든 것에 관심을 끊고 무관심하게

389

사는 길이었다. 그러나 이 두 길 모두 장자가 원하던 길이 아니었다. 결국 그는 자신이 원했던 길을 선택했다.

　장자는 칠원漆園에서 하급 관리로 일한 적이 있을 뿐, 대부분의 인생을 '있으면 먹고 없으면 굶는 삶'을 살았다.

　장자는 비록 가난하고 곤궁하긴 했지만 누가 뭐라 해도 관직에는 나가지 않으려 했다. 한번은 초나라 위왕威王이 장자를 관직에 앉히려고 두 명의 사자를 보낸 적이 있었다. 두 사자는 강가에서 유유자적 낚시질을 하고 있는 장자를 발견하고는 공손히 그들이 온 연유를 설명했다. 하지만 장자는 자리에 그대로 앉아 낚싯대를 드리우고 있었다. 사자들은 쳐다보지도 않고 그가 말했다.

　"초나라에 신기한 거북이 있는데 벌써 죽은 지 3천 년이 되었소. 그런데 초나라 왕께서는 그것을 진귀한 함에 넣어 종묘에 잘 모셔 두었다 하더이다. 어디 말해 보시오. 그 거북은 죽어서 자신의 유골을 사람들이 잘 모셔두길 바랐겠소, 아니면 살아서 꼬리를 흔들며 진흙 속을 기어 다니길 바랐겠소?"

　두 명의 사자가 대답했다.

　"당연히 살아서 꼬리를 흔들며 진흙 속을 기어 다니길 바랐겠지요."

　장자는 하하 웃음을 터뜨렸다.

　"그걸 알면서 왜 아직도 여기 있는 게요? 나도 살아서 꼬리나 흔들며 진흙 속을 기는 게 더 좋소이다."

『장자』의 「추수秋水」에는 여러 가지 재미있는 이야기들이 기록되어 있는데 그중에 장자의 좋은 벗인 혜시惠施에 관한 이야기도 있다. 혜시는 당시 양나라 혜왕의 재상이었다. 어느 날 장자가 친구 혜시를 만나러 간다고 하자, 어떤 사람이 혜시를 찾아왔다.

"장자는 경의 재상 자리를 노리고 오는 것이 분명합니다."

그 말을 들은 혜시는 깜짝 놀라 즉시 전국에 장자를 잡으라는 명을 내렸다. 그렇게 사흘 밤낮이 지났다. 그러나 장자는 급할 것 없다는 듯 제 발로 혜시를 찾아와 농담을 건넸다.

"왜? 내가 그리도 그립던가? 내가 도착하기도 전에 사흘 밤낮이나 들여 나를 찾다니……."

부끄러워진 혜시에게 장자가 말했다.

"내 이야기를 하나 들려줌세. 남방에는 전설의 새, 봉황의 일종인 원추鵷鶵가 있다네. 그 새는 아주 특별하지. 자주 남과 북을 오가는데 그 머나먼 길에서 오동나무를 만나지 못하면 피곤해도 내려와 쉬지를 않고, 아무리 배가 고파도 대나무의 열매를 찾지 못하면 절대 먹지를 않거든. 달콤한 샘물을 찾지 못하면 목이 말라 죽을 것 같아도 마시지 않는다네. 그런데 한번은 부엉이가 입에 썩은 쥐를 물고 가는 것을 보았다네. 부엉이는 안전한 곳을 찾아 맛있는 식사를 즐길 참이었지. 그 때 우연히 원추를 본 부엉이는, 원추가 행여나 자기 것을 빼앗아 먹을까 봐 원추를 향해 '까악' 하고 소리를 질렀다네. 혜

391

시, 자네 정말 내가 자네의 재상 자리를 탐낼 것 같나?"

장자는 이렇듯 호방하고 어디에도 구속받지 않는 소탈한 성격이었다. 그래서 평생 가난한 삶을 살았지만 유유자적 자유로운 인생을 누리며 자신의 정신세계에서 왕처럼 살았다.

그러면 장자의 정신세계란 어떤 것일까?『장자』의「양생주養生主」에는 이렇게 묘사하고 있다. 북해에 커다란 물고기가 하나 있는데 그 이름은 곤鯤이다. 곤이 얼마나 큰지 묻는다면 몇천 리가 될지 모른다고 대답하리라. 곤은 또 새로도 변하는데 그때는 붕鵬이라고 부른다. 붕의 등은 또 몇천 리가 되는지 알지 못한다. 붕이 날개를 활짝 펴고 높이 날아오르면 두 날개는 온 하늘을 뒤덮은 구름처럼 보인다. 붕은 바다의 해일을 빌어 구만리 푸른 하늘까지 날아올라 그 높은 곳에서 구속 없이 자유롭게 지낸다. 이 얼마나 광활하며 기개 있는 세계인가?

가을비가 내리는 계절이면 산에서 흘러내리는 수천 줄기의 물이 불어 황하로 흘러 들어간다. 그러면 황하는 놀라울 정도로 넓어져, 멀리서 바라보면 아득하니 끝이 보이지 않는다. 강가든 강 중앙에 있는 작은 섬이든, 소나 말 한 마리조차 보이지 않게 되어 그야말로 장관을 이루는 것이다. 그러면 황하의 신은 어느덧 기분이 좋아져 생각한다.

'아, 천하에서 가장 아름다운 풍경이 모두 여기 있구나!'

물살을 타고 내려가 북해에 나가 동쪽을 바라다보면, 거대한 바다가 끝도 보이지 않게 펼쳐지고 그 깊이 또한 가늠할 수 없어 말할 수 없이 아름다웠다. 그러면 황하의 신은 자신이 바다에 미치지 못함을 부끄러워하고 탄식할 것이다.

그래서 장자는 절대 우물 안의 개구리가 되지 않도록 주의하라고 가르쳤다. 사람은 반드시 자신이 처한 환경의 한계를 뛰어넘는 시야를 가져야 한다는 것이다.

그렇다면 어떻게 해야 한계를 뛰어넘을 수 있겠는가? 장자는 이렇게 설명했다. 어느 날 밤, 그는 자신이 나비가 되는 꿈을 꾸었다. 꿈이 어찌나 생생하던지 마치 자신이 진짜 나비가 된 것만 같았다. 그는 날아갈 듯한 기분으로 꽃 속을 날아다니며 산속의 신선하고 자유로운 공기를 마음껏 들이켰다. 목이 마르면 꽃술로 들어가 청량한 이슬을 마셨다. 아, 이보다 더 행복한 순간이 있겠는가? 그 순간 장자는 자신이 장주라는 사실조차 기억나지 않았다. 시간이 얼마나 흘렀을까, 잠에서 깨어난 장자는 얼이 빠진 것만 같았다. 장주가 꿈속에서 나비가 되었던 것일까, 아니면 나비가 장주로 변한 것일까? 도무지 알 수가 없었다.

한참을 고민한 끝에 장자는 큰 깨달음을 얻는다. 아무런 구속도 없는 세계에서 살고 싶다면 자신을 세계 만물과 똑같이 여기면 되는 것이다. 이것이 바로 그가 주장한 '제물론齊物論'이다.

나중에 장자의 아내가 죽었을 때, 혜시가 애도의 뜻을 전하고자 찾아왔다. 그때 혜시의 눈에 두 다리를 쭉 펴고 바닥에 앉아 대야를 두드리며 큰 소리로 노래하는 장자의 모습이 들어왔다. 혜시는 화가 나서 장자를 나무랐다.

"양심도 없는 인간 같으니라고! 자네 집사람이 자네랑 산 세월이 대체 얼마인가? 그 오랜 세월 함께 살며 자식들을 낳아주고 자네와 함께 고생을 했었네. 그런 사람이 죽었는데 울어도 모자랄 판에 어찌 노래나 부르고 있는 것인가? 정말 너무하는군."

그 말을 들은 장자가 대답했다.

"꼭 그런 것은 아니네. 집사람이 막 죽었을 때 나 역시 슬픔을 가눌 수가 없었네. 그러나 나중에 생각해 보니 그 사람은 원래 생명이 없던 존재였네. 생명만 없던 게 아니라 형체도 없었지. 형체뿐 아니라 숨도 없었어. 있는 듯 없는 듯한 상태로 공기가 되고, 공기가 형체가 되며, 형체가 변해 생명이 되었네. 그리고 오늘 형체가 죽음으로 사라졌지. 이런 생사의 변화는 춘하추동, 사계절의 순환과 똑같은 자연이 아닌가? 그러니 아내는 이미 하늘과 땅 사이에서 편안히 안식을 누리고 있을 것이네. 그런데 우리가 예서 울고 짜고 한들 무슨 의미가 있겠는가?"

장자는 바로 이런 사람이었다.

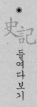

史記
들여다보기

『장자』는 장자의 제자들이 이야기를 모으고 보강하여 지은 책이다. 수많은 우화와 내화체 형식을 통해 장자의 사상을 표현하고 있다. 이 작품은 장자의 성격처럼 호방하고 자유로우며, 소탈하고 낭만적이어서 후세 문학에 또 다른 모범이 되었다. 대문호인 소식蘇軾도 『장자』를 읽은 후 글을 쓰는 참뜻을 깨달았다며, 막힘없이 자연스럽고 구속함이 없이 자유로운 글을 쓸 수 있게 되었다고 고백하였다.

장자

장자와 혜자

● 주요 인물
　백기, 왕전

● 주변 인물
　진나라 왕, 조나라 왕, 염파, 조사

● 키워드
　용맹하고 싸움을 잘하다

● 주요 사건
　장평의 전쟁

● 고사
　장평의 전쟁, 지상담병紙上談兵, 종이 위에서 군사를 논하다

● 이야기 출처
　『사기』 「백기왕전 열전白起王翦列傳」

白起、王翦

백기·왕전 : 진나라의 명장

진나라는 마침내 여섯 나라를 하나씩 쳐서 멸망시켰다. 진나라가 이렇게 큰 승리를 거둘 수 있었던 이유는 무엇일까? 나라가 부유하고 강대했기 때문일까? 아니면 외교정책을 유연성 있게 잘 구사했기 때문일까? 물론 그런 것도 중요한 요소였다. 그러나 가장 중요한 이유는 진나라에는 인재들이 많았고, 전쟁에 능한 용맹한 장수들이 있었기 때문이다. 백기白起, 왕전王翦은 그중에서도 특히 혁혁한 공을 세운 유명한 장수들이다.

1. 장평의 전쟁

백기는 진나라 소왕昭王의 수하에 있던 유명한 장수였다. 그는 진나라 소왕이 정권을 쥐고 있던 30여 년 동안 크고 작은 성을 수도 없이 쳐서 승리를 거두었고, 헤아릴 수 없을 만큼 많은 적군의 머리를 베었다.

진나라 소왕 43년(기원전 264년), 백기는 병사들을 이끌고 한나라로 쳐들어가 성 다섯 개를 빼앗고 5만 명의 머리를 베었다. 소왕 44년에는 남양南陽을 쳐서 태항도太行道를 끊었으며, 45년에는 한나라의 야왕野王, 지금의 하남성 심양沁陽을 정벌하고 진나라에 투항시켰다. 또 백기가 상당上黨의 도로를 끊어 상당군은 더 이상 버틸 수 없는 상황이 되었다. 군수 풍정馮亭은 사람들을 불러 의논하였다.

"이미 한나라의 백성으로 살 수 없게 된 이상, 차라리 조나라로 귀순합시다. 조나라가 상당을 받아준다면 진나라는 화가 나서 조나라를 치려고 할 것이오. 그렇게만 되면 조나라는 깜짝 놀라 한나라와 동맹을 맺으려 하지 않겠소? 한나라와 조나라가 손을 잡으면 진나라에 대항할 수 있을 것이오."

사람들이 모두 동의하자 풍정은 사람을 보내 조나라 왕에게 자신들을 받아달라 청하였다. 멀리 내다보는 식견이 없었던 조나라 군신들은 군 하나를 거저 얻을 수 있다는 생각에 마냥 좋아하며 상당군을 받아주었다. 그리고 풍정에게 계속해서 군수의 자리를 맡겼다.

소왕 47년, 진나라는 좌서장左庶長 왕흘王齕를 보내 한나라를 치고 상당을 차지하였다. 상당군의 백성들은 모두 조나라로 도망하였다. 조나라가 막 상당군의 백성들을 위로하였을 때 진나라 대군이 노기등등하여 조나라를 공격해 들어왔다. 조나라는 급히 대장군 염파廉頗를 상당군에 주둔시켜 진나라 군대를 막게 하였다.

그러나 조나라 군대는 진나라 군대의 적수가 되지 못했다. 겨우 몇 달 만에 진나라 군대는 조나라 군대의 정삼위에서 종사위까지 이르는 무관들과 부장들을 하나씩 죽이고 조나라의 진영을 하나씩 쳐부수었다.

염파는 병영을 굳게 지키라는 명을 내리고 진나라 군사들이 어떻게 도전해 오든 일절 상대해 주지 않았다.

그러자 장기전에 약했던 진나라 군대는 초조해졌다. 대치하는 시간이 길어지자 진나라 군사들은 불안해하기 시작했다. 이는 진나라에 매우 불리한 것이있다.

이를 지켜본 진나라 재상 범저范雎는 돌아서는 척하다가 공격하는 '반간계反間計'를 쓴다. 그는 먼저 첩자를 조나라로 보내 '진나라가 가장 무서워하는 사람은 조나라의 조괄趙括'이라는 헛소문을 퍼뜨리게 했다. 조나라 왕은 염파가 연이어 패배한 것도 모자라 무조건 성만 지키고 앉아 있는 꼴이 영 마음에 들지 않았다. 그래서 이 소문을 진짜라고 여기고 염파 대신 조괄을 상당군으로 임명해 보냈다.

그렇다면 조괄은 어떤 사람일까? 조괄은 조나라의 유명한 장수 조사趙奢의 아들이었다. 조사는 지혜와 용기를 겸비하여 전쟁에서 혁혁한 공을 세운 장수이다. 조괄은 이런 아버지 밑에서 자라면서 어릴 때부터 자연스럽게 병법을 익혔고 전술에 대해 논하는 것을 매우 좋아했다. 한번은 그와 아버지인 조사가 전략 문제로 논쟁을 벌일 때였다. 조괄의 청산유수와 같은 말은 장수인 조사도 당할 수가 없었다. 조괄의 어미는 그런 아들을 매우 자랑스럽게 생각했지만, 조사는 굳은 얼굴로 고개를 내저으며 말했다.

"괄이는 병법에 대해 전혀 모르오. 전쟁은 생사가 걸린 중대한 일이거늘, 괄이는 너무 쉽게 말하고 있소. 앞으로 조나라에서 괄이를 기용한다면 조나라는 참패하게 될 것이오."

그런 조괄이 왕의 명령을 받고 군대를 통솔해 떠나게 된 것이다. 조괄의 어머니는 조나라 왕에게 상소를 올렸다.

"제 아들 조괄은 장군으로서 적합하지 않습니다."

세상에 이런 어머니가 어디에 있겠는가? 조나라 왕은 기이하게 여겨 조괄의 어미에게 그 연유를 물어보았다.

조괄의 어미는 차근차근 그 이유를 설명했다.

"괄이의 애비인 조사는 대장군으로 있을 때 병사들을 친 부모와 형제처럼 대했으며, 폐하께서 내리신 것이 있으면 책략가와 사병들에게 나누어주고 자신은 하나도 갖지 않았습니다. 그러나 조괄은 이제 막 장수가 되어 거드름만 피울 줄 압니다. 괄이를 만나러 온 부하들은 감히 고개를 들어 괄이를 바라보지 못하지요. 폐하께서 괄이에게 금은보화나 비단을 상으로 주시면 괄이는 전부 집으로 가지고 와서 집안에 잘 쟁여놓습니다. 그리고 날마다 좋은 밭과 집을 둘러보고 사들입니다. 지금까지 괄이가 하는 짓은 그 아비와는 전혀 달랐지요. 그러니 괄이를 전쟁터에 내보내지 마십시오."

'다 자기만의 길이 있는 법!'이라며 조왕은 명령을 번복하려 하지 않았다.

"나는 이미 뜻을 정했으니 노부인께서는 더 이상 아무런 말도 하지 마시오."

조괄의 어머니가 다시 물었다.

"폐하께서 이미 그 아이를 기용하기로 마음을 정하셨다면 어쩔 수 없지요. 허면 후일 그 아이가 직임을 다하지 못하여도 이 늙은이는 벌하지 않겠노라고 약속해 주십시오."

조왕은 그러겠다고 약속했다.

조괄은 득의양양하여 상당군으로 떠났다. 그는 염파의 자리를 대신하자마자 전쟁의 방식을 대폭 바꾸고 관리를 재배치하였다.

이 소식을 들은 백기는 신속히 군대를 재배치했다. 그리고

401

조괄이 출병하여 진나라 군대와 교전을 벌이자 지는 척하며 도망쳤다. 그러자 기세등등해진 조괄은 여세를 몰아 진나라 군사들을 추격해 갔다. 진나라 군대의 진영까지 미쳤을 때야 비로소 진영의 수비가 철통같아 도저히 뚫을 수 없다는 것을 깨달았다. 뒤늦은 후회였다. 이때 백기는 2만 5천 명의 기병을 보내 조나라 군대의 퇴로를 막았다. 또 5천 명의 정예병들을 진영 앞으로 보내 조나라 군대가 앞뒤로 나뉘게 했다. 뿐만 아니라 조나라 군대의 군량미 수송로도 차단하였다. 진나라 군대의 반격이 시작되었다. 이미 이리저리 공격을 받고 당황한 조나라 군대에게 사기가 남아 있을 리 없었다. 결국 조나라 군사들은 어쩔 수 없이 그 자리에 방어벽을 세우고 구원병이 올 때까지 나오지 않았다.

그 소식을 들은 진나라 왕은 사기를 북돋아 완전한 승리를 얻을 결심을 한다. 그는 친히 백성들을 찾아가 장정들을 징집하여 장평에 집결시켰다. 조나라 구원병과 군량미가 오는 길을 완전히 차단해 버린 것이다.

그렇게 하루하루가 지나 조나라 군대에 군량미가 끊어진 지도 46일이 되었다. 배고픔을 견딜 수 없게 된 군영에서는 사람까지 먹는 비참한 광경이 펼쳐졌다. 그들은 더 이상 어찌할 방법이 없어 억지로 포위를 뚫고 나갈 계획을 세운다. 조괄은 병사들을 네 갈래로 나누어 동서남북으로 뚫고 나가도록 했다. 그러나 네댓 번을 시도하여도 매번 실패만 할 뿐이었다. 조괄은 직접 최고의 기마병들을 선발하여 다시 포위망을 뚫으려고 하였다. 그러나 진나라 병사들과 마주치자 조나라 병사들은 뿔뿔이 흩어졌고, 조괄 역시 진나라 병사들이 쏜 화살에 맞아 죽게 되었다.

장수가 죽자 병사들은 순식간에 다 쓰러졌다. 조나라의 40만 대군은 결국 진나라에 투항하고 만다.

'조나라 사람들은 변덕이 심하니 믿으면 안 될 것이다. 어차피 살려둬도 쓸모없는 인간들, 또다시 전쟁을 일으키지 못하도록 모조리 죽이는 것이 더 나으리라.'

이렇게 생각한 백기는 커다란 구덩이를 파고 40만 명에 달하는 조나라 군사들을 모두 산채로 묻어 버렸다. 조나라에게 이것은 엄청난 충격이었다.

조나라 왕은 약속을 지켜 조괄의 어미에게는 죄를 묻지 않았다.

이것이 바로 그 유명한 '장평의 전쟁'이다. '장평의 전쟁'은 조나라 왕이 지상담병紙上談兵, 즉 종위에 적힌 병법만 잘 아는 조괄을 기용해 엄청난 손실을 입고 국력까지 약해진 사건을 말한다. 이때부터 조나라는 진나라에 대항할 힘마저 잃게 된다.

2. 왕전, 초나라를 멸하다

왕전은 진시황의 장수로 용맹하고 지략에 뛰어났으며 전쟁 경험 또한 풍부했다.

그 해 진시황은 전쟁의 대상을 강대국인 초나라로 정했다.

진나라에는 이신李信이라는 젊고 혈기 왕성한 장군이 있었다. 그는 연나라와의 전쟁에 수천 명의 병사와 말을 이끌고 가 연나라 태자인 단丹을 생포하는 큰 공을 세웠다. 진시황은 이에 이신을 매우 높이 사며 물어보았다.

"내가 초나라를 치려고 하는데, 자네가 사령관으로 나간다면 병사는 몇이나 필요하겠나?"

이신이 대답했다.

"20만 명만 있으면 충분합니다."

진시황이 왕전에게 같은 질문을 하자, 왕전이 대답했다.

"초나라는 대국이니 60만은 있어야 합니다."

진시황이 말했다.

"왕 장군이 늙어서 그런 것은 아니오? 어찌 이리 겁이 많아졌단 말이오? 이 장군은 용감하고 과감하니, 그의 계산이 맞을 것이오."

진시황은 이신과 몽념蒙恬에게 군사 20만을 주고 초나라로 진격하게 했다.

처음에는 이신의 군대가 몇 번 승리를 거두었다. 이신은 매우 기뻐했지만, 얼마 지나지 않아 초나라의 대군이 갑자기 맹공세를 퍼부으며 달려들었다. 아무런 방비도 하지 않고 있던 진나라는 손도 쓰지 못하고 연이어 패배하고 말았다. 게다가 초나라 군대가 공격을 늦추지 않고 사흘밤낮을 추격해 온 탓에 진나라 군대는 대패하고 만다.

이 소식에 놀라고 화가 난 진시황은 급히 마차를 타고 왕전을 찾아가 사과했다.

"노장군의 계책에 귀 기울이지 않아 이신의 군대가 대패하게 되었소. 이제 초나라 군대가 서쪽 변경으로 다가오고 있으니, 장군께서 나가 적을 막아 주시오."

그러나 왕전은 사양했다.

"신은 나이가 많고 병이 많으니, 다른 훌륭한 장수를 선택하십시오."

진시황은 다시 한 번 사과의 뜻을 전하며 말했다.

"됐소, 이제 더 이상 사양은 하지 마시오."

"폐하, 절 보내시려면 꼭 60만 대군을 주셔야만 합니다."

진시황이 대답했다.

"모든 것을 다 장군의 뜻대로 하겠소."

마침내 왕전이 60만 대군을 이끌고 남쪽으로 진군해 갔다. 진시황은 친히 함양성 교외까지 나와 왕전을 배웅했다. 떠나

기 전, 왕전은 진시황에게 많은 밭과 아름다운 저택을 달라고
요구했다. 이를 이상히 여긴 진시황이 물었다.

"장군이 출전하면 반드시 이기고 돌아올 터. 그때 가서 짐
이 상을 조금 줄까 걱정되시오?"

"폐하께서 저에게 잘해 주실 때 자손들을 위해 재산을 많이
마련해 두려고 합니다."

왕전의 대답에 진시황은 소리 내어 웃었다.

부대가 전방에 도착한 후 왕전은 다섯 번이나 조정에 상을
요구했다. 이 모습을 궁금하게 여긴 그의 심복이 물었다.

"장군, 왜 그리 부지런히 상을 요구하십니까? 그러다 사람
들에게 돈에 눈이 먼 사람이라 비웃음을 당할까 걱정입니다."

그러자 왕전이 설명해 주었다.

"자네가 몰라서 그러는 거네. 폐하께서는 과격하고 의심이
많은 분이시네. 그런데 지금 전국의 모든 병력을 끌어 모아
나 한 사람에게 맡기시지 않았나? 내가 전답과 저택을 많이
요구해 가산을 챙기는 것도 왕께 내가 다른 마음이 없다는 것
을 보이기 위함일세. 그래야 앞으로 무슨 일을 하더라도 아무
근거도 없이 날 의심하지는 않으실 것 아닌가?"

초나라는 왕전이 이신 대신 출전하는 데다 병사도 60만이
나 증병했다는 말을 듣고 전국의 모든 병력을 동원하여 전쟁
터로 나왔다. 그러나 실망스럽게도 왕전의 대군은 도착하자
마자 병영에만 틀어박혀 있었다. 초나라 군대가 아무리 싸움

을 걸어도 상대조차 해주지 않았다.

왕전은 날마다 병사들이 충분히 자고 뜨거운 물로 씻게 해주는 한편, 날마다 오락과 유흥을 즐기게 했다. 그리고 풍성한 음식을 준비하여 병사들과 함께 먹었다. 어느 정도 시간이 지나자 왕전은 사람을 보내 병사들이 어떤 놀이를 하며 시간을 보내는지 살펴오라 했다.

"지금 병사들은 무거운 돌을 던지거나 멀리뛰기 시합을 하며 놀고 있습니다."

왕전은 신이 나서 소리쳤다.

"좋아! 그건 병사들의 건강 상태가 좋고 기분이 좋다는 뜻이다. 전쟁을 하고 싶어 안달이 났으니 전쟁터에 내보내도 되겠구나!"

그때는 초나라 병사들이 몇 번이나 진나라를 공격했다가, 진나라의 무반응에 지쳐 동쪽으로 철수한 뒤였다. 왕전은 즉시 명을 내려 초나라 병사들을 추격하게 했다. 초나라 병사들은 진나라 군대 앞에 낙화유수처럼 쓰러졌고 대장군인 항연項燕 역시 죽임을 당했다.

일년 후 왕전은 초나라의 왕을 포로로 삼아 초나라를 멸망시켰다.

'한 장군의 공훈에는 수많은 병사들의 비참한 죽음이 있다'고 했던가? 전쟁을 통해 백기와 왕전은 명예를 떨쳤고 진나라 또한 강성해졌지만, 전쟁은 어쨌든 참혹한 것이다. 이후 진나라 왕의 중용을 받지 못하고 죽음을 명령받은 백기는 긴 긴 한숨을 내쉬며 탄식했다.

"내 진나라를 위해 큰 공을 세웠건만, 왕께서는 나에게 죽음을 주시는구나. 이 얼마나 억울한 일인가? 그러나 장평에서 조나라 병사 40만을 생매장했으니, 내가 여기서 죽는 것은 어쩌면 당연한 일인지도 모르겠구나."

말을 마친 백기는 칼을 휘둘러 자살했다.

史記
들여다보기

진나라 왕이 백기를 신임하지 않게 된 것은 소대의 반간계 때문이었다. 한나라와 조나라는 진나라의 공격을 받고 손을 쓸 수 없게 되자, 소진의 동생인 소대를 보내 진나라 재상인 범저를 설득시켰다.

"진나라의 왕께서 천하의 왕이 되시면 무안군 백기는 큰 공을 세웠다는 이유로 재상의 윗자리에 앉게 될 것입니다. 그래도 괜찮으시겠습니까? 또 상당의 백성들이 진나라 백성이 되길 원하지 않는 것은 매우 상징적인 일입니다. 아무리 영토를 빼앗아도 진심으로 왕께 귀순할 자는 얼마 되지 않는다는 것이지요. 그러니 무안군에게 땅을 빼앗기기 전에 땅을 떼어 조나라와 한나라에 주십시오."

범저는 소대의 말을 옳게 여겨, 승리의 여세를 몰아 초나라를 치러 가던 진나라 군대를 돌아오게 했다. 이 일로 백기는 범저를 매우 미워하게 되었다. 이후 초나라 군대가 진나라를 쳐서 큰 승리를 거두자 백기가 이렇게 말했다.

"소인의 계책을 듣지 않으시더니, 결국 화를 당하시는군요."

이 말을 들은 진나라 왕은 크게 노했다. 진나라 왕은 몇 번이나 백기에게 군대를 이끌고 출병하라 명하였으나, 백기는 병을 핑계로 끝까지 사양했다. 결국 진나라 왕은 검을 내려 백기에게 자살을 명령했다.

백기

● 주요 인물
  맹상군, 평원군, 신릉군(위공자), 춘신군

● 주변 인물
  풍환, 모수, 후영, 주해 등

● 키워드
  사노를 키우다, 지략

● 주요 사건
  제의 재상이 된 맹상군, 초와 합종한 평원군,
  조를 구한 위공자, 초나라 왕을 세운 춘신군

● 고사
  계명구도鷄鳴狗盜, 보잘것없는 재능, 어중이떠중이, 모수자천毛遂自薦, 모수, 스스로를 추천하다,
  풍환매의馮驩買義, 풍환, 의리를 사다, 탈영이출脫穎而出, 남보다 뛰어나다,
  절부구조竊符求趙, 훔친 병부로 조나라를 구하다

● 이야기 출처
  『사기』「맹상군 열전孟嘗君列傳」·「평원군·우경 열전平原君虞卿列傳」·
  「위공자 열전魏公子列傳」·「춘신군 열전春申君列傳」

战国四公子

전국시대 4공자 : '사'를 키운 대부호들

전국시대에는 '사士'라는 특수한 계층이 출현한다. 사 계층 중에는 학문을 연구하는 사람, 무술을 연마한 사람, 유생 등 다양한 유파의 출신들이 다 있었다. 그들의 공통점은 대부분 집이 가난해서 왕이나 귀족, 권신들의 문하에 들어가 몸을 의탁했다는 것이다. 또 당시의 세도가나 부호들은 자신의 권세와 지위를 지키는 한편, 나라에 도움을 주기 위해 사 계층을 발굴하며 필요한 지혜를 얻었다. 그리하여 앞 다투어 '사'를 양성하는 현상이 나타났다. 그중에서도 사 계층을 가장 많이 양성하여 '전국시대 4공자'라 불린 네 명의 귀족들이 있다. 그들은 바로 제나라의 맹상군孟嘗君인 전문田文, 조나라 평원군平原君인 조승趙勝, 위나라 신릉군信陵君인 위무기魏無忌, 초나라 춘

신군春申君인 황헐黃歇이다. 이들 네 귀족은 자기 문하에 3천여
명의 식객을 거느렸다고 한다.

전국 시기 네 공자와 그들의 수하에 있던 가지각색의 '사'
들은 여러 유파에 대한 글을 쓰거나 나라를 지키는 기묘한 방
법들을 생각하고 정리하였다. 그들의 출현으로 전국 시기라
는 '역사의 하늘'은 과거 어떤 시기보다도 더 풍부하고 찬란
하게 빛났다.

1. 맹상군 이야기

성은 전, 이름이 문이었던 맹상군은 전영田嬰의 아들이었
다. 전영은 제나라 위왕威王의 막내아들이자 제나라 선왕의
배다른 동생이었다. 전영은 손빈이 지휘한 마릉馬陵 전쟁에
부장군으로 참전했으며, 이후 11년 동안 제나라의 재상으로
있으면서 높은 지위와 나라를 세울 수 있을 만큼의 엄청난 부
를 누렸다.

전영에게는 40여 명의 자녀가 있었는데, 그중 전문은 음력
5월 5일에 태어난 아이였다. 당시 사람들은 음력 5월 5일에
태어난 아이는 자라서 부모와 상극이 된다는 미신을 믿고 있

었다. 그래서 전문이 태어나자마 전영은 몹시 불쾌해하며, 전문의 모친에게 아이를 내다버리라고 했다. 그러나 그녀는 차마 아이를 버리지 못해 남편 몰래 키웠다.

눈 깜짝할 사이 몇 년의 시간이 흘러 전문도 소년이 되었다. 어느 날 전문은 형제들과 함께 아버지께 인사를 올리러 가게 되었다. 그러나 전문을 본 아버지는 크게 노하며 모두의 앞에서 전문의 어머니를 불러 호통을 쳤다.

"내가 이 녀석을 버리라고 했거늘, 어찌 내 말을 거역한 게요?"

이 말을 들은 전문은 그 자리에서 바로 아버지 앞에 무릎을 꿇고 머리를 조아리며 물었다.

"아버지, 제가 음력 5월 5일에 태어났다고 안 키우려고 하시는 겁니까?"

전영이 대답했다.

"음력 5월 5일에 태어난 아이는 어른이 되면 집안만큼 커져서 부모에 대항할 것이라고 했다."

전문이 말했다.

"아버지, 그렇다면 사람이 살고 죽는 것은 하늘이 정한 운명에 달린 것입니까? 아니면 집안에 달린 것입니까?"

순간 전영은 아들이 왜 그런 질문을 하는지 몰라 어안이 벙벙해졌다. 전문은 계속 말을 이어갔다.

"만약 하늘이 운명을 정해 주는 것이라면 부모님의 운명은

413

저와 아무런 관계도 없을 것입니다. 그러니 저에게 해를 당할까 걱정하실 필요가 전혀 없습니다. 하지만 가문이 운명을 결정한다면 아주 간단합니다. 가문의 위상을 더 높이면 되지 않겠습니까?"

전영은 속으로 전문의 지혜에 감탄하며 아들에 대한 미움을 잊을 수 있었다.

그때부터 전영은 전문이 다른 형제들과 함께 전씨 집안을 관리하는 것을 허락했다. 얼마 후 전문은 집안의 폐단을 발견한다. 그래서 기회를 보았다가 아버지에게 여쭤보았다.

"아버지, 아들의 아들을 무엇이라고 부릅니까?"

전영을 생각할 것도 없다는 듯 즉시 대답했다.

"손자지."

"손자의 손자는 무엇이라 부르지요?"

"현손이라 하지."

"현손의 손자는 또 무엇이라 합니까?"

전문이 계속 물어보자 전영이 짜증스럽게 대답했다.

"아이고, 그건 너무 까마득하지 않느냐. 나도 모르겠다. 근데 오늘 너 왜 그러는 게냐? 갑자기 그렇게 간단한 건 왜 묻는 게야?"

전문은 미소를 거두며 진지한 표정으로 말했다.

"부친께서는 제나라에서 재상으로서 세 번째 왕을 모시고 계십니다. 나라의 영토는 한 척도 확장되지 않았는데 저희 집안은 만 냥의 황금을 모았습니다. 그런데 재능 있는 문객이라고는 하나도 거두지 않으셨지요. '장군의 집에서 장군이 나오고 재상의 집에서 재상이 나온다'는 말이 있습니다. 아버지의 처와 첩, 하녀들은 온몸에 비단옷을 걸쳤으나 현인들은 낡고 헐은 옷을 걸쳤으며, 아버지의 하인들은 먹어도 줄지 않는 맛있는 요리들에 둘러싸여 있으나 현인들은 지게미와 쌀겨조차 먹지 못하고 있습니다. 이렇게 보면 나라는 날로 약해지고 있는 것인데 부친께서는 어떻게든 재산을 모아 자손들에게 물려주려 하시니, 이 얼마나 말이 안 되는 일입니까?"

이 말을 들은 전영은 가슴이 뭉클해졌다. 수많은 자식들 중에서 진심으로 전씨 집안의 먼 미래까지 생각하고 있는 사람은 전문뿐이었다. 게다가 그의 학식은 실로 놀라운 것이었다. 그래서 이날부터 전영은 집안의 모든 일을 전문에게 맡기고 빈객들을 만나고 접대하게 했다.

그러자 전씨 집안을 찾는 빈객은 나날이 많아졌고, 전문의 명성도 각 제후들 사이에 널리 퍼지게 되었다. 제후들은 너도나도 전영에게 전문을 후계자로 세우라고 충고했고, 전영도 이에 동의했다. 전영이 죽은 후 전문이 아버지의 뒤를 이었으니, 그가 바로 맹상군이다.

맹상군은 친구를 잘 사귀는 사람이었다. 상대방이 재능이 있든 없든, 그의 신분이나 지위가 어떻든, 죄를 짓고 도망쳐 온 사람이든 상관하지 않았다. 그저 자신을 찾아오면 모두 평등하게 대해 주었다. 그래서 사람들은 자신이 맹상군과 가장 친한 사람이라고 믿었다. 빈객들을 후히 대접하기 위해 맹상 군은 집안의 모든 재산을 다 썼다고 한다. 한때는 천하에 재 능 있는 인재들이 벌떼처럼 몰려올 정도였다.

맹상군은 빈객을 맞이하거나 함께 대화를 나눌 때 기록하 는 사람을 병풍 뒤에 앉혀 두고 그들의 대화 내용과 빈객의 집안에 어떤 사람이 있는지, 어떤 곳에 사는지를 전부 기록하 게 하였다. 손님이 떠나고 나면 맹상군은 사람을 보내 그의 집을 방문하여 가족들에게 재물도 주었다.

맹상군은 지위가 높음에도 불구하고 빈객들과 완전히 똑같 은 생활을 하였다. 한번은 맹상군이 손님과 함께 저녁을 먹고 있을 때였다. 어떤 사람이 촛불을 막아 방안이 어두워지자 손 님 중 한 사람이 속으로 맹상군을 비웃었다.

'대체 어떤 산해진미를 먹기에 우리도 못 보게 하고 저리 몰래 먹는 것일까?'

그는 젓가락을 집어 던지더니 자리를 박차고 나가 버렸다. 맹상군은 급히 일어나 그 손님을 뒤쫓아 나갔다. 연유를 알게 된 맹상군이 자신의 밥을 가져와 보여주었는데 손님의 것과 똑같았다. 그 손님은 부끄러움을 못 이겨 소매 춤에서 칼을 빼어들고 자살했다.

이 사건으로 세상 사람들은 맹상군의 사람됨과 손님을 후 대하는 그의 성품을 깊이 이해하게 되었다. 그를 경모하여 찾아오는 사람 또한 더욱 많아졌다. 진나라 소왕도 이 일을 전해 듣고 맹상군을 자신의 나라로 불러들이고 싶어 했다. 문객들은 진나라는 범과 이리처럼 잔인한 나라이니 가지 말라고 맹상군에게 충고하였다. 그러나 제나라 왕은 진나라의 압박을 이기지 못하고 맹상군에게 진나라로 떠나라는 명령을 내렸다. 맹상군은 어쩔 수 없이 그의 문객들을 데리고 긴 행렬을 이루며 진나라로 향했다.

진나라 소왕은 맹상군을 매우 미음에 들어 하며 그를 재상으로 삼았다. 그러던 중 진나라 사람 중 하나가 소왕에게 말했다.

"맹상군이 현명하긴 하나 제나라의 왕족입니다. 그런 사람에게 진나라의 재상 자리를 맡기면 진나라와 제나라 간에 충돌이 생길 때 제나라를 먼저 편들지 않겠습니까?"

그 말도 일리가 있다 여긴 진 소왕은 맹상군의 재상직을 박탈하고 그를 구금했다. 뿐만 아니라 후환을 없애기 위해 그를 죽이려고 하였다.

이렇게 상황이 위급해지자 맹상군은 진나라 소왕의 애첩에게 사람을 보내 도움을 요청하였다. 소왕 앞에서 맹상군의 편을 들어달라는 것이었다. 소왕의 애첩이 조건을 내걸었다.

"좋은 말을 해주는 것은 어렵지 않습니다만, 조건이 하나 있습니다. 제게 맹상군의 백여우 털로 만든 옷을 주십시오."

사자는 애첩의 말을 맹상군에게 전했다. 문객들은 모두 어안이 벙벙해졌다. 맹상군에게는 백여우 털옷이 있었는데 워낙 그 털이 가늘고 부드러워 값이 금 천 냥은 나갔다. 문제는 세상에 그 옷이 단 한 벌뿐이라는 사실이었다. 맹상군은 세상에 하나밖에 없는 이 여우 털옷을 진나라에 도착했을 때 소왕에게 이미 바쳤었다. 그런데 어디서 다시 똑같은 여우 털옷을 구한단 말인가? 맹상군은 애가 타 어쩔 줄 몰라 했다.

갑자기 한 문객이 일어나 말했다.

"제가 개 울음소리를 낼 줄 아니, 궁으로 몰래 잠입하여 그 백여우 털옷을 훔쳐 오겠습니다."

맹상군이 보니 그는 과거 도둑질을 했던 사람이었다.

그날 밤 그 문객은 개가죽을 몸에 두르고 왕궁으로 잠입해 들어갔다. 문을 지키는 병사들은 '멍멍' 개 짖는 소리를 듣고 더 이상 그에게 신경을 쓰지 않았다. 그는 보물창고의 문을 타고 들어가 백여우 털옷을 훔쳐 나왔다.

맹상군이 백여우 털옷을 소왕의 첩에게 바치자, 애첩은 매우 기뻐하며 하루 종일 소왕 앞에서 맹상군의 칭찬을 늘어놓았다. 마침내 소왕은 맹상군을 풀어주라는 명령을 내렸다.

구사일생으로 살아난 맹상군은 석방 명령을 듣자마자 즉시 마차와 짐을 정리하고 이름도 바꾸었다. 그리고 다른 사람처럼 변장하고 밤이 깊어지자 신속히 진나라를 떠났다.

한밤중에 그들 일행은 함곡관에 도착했다. 함곡관은 진나라를 출입하는 관문이었기 때문에 이곳만 빠져나가면 진나라의 법은 아무런 효력도 발휘하지 못했다. 그러나 관례상 새벽 닭이 울어야만 함곡관의 문을 열었다.

그 시각, 소왕은 맹상군을 풀어준 것이 후회되어 알아보니 맹상군은 이미 도망갔다고 했다. 그는 즉시 사람을 보내 맹상 군을 잡아오게 하였다.

함곡관 앞에서 배회하던 맹상군은 진왕이 후회하여 사람을 보낼까 걱정되었다. 함곡관에서 무작정 기다리는 것이 좋은 방법이 아님을 그는 잘 알고 있었다. 하지만 근위병들이 문을 열게 할 방법 또한 없었다. 그는 칠흑같이 어두운 밤하늘을 초조한 마음으로 바라보며 긴 한숨을 내쉬었다.

"아, 하늘이 정녕 나를 버렸단 말인가?"

말이 떨어지기가 무섭게 맹상군의 문객들 사이에서 우렁찬 닭 울음소리가 몇 차례 울려 퍼졌다. 맹상군은 깜짝 놀랐다. 아니, 어떻게 한밤중에 닭이 우는 것일까? 자세히 보니 그의 문객 중 누군가 목을 잡고 닭 울음소리를 내고 있었다. 닭 울음소리에 날이 밝은 줄 안 근위병은 잠이 덜 깬 눈을 비비며 문을 열어주었다.

이렇게 맹상군 일행은 무사히 함곡관을 빠져나갈 수 있었 다. 날듯이 말을 달려 쫓아온 진나라 군사들은 간발의 차이로 맹상군을 잡지 못하고 빈손으로 돌아갔다.

처음 맹상군이 닭 울음소리와 개 울음소리를 잘 내는 빈객 을 맞아 주었을 때 다른 빈객들은 그것을 일종의 수치라고 생각했다. 그러나 그들 일행이 무사히 진나라를 벗어나는 순간, 모두들 맹상군의 선견지명을 깨닫고 놀라워했다.

맹상군이 제나라에 돌아오자 그의 명성은 더욱 드높아졌고, 제나라 왕도 그를 더욱 신임하게 되었다. 그리고 맹상군 수하에 들어오는 문객도 더 많아졌다.

어느 날 풍환馮驩이라는 문객이 맹상군을 찾아와 식객이 되고 싶다고 말했다. 맹상군은 그의 짚신과 낡은 옷을 보고 물었다.

"선생은 어떤 재주가 있소?"

풍환이 대답했다.

"전 아무런 재주도 없습니다. 집이 너무 가난하여 먹을 게 없으니, 여기 오면 굶지는 않겠다 싶어 찾아온 것입니다."

맹상군은 그에게 최하급의 객방을 내어주었다.

며칠이 지나자 맹상군은 하급 가옥을 관리하는 사감을 불러 물어보았다.

"새로운 풍 선생은 무엇을 하던가?"

사감이 대답했다.

"풍 선생은 너무나 가난하여 가진 것이라고는 검 하나밖에 없습니다. 밧줄로 검 손잡이를 맨 것이지요. 풍 선생은 검을 퉁기며 노래를 불렀습니다. '장검아, 장검! 우리 그만 돌아가자! 여기 식탁에는 생선 하나 올라오지 않는구나!'"

맹상군은 웃음을 터뜨렸다.

"오, 대우가 별로라 마음에 안 든 모양이로군."

그래서 풍환을 중등 객방에 묵게 하고 매 끼니마다 그의 밥상에 생선을 내놓게 하였다.

닷새가 지난 후 맹상군은 또 사감에게 풍환에 대해 물어보았다.

"풍 선생은 검을 퉁기며 노래를 하셨습니다. '장검아, 장검! 우리 그만 돌아가자. 여긴 밖에 나갈 때 마차도 안 주는구나.'"

사환의 대답에 맹상군은 다시 웃으며 말하였다.

"그 사람 바라는 것도 많구나."

그러고는 즉시 그에게 최고급의 객방을 주고 전용 마차까지 배정해 주었다.

또 닷새가 지나 맹상군은 사감에게 풍환이 어떤지 물어보았다. 풍환이 매우 만족했으리라 생각했는데, 사감의 대답은 의외였다.

"풍 선생은 장검을 퉁기며 노래를 부르셨습니다. '장검아, 장검! 우리 그만 돌아가자! 여긴 돈을 안 주니, 식구를 먹여 살릴 수가 없구나.'"

그 말에 맹상군은 매우 불쾌해져 속으로 중얼거렸다.

'정말 욕심이 끝도 없는 인간이군.'

하지만 아무런 말도 하지 않고 전부터 그래 왔던 것처럼 풍환에게 후한 대우를 해주었다. 그리고 자주 풍환의 집에 사람을 보내 그의 어머니에게 돈을 주었다.

그제야 풍환은 노래하던 것을 멈추었다. 그렇게 아무런 일도 없이 일년이 지나갔다.

당시 제나라의 재상이던 맹상군의 봉지는 벽성薜城이었다. 그는 그곳 백성들이 바치는 조세와 이자를 받아 빈객들에게 필요한 것을 제공하고 있었다. 그런데 어느 해 벽성의 작황이 좋지 않아 조세와 이자가 제대로 걷히지 않았다. 빈객들을 먹여 살리는 데 큰 문제가 생긴 것이다. 맹상군은 시름에 잠겨 주변 사람들에게 물어보았다.

"누가 나 대신 벽성에 가서 빚을 받아 오겠는가?"

이때 사감이 대답했다.

"풍환 선생이 다른 재주는 없지만 충직하고 성실하며 언변에도 뛰어납니다. 그러니 풍환 선생을 보내 보시지요."

그래서 맹상군이 풍환을 불러 물으니, 풍환은 자신이 가겠다고 대답했다. 떠나기 전 그는 맹상군에게 물었다.

"빚을 다 받은 후 무엇을 사서 돌아올까요?"

맹상군이 대답했다.

"우리 집에 부족한 것이 무엇인가 생각하고 사 오면 되네."

벽성에 도착한 풍환은 맹상군에게 돈을 빌린 사람들을 불러 모아 이자 10만 냥을 거두었다. 그는 그 10만 냥으로 여러 마리의 닭과 오리, 소, 양, 생선 그리고 술을 사왔다. 그리고 방을 붙였다.

맹상군에게 돈을 빌린 사람은 갚을 능력이 있든 없든, 내일 아침 모두 차용증을 가지고 나오시오. 좋은 술과 맛있는 고기로 모두를 대접하겠소.

백성들은 풍환이 뭘 하려는지 알지 못했지만, 일단 좋은 술과 맛있는 고기가 있다는 말에 이튿날 정한 장소로 모였다. 풍환은 일단 별다른 설명은 하지 않고 모든 사람들이 맛있는 요리를 마음껏 먹고 즐기도록 해주었다.

사람들이 술에 취해 주흥이 올랐을 때 풍환은 차용증을 들고 모두의 앞에 나와 장부와 대조해 보였다. 그리고 이자를 갚을 수 있는 사람이 있으면 최종 이자 납부 기한을 정했다. 또 가난해서 이자를 상환할 수 없는 사람들은 차용증을 내게 한 뒤 한데 모아 태워 버렸다. 그 순간 자리를 함께 한 사람들은 깜짝 놀라 젓가락을 내려놓았다. 그러고는 가만히 풍환의 의도가 무엇인지 살폈다. 풍환은 앞으로 나가 백성들에게 큰 소리로 말했다.

"맹상군께서 여러분에게 돈을 빌려 주셨던 것은, 여러분이 난관을 극복하도록 돕고 싶었기 때문이었소. 또 이자를 받은 것은 그 분의 수하에 있는 3천 문객의 생활을 해결해 주기 위함이지, 절대 자신의 배를 채우기 위함이 아니오. 그러니 지금 갚을 수 있는 사람은 마지막 기한까지 돈을 내도록 하시오. 그리고 너무 가난해서 이자를 낼 수 없는 사람은 원금까지 모두 안 받도록 하겠소. 모두들 마음을 활짝 열고 기분 좋게 쭉 들이켜시오. 맹상군이 여러분에게 잘 해주었던 것만 기억해 주면 그것으로 충분하오!"

풍환의 뜻밖의 말에 벽성 백성들은 기뻐하며 모두 벌떡 일어났다. 그리고 "맹상군 만세!"를 외쳤다.

풍환이 차용증을 태워 버렸다는 말을 들은 맹상군은 화가 치밀어 올랐다. 그래서 즉시 사람을 보내 풍환을 데려오게 했다. 풍환을 보자마자 맹상군은 호통을 퍼부었다.

"이자를 못 받으면 뭘 가지고 문객들을 먹이란 말이냐? 대체 벽성에서 무슨 짓을 한 게냐?"

맹상군의 기세에도 풍환은 전혀 당황하지 않고 침착하게 자신의 의도를 설명했다.

"제가 술과 고기를 준비한 것은 사람들이 모두 한데 모이게 하기 위함이었습니다. 사람들이 한데 모여 먹고 마실 때 저는 옆에서 유심히 관찰하였습니다. 그러니 누가 돈이 있는 사람인지, 누가 몇 대째 술과 고기 냄새조차 못 맡을 정도로 가난하게 살았는지 한눈에 보였습니다. 돈 있는 사람에게야 당연히 빌려간 돈을 받아야 할 것입니다. 그러나 가난한 사람들은 계속 빚 독촉을 받으면 도망가거나 소란을 피울 것이며, 맹상군께서 백성을 아낄 줄 모르는 자라 원망할 것입니다. 벽성은 대인의 봉지입니다. 헌데 벽성의 백성들조차 경에게 반대한다면 문객들을 무슨 수로 키우겠습니까? 떠나기 전 경께서는 제게 집안에 없는 것을 사오라고 하셨습니다. 제가 보니 이 댁에 금은보화와 산해진미, 그 어느 것도 부족한 게 없었으나 경을 향한 백성들의 따뜻한 정, 즉 인정과 의리는 부족했습니다. 그래서 제가 그 정을 사가지고 온 것입니다."

그 말을 들은 맹상군은 그 뜻을 헤아리고 박수를 치며 좋아했다. 그리고 풍환에게 몇 번이나 감사의 인사를 했다.

이후 제나라 왕은 진나라와 초나라의 이간질에 넘어가 맹상군이 제나라의 대권을 독식하고 자신보다 명성이 높다는 말을 믿어 버렸다. 그래서 맹상군에게서 재상의 자리를 박탈하고 직위를 강등시켜 벽성으로 보내 버렸다.

나무가 넘어지면 나무에 있던 원숭이도 다 흩어진다는 말처럼, 식객들은 맹상군이 예전 같지 않음을 보고 모두 멀리 떠나 버렸다. 하지만 풍환은 맹상군과 함께 벽성으로 가주었다. 벽성에 들어가자 백성들은 노인을 부축하고 어린아이의 손을 잡아 이끌며 맹상군에게 나와 술과 고기를 바쳤다. 맹상군은 감동하여 풍환의 손을 잡았다.

"이 모든 게 선생의 공이네."

그러자 풍환이 청했다.

"제게 마차를 한 대 빌려주시면 이전의 재상직을 되찾고 지금보다 더 큰 봉지를 받으시도록 해 드리겠습니다."

맹상군은 풍환의 청대로 마차를 빌려주었다.

풍환은 마차를 타고 진나라로 가 진 왕에게 물었다.

"폐하, 제나라 왕이 맹상군을 파면한 일을 알고 계십니까?"

진나라 왕은 속으로 생각했다.

'그건 내가 뒤에서 조정한 일이 아닌가!'

풍환은 계속 말을 이어갔다.

"제나라가 제후국들의 존경을 받은 것은 맹상군이 백성을 잘 다스렸기 때문입니다. 맹상군이 제나라 왕에게 파면을 당한 지금, 대왕께서 맹상군을 진나라로 불러오시면 천하의 인재는 맹상군의 어진 명성을 따라 진나라로 올 것입니다. 이것이야말로 대왕이 패자가 될 수 있는 좋은 기회가 아닙니까? 어서 사람에게 예물을 들려 보내 맹상군을 청해 오십시오. 절대 이 기회를 놓쳐서는 안 됩니다. 만약 제나라 왕이 잘못을 깨닫고 다시 맹상군을 기용한다면 제나라는 더욱 강대해질 것입니다."

풍환의 말에 진나라 왕은 기회를 놓칠세라 맹상군을 모셔오라 사람을 보냈다. 더불어 수레 열 대에 금은보화를 실어 함께 보냈다. 풍환은 일을 마치자 바로 출발해 진나라 사자보다 먼저 제나라로 돌아왔다. 그리고 제나라 왕을 만나 뵈었다.

"진나라 왕이 맹상군을 재상으로 삼겠다며 보낸 사자와 예물이 지금 성 아래 와 있습니다. 만약 폐하께서 맹상군을 다시 기용하지 않으신다면 진나라에 빼앗기게 될 것입니다."

제나라 왕은 반신반의하며 사람을 변경으로 보내 소식을

알아보게 했다. 과연 얼마 지나지 않아 날랜 말을 타고 온 사자가 진나라 왕이 수레와 금은보화를 보내 맹상군을 청하려 한다는 말을 전해 왔다. 제나라 왕은 깜짝 놀라 즉시 맹상군을 다시 부르고 재상의 직위도 회복시켜 주었다. 또한 식읍食邑⁹ 천 호戶도 더 봉해 주었다.

진나라의 사자는 맹상군이 다시 재상이 된 것을 보고 즉시 수레를 돌려 진나라로 돌아갔다. 그러자 흩어졌던 식객들도 하나둘 다시 돌아왔다.

'교활한 토끼는 굴을 세 개 파놓는다'는 말이 있다. 교활한 토끼는 자신을 위해 몸을 숨길 수 있는 굴을 여러 개 준비해 둔다는 말이다. 맹상군이 닭 울음소리와 개 도둑을 받아준 것과 풍환이 차용증을 태운 일은 모두 장래를 위한 준비였다. 이처럼 세상살이에서 가장 중요한 것은 멀리 내다보는 식견을 가지는 것이다.

2. 평원군 이야기

평원군 조승은 조나라 군주인 효성왕孝成王의 삼촌이었다. 제나라의 맹상군과 마찬가지로 그 역시 문객들을 거두기 좋아하여 3천 명이나 데리고 있었다고 한다. 혜문왕惠文王과 효성왕 밑에서 모두 재상을 지낸 그는 당시 대단한 명성을 누렸다.

평원군의 집에는 층집이 하나 있었는데, 그 아래쪽으로 일반 백성들의 집이 붙어 있었다. 평원군에게는 절세미인인 첩이 하나 있었는데, 그는 그 첩을 매우 사랑했다. 그 첩은 매일 아침 그 층집에 나와 신선한 새벽 공기를 마시며 맞은편에서 백성들이 오가는 것을 구경했다. 그런데 며칠째 어슴푸레 날이 밝아오면 한 사람이 다리를 절뚝거리며 물을 길러 나오는 것이었다. 그가 물을 가득 채워 집으로 돌아갈 때면 몸의 균형이 맞지 않아 꽤 많은 양의 물이 출렁이며 통 밖으로 흘러 넘쳤다.

"어머나, 저 사람 좀 봐, 정말 우습지 않아?"

그럴 때마다 평원군의 첩은 자신도 모르게 웃음을 터뜨렸다.

화가 치민 절름발이는 평원군의 집을 찾아와 하소연하며 이렇게 부탁했다.

"공자께서 사를 들이기 좋아하신다 들었습니다. 사들이 불원천리를 마다않고 공자의 밑에 들어온 것은 공자께서 사를 중히 여기시고 천한 첩은 가벼이 여기시기 때문입니다. 그런데 제가 불행하게 불구의 몸이 된 것임에도 공자의 첩은 절비웃고 모욕했습니다. 그러니 제게 그 여자의 머리를 주십시오."

평원군은 절름발이의 말이 놀라우면서도 우스웠다. 하지만 절름발이의 화가 난 모습을 보며 겉으로는 아무런 말도 하지 않았다. 그리고 그저 미소만 지으며 대충 얼버무렸다.

"알았네, 알았어. 그거야 어렵지 않지."

절름발이가 나간 후 대청으로 건너간 평원군은 더 이상 웃음을 참지 못하고 문객들을 향해 하하하 웃어댔다.

"재밌다. 정말 재밌어! 저 바보 같은 놈을 보라지. 사랑하는 애첩이 한번 웃었다고 죽여 달라고 하다니, 이거 너무 심한 것 아니오?"

그로부터 일년이 훌쩍 지난 어느 날 평원군 문하에 있던 빈객 중 절반 이상이 그를 떠나버렸다. 기이하게 여긴 평원군이 사람들에게 물어보았다.

"나 조승이 빈객들에게 실례를 범한 적이 없거늘, 어찌하여 이렇게 많은 사람이 떠난 것인가?"

그때 빈객 중 한 사람이 앞으로 나와 말했다.

"이는 공자께서 절름발이를 비웃은 첩을 죽이지 않으셨기 때문입니다. 모두 공자께서 미인만 사랑하시고 사는 무시한다고 생각하고 있습니다. 그래서 공자를 떠나 새로운 명군을 찾는 것이지요."

그 말을 듣고 곰곰이 생각해 보니 부끄러움이 밀려왔다. 평원군은 즉시 그 여인의 머리를 베게 한 후, 직접 절름발이를 찾아가 전해 주며 진심으로 사죄하였다. 그때부터 그의 문하로 빈객들이 다시 돌아왔다고 한다.

진나라가 조나라의 수도인 한단邯鄲을 포위하여 공격하자 조나라 왕은 평원군을 초나라로 보내 도움을 요청했다. 평원군은 초나라 왕이 구원병을 내줄지 자신이 없어 식객 중에서 문무를 겸비한 스무 명을 뽑아 함께 초나라로 데리고 가기로 했다. 유인책이 안 되면 강경책을 써서라도 어떻게든 임무를 완수하고 조나라를 구할 욕심에서였다.

평원군은 문객들은 전부 불러 한 명씩 시험해 보았다. 그러나 마지막에 뽑힌 사람은 겨우 열아홉 명뿐이었다. 남은 사람들은 말재주가 부족하거나 무예가 없어 모두 자격미달이었다. 평원군은 애가 탔다.

"수하에 있는 문객이 3천 명인데 문무를 겸비한 인재를 한 명 더 찾는 것이 이리도 어렵단 말인가?"

말이 끝나기가 무섭게 문객 중 가장 뒤쪽에서 우렁찬 목소리가 들려왔다.

"공자, 절 보내주십시오!"

평원군은 고개를 들어 그 사람을 쳐다보았다. 처음 보는 사람이었다.

"이름이 무엇이오?"

그가 대답했다.

"성은 모毛요 이름은 수遂, 모수입니다."

430　　평원군은 그가 대단한 일을 했다는 말은 들어본 적이 없었

기 때문에 새로 온 사람이겠거니 생각하며 물었다.

"내 문하에서 있은 지 얼마나 되었소?"

모수가 대답했다.

"벌써 3년이 되었습니다."

평원군은 매우 실망스러웠다.

"재능이 있는 사람은 어디에 가든 헝겊 주머니에 넣은 철 송곳과 같다 하였소. 송곳이 금세 헝겊을 뚫고 나오듯 두각을 나타낸단 말이오. 그런데 선생은 우리 집에 3년을 미물면서도 내게 선생의 이름조차 들려주지 못했소. 그건 아무런 재주도 없다는 뜻 아니오? 헌데 나와 함께 가 무엇을 하겠단 말이오?"

선택받은 열아홉 명의 사람들 역시 더 생각할 것도 없다는 눈빛을 보냈다. 무능하면서 용감하기만 한 '덜렁이'라 생각한 것이다.

하지만 모수는 그들의 시선은 아랑곳하지 않고 침착하게 대답했다.

"그것은 공자께서 저 모수라는 송곳을 헝겊 주머니에 넣지 않으셨기 때문입니다. 세세 조금 더 일씩 기회를 주셨다면 전 송곳 심만이 아니라 송곳 전체까지도 다 보여드렸을 것입니다."

평원군은 모수의 조리 있는 말솜씨와 자신감, 기지를 보고 그를 데려가기로 결정했다.

초나라에 도착하여 평원군은 아침 일찍 왕을 알현하러 갔다. 왕과 평원군은 대전에 앉아 회담을 진행했고, 모수와 스무명의 수행원들은 대전 밖에서 기다렸다. 평원군이 합종하여진에 맞서자는 말을 꺼내자 초나라 왕은 강한 반감을 표했다.

"귀국은 일찍이 합종을 제안해 놓고 결국 무산시켰소. 우리의 선왕이신 회왕께서는 종약장까지 지내셨지만 결국 진나라의 칼에 무참히 돌아가셨단 말이오. 그러니 합종 이야기는 내앞에서 꺼내지도 마시오."

평원군은 최선을 다해 초왕을 설득했다.

"진은 지금 점점 강해지고 있습니다. 만약 우리 여섯 나라가 힘을 합치지 않는다면 진나라는 곧 저희 모두를 집어삼킬것입니다."

초나라 왕이 말했다.

"귀국은 '장평의 전쟁'에서 이미 진나라의 공격을 받아 원기까지 상한 상태요. 게다가 수도인 한단은 진나라 군에 물샐 틈도 없이 포위되어 있다 들었소. 그런데 과인이 군대를보낸다면 계란으로 바위 치기가 아니겠소?"

이렇게 이야기를 주거니 받거니 하다 보니 정오가 되었지만 좀처럼 결론이 나지 않았다. 평원군의 문객들은 대전 밖에서 기다리느라 애가 타기 시작했다. 사실 처음 모수가 평원군앞에 나와 스스로를 추천했을 때 나머지 열아홉 명의 문객들은 모수를 매우 무시했었다. 그러나 조나라에서 초나라까지 오는 길, 함께 천하의 형세에 대해 이야기를 나누면서 그들은 모두 모수의 지혜에 감복해 버렸다. 이때 평원군이 한참을 나오지 않자 열아홉 명의 문객들은 모수를 부추겼다.

"선생께선 우리 모두보다 더 강하시지 않습니까? 선생이 대표로 들어가 보시오."

이에 모수는 장검에 손을 얹고 성큼성큼 대전으로 들어가 평원군에게 큰 소리로 물었다.

"합종의 중요성은 몇 마디면 설명이 가능할 터인데, 공자께선 어찌하여 아침부터 정오까지 결판을 내지 못하시는 겝니까?"

초나라 왕은 평원군의 설득에 신물이 나서 진이 빠질 지경이었다. 그런데 갑자기 누가 들어오자 화가 나서 소리를 질렀다.

"넌 누구냐?"

평원군이 대답했다.

"제 문하에 있는 문객입니다."

초나라 왕은 더 화가 났다.

"내 지금 네 주인과 이야기하는 게 안 보이더냐? 감히 네가 뭐라고 어길 끼어드는 게냐? 썩 물러나지 못할까?"

하지만 모수는 물러나기는커녕, 장검에 얹은 손을 떼지 않고 한달음에 초 왕 앞에 가서 섰다. 그러고는 눈을 크게 뜨고 날카롭고도 엄한 목소리로 말했다.

"대왕께서 방금 저에게 호통을 칠 수 있었던 것은 초나라의 강대한 힘과 대왕의 수많은 호위병들 때문이었습니다. 허나 지금 왕에게서 가장 가까이 있는 사람은 바로 접니다. 왕의 호위병들은 아무짝에도 쓸모가 없단 말씀이지요. 전 언제든 왕의 목숨을 취할 수 있습니다."

초나라 왕은 갑작스레 벌어진 상황에 깜짝 놀라 입만 쩍 벌리고 있었다. 그러더니 금세 웃음을 지으며 부드럽게 말했다.

"아니, 아닐세! 할 말이 있으면 어디 천천히 말해 보게."

그러자 모수는 큰 소리로 이야기를 시작했다.

"탕은 70리의 땅만으로 천하의 왕으로 불렸으며, 문왕은 백 리의 땅만으로 모든 제후들을 신하로 만들었습니다. 그들이 어디 병사들의 수를 의지하였습니까? 그들은 다만 마주한 상황에 맞게 반응하여 천하에 위엄을 떨쳤던 것입니다. 지금 귀국은 5천 리의 땅을 차지하고 있으며 병사도 1백만 명에 달합니다. 패자가 될 우수한 여건을 다 갖추었단 말입니다. 그러나 얼마 전 진나라는 몇만의 군사들만으로 귀국을 와르르 무너뜨렸습니다. 귀국의 도성까지 진나라에 빼앗기고 조상들의 능묘도 훼손돼 버렸지요. 그 엄청난 치욕과 모욕에 저희 조나라까지 민망할 정도였습니다. 그런데 왕께서는 스스로 만족하고 계시니, 왕의 나라와 조상들에게 부끄럽지도 않습니까? 오늘 저희 주인께서 대왕과 합종하여 진나라에 대항하자고 하신 것은 귀국에게 복수할 기회를 주는 것이거늘, 대왕께서는 어찌 그 책임을 미루려고만 하십니까?"

초나라 왕은 부끄러움에 얼굴을 붉힌 채 고개만 주억거렸다.

"자네 말이 맞네, 맞아. 내 조나라와 연합하여 진나라에 맞서겠네!"

이 말에 모수가 즉시 되물었다.

"그럼 합종을 하시기로 결정하신 겁니까?"

초왕이 대답했다.

"맞네. 그리 하지!"

모수는 즉시 초나라 왕의 수하들에게 명령했다.

"어서 닭과 개, 말의 피를 가져오너라!"

과거 고대시대에는 맹약을 체결할 때면 양측 모두 굳은 마음에 대한 표시로 닭과 개, 말의 피를 마셔 맹세했다. 이것이 바로 '삽혈동맹歃血同盟'이다. 잠시 후 시위대가 피를 담아가지고 오자 초나라 왕과 평원군, 모수 및 대전 밖에 있던 열아홉 명의 문객들이 차례로 피를 마시며 맹세했다. 이렇게 합종하여 진에 대항하자는 맹약이 정식으로 성립된 것이다.

초나라 왕은 즉시 군사를 보내 한단의 포위를 풀어주겠다고 약속했다.

임무를 완수한 평원군은 감개무량하여 말했다.

"사람은 외모만 보고 판단해서는 안 된다더니, 오늘 일은 내 절대 잊지 않겠소. 모수 선생이 초나라에 와서 용기와 세치 혀로 조나라의 위신을 크게 드높였으니, 백만 장수보다 더

낮구려! 그런 선생을 내가 외모만 보고 판단했다니, 내가 정말 보는 눈이 없었소."

이때부터 평원군은 모수를 귀빈으로 대접했다.

한편 진나라 군사들의 포위 공격 속에 한단은 더욱더 위급한 상황으로 접어들고 있었다. 평원군은 문객들의 의견을 받아들여 가산을 팔아 3천 명을 징집한 후 결사대를 조직했다. 그런 후 밤에 몰래 진나라 진영으로 잠입해 수천 명의 진나라 군사들을 죽였다. 전세가 불리해진 진나라 군사들은 30리를 후퇴했다. 곧이어 초나라와 위나라에서 구원병이 오니 진나라 군대는 패하여 도망갔고, 마침내 한단의 포위도 풀리게 되었다.

고대 중국 사람들은 겸손을 미덕으로 여겨 무슨 일을 하든지 백락伯樂[10]이 나타나 천리마인 자신을 알아보고 추천해 주기만 기다렸다. 그러나 모수는 다른 사람들이 자신의 실력을 알아주지 않는 상황에서도 스스로를 천거하여 용감하게 맡겨진 임무를 완수하고 자신의 담력과 식견을 충분히 보여주었다. 지금 현대를 살고 있는 우리에게는 말할 것도 없이 모수가 스스로를 천거한 '모수자천'의 용기가 필요할 것이다.

3. 신릉군 이야기

신릉군은 위나라 안희왕安釐王의 배다른 동생으로 이름은 무기이다. 그는 너그럽고 후덕하며 인자한 데다 겸손하고 예의까지 바른 사람이었다. 그래서 '사'를 대할 때도 상대가 재능이 있든 없든 모두 평등하게 대하였다. 그래서 인근이나 수천 리 밖에 있는 사까지 모두 앞 다투어 그에게 몸을 의탁했다. 그래서 그의 문객도 3천 명에 이르렀다. 당시 제후들이 무기의 재능과 덕을 두려워해 위나라를 공격하지 못한 것도 열 번이 넘었다고 한다.

하루는 신릉군과 안희왕이 장기를 두고 있을 때 한 호위병이 헐레벌떡 달려와 보고했다.

"대왕, 큰일났습니다. 조나라 병사들이 우리나라 국경을 침범하였습니다."

안희왕은 깜짝 놀라 장기판을 밀어냈다. 문무백관들을 소집해 대책을 의논하려 하는데, 신릉군은 앉아서 꼼짝도 하지 않은 채 침착하게 말했다.

"폐하, 너무 걱정 마십시오. 그것은 조나라 왕이 사냥을 하러 온 것일 뿐, 우리나라 국경을 침범한 것이 아닙니다."

그래도 안희왕은 불안하여 장기에 정신을 집중할 수가 없었다. 얼마 후 호위병이 다시 보고하러 왔다.

"대왕, 방금은 조나라 왕이 사냥을 가는 길에 잠시 저희 국경을 지난 것일 뿐, 국경을 침범한 것은 아니라 하옵니다."

안희왕은 다시 한 번 깜짝 놀라 신릉군에게 물어보았다.

"넌 어찌 그리 잘 알고 있었던 게냐?"

신릉군이 대답했다.

"제 문객 중에 조나라 왕의 비밀을 캐내는 자가 있는데, 수시로 제게 조나라 왕의 일거수일투족을 보고하고 있습니다."

안희왕은 한참이나 입을 떼지 못했다. 그리고 그날부터 신릉군의 현명함과 능력을 두려워해 국가의 중대사를 신릉군에게 맡기지 않았다.

위나라에는 후영候嬴이라는 노인이 있었는데, 집안이 너무 가난하여 일흔이 넘은 나이에도 여전히 동쪽 성문이나 지키는 하급 관리로 지냈다. 그는 학식이 풍부하고 품행이 뛰어났기 때문에 사람들은 그를 후생候生이라고 높여 불렀다. 그 소식을 들은 신릉군은 직접 귀한 예물을 들고 후생을 찾아갔지만 문전박대를 당하고 만다.

"난 평생 몸과 마음을 수양하며 세속에 물들지 않고 살아왔소. 그래서 한 번도 이유 없이 남의 재물을 받은 적이 없으니, 공자께서도 나를 그냥 내버려두시오."

그 말을 들은 무기는 후생을 더욱 존경하게 되었다.

438　그는 즉시 술상을 마련하고 귀한 신분의 손님들을 많이 청

하였다. 손님들이 모두 자리에 앉자 무기는 수행 마차를 대령했다. 그리고 자신의 왼쪽 자리를 비운 채 몸소 후생을 연회에 초대하러 갔다. 이번에는 후생도 사양하지 않았다. 그는 목을 꼿꼿이 세우고 마차에 올라 신릉군의 왼편에 앉았다. 당시에는 왼쪽 자리가 오른쪽 자리보다 상석으로 여겨질 때였다.

마부는 말머리를 돌려 신릉군의 관저로 돌아가려 했다. 후생은 흘긋 무기를 관찰했다. 무기는 얼굴 가득 공손한 표정을 띠고 있었다. 마차가 막 출발했을 무렵, 후생은 마부에게 버럭 소리를 질렀다.

"나는 시장에 가서 백정인 친구를 만나봐야겠다."

무기는 그 말에 즉시 시장으로 가라 명했다. 어떤 고깃집 문 앞에 도착하자 후생은 마차에서 내려 백정인 친구 주해朱亥와 이야기를 나눴다. 일부러 천문지리에서 정치경제까지 주절주절 끝도 없이 이야기를 했다. 길가에 서서 기다리게 된 신릉군의 수하들은 후영이 너무 미워 속으로 욕을 했다. 시장에서 오가는 사람들도 걸음을 멈추고 이 기이한 광경을 구경했다. 후영은 빗과 이야기를 나누면서 몰래 무기의 표정을 관찰했다. 그러나 무기는 더욱 자상하고 온화한 표정을 짓고 있었다.

이들이 집에 도착하자 신릉군이 초대한 귀빈들은 배에서 꼬르륵 소리가 날 정도로 허기진 상태가 되었다. 아침부터 오후까지 줄곧 기다렸기 때문이다. 그들은 신릉군이 대단한 인물이라도 모셔오는 줄 알고 잔뜩 기대하고 있었지만, 당도한 일행을 보니 동문이나 지키는 그 늙은이였다.

연회가 시작되자 신릉군은 후영에게 빈객들을 한 명씩 소개해 주며 공손히 술을 권했다. 후영은 감동하여 무기의 손을 잡고 말했다.

"공자, 오늘 제가 한 모든 일은 공자가 어진 이를 예와 겸손으로 다한다는 명예를 더해 주기 위함이었습니다. 그러니 다른 사람이 저를 욕하고 미워해도 조금도 후회스럽지 않습니다."

이때부터 후생은 신릉군 문하의 귀한 손님이 되었다.

무기는 후생을 통해 주해 역시 재주 많은 현자이나 백정들 틈에서 은거하고 있다는 사실을 알게 되었다. 그래서 자주 예물을 가지고 그를 찾아갔다. 주해는 한 번도 답방을 하지 않았지만 공자 무기는 궁금해만 할 뿐 화를 내지 않았다.

기원전 257년, 군대를 보내 조나라를 공격한 진나라 소왕은 오는 길목에 있는 성과 진지들을 쳐부수고 장평에 있던 조나라 군대까지 무너뜨렸다. 그러고는 도성인 한단을 겹겹이 포위했다.

조나라 평원군의 부인은 신릉군의 누나였다. 그래서 평원군은 즉시 위나라 왕과 신릉군에게 도움을 청하는 서찰을 써 원군을 요청했다. 위나라 왕은 대장군 진비晉鄙에게 10만 대군을 맡기며 조나라를 돕게 했다. 그 소식을 들은 진나라 소왕은 위나라 왕을 협박했다.

"조나라를 돕는 자는 누구든 가만 두지 않을 것이오!"

위나라 왕은 잔뜩 겁을 집어먹고, 그날 밤 즉시 진비에게 사람을 보내 그 자리에서 꼼짝도 하지 말라고 명령했다.

신릉군은 애가 탔다. 벌써 몇 번이나 위나라 왕에게 출병할 것을 부탁했고, 말재주가 뛰어난 문객들을 동원해 갖은 이유를 들어 설득도 해보았지만 위나라 왕은 강대국 진이 무서워 공자의 말은 들으려고도 하지 않았다.

그렇게 하루하루가 지나가자 한단은 바람 앞의 등불처럼 위태로운 상황이 되었다. 아무리 머리를 짜내보아도 뾰족한 수가 없었다. 오직 자신의 목숨을 바쳐 조나라와 생사를 함께 하는 방법뿐이었다. 그래서 신릉군은 천 명의 문객을 모으고 백 대가 넘는 전차를 모아 홀로 조나라를 구하려고 했다.

사람과 말이 동문을 지날 때 공자는 후영에게 작별인사를 하며 그의 의견을 듣고자 했다. 그런데 후영이 담담하게 작별인사를 하는 것이 아닌가?

"조심히 다녀오십시오. 전 나이가 너무 많아 공자와 함께 가지는 못하겠습니다."

다시 갈 길을 재촉한 신릉군은 생각하면 생각할수록 이상했다.

'내 평소 후영을 얼마나 극진히 대했던가? 그런데 내가 이

번에 가면 돌아오지 못할 것을 뻔히 알면서도, 어떻게 따뜻한 말 한마디조차 안 한단 말인가?'

도저히 참을 수가 없었던 신릉군은 말머리를 돌려 다시 성 안으로 돌아갔다. 동문에 들어서자 아니나다를까 후영이 기다리고 있었다.

"공자께서 돌아오실 줄 알고 있었습니다."

신릉군은 의아하게 여겨 물어보았다.

"그것을 어찌 아셨소?"

후영이 웃으며 대답했다.

"공자께서는 평소 제게 하해와 같은 은혜를 베풀어주셨습니다. 헌데 공자께서 어려움에 처해 있는 지금, 제가 들은 체만 체하면 공자께서는 납득할 수 없으시겠지요. 그래서 다시 돌아와 이유를 물으실 것이라 생각했습니다."

이어 후영은 신릉군의 수하들을 자리에서 물리고 조용한 곳을 찾아 살짝 계책을 일러주었다. 그 해 위나라 왕이 가장 아끼던 애첩 여희如姬의 부친이 살해를 당하는 일이 있었다. 그러나 아무리 해도 범인이 잡히지 않아 신릉군이 문객을 보내 범인을 찾아내고 대신 복수를 해줬었다. 여희는 감동하여 눈물콧물 범벅이 되어, 기회가 되면 반드시 신릉군의 은혜에 보답하겠노라고 약속했었다.

"지금 공자께서는 조나라를 구하려고 하시나, 수하에는 급히 모은 천 명뿐입니다. 그 정도로는 절대로 이길 수가 없지요.

그러니 변경에 주둔해 있는 진비의 10만 대군을 이용하십시오. 그러나 진비의 군대를 움직이려면 폐하께서 가지고 계신 범 모양의 병부兵符를 지녀야만 합니다. 병부는 위나라 왕의 침실에 걸려 있으니, 여희에게 그것을 훔쳐 달라 하십시오. 그러면 성공할 수 있을 것입니다."

신릉군은 오랜 가뭄 끝에 내린 단비를 만난 것처럼 속이 후련했다. 죽을 게 뻔했던 판이었는데 후생이 훈수를 두어 완전히 살아날 수 있게 된 것이다. 그는 기뻐하며 후생의 말대로 일을 진행시켰다.

이튿날, 여희는 손쉽게 병부를 훔쳐와 신릉군에게 주었다. 여희는 드디어 은인에게 보답할 수 있게 됐다는 생각에 오히려 위안과 기쁨을 느끼고 있었다. 후영은 다시 신릉군에게 자신의 벗인 주해는 힘이 세고 용감하니 함께 데려가라고 권했다. 무기가 친히 주해를 찾아가자 주해는 기꺼이 돼지 잡는 칼을 내려놓았다. 그리고 늘 몸에 지니고 다니던 무기, 40근이나 되는 큰 망치를 꺼내 들고 무기를 따라 나섰다. 그는 신릉군에게 말했다.

"진에 공자께서 절 만나러 오셨을 때 답방 한 번 가지 않았던 것은, 이런 날이 오면 그간 아껴두었던 힘을 모두 칼날에 싣기 위해서였습니다."

모든 준비가 끝나자 신릉군은 길을 나섰다. 후영은 눈물을 머금고 신릉군에게 말했다.

443

"제가 공자를 따라가는 것이 마땅하나, 전 이미 너무 늙어 버렸습니다. 공자께서 진나라를 크게 쳐부수는 날, 죽음으로써 공자께서 절 알아주신 은혜에 감사하겠습니다."

그들은 마침내 위나라 군대의 주둔지에 도착해 진비를 만났다. 신릉군은 범 모양의 병부를 내밀며 말했다.

"장군, 그간 고생이 많았소. 폐하께서 특별히 나에게 그 수고를 대신하라 하시더이다."

진비는 생각했다.

'내가 잘못을 하지도 않았는데, 폐하께서 어찌 날 바꾸시겠는가?'

그래서 망설이며 말했다.

"이렇게 중대한 일은 먼저 대왕께 보고한 후에 명을 따르는 것이……."

진비의 말이 채 끝나기도 전, 신릉군 옆에 있던 주해가 버럭 소리를 질렀다.

"왕명을 거역하다니, 반역을 하겠다는 것이냐!"

그러면서 소매에서 40근이나 되는 쇠망치를 꺼내 진비의 머리를 정면으로 내리쳤다. 불쌍한 진비는 순식간에 머리가 깨져 사방에 피를 뿌리며 죽어 버렸다. 신릉군은 병부를 손에 쥔 채 높은 곳에 올라가 소리쳤다.

"폐하께서 내게 진비 장군을 대신해 병사를 이끌고 조나라를 구원하라 하셨으나, 진비 장군이 명령에 복종하지 않아 그를 죽여 버렸소. 여기 있는 장수들은 내 지시를 따르겠소?"

군영은 쥐 죽은 듯 조용했으며 누구 하나 싫다는 말을 입에 담지 않았다. 신릉군이 선포했다.

"부자지간이 모두 병역에 나온 집안이 있다면 그 아비는 집에 돌아가도 좋소. 형제 두 사람이 모두 이곳에 나와 있다면 형은 집에 돌아가도 좋소. 외동아들로서 이곳에 온 자는 전쟁에 나서지 않아도 좋으니, 집으로 돌아가 부모님을 봉양하시오."

그 말을 들은 병사들은 환호했다. 이렇게 인자한 장군을 위해 누군들 목숨을 바치지 않겠는가? 신릉군은 그중에서 병사들을 엄선해 8만 명의 결사대를 조직한 후, 그날 밤 즉시 한단으로 진격했다. 그리고 성 안에 있던 조나라 군사들과 힘을 합쳐 안팎에서 공격하니, 한단을 겹겹이 싸고 있던 진나라 군대의 포위도 마침내 풀리게 되었다.

이 소식이 전해지자, 멀리 위나라에 있던 후영은 기뻐하며 조나라를 향해 절을 했다. 그리고 스스로 목숨을 끊어 신릉군에게 감사를 표했다.

이 모든 것을 알게 된 위나라 왕은 크게 분노했다. 신릉군 역시 더 이상 위나라에 돌아갈 수 없는 처지임을 잘 알고 있었다. 그래서 진나라 군사들을 물리친 후 수하의 장수들에게 병사들을 맡겨 위나라로 돌려보냈다. 그리고 자신은 조나라에 남았다. 조나라 효성왕과 평원군은 신릉군의 은혜에 보답하기 위해 다섯 개의 성을 상으로 하사하고자 했다. 이 말을 들은 신릉군은 자연히 우쭐해졌다. 이를 본 문객 한 사람이 신릉군에게 충고했다.

"세상을 살아가면서 잊어서는 안 되는 일이 있는가 하면, 꼭 잊어야만 하는 일이 있습니다. 다른 사람이 공자께 베푼 은혜를 잊어선 안 되겠지만, 공자께서 다른 사람에게 베푼 은혜는 잊어버리십시오. 게다가 왕의 명령을 거역하고 진비의 군대를 빼앗아 조나라를 구한 일은 조나라에게는 공이 될지 몰라도, 위나라에게는 불충한 일입니다. 그런데 조나라에 공을 좀 세웠다고 교만해지시는 것은 옳지 않다고 봅니다."

신릉군은 그 말을 듣고 스스로 잘못을 뉘우쳤다. 조나라 왕은 정원에 물을 뿌려 청소한 후, 친히 신릉군을 맞아 서쪽 계단으로 올라갔다. 신릉군은 겸손히 옆으로 나와 동쪽 계단으로 오르며 스스로의 죄과를 고백했다. 자신은 위나라를 등졌으니, 조나라에는 아무런 공도 없다는 것이었다.

조나라 왕은 신릉군을 아침부터 저녁까지 대접하고 마음껏 즐기게 한 뒤 보내주었다. 그러나 다섯 성을 주겠다는 말은 입에 담지 않았다. 신릉군이 극구 사양하여 차마 그 뜻을 거스를 수 없었기 때문이었다.

이때부터 신릉군은 조나라에 머물렀다. 그는 조나라에 모공毛公이라는 현인이 노름꾼들 틈에 숨어 살고 있다는 소문을 듣게 되었다. 또 벽공薛公이라는 훌륭한 사람이 술을 파는 사람들 속에 숨어 있다는 소식도 들었다. 그래서 두 사람을 만나려고 노력하였다. 하지만 이 두 사람은 숨어 있어서 도무지 만나지지가 않았다. 그들이 사는 곳을 이리저리 수소문한 끝에 마침내 그들의 거처를 알게 된 신릉군은 홀로 두 사람을 찾아가 즐거운 시간을 보내며 교분을 다졌다.

평원군은 그 이야기를 듣고 부인에게 말했다.

"당신의 동생이 세상에 둘도 없는 현명한 사람이라 들었는데, 지금은 노름꾼이나 술 파는 사람들하고 어울린다고 하니 머리가 어찌 된 것이 아니오?"

부인이 그 말을 신릉군에게 전하자, 신릉군은 누나에게 작별인사를 했다.

"평원군이 재능이 있는 인재라는 말을 들었기 때문에 위나라 왕을 저버리고 조나라를 구한 것이었습니다. 헌데 평원군은 부호들하고만 어울릴 뿐, 진정한 인재와는 어울리지 않았습니다. 난 대량大梁에 있을 때부터 두 사람의 재능에 대해 이야기를 들어 왔습니다. 그래서 조나라에 와서 만나지 못하면 어쩌나 걱정했습니다. 또 그들을 찾아갔을 때도 나를 만나주시 않을까 걱정했었습니다. 그런데 평원군은 오히려 이를 부끄럽게 여기시는군요. 이제 평원군과는 어울릴 가치도 없습니다."

그러더니 행낭을 정리해 떠나려고 하였다. 평원군은 부인이 전한 말을 듣고 급히 모자를 벗고 사죄하며 신릉군을 만류하였다.

이 사실을 알게 된 평원군의 문객들은 절반 이상이 신릉군의 수하로 건너갔다. 천하의 인재들 또한 속속 신릉군을 찾아와 몸을 의탁하니, 신릉군의 문객은 마침내 평원군의 수를 능가하게 되었다.

신릉군은 조나라에 머무른 지 10년이 지났어도 위나라로 돌아가지 않았다. 그러자 진나라는 안심하고 병사를 동원해 위나라를 공격했다. 위나라 왕은 너무 걱정되어 신릉군에게 사신을 보내 하루빨리 귀국해 달라고 간절히 청하였다. 그러나 신릉군은 위나라 왕이 아직도 자신에게 화가 나 있을까 두려워 차마 돌아갈 수가 없었다. 그는 문객들에게 명령을 내렸다.

"위나라 왕의 사자와 내통하는 자는 죽음뿐이다!"

빈객들 역시 모두 위나라를 배반하고 조나라로 왔는데 무슨 말을 하겠는가? 그러자 모공과 벽공이 나서서 신릉군에게 간언했다.

"공자께서 천하에 이름을 떨치신 것은 위나라가 든든한 배경이 되어주었기 때문입니다. 그런데 진나라의 공격으로 위나라가 위기에 처해 있는 지금, 공자께서는 오히려 이를 모른 척하고 계십니다. 진나라가 대량을 깨부수고 위나라 선왕들의 종묘를 폐허로 만든다면, 공자께서 천지간에 발을 붙이고 사실 수 있겠습니까?"

말이 채 끝나기도 전 신릉군의 얼굴색이 변했다. 그는 즉시 수레와 말을 준비하고는 위나라를 구하러 떠나갔다.

위나라 왕은 신릉군을 보자마자 부둥켜안고 울음을 터뜨렸다. 이어 그를 상장군에 임명했다. 신릉군이 제후들에게 사자를 보내어 이제 자신이 군대를 이끌 것이라 전하니, 서로들 위나라를 도우러 달려왔다. 신릉군은 다섯 나라의 병사들을 이끌고 진나라 군을 쳤다. 그가 승리의 여세를 몰아 진나라 군을 함곡관까지 몰아내니, 진나라 병사들은 한동안 다시 전쟁을 일으키지 못했다. 그 덕분에 신릉군은 천하에 위세를 떨치게 되었다.

진나라 왕은 가만히 앉아 있을 수가 없었다. 금세 신릉군을 제거할 만한 효과적인 방법을 찾아냈다. 만근에 달하는 황금을 들여 진비의 문객을 찾아낸 후 신릉군을 중상모략하게 한 것이다. 신릉군이 공을 많이 세워 지금의 왕보다 더 위엄이 있으며, 제후들도 위왕은 모르지만 신릉군은 알고 있다고 이간질했다. 또 제후들이 아예 신릉군을 왕의 자리에 앉히려고 계책을 짜고 있다는 말도 지어냈다. 그 효과를 극대화하기 위해 진나라는 특별히 사람을 보내 신릉군이 왕이 된 것을 경하하는 양 꾸몄다. 그러자 위나라 왕은 신릉군을 더 이상 믿지 못해 다른 사람을 상장군 자리에 앉혔다.

신릉군은 자신이 모함당한 것을 알고 병에 걸렸다는 핑계로 조정에 나가지 않았다. 그러나 술과 음탕한 생활에 탐닉한 그는 결국 술을 너무 많이 마셔 죽고 말았다. 같은 해 위나라 안희왕 역시 세상을 떠났다.

신릉군이 죽자 진나라는 위나라를 멸하려는 행보를 가속화했고, 18년 후 결국 위나라는 멸망하고 말았다.

4. 춘신군 이야기

초나라의 춘신군 황헐은 전국시대 네 명의 공자 중 다른 세 공자와는 출신 배경이 전혀 다른 사람이었다. 그는 왕의 친척도, 귀족과 대신의 후예도 아니었다. 맹상군은 제나라 권세가인 전영의 아들, 평원군과 신릉군은 그 나라 군왕의 친척이었다. 그러나 황헐은 끝까지 노력해 자신의 힘으로 춘신군에 봉해졌다.

황헐은 어려서 집을 떠나 학업에 정진하여 방대한 지식과 훌륭한 언변, 노련한 일처리 능력을 익히고 돌아왔다. 이때 진나라 소왕은 백기를 장군으로 세워 한나라와 위나라를 친후, 두 나라와 힘을 합쳐 초나라를 칠 준비를 하고 있었다. 그때 마침 외교사절로 임명된 황헐은 그 소식을 듣고 그간 배웠던 모든 지식을 총동원해 진나라 소왕에게 이성과 감성 모두에 호소하는 긴 편지를 썼다. 진나라와 초나라는 각각 황하 서쪽과 장강 이남에 자리하고 있었기 때문에 일단 전쟁을 벌이면 진의 전선이 너무 길어지므로, 이 전쟁은 진나라에게는 백해무익하다는 내용이었다. 진나라 소왕은 황헐의 말에 일리가 있다 여겨 전쟁 계획을 취소하였다.

황헐이 맡겨진 사명을 완수하고 초나라를 멸망의 위기에서 구해 내자 경양왕은 매우 기뻤다. 그래서 황헐을 신임하여 태자 완完과 함께 진나라에 인질로 보냈다. 진나라 역시 두 말하지 않고 그 두 사람을 받아들였다.

하지만 그렇게 간 것이 몇 년이 되어 버렸다. 이후 경양왕이 병들자 태자 완은 초나라로 돌아가고 싶었다. 하지만 진나라 왕은 허락하지 않았다. 공교롭게도 진나라의 재상 응후應候와 태자 완은 절친한 벗이었다. 황헐은 바로 응후를 설득하러 갔다. 황헐은 재상의 관저에서 응후를 만나 질문을 던졌다.

"재상과 저희 태자님은 진정한 벗이 맞습니까?"

응후가 대답했다.

"물론이네."

황헐은 그 기회를 놓치지 않고 말했다.

"저희 왕께서 병에 걸러 위독하시니, 태자께서는 지금 귀국해야만 왕위를 계승하실 수 있습니다. 태자께서 초나라 왕이 되시면 재상의 은혜에 감사해 진나라와 좋은 관계를 유지하실 것입니다. 그러나 만약 귀국하지 못해 군왕이 되지 못한다면 태자는 함양성의 평범한 백성에 불과한 것과 같습니다. 그

렇게 되면 재상께도 아무런 쓸모가 없지 않습니까? 초나라가
세운 다른 태자는 경을 가까이 하지 않을 수도 있습니다."

황헐의 말에 마음이 움직인 응후는 진나라 소왕에게 태자
완을 초나라에 보내달라고 요청하였다. 그러나 왕은 마음을
돌리지 않고 이렇게 말했다.

"그럼 먼저 태자 완의 사부를 초나라로 보내 왕의 병세를
살피도록 하라."

이렇게 되자 황헐은 과감한 결정을 한다. 태자의 사부가 초
나라로 돌아가는 날, 태자 완을 초나라 사자의 마부로 변장시
켜 진나라를 빠져나가게 한 것이다. 그리고 자신은 목숨을 걸
고 진나라에 남아 뒷수습을 했다.

태자가 이미 진나라의 군대가 따라잡을 수 없을 만큼 멀리
갔다고 생각될 즈음, 황헐은 자진하여 진나라 왕에게 나아가
사죄했다.

"완 태자께서는 이미 초나라로 돌아가셨습니다. 절 죽여 주
십시오."

진나라 왕은 크게 노하여 황헐에게 즉시 돌아가 자결하라
고 명령했다. 그때 재상인 응후가 나서서 말렸다.

"황헐은 신하로서 주인 대신 목숨을 바치려 하였으니, 이
얼마나 아름답습니까? 게다가 그를 죽인다 하여도 태자를 돌
아오게 할 수는 없습니다. 그러니 차라리 황헐을 돌려보내시
고 진나라의 심복이 되게 하십시오."

진나라 왕은 이왕 이렇게 된 거 어쩔 수 없다 싶었는지, 잠시 후 황헐을 초나라로 돌려보냈다.

황헐이 초나라로 돌아온 지 석 달이 채 되지 않아 경양왕은 세상을 떠났다. 황헐의 말대로 태자 완이 왕위를 이으니, 그가 바로 고열왕考烈王이다. 고열왕 원년(기원전 262년) 황헐은 재상으로 임명되어 춘신군에 봉해진다. 그리고 상으로 회북淮北 지역 12현의 토지를 하사받는다. 이때부터 춘신군은 널리 친구를 사귀어 3천 명의 문객을 거두었다.

춘신군이 초나라 재상이 된 지 4년째 되던 해, '장평의 전쟁'이 터졌다. 5년째 되는 해 진나라가 한단을 포위하자 초나라는 춘신군에게 원군을 맡겨 출병시켰다. 8년째 되었을 때 그는 초나라 군대를 이끌고 북쪽에 있는 노나라를 멸망시키고, 순자荀子를 난릉蘭陵의 수령으로 모신다. 이리하여 그가 재상의 자리에 있는 동안 초나라는 잠시 과거의 강성함을 누릴 수 있었다.

고열왕이 계속 아들이 없자 춘신군은 걱정이 이만저만이 아니었다. 그는 사방으로 아들을 잘 낳는다는 여자를 찾아 고열왕에게 바쳤다. 그러나 많은 여자를 바쳤음에도 막상 아들을 낳아준 여자는 없었다. 이때 이원李園이라는 조나라 사람에게 매우 아름다운 누이가 있었다. 그는 자신의 누이를 초나라 왕궁에 보내 왕의 비로 만들고 싶었다. 그러나 초나라 왕이 아들을 낳지 못한다는 말을 들으니, 왕궁에 보내봤자 헛수고만 하는 것이 아닐까 걱정되기도 했다. 이원은 겉으로 보기에는 글밖에 모르는 나약한 서생처럼 보였지만, 사실은 계략에 능한 사람이었다. 이번에도 미간을 살짝 찌푸리니, 금세 좋은 계책이 떠올랐다.

이원은 춘신군의 집으로 들어가 그의 문객이 되었다. 그런 다음 춘신군에게 누이의 아름다움에 대해 서서히 알렸다. 이어 기회를 봐 누이를 춘신군의 첩으로 주었다. 얼마 후 누이는 아기를 갖게 되었다. 이 사실을 안 이원은 누이와 주도면밀한 계획을 세웠다. 이원의 누이는 최적의 기회를 찾아 춘신군을 설득했다.

"왕께 아들이 없으니 혹 왕께서 승하하시면 형제가 그 왕위를 이어받게 될 거예요. 그러면 서방님께서 새 왕의 총애는 받지 못하실지도 몰라요. 그러니 지금 저를 왕께 바치세요. 앞으로 제가 운 좋게 아들을 낳는다면, 당신의 아들은 초나라의 왕이 되는 거예요. 그럼 초나라 역시 당신의 것이 되는 것이죠. 이 얼마나 좋아요?"

춘신군은 그 말에 욕심이 생겨 그녀를 왕에게 바쳤다. 과연 이원의 누이는 궁에 들어간 후 초나라 왕의 사랑을 받았고, 얼마 후 아들을 낳아 태자로 세웠다. 아들로 인해 이원의 누이 역시 왕후의 자리까지 올라갔다. 이 일로 기분이 좋아진 왕이 이원을 높이 여겨 임용하자, 그의 권세는 하루아침에 엄청나게 커져 버렸다.

그러나 이원은 야심이 크고 은혜를 쉽게 저버리는 소인배였다. 그는 일단 권세를 잡자 춘신군이 비밀을 누설할까 두렵기도 하고 전 조정을 뒤흔들고 싶은 욕심도 생겨 몰래 자객을 키운다. 춘신군을 죽여 입막음을 할 생각이었던 것이다.

이원의 이러한 행동은 춘신군의 일부 문객들의 주의를 끌었다. 이후 고열왕이 위중한 병에 걸리자 춘신군의 수하에 있던 주영朱英이라는 문객이 춘신군에게 이 사실을 알리며 조심하라 당부했다.

하지만 춘신군은 그 말을 믿지 않았다.

"이원? 그는 보기에도 유약한 자일세. 그리고 내가 그를 그토록 후대했는데 설마 날 죽이겠는가?"

주영은 춘신군이 자신의 충고를 귀담아 듣지 않는 것을 보고 긴 한숨을 내쉬었다.

'아무래도 이 화를 막을 수는 없겠군.'

그러고는 그날 밤 춘신군을 떠나 다른 사람에게 몸을 의탁했다.

며칠 후 고열왕이 병으로 죽자 이원은 몰래 궁으로 들어가 자신이 키운 자객을 궁 안에 매복시켰다. 그리고 춘신군이 문 안에 들어서자 바로 죽이게 했다. 또 춘신군의 가족도 모두 죽여 버렸다.

이원의 누이가 낳은 아들은 왕위를 이어받고 유왕幽王이 되었다.

잔인하고도 흉포한 진나라에서 태자 완을 무사히 초나라로 되돌려 보낸 춘신군, 그의 과감함과 지혜는 실로 놀라운 것이었다. 그러나 모든 사람이 이원의 더러운 야심을 눈치 챌 때도 자신은 깨닫지 못했으니, 이 얼마나 우둔하고 어리석은가? 결단을 내려야 할 때 우물쭈물하면 오히려 환난을 당한다더니, 춘신군이 바로 그 꼴이 되어 버렸다.

전국 시기 네 공자들은 인재에 갈급해하고 남의 충고를 잘 받아들였다. 또 천하의 인재를 널리 모아 자국을 부흥시키며 널리 명망을 떨쳤다. 그래서 제아무리 강한 진나라라도 그들이 있는 동안은 함부로 날뛰지 못했던 것이다.

그러나 진나라가 여섯 나라를 멸망시키고 천하를 통일한 것은 거부할 수 없는 역사의 흐름이었다. 그들이 아무리 노력해도 앞을 향해 나아가는 역사의 수레바퀴를 막을 수는 없었던 것이다. 진나라는 하루가 다르게 강성해졌고 여섯 나라가 멸망하는 날도 하루하루 가까워졌다.

● **각주**

---

9 중국과 한국의 역대 왕조에서 왕족 · 공신功臣 · 봉작자 등에게 준 일정한 지역

10 춘추시대 말을 잘 감별한 사람. 이후 인재를 잘 발견하여 등용하는 사람을 비유하는 데 쓰인다.

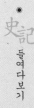

한漢나라 고조 유방劉邦은 뜻을 이루기 전 신릉군의 명성을 익히 들었다. 그래서 황제가 된 후 대량을 지날 때마다 신릉군에게 제사를 올렸다고 한다. 이는 신릉군의 명성이 얼마나 드높았는가에 대한 반증이기도 하다.

춘신군

맹상군

● 주요 인물
노중련

● 주변 인물
평원군, 신원연

● 키워드
의협심

● 이야기 출처
『사기』「노중련추양열전魯仲連鄒陽列傳」

노중련 : 천하제일의 '사'

'천하가 화목하면 명예를 위해 오고, 천하가 혼란하면 이익을 위해 왕래한다!' 사실 춘추전국 시기의 책사와 지략가들은 자신의 지식과 병법, 능력을 왕에게 팔아 자신의 여러 목적을 달성한 사람들이다. 물론 공자처럼 자신의 이상을 실현하고자 하는 숭고한 목적도 있었지만, 대부분은 살기 위해 혹은 두각을 나타내기 위해 작은 관직이나 얻고자 했다.

그러니 지금 이야기할 제나라 사람 노중련魯仲連은 평생 다른 사람을 위해 탁월한 계략을 짜주었지만 일이 성사된 후에는 일절 그 사례나 관직을 받지 않은 것으로 유명하다. 진정한 의협심을 가진 '사士'였던 것이다.

곳곳을 떠돌던 노중련은 어느 날 조나라에 당도하게 된다.

당시 조나라는 진나라 대장군 백기가 조나라 40만 대군을 산채로 생매장한 '장평의 전쟁'을 겪은 후였다. 하지만 백기는 여기서 그치지 않고 조나라 정예병들이 모두 전쟁터에 나가 있는 틈에 조나라 수도인 한단까지 거침없이 쳐들어가 층층이 포위하고 있었다.

그러나 각 나라의 제후들은 진나라와 적이 될까 두려워 조나라를 도와주려고 하지 않았다. 위나라는 대장군 진비와 원군을 보냈지만, 역시 진나라 군대에게 겁을 집어먹고 도중에 진군을 멈추었다. 그리고 강 건너 불구경 하듯 조나라의 상황을 지켜보고만 있었다. 성 안에 갇힌 조나라 왕은 애가 타서 죽을 지경이었다.

이때 위나라에서 진나라 몰래 신원연新垣衍이라는 사자를 조나라에 들여보냈다. 조나라 평원군에게 진나라를 황제의 나라로 추대하자고 설득하기 위해서였다. 그렇게 되면 진나라가 흡족해져서 군대를 철수할 것이라 믿었던 것이다.

이 이야기를 전해들은 노중련은 우둔하기 짝이 없는 방안이다 싶어 바삐 평원군을 찾아갔다.

"어찌하실 계획이십니까?"

평원군은 풀이 죽어 긴긴 한숨만 내쉬었다. 몹시 심란한 모습이었다.

"내가 국정을 이끈 뒤로 왜 이렇게 안 좋은 일만 생기는지 모르겠소. 선생도 백기가 조나라의 40만 대군을 죽인 후 한단

을 포위한 일을 들으셨소? 그런데 이젠 신원연이 진나라를
황제로 추대하자고 하고 있소. 이런 상황에서 나라고 뾰족한
방법이 있겠소?"

노중련은 평원군의 그런 모습이 너무나 실망스러웠다.

'평원군이란 사람이 현명하기로 유명하다고 들었는데, 이
제 보니 위기가 닥치면 어찌할 바를 모르는 겁쟁이였군. 이름
이 아깝도다.'

이렇게 생각하며 다시 물었다.

"그 신원연이란 자는 어디 있습니까? 제가 대신 그 자와 시
비를 논하겠습니다."

평원군은 여전히 맥없는 표정으로 '그러자'고 했다.

두 사람은 함께 신원연의 거처로 갔고, 평원군은 노중련을
소개한 후 그가 어찌 하는지 지켜보았다. 그런데 노중련은 가
만히 앉아 입도 뻥긋 안 하는 것이 아닌가? 잠시 후 신원연이
더는 참지 못하고 입을 떼었다.

"선생은 제나라의 현인이라고 들었소. 조나라 한단에 온 사
람들은 모두 평원군에게 바라는 것이 있는데, 선생은 평원군
에게 바라는 것이 전혀 없어 보이오. 그런데 왜 아직도 떠나
지 않고 여기 있는 것이오?"

노중련도 그제야 입을 열었다.

"고대 포초鮑焦라는 사람은 어두운 정치에 굴종하지 않고자
스스로 목숨을 끊었소. 세상 사람들은 그런 그에게 도량이 작

461

다, 앞뒤가 꽉 막혔다는 둥 욕을 했지만, 그는 정의를 위해 죽은 것이오. 나 노중련이 조나라에 온 것 역시 무엇을 바라기 때문이 아니라 정의를 위해 조나라에 힘을 실어주기 위함이오."

신원연이 물었다.

"그럼 도울 방법은 있소?"

노중련이 대답했다.

"나는 위나라와 연나라가 조나라를 돕게 할 것이오. 그러면 제나라와 초나라도 함께 나서 조나라를 도와줄 것이오."

그 말에 신원연은 속으로 비웃음을 흘렸다.

"연나라가 조나라를 도와준다는 말은 내 믿겠소. 그러나 위나라는 문제가 있소이다. 왜냐하면 내가 바로 위나라에서 진나라를 황제로 모시자고 설득하러 온 사자이기 때문이오. 그런데 어찌 위나라가 조나라를 돕게 할 수 있다는 거요?"

노중련은 당황하는 기색 하나 없이 차분하게 대답했다.

"그것은 위나라 왕이 진나라 왕을 황제로 모셨을 때 생길 수 있는 폐단에 대해 잘 모르기 때문이오. 만일 그것을 알게 된다면 반드시 조나라를 도와 진나라에 대항할 것이오."

신원연이 다시 물었다.

"진나라 왕을 황제로 모시면 어떤 폐단이 있단 말이오?"

노중련이 대답했다.

"서두르지 말고 일단 제나라 위왕의 이야기를 들어보시오.

과거 주나라 황실이 약해지고 천하 제후들이 강성해질 때 그 어느 누구도 주나라 천자를 알현하지 않았소. 오직 제나라 위왕만이 인의를 부르짖으며 천자를 배알하였소. 이후 주나라 열왕烈王이 승하하시고 예절에 따라 각국의 제후들이 모두 조문하러 왔소이다. 그런데 이번엔 제나라 위왕이 늦고 말았소. 그러자 새로 왕위에 오른 주나라 천자는 이유도 묻지 않고 그의 다리를 베려고 하였소. 위왕은 버럭 화를 내며 욕을 했소. '흥! 이 비천한 놈! 네가 무엇이라고 이리 까부는 것이냐?' 처음에는 공경하였으나 결국 욕으로 끝내고 만 것이오. 그런데 천하의 제후들을 오히려 그를 웃음거리로 여겼소. 사실 천자 중에 변덕스럽지 않고 다른 사람의 머리 위에서 제멋대로 권세를 휘두르지 않는 자가 어디 있겠소? 그러니 제나라 위왕은 욕을 해서는 안 되는 것이었소."

신원연은 고개를 끄덕이며 한숨을 내쉬더니 어쩔 수 없다는 듯 말했다.

"나도 비유를 하나 해보겠소. 하인 열 명이 한 주인을 섬겼는데 서로 앞 다투어 주인을 위해 이런 저런 일을 하오. 그것이 자신의 힘이 주인보다 못하기 때문이겠소? 아니면 주인보다 지혜가 모자라서겠소? 아니오. 주인의 권세를 두려워하기 때문이오."

그 비유에 노중련은 깜짝 놀랐다. 세상이 어찌 이리 변덕스럽단 말인가? 사람이 이토록 패기가 없을 수도 있는가? 그는

463

참담한 마음으로 신원연에게 물어보았다.

"그렇다면 위나라 왕이 진나라 왕의 하인이란 말이오?"

신원연은 이를 악물고 대답했다.

"그렇소!"

"그럼 내가 진나라 왕에게 위나라 왕의 살을 잘게 다지라 하겠소!"

노중련은 화가 나서 입에서 나오는 대로 내뱉어 버렸다. 신원연은 기분이 상해 얼굴이 흙빛이 되었다.

"선생, 지금 무슨 소리를 하는 거요? 당신이 뭔데 진나라 왕에게 우리 폐하의 살을 다지라 한단 말이오?"

노중련이 대답했다.

"한번 들어보시오. 옛날 구후, 악후, 문왕 세 사람은 주왕에게 가장 중요한 대신들이었소. 구후에게는 아름다운 딸이 하나 있었지요. 구후는 여식을 주왕에게 바쳤지만 주왕이 보기에는 그리 아름답지 않았소. '구후가 왜 이렇게 못생긴 여자를 바친 거지? 날 무시해서 이런 짓을 한 것인가?' 이렇게 생각한 주왕은 화가 나서 구후를 죽이고 그 살을 다져 버렸소. 악후는 그 일로 주왕과 격렬한 논쟁을 벌였고, 결국 주왕은 그의 시체로 육포를 만들었소. 문왕은 주왕에게 따지지 않았지만 그 말을 듣고 긴 한숨을 내쉬었다는 이유로 주왕에게 갇히는 신세가 되었소이다. 보시오. 황제에게 사람의 살을 도려내는 일쯤이야 아무것도 아니요."

신원연은 그 말에 얼굴이 하얗게 질렸다. 노중련은 그를 바라보며 간곡한 어조로 말했다.

"진나라가 강대국인 것은 사실이오. 그러나 위나라 역시 부강한 나라이자 대국이 아니오. 그런데 왜 진나라의 신하가 되어 스스로를 천히 여기고 남의 손에 운명을 맡기려는 것이오? 게다가 진나라 왕은 야심가라 당신들이 황제로 추대해 준다고 만족할 사람이 아니오. 진나라 왕이 황제가 된 후 두고 보시오. 분명 자기가 싫어하는 사람을 끌어내리고 좋아하는 사람, 믿을 만한 사람을 그 자리에 앉힐 것이오. 또 각 나라의 제후와 왕궁의 왕비들을 다 자기 곁에 두려 할 것이오. 그때가 되면 위나라 왕이 자리를 보존할 수 있을지 없을지도 알 수 없소. 그럼 누가 당신을 아껴 써주겠소?"

여기까지 들은 신원연은 즉시 자리에서 일어나더니, 노중련에게 감사의 절을 두 번 올렸다.

"처음에는 선생이 평범한 사람인 줄 알았습니다만 이제 보니 선생은 진정한 현자셨습니다. 바로 위나라로 돌아가서 진나라 왕을 황제로 추대한다는 말을 다신 입에 담지 않겠습니다."

한단을 포위하였던 진나라 장수는 그 소식을 듣고 병사를 50리나 물렸다고 한다. 마침 이때 위나라의 신릉군이 병부를 훔쳐 진비의 병권을 빼앗은 일이 일어났다. 그는 대군을 이끌고 진나라 군사들을 공격해 한단의 포위를 풀어주었다.

465

조나라를 도우려던 노중련의 계책이 성공하자 평원군은 매우 감사해하며 토지를 하사하려고 했다. 그러나 노중련은 단호히 거절했다. 이후 평원군은 천 냥의 황금을 그에게 주었지만 노중련은 웃으며 이렇게 답했다.

"세상 사람들에게 존경받는 현인은 다른 사람이 위급할 때 도와주고도 그 답례를 받지 않습니다. 다른 사람한테 답례를 요구한다면 장사꾼과 다를 게 뭐가 있겠습니까?"

말을 마친 노중련은 평원군에게 작별을 고하고 떠났다. 그 후 다시는 평원군의 앞에 나타나지 않았다고 한다.

史記
들여다보기

『전국책』「조책삼趙策三」중에는 '노중련은 의를 위해 진을 황제로 모시지 않았다'는 문장이 나온다. 그 날의 말미에는 이런 내용이 나온다.

이에 평원군이 노중련에게 봉토를 주려 하나 노중련은 세번 사양하여 결국 받지 않았다. 평원군은 주연을 베풀었다. 주흥이 한창 오르자 금 천 냥을 그에게 하사하려 했다. 노중련은 웃으며 말했다.

"천하가 귀히 여기는 '사'는 다른 사람을 환난에서 구하고 어지러운 상황을 해결해도 그 대가를 바라지 않는 사람입니다. 그 대가를 취하는 자는 장사꾼과 다름없으니, 중련은 그런 사람이 될 수 없습니다."

말을 마친 후 그는 즉시 평원군에게 작별인사를 고하고 떠나 평생 다시 만나지 않았다.

范雎

범저 : 죽었다 다시 살아난 진나라의 재상

당시 진나라 소왕이 대대적으로 초나라를 공격할 준비를 하고 있을 때, 초나라 재상인 춘신군은 이를 만류하는 서신을 써 보냈다.

"진나라 군사들이 먼 길을 지나 초나라를 공격한다면 진나라에 가까이 있는 한나라와 위나라는 어찌시럽니까? 만일 그들이 그 기회를 틈타 병사를 일으켜 진나라의 퇴로를 끊거나 진나라의 수도인 함양으로 바로 공격해 들어간다면 얼마나 위험하겠습니까?"

이 말을 들은 진 소왕은 식은땀을 흘리며 초나라 공격을 포기하였다.

계획을 취소하긴 했지만 소왕의 마음은 늘 무언가로 꽉 막힌 것처럼 답답했다. 사실 진나라의 국력이 나날이 강해지면서 역대 진나라 왕들의 목표도 점점 분명해졌다. 바로 여섯 나라를 치고 천하를 통일하는 것이었다. 그러나 여섯 나라 중 어느 나라를 먼저 멸망시킬 것인가? 장기판과 같은 구도 속에서 어떤 수를 먼저 놓고 어떤 수를 나중에 놔야 하는가? 소왕은 갈피를 잡을 수가 없었다.

시대가 영웅을 만든다고 했던가? 이때 한 사람이 진나라 소왕에게 묘책을 바쳤다.

"한나라가 다른 모든 나라들과 맞서는 것은 매우 어렵습니다. 그러니 멀리 있는 나라와는 먼저 화평하시고 가까이 있는 나라들부터 멸망시키십시오. 누에가 뽕나무 잎을 먹어 들어가는 것처럼 조금씩 먹어 들어가다 보면 다 먹을 수 있게 될 것입니다."

이것이 바로 이후 진나라가 천하를 통일했던 유명한 계책, 즉 '멀리 있는 적과 가까이 지내고 가까이 있는 적을 친다'는 '원교근공遠交近攻'이다. 이 말을 들은 소왕은 밤에 길을 잃은 행인이 문득 북두칠성을 찾은 것처럼 순간 속이 뻥 뚫리는 것만 같았다. 답답했던 속이 시원하고 후련해졌다. 그는 즉시 그 사람을 진나라의 재상으로 임명한다. 과연 이 대단한 인물은 누구였을까? 바로 범저范雎이다.

범저는 위나라 사람으로 해박한 지식에 최고의 말재주를 가지고 있었다. 게다가 기지가 넘치고 영리하여 천하의 정세도 손바닥 들여다보듯 다 꿰고 있었다. 젊어서 이미 학업을 마치고 위나라 왕에게 중용되기를 간절히 원했으나 집안이 워낙 가난하여 생계조차 이어가기 힘든 형편이었다. 그래서 어쩔 수 없이 중대부中大夫인 수가須賈의 문객으로 들어가 식객이 된다.

한번은 수가가 범저를 데리고 제나라에 사신으로 갔을 때였다. 수가는 몇 달 연속 제나라 왕과 이야기를 나누었지만 위나라 왕이 맡긴 외교 임무를 완수하지 못하고 있었다. 그런데 그 몇 달간 몇 번 마주치기만 했던 범저는 제나라 왕에게 재능을 인정받아 황금 열 근과 살찐 소, 좋은 술을 하사받게 된 것이다. 범저는 깜짝 놀라며 예물을 거절했다. 누군가 이 일을 알고 수가에게 보고했다. 수가는 분이 치밀어올랐다.

"내가 일을 부탁할 때는 제나라 왕이 듣는 척도 하지 않았는데, 너에겐 그렇게 귀한 예물까지 보내? 네가 제나라와 내통해 우리 위나라의 기밀을 발설하지 않았다면 왕이 그렇게까지 했겠느냐?"

범저는 연신 억울하다고 말했지만 수가는 그 말을 듣지 않고, 범저에게 살찐 소와 술은 받고 황금은 되돌려주라고 명했다. 그리고 수하들과 함께 노기등등하여 위나라로 돌아갔다.

위나라 재상의 이름은 위제魏齊였다. 위제 역시 수가의 보고를 듣고 노여움을 참지 못해 즉시 범저를 잡아오게 하였다. 그리고 전후사정은 물어보지도 않고 부하를 시켜 범저를 동여매게 한 후 채찍으로 무섭게 매질을 해댔다. 가여운 범저는 일개 서생이었기 때문에 모진 매질을 견뎌낼 수가 없었다. 얼마 후 살과 뼈가 상하고 이가 부러졌으며 살갗이 다 찢어져 금방이라도 숨이 끊어질 듯하였다. 그렇게 맞다가는 목숨조차 부지하기 힘들 거라고 생각한 범저는 두 눈을 꼭 감고 다리를 쭉 뻗어 죽은 척을 했다. 범저가 죽은 것을 보고도 분이 풀리지 않은 위제는 이를 갈더니, 멍석으로 범저를 말아 뒷간에 버리라고 명령했다.

그날 저녁 위제는 큰 연회를 열고 손님들을 초대했다. 재상의 관저는 초롱과 색색의 천으로 장식되었고 맛있는 요리와 술이 준비되었다. 빈번하게 술잔이 오가면서 주인과 손님 모두 흥에 겨워했다. 손님들은 취하자 일부러 범저의 몸에 대소변을 보며 욕을 해댔다.

"이 지경으로 어떻게 적들과 내통하는지 보자!"

상처투성이의 몸에 오물이 닿자 범저는 너무 아파서 죽을 것만 같았다. 그는 몇 번이나 비명을 지르고 싶었지만 이성은 이를 악물고 참으라고 말해 주었다. 하지만 그 고통을 더는 견딜 수 없었던 범저는 멍석에서 슬쩍 호위병을 불렀다.

"부탁이니 제발 날 좀 보내주시오. 나중에 크게 갚겠소."

그때 지키고 있던 자는 마침 나이가 좀 있는 노인으로 보답이 있다는 말에 즉시 위제에게 가서 고하였다.

"나리, 범저의 시체가 뒷간에 놓여 있으니 냄새가 나고 더러워 사람들이 뒷간에 못 가고 있습니다. 차라리 내다버리시지요."

위제는 술기운에 그러라고 대답했다. 마침내 범저는 죽음에서 탈출할 수 있었다.

다음날 술이 깬 위제는 어젯밤 범저의 시체를 버리자고 한 호위병의 말이 미심쩍어 범저의 시체를 찾아오라 지시했다. 자신을 찾으러 사람을 보냈다는 말에 깜짝 놀란 범저는 절친한 벗이었던 정안평鄭安平을 찾아가 자신을 데리고 위나라 도성을 빠져나가 달라고 부탁했다. 그리고 자신의 이름을 장록張祿으로 바꾸었다.

어느 정도 시간이 지났을 무렵, 진나라 왕이 곳곳에 현자를 모은다며 사람을 보냈다. 그때 왕계王稽라는 사자가 위나라로 왔다. 정안평은 그 기회를 놓치면 안 되겠다 싶어 하인인 척 꾸미고 왕계에게 다가가 시중을 들었다. 왕계가 물었다.

"위나라에 현자가 있는가?"

정안평이 즉시 대답했다.

"소인에게 장록이라는 고향 친구가 있사온데 나리를 만나 뵙고 싶어 합니다. 하지만 그 친구에게는 원수기 있어 낮에는 돌아다닐 수가 없답니다."

"그럼 저녁에 그 친구를 데리고 오게."

왕계가 말했다.

그날 저녁 정안평은 범저를 데리고 왕계를 만나러 왔다. 몇 마디 나눈 왕계는 범저의 재능이 묻어나는 말솜씨와 식견에 놀라지 않을 수가 없었다. 그는 범저를 흔히 볼 수 없는 인재로 인정하고 바로 약속을 잡았다.

"곧 자네를 데리고 폐하께 가겠네. 내일 저녁 삼정三후 남쪽에서 날 기다리게."

다음날 저녁 왕계는 삼정에서 자신을 기다리고 있던 범저를 마차에 태우고 곧장 진나라로 향했다.

그날 일행은 진나라 변경으로 들어갈 수 있었다. 바짝바짝 타 들어가던 범저의 마음도 어느 정도 안정을 찾았다. 범저는 긴 숨을 내쉬며 마차에 드리워진 발을 걷고 밖을 내다보았다. 갑자가 멀리서 마차 한 대가 날듯이 다가오는 것이 보였다. 범저가 물었다.

"저기 저 사람은 누구입니까?"

왕계가 대답했다.

"아, 저분은 진나라의 재상이신 양후穰候이시네. 지금 동쪽으로 순찰을 나가시는 중이지."

그러자 범저가 말했다.

"양후라면 진나라의 대권을 손에 거머쥐고 계신 분이 아닙니까? 그분께선 제후들이 유세객遊說客, 당시의 웅변가들을 진나라에 데려오는 것을 매우 싫어하신다고 들었습니다. 그런 분이 여기서 절 보시면 심하게 대하실 터이니, 전 그냥 마차 속에 숨어 있는 것이 좋겠습니다."

　얼마 후 두 마차가 마주하게 되자 양후와 왕계는 서로 문안 인사를 했다. 양후 역시 왕계가 위나라에 현자를 찾기 위해 갔던 것을 알고 있었다.

　"위나라에 가서 유세객을 데리고 온 것은 아니겠지? 그자들은 아무짝에도 쓸모없으면서 나라만 어지럽게 하는 자들이네."

　왕계는 조심스럽게 대답했다.

　"그럼요. 데려오지 않았습니다. 재상, 소인 그만 가보겠습니다."

　말을 마친 왕계는 즉시 말을 출발해 다시 여정을 재촉했다. 얼마 후 범저가 마차에서 고개를 내밀고 말했다.

　"양후는 총명하고 신중한 사람인데 방금 마차 안을 검사하지 않았으니, 잠시 후 반드시 다시 돌아올 것입니다."

　그러더니 범저는 마차에서 내려 걸어가고 있던 범계의 수행원들 사이에 섰다. 아니나다를까 십 리 정도 갔을 무렵, 뒤에서 사람과 말발굽소리, 덜컹거리는 마차소리가 났다. 양후가 정말 뒤쫓아온 것이었다. 한 기마병이 마차마다 발을 걷고 안을 삼삼이 살펴보았다. 아무것도 나오지 않자 양후는 그제야 안심하고 말을 되돌려 가던 길을 갔다. 양후의 뒷모습을 바라보며 왕계는 범저에게 완전히 탄복했다.

　"선생의 선견지명은 정말 신통하구려."

　범저는 천신만고 끝에 마침내 함양에 도착할 수 있었다. 그러나 당시 진나라 소왕은 입담이 좋은 사람들을 싫어했기 때문에 범저를 여관에 머물게 하며 질 낮은 음식을 주었다. 그리고 그를 들어 쓸 뜻도 비치지 않았다. 그렇게 일년이 넘는 시간이 지났지만 범저는 소왕의 얼굴조차 볼 수 없었다.

당시 진나라 조정의 형세는 이랬다. 양후, 화양군華陽君은 소왕의 어머니인 선태후宣太后의 동생이었고, 경양군涇陽君과 고릉군高陵君은 모두 소왕의 어머니가 낳은 친동생들이었다. 양후가 재상을 지내던 시기, 다른 세 사람은 번갈아가며 군대를 통솔했다. 그 덕분에 그들의 가산은 왕실보다 더 많아졌다. 그러니까 진나라의 조정은 사실상 태후, 양후, 화양군에 의해 좌지우지되고 있었던 것이다.

이후 진나라의 대장군이 된 양후는 자신의 봉지를 확장하기 위해 한나라와 위나라를 넘어 제나라를 공격하려고 하였다. 범저는 이 기회를 놓치지 않고 진나라 왕에게 서신을 써 보냈다.

"평범한 군주는 자신이 좋아하는 사람에게 상을 주고 싫어하는 사람에게 벌을 내린다고 합니다. 그러나 뛰어난 군주는 공로가 있는 자에게만 상을 주고 죄가 있는 사람에게만 벌을 내린다고 합니다. 지금 제 가슴은 도마나 칼질을 견딜 수 없으며 허리는 도끼질을 견딜 수 없습니다. 제가 이런 몸으로 어찌 폐하 앞에서 속임수를 쓰며 거짓을 고하겠습니까? 폐하께서 저를 비천한 자로 여기시는 것은 상관없으니 마음대로 저를 욕보이십시오. 그러나 어찌하여 절 추천하신 분까지 욕보이십니까? 제게 단 한번만 궁에 들어갈 기회를 주십시오. 만약 제 말이 틀리다면 절 죽이셔도 좋습니다."

그 서신을 보고 범저의 말을 훌륭히 여긴 소왕은 전용 마차까지 보내 범저를 모셔 갔다. 진나라 왕실에 들어온 범저는 붉은 양탄자가 깔린 길이 황제나 황후가 기거하는 내궁內宮으로 이어진 것을 알면서도, 모르는 척 그 길을 따라 들어갔다. 얼마나 갔을까, 소왕이 내궁에서 걸어나왔다. 환관들은 범저를 보고 화부터 내며 내쫓으려 했다.

"황제폐하 납시오."

범저는 소왕을 못 본 척하며 이렇게 말했다.

"진나라에 황제가 어디 있단 말이오? 진나라에는 오직 태후와 양후 재상만 있소이다."

이 말을 들은 소왕은 곁에 있던 신하들을 물리더니 몸을 숙여 범저에게 가르침을 구했다.

"과인에게 가르침을 주시겠소?"

범저는 대답 대신 허허 웃기만 했다.

잠시 후 소왕은 다시 무릎을 꿇고 범저에게 물었다.

"선생, 과인을 어찌 가르칠 생각이오?"

범저는 또 웃기만 했다.

소왕이 이렇게 세 번을 물었지만 범저는 그저 웃기만 할 뿐 아무런 말도 하지 않았다. 소왕이 물었다.

"정녕 과인에게 가르침을 주기 싫다는 것이오?"

그제야 범저는 간곡한 목소리로 말했다.

"옛날 강태공이 주 문왕을 만났을 때 그는 위수에서 고기나 잡던 어부에 불과했습니다. 두 사람 간에 우의도 없었기 때문에 깊이 있는 이야기는 할 수도 없었습니다. 주 문왕이 그런 강태공을 왕궁으로 데리고 와 태사로 봉한 이후, 두 사람의 이야기는 깊이를 더해 갔습니다. 이런 깊이 있는 대화를 통해 문왕이 간절히 현자를 찾았다는 미담이 천하에 널리 전해지게 된 것입니다. 문왕, 무왕이 이룬 제왕의 대업은 그렇게 성취된 것입니다. 지금 저는 타향에 와 있는 미천한 사람으로 폐하와의 교분도 매우 얕습니다. 그러나 저는 군왕의 권위를 바로 잡는 큰일에 대해 말씀드리고 싶습니다. 이는 왕실 가족 간의 내분에 개입될 가능성도 매우 큽니다. 매우 중요한 일인 것입니다. 그러나 전 아직 폐하의 뜻이 어떠한지 전혀 알지 못합니다. 그래서 왕께서 세 번이나 물으셨어도 감히 대답을 드리지 못했던 것입니다. 물론 죽음이 두려워 말을 안 한 것은 아닙니다. 오히려 제가 말을 잘못해 죽임을 당하면 세상 사람들이 제가 충성을 다하였으나 죽임을 당했다 칭송하고, 더 이상 왕께 충성을 다하지 않을까 걱정될 뿐입니다."

소왕은 여전히 무릎을 꿇은 채로 다시 간청했다.

"진나라는 멀고 외진 곳에 자리하고 있소. 그런데 선생께서 이곳까지 온 것은 하늘이 나를 보살펴주셨기 때문이오. 그런데 왜 그런 말만 하고 계시오? 과인은 선생을 깊이 신뢰하고 있소."

범저가 절을 올리자 소왕도 맞절을 했다. 마침내 범저가 입을 열었다.

"폐하의 나라는 지세가 험준하여 다른 나라가 쉬이 침공할 수 없습니다. 또 백성들이 하나같이 용맹하고 전쟁을 좋아하니, 이 또한 매우 유리합니다. 그러나 폐하께서는 이곳에 틀어박혀 15년을 보내셨습니다. 이것은 폐하의 잘못입니다."

소왕이 말했다.

"과인의 잘못이 무엇인지 듣고 싶소."

범저는 내궁과 조정 밖의 일들을 낱낱이 아뢸 생각이었으나, 장막 뒤에서 많은 호위병들과 신하들이 몰래 엿듣는 것을 알고 내궁의 일은 차마 입에 담지 못하였다. 그는 먼저 조정 밖의 상황부터 이야기했다.

"과거 제나라 민왕이 남정에 나서 초나라를 공격했을 때, 초나라의 대장군을 죽이고 수천 리의 토지를 개척했다고 들었습니다. 그러나 얼마 지나지 않아 다시 그 땅들을 잃어 한 치도 남지 않았다지요. 그것이 민왕이 그 땅을 원하지 않았기 때문이겠습니까? 아닙니다. 다만 정세가 민왕이 땅을 차지하는 것을 허락하지 않았기 때문입니다. 당시 제나라가 초나라를 쳐서 이기자 한, 위 등 제후국들은 제나라 군대가 지친 틈을 타 군대를 제나라로 보냈습니다. 결국 제나라는 그들에게

479

포위를 당해 방금 얻은 땅들을 빼앗겼고, 자신들이 기존에 가지고 있던 땅까지 위험에 처하는 지경에 이르렀던 것입니다. 이것이 바로 '병사를 빌어 도적에게 주고, 양식을 보내 도둑을 먹이는' 일입니다. 지금 양후는 한나라와 위나라를 넘어 제나라를 공격하려고 합니다. 만약 한나라와 위나라가 이 기회를 틈타 우리를 공격해 오면 어찌 되겠습니까? 차라리 멀리 있는 나라와 우호 관계를 맺으시고 가까이 있는 나라부터 치십시오. 지금 한나라와 위나라가 차지한 중원은 천하의 중심입니다. 그러니 한, 위 나라와 관계를 맺어 스스로 천하의 중심이 되신다면, 저희와 멀리 떨어진 초와 조 나라는 위협을 느낄 것입니다. 그들이 진나라에 귀속된다면 제나라라고 계속 버틸 수 있겠습니까? 제나라까지 귀속되면 한나라, 위나라는 당연히 우리의 것이 될 것입니다."

연신 고개를 끄덕이며 범저의 말을 들은 소왕이 다시 입을 열었다.

"진작부터 위나라와 관계를 맺고 싶었소만, 위나라는 변덕이 심한 나라라 가까이 할 수가 없었소."

범저가 대답했다.

"꼭 겸손한 국서를 바치거나 귀중한 예물로 그들을 움직일 필요는 없습니다. 그 방법들이 통하지 않는다면 땅을 뇌물로 주십시오. 그래도 안 된다면 그것을 빌미로 위나라를 공격하면 됩니다."

범저의 말에 동의한 소왕은 즉시 범저를 객경에 봉했다. 그리고 범저의 계책에 따라 병사를 보내 위나라를 공격하고 회현懷縣, 지금의 하남을 차지했다.

얼마 후 범저는 다시 소왕에게 진언했다.

"진나라와 한나라 양국의 지형은 자수처럼 서로 맞물려 있습니다. 진나라 옆에 있는 한나라는 커다란 나무에 자라고 있는 좀과 같은 존재입니다. 천하 형세에 변동이 일어나지 않으면 몰라도, 일단 변화가 생기면 제후들 중에 진나라에 가장 큰 피해를 끼칠 나라는 바로 한나라일 것입니다."

소왕은 범저의 의견을 받아들여 한나라를 공격했다. 이렇게 나날이 소왕의 신임이 두터워진 범저는 중요한 자리에 앉게 되었다. 그러던 어느 날 그는 마침내 기회를 포착하여 소왕에게 진언했다.

"신이 다른 나라에 있을 때 진나라에 양후와 태후, 화양군이 있다는 말은 들어봤어도 폐하에 관한 말은 들어보지 못했습니다. 일반적으로 나라의 정권을 쥐고 휘두르는 사람, 사람을 살리고 죽이는 권한을 가진 사람이 진짜 군왕이라고 할 것입니다. 그러나 지금 태후는 조정을 장악하여 폐하의 의견은 일절 묻지 않고 있습니다. 양후는 다른 나라에 사자를 보내면서도 폐하께 보고하지 않고 있으며, 화양군과 경양군은 자신들 마음대로 죄인을 벌하며 폐하를 두려워하지 않습니다. 고령군은 사람을 기용하거나 파면할 때도 폐하께 보고를 하지 않지요. 한 나라에 이런 사람이 넷이나 있으니, 위험할 수밖에 없는 것입니다. 과거 최저崔杼, 뇨치淖齒 두 사람이 제나라의 정권을 쥐고 흔들자 최저는 활로 제나라 장공의 다리를 상하게 하였고, 뇨치는 제나라 민왕을 죽여 버렸습니다. 이태李兌가 조나라의 대권을 쥐고 흔들자 조나라 무령왕武靈王은 사구에 구금되어 백 일 후 굶어 죽었습니다. 하지만 나라의 정권을 쥐고 흔든 사람들은 나라나 군주를 위해 생각하지 않고 도리어 자기보다 현명하고 능력 있는 사람을 시기하였으며, 윗사람을 기만하고 아랫사람을 속여 중간에서 사리사욕을 채웠습니다. 그리고 결국 군주는 그런 사람으로 인해 나라 전체를 잃곤 하였습니다. 하여, 저는 후대에 진나라 자손이 아닌 사람이 진나라의 주인이 될까 정말 걱정됩니다."

그 말을 들은 소왕은 깜짝 놀라 안색이 하얗게 질렸다.

"경의 말이 옳소."

그러더니 즉시 태후의 권력을 빼앗고 양후, 화양군, 경양군, 고릉군을 산해관 밖으로 귀양 보냈다. 또 범저를 재상으로 세우고 응應, 지금의 하남 보풍현寶豊縣을 봉지로 하사했다. 그래서 후대 사람들이 그를 응후應候라고 불렀다. 범저는 재상이 된 후부터 진나라 왕을 위해 계략을 짜고 여러 위험요소들을 제거하며 공명한 정치를 펼쳤다. 또한 병력을 강화시켜 소왕의 총애를 받았다. 그러나 범저는 진나라에서 계속 장록이라는 이름을 썼기 때문에 위나라는 범저가 죽은 줄로만 알고 있었다.

그 해 위나라는 진나라가 한나라와 자국을 공격하려 한다는 말을 듣고 두려움에 떨었다. 그래서 진나라 소왕을 설득하라고 수가를 유세객으로 보냈다. 그 사실을 안 범저는 재상의 옷을 벗고 낡고 누추한 옷을 입어 하인처럼 꾸민 뒤 수가의 앞에 나타났다.

수가는 범저를 보고 귀신이 나타난 줄 알고 혼비백산했다. 범저는 자신이 진나라로 도망 와 다른 사람의 종노릇을 하고 있다고 하소연했다. 범저가 낡고 해진 옷을 입고 바람에 덜덜 떠는 것을 본 수가는 가여운 생각이 들어 그를 동정했다.

"자네가 이 지경까지 올 줄은 몰랐네."

그러면서 두터운 솜옷을 주고 술까지 사주었다. 두 사람은 술을 마시며 대화를 나눴다. 수가가 말했다.

"진나라 재상인 장록을 만나고 싶은데 아는 사람 없나?"

범저가 말했다.

"저희 주인님이 장록과 잘 아는 사이시랍니다. 제가 그분께 모셔다 드리지요."

수가는 겸연쩍어하며 말했다.

"하필이면 이런 때에 말은 병에 걸리고 마차의 차축은 부러져 버렸다네. 어쩌면 좋겠나?

범저는 선심 쓰듯 대답했다.

"괜찮습니다. 제가 저희 주인님께 빌리도록 하지요."

이야기를 마치고 집으로 돌아간 범저는 말 네 마리가 끄는 화려한 마차를 가지고 와 수가를 태우고 직접 마차를 몰았다. 마차가 곧바로 재상의 집으로 들어서자 모든 사람들이 공손히 예를 표하며 길 양쪽으로 비켜서는 것이 아닌가? 수가는 영문을 몰라 의아해했다. 의사청議事廳 입구에 도착하자 범저는 마차에서 내려 수가에게 말했다.

"여기서 기다리십시오. 제가 가서 아뢰고 오겠습니다."

수가는 마차를 지키며 입구에서 얌전히 기다리고 있었다. 하지만 한참을 기다려도 범저는 나오지 않았다. 참다 못한 수가가 문지기에게 물어보았다.

"범저가 왜 아직도 안 나오는 것인가?"

"이곳에 범저라는 사람은 없습니다."

수가는 눈을 동그랗게 뜨고 물었다.

"방금 나와 함께 마차를 타고 들어온 사람이 범저잖나!"

"그분은 저희 재상 나리이십니다."

수가는 깜짝 놀라 기절할 지경이었다. 그래서 윗옷을 다 벗고 바닥에 무릎을 꿇었다. 문지기가 안으로 안내하자 그대로 기어 들어가며 범저에게 사죄했다.

재상 관저의 의사청은 화려하게 꾸며져 있었고 하인들도 구름처럼 많았다. 높은 당상에 앉아 있는 범저에게서는 높은 기개와 품격이 느껴졌다. 범저는 노기 띤 목소리로 수가를 질책했다.

"네 죄를 네가 알렸다!"

수가는 바닥에 쿵, 쿵 머리를 짓찧으며 벌벌 떨기만 했다. 범저는 수가가 자신에게 지은 죄들을 열거한 후 덧붙였다.

"네가 오늘 나에게 솜옷과 먹을 것을 준 것은 네가 아직 양심이 있다는 뜻이니, 나도 너를 용서하겠다. 너는 돌아가 위나라 왕에게 위제의 머리를 내놓으라고 전해라. 안 그러면 난 위나라를 피로 물들일 것이다."

수가는 그날 밤 즉시 위나라로 돌아와 이 일을 위제에게 알렸다. 위제는 여기저기 도망갈 곳을 찾았지만, 진나라 재상이 그자의 목숨을 원한다는 것을 알면서 숨겨줄 사람은 없었다. 결국 그는 긴 한숨을 내쉬며 스스로 목숨을 끊었다.

몇 년 후 진나라 소왕은 응후 범저의 계획에 따라 반간계를 써서 조나라를 속이고, 진짜 실력은 없고 큰소리만 치는 조괄을 염파 대신 대장군 자리에 앉히도록 했다. 그렇게 '장평의 전쟁'을 치르자 조나라는 기력이 쇠해졌다.

우리가 알다시피 범저는 과거 정안평, 왕계의 추천 덕분에 진나라에 오고 재상의 자리까지 오를 수 있었다. 범저는 은혜를 잊지 않고 두 사람을 진나라 왕에게 추천해 높은 자리에 앉게 해주었다. 그러나 이후 정안평과 왕계는 몇 번이나 법을 어겨 사형이 불가피하게 되었다. 범저는 소왕이 그 일로 자신을 나무랄까 두렵고 또 송구스러웠다.

연나라의 채택蔡澤이라는 사람은 입담이 뛰어나 각국에 유세를 하며 돌아다녔다. 그러나 왕에게 인정받고 싶은 그의 바람과는 달리 좀처럼 기회가 오지 않았다. 이때 그는 응후 범저의 사정을 듣고 즉시 진나라로 와 범저에게 충고했다.

"사람들은 해가 중천에 뜨면 지게 마련이요, 달이 차면 기울게 마련이라고들 합니다. 재상께선 진나라를 위해 많은 일을 하시고 공명한 정치를 펼쳤으며, 국력을 증강시키고 재난을 없애셨습니다. 게다가 왕께서는 재상을 매우 신임하시니, 그 공적이 탁월합니다. 그러나 사람이 성공한 후 물러갈 때를 모른다면 해를 당하기 마련입니다. 백기, 오기, 문종도 모두 그래서 불행한 결말을 맞지 않았습니까?"

그 말에 한참 생각에 잠겨 있던 범저가 입을 떼었다.

"자네 말이 옳네."

그러더니 진나라 왕에게 채택을 추천한 후 자신은 병을 핑계로 자리에서 물러나며 재상의 인장을 반환했다. 소왕은 범저를 만류했으나 잡지 못했다. 이어 채택이 마음에 들어 그를 재상으로 임명했다.

사마천은 범저가 평생 질곡 많은 인생을 살았지만 마침내 강대국 진나라의 재상이 되어 마땅히 받을 대우를 받았다고 평가하였다. 그러나 그가 곤란한 상황에 처하지 않았다면 더 발전하려는 마음을 가질 수 있었을까?

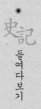

史記
들여다보기

제포란 비교적 두꺼운 견직물로 만든 긴 옷이었다. 이후 후세
사람들은 수가가 범저范雎에게 제포를 준 것을 생각하여 '제
포지의綈袍之義'를 '옛정을 잊지 않는다'는 고사로 사용했다.
송나라의 소식(소동파) 역시 『노원魯元에게 옛글을 보내 명주名
州를 알리다』에서 '임께서 제포의 서신을 보내시니, 인적 드
문 문 앞에 다다르네'라고 인용해 쓰고 있다.

범저

주요 인물
　염파, 인상여

● 주변 인물
　진나라 왕, 조나라 왕

● 키워드
　탁월한 재능, 국사를 중히 여기다

● 주요 사건
　완벽귀조完璧歸趙, 민지의 회맹

● 고사
　완벽귀조, 장상화將相和, 장상의 화해,
　민지의 회맹, 염파도 늙었구나!

● 이야기 출처
　『사기』 「염파인상여 열전廉頗藺相如列傳」

廉頗 藺相如

염파·인상여 : 장상의 미담, 천추에 이어지네!

1. 완벽귀조[11]

염파廉頗와 인상여藺相如는 전국시대 유명한 무장과 문신으로, 두 사람이 있었기 때문에 진나라도 조나라를 함부로 넘보지 못했다고 한다. 두 사람의 이야기는 '온 천하가 함께 전하는 〔天下共傳〕 보물' 화씨벽에서부터 시작된다.

춘추 시기 초나라의 변화卞和라는 사람은 초산楚山에서 옥석, 그러니까 옥으로 다듬어지지 않은 돌을 발견하고는 초나라 려왕厲王에게 바친다. 려왕이 장인에게 그 돌을 감정시켰는데 장인은 입을 삐죽거리며 말했다.

"이것은 그저 평범한 돌일 뿐입니다."

려왕은 변화가 자신을 속였다 생각해 그의 왼쪽 발을 잘라 버렸다.

이후 초나라 무왕武王이 즉위하자 변화는 다시 그 옥석을 무왕에게 바쳤다. 무왕이 다시 장인을 불러 감정을 시켰지만 또 그냥 돌이라고 하는 것이다. 무왕도 변화가 자신을 속였다 여겨 변화의 오른쪽 발을 잘라 버렸다.

초나라 문왕文王이 즉위했을 때 변화는 옥석을 품에 안고 초산 아래서 대성통곡했다. 그렇게 사흘 밤낮을 통곡하였더니 눈물이 말라 핏물이 흘러 내렸다. 문왕은 기이하게 여겨 사람을 보내 연유를 물었다.

"세상에 발 잘린 사람이 한둘이 아니거늘 어찌 그리 슬피 우시오?"

변화가 대답했다.

"발을 잘려 우는 것이 아니라, 귀한 옥이 돌로 여겨지고 충성스러운 사람이 사기꾼으로 여겨지는 것이 슬퍼 우는 것입니다."

문왕은 즉시 옥 장인에게 옥석을 갈라 보게 했다. 그러자 과연 그 안에서 하얗고 흠이 없는 보옥이 나왔다. 문왕은 그 옥에 '화씨벽'이라는 이름을 붙여주었다.

고대 기록은 화씨벽을 이렇게 적고 있다. 화씨벽은 납작한 원형에 작은 구멍이 뚫려 있어 중간에 작은 구멍을 낸 동그란 떡 같다. 그것을 어두운 곳에 놓으면 밝게 빛을 내므로 세속의 더러움을 없애고 악마를 몰아낸다 여겨졌으니 '야광벽夜光璧'이라고도 불렀다. 그것을 앉을 자리에 놓으면 겨울에는 매우 따뜻하여 화로를 대신할 수 있으며, 여름에는 시원하여 백 보 안으로는 파리가 안 들어온다고 했다. 이후 여섯 나라를 통일해 진나라를 세운 진시황은 훌륭한 장인을 찾아 화씨벽에 조각을 하게 했다. 이사李斯는 그 위에 '하늘의 명을 받아 장수하고 영원히 창대하리〔受命于天, 旣壽永昌〕'라고 적어 대대로 전해지는 옥쇄로 만들었다. 이때부터 화씨벽이 왕권의 상징이 된 것이다.

어느 해 조나라 혜문왕은 화씨벽을 손에 넣는다. 그리고 그 소식은 빠른 속도로 진나라 소왕에게까지 전해졌다. 소왕은 조 혜문왕에게 사신을 보내 성 열다섯 개와 화씨벽을 바꾸고 싶다고 전한다. 조나라 왕과 대신들은 회의를 했다. 일부 대신들은 화씨벽을 줬는데 진나라에서 성 열다섯 개를 내놓지 않으면 진나라에 속는 것이라고 주장했다. 또 반대측은 화씨벽을 안 주면 진나라가 대군을 이끌고 쳐들어 올 빌미를 주는 것뿐이라며 고집을 부렸다. 그래서 회의는 좀처럼 결론이 나지 않았다. 또 진나라 왕에게 답을 전할 사자를 찾아봤지만 적합한 사람마저 나타나지 않았다.

모두들 이러지도 저러지도 못하고 있을 때 무현繆賢이라는 환관장이 일어나 말했다.

"폐하, 문객 중에 인상여라는 사람을 진나라로 보내십시오."

491

조나라 왕이 물었다.

"인상여란 어떤 사람이며, 또 어떤 능력이 있소?"

무현이 아뢰었다.

"이 이야기를 들으면 아실 것입니다. 어느 해 소인은 죄를 지어 폐하께 죽임을 당할까 봐 두려워하고 있었습니다. 그래서 몰래 연나라로 도망을 가려고 했었지요. 그때 소인의 문객인 인상여가 제게 물었습니다. '연나라 왕과 어찌 사귀실 겁니까?' 그래서 소인은 폐하와 함께 연나라 왕의 연회에 참석하였을 때 연나라 왕이 소인의 손을 잡으며 저와 친구가 되고 싶다고 말한 일을 들려주었습니다. 그 일로 미루어 짐작컨대 연나라 왕이 소인을 받아줄 것이라고요. 하지만 인상여는 고개를 저었습니다. 그는 조나라는 강하고 연나라는 약한 상황에서 제가 폐하의 총애를 받으니 연나라 왕이 소인과 친구가 되고 싶어 한 것이라며, 그것은 단지 제게 잘 보이려는 행동이었다고 했습니다. 그러면서 소인이 폐하께 죄를 짓고 연나라로 피신한다면 연나라 왕은 조나라가 무서워 소인을 받아주지 않을 것이라 했습지요. 도리어 소인을 잡아서 산 채로 조나라에 압송할 수도 있다고요. 그러면서 소인이 지은 죄가 그리 크지 않으니 차라리 잘못을 인정하고 폐하께 솔직히 사죄하라 하였습니다. 그러면 폐하께서도 저를 용서해 주실 것이라고요. 그래서 소인 그대로 하였고, 폐하께서도 과연 소인의 죄를 사해 주셨습니다. 그때부터 소인은 인상여를 새롭게 보게 되었지요. 소인이 볼 때 인상여는 지혜와 재능이 매우 뛰어난 사람이니 진나라에 가서도 잘 해낼 수 있을 겁니다."

조나라 왕은 매우 기뻐하며 즉시 인상여를 불러 물었다.

"진나라 왕이 성 열다섯 개와 내 화씨벽을 바꾸자고 제안해 왔네. 내가 주는 것이 맞겠나?"

그러자 인상여가 대답했다.

"진나라는 강하고 조나라는 약하니 거절하기 힘들 듯합니다."

왕이 다시 물었다.

"그랬다가 내 보물만 빼앗기고 성을 못 받으면 어쩐단 말인가?"

인상여는 침착하게 대답했다.

"제 이야기를 들어보십시오. 진나라가 성과 화씨벽을 바꾸자고 했을 때 조나라가 거절하면 잘못은 조나라에 있는 것입니다. 그러나 조나라가 화씨벽을 주었는데도 진나라가 조나라에 성을 주지 않는다면 잘못은 진나라 쪽에 있겠지요. 이두 상황의 득과 실을 비교해 보면, 진나라가 성을 내놓지 않는 죄를 지게 할 수밖에 없다는 결론이 나옵니다."

조나라 왕이 생각해 보니 인상여의 말이 옳았다. 그래서 인상여를 진나라에 사자로 보냈다. 인상여는 떠나기 전 조나라 왕에게 이같이 말했다.

"진나라가 성을 주면 화씨벽을 진나라에 두고 오겠습니다.

그러나 성을 주지 않는다면 화씨벽을 흠 하나 없이 원래 모습 그대로 가지고 돌아오겠습니다."

진나라에 도착하자 소왕은 높은 보좌에 앉아 오만한 태도로 인상여를 맞았다. 그러나 인상여는 공손하게 두 손으로 화씨벽을 바쳤다. 화씨벽을 받아든 소왕은 두 손으로 화씨벽을 받아들고 두 눈을 반짝이며 연신 탄성을 내질렀다. 그러고는 주변에 있는 호위병과 궁녀들에게도 보라고 건네주었다. 그들 역시 화씨벽을 보며 "만세" 하고 한 목소리로 외쳤다. 인상여는 한쪽에 가만히 서서 차가운 눈으로 그 모든 것을 지켜보더니 갑자기 앞으로 나가 말했다.

"이 화씨벽에는 작은 결점이 있습니다. 제가 그것을 알려드리지요."

소왕이 다시 옥을 건네주자 인상여는 조금씩 뒷걸음질을 쳐 한 기둥에 기대었다. 그리고 화가 난 목소리로 소왕을 엄히 꾸짖었다.

"왕은 우리 조나라에게 성 열다섯 개를 줄 마음이 전혀 없었소. 그러니 이 화씨벽을 가지고 돌아갈 것이오. 만약 나에게 강요한다면, 나는 이 화씨벽과 함께 이 기둥에 머리를 찧고 죽을 것이오."

그리고 나서 그는 화씨벽을 높이 쳐들더니 기둥을 노려보며 금방이라도 내던질 기세를 취했다.

진나라 조정은 발칵 뒤집혔다. 소왕은 인상여가 정말 화씨벽 같은 귀한 보물을 집어던져 깨뜨릴까 봐 애가 타서 연거푸 미안하다며 충동적으로 행동하지 말라고 달랬다. 그리고 담당 관리들에게 지도를 가져오라 명한 후 손가락으로 짚으며 설명했다.

"여기서부터 저기까지 열다섯 성은 조나라의 것이네."

인상여가 소왕의 안색과 어조를 살폈으나 그것은 이 상황을 무마하기 위해 대충 얼버무리는 것에 불과했다.

"화씨벽은 천하 공전의 보물로, 우리 폐하께서는 왕의 교환 요구를 거절할 수 없어 절 보내신 것입니다. 또한 이 보물을 보내기 전 닷새 동안 목욕재계를 하셨습니다. 그러니 대왕께서도 닷새 간 목욕재계를 하시고 대전에서 성대한 의식을 치르십시오. 그래야 소인도 이 옥을 바칠 수 있습니다."

소왕은 인상여의 말을 따르겠다고 약속하고 그의 숙소를 배정해 주었다.

인상여는 소왕이 목욕재계를 하겠다고 약속했지만 성 열다섯 개는 절대 주지 않을 것이라는 것을 알았다. 그래서 자신의 심복에게 낡은 옷을 입혀 변장시킨 후 화씨벽을 들려 조나라로 돌려보냈다. 좁은 길로 가라는 당부도 잊지 않았다.

닷새가 지난 후 진나라 왕은 인상여가 제시한 요구대로 목욕재계를 하고 성대한 의식을 준비했다. 준비가 다 끝나자 왕은 사람을 보내 인상여를 불렀다. 인상여는 소왕의 앞에 나아가 당당하게 아뢰었다.

"귀국은 목공 때부터 지금까지 20대가 넘게 왕위를 이어왔습니다. 그러나 신의를 지킨 왕이 있단 말은 들어보지 못했습니다. 제가 볼 때 폐하께서는 조나라에 열다섯 개의 성을 줄 마음이 전혀 없으십니다. 그래서 소인, 폐하께 속아 저를 믿고 맡겨주신 저희 왕의 뜻을 저버릴까 두려워 화씨벽을 조나라로 돌려보내 버렸습니다. 폐하께 죄를 지었으니 절 죽여주십시오."

"아!"

소왕과 그의 신하들은 깜짝 놀라 서로 얼굴만 마주보며 멍하니 서 있었다. 그 말을 믿지 못하겠다는 얼굴이었다. 그도 그럴 것이 다른 여섯 나라가 있었지만 단 한 사람도 감히 진나라 왕을 희롱한 적이 없었던 것이다. 이때 일부 대신들은 분하여 인상여를 잡아야 한다고 간언했다. 그러나 진나라 소왕은 그들을 저지했다.

"이미 이렇게 된 이상 인상여를 죽인다고 화씨벽이 되돌아 오겠는가? 그래 봤자 진나라와 조나라의 우호관계만 손상될 뿐이다. 그냥 저 자를 보내주어라. 조나라 왕도 그깟 옥 때문에 진나라를 속이지는 않았을 것이다."

이렇게 인상여가 조나라로 무사히 돌아오자 그의 명성은 더욱 드높아졌다. 임무를 저버리지 않았을 뿐 아니라 조나라의 위엄 또한 손상시키지 않은 인상여가 더욱 마음에 든 조나라 왕은 인상여를 상대부上大夫로 모셨다.

2. 민지의 회맹

얼마 후 진나라는 군대를 보내 조나라를 치고 수많은 병사들을 죽여 버렸다. 그런 다음 조나라 왕에게 사자를 보내 두 나라의 화해를 위해 민지澠池라는 곳에서 회맹을 갖자고 하였다. 조나라 왕은 전쟁에 진 데다 진나라 왕이 두려워 감히 만나러 갈 엄두를 내지 못하고 있었다. 조나라의 대장군 염파와 인상여는 함께 조나라 왕을 설득했다.

"폐하께서 가시지 않으면 적에게 약점을 잡히게 됩니다. 조나라의 위엄을 지키기 위해 가셔야만 합니다."

조나라 왕은 어쩔 수 없이 가겠다고 약속하고 인상여를 수행원으로 지목했다. 떠나기 전 염파는 그들을 국경까지 배웅하며 조 왕에게 아뢰었다.

"걱정 말고 다녀오십시오. 제 생각에 오가는 시간과 회맹 시간을 합쳐도 한 달 30일을 넘지 않을 것이옵니다. 만약 한 달이 넘어도 폐하께서 돌아오시지 않으면 태자에게 왕위를 물려주시겠다고 약속해 주십시오. 그러면 진나라도 폐하를 두고 협박하지는 못할 것입니다. 그리고 제가 진나라 국경에 대군을 주둔시켜 밤낮으로 경비할 것이니 안심하십시오. 제가 지키는 한 진나라도 경거망동하지는 못할 것이옵니다."

'민지의 회맹'에서 진나라와 조나라는 양측 모두 즐거운 시간을 보냈다. 술잔이 세 순배 돌고 여러 요리가 올라오자 진나라 왕이 살짝 취기가 올라 말했다.

"조나라 왕께서 음악에 정통하다지요. 특히 금 연주에 능하시다 들었소. 호위병들, 어서 가서 금을 가져와 조나라 왕께 연주를 청하여라."

조나라 왕은 깊이 생각하지 않고 흥에 겨워 금을 연주했다. 그러자 진나라의 사관史官이 앞으로 나와 사서에 기록한 것을 읽었다.

"모년 모월 모일, 진나라 왕은 조나라 왕과 회맹하며 조왕에게 금을 연주하라 명하였다."

일부러 조나라 왕에게 모욕을 주기 위해 꾸며놓은 함정이었던 것이다. 조나라 왕은 순간 노기와 후회로 술이 확 깨는 것을 느끼며 멍하니 서 있었다.

이를 본 인상여는 즉시 앞으로 나와 말했다.

"조나라 왕 역시 진나라 왕께서 음악에 능하시다는 말을 들어오셨습니다. 제가 이미 부缶[12]도 가져왔으니 한 곡 연주해 함께 즐기는 것을 보여주십시오."

진나라 왕은 화가 나서 인상여의 말을 들은 체도 하지 않았다. 인상여는 이에 아랑곳하지 않고 앞으로 몇 걸음 더 나아가 부를 받쳐 들고 무릎을 꿇으며 더욱더 공손하게 청했다. 물론 진나라 왕은 또다시 거절했다. 그러자 기다렸다는 듯 인상여가 벌떡 일어나 말했다.

"저는 지금 폐하에게서 다섯 발자국 떨어진 곳에 서 있습니다. 만약 무슨 일이 생기면 제 피가 대왕의 몸으로 튈 수 있을 거란 말씀입니다."

이것은 진나라 왕을 위협하는 말이었다. 진 왕 곁에 있던 시위대들은 칼을 들고 인상여를 베려 하였다. 그러나 인상여는 두려워하기는커녕 몸을 돌려 그들을 노려보며 소리 질렀다. 시위대들은 깜짝 놀라 뒤로 물러났다. 진 왕은 만면에 불쾌한 빛을 띤 채 부를 두드렸다. 조나라의 사관은 아까 그 자리에서 멍하니 서 있기만 했다. 인상여는 고개를 돌려 그에게 일러주었다.

"기록하시오. 모년 모월 모일, 진 왕이 조나라 왕을 위해 부를 두드렸다."

진나라 군신들은 화가 나서 큰 소리로 부르짖었다.

"조나라는 열다섯 성을 진나라에 예물로 바치시오."

그래도 인상여는 전혀 기죽지 않고 소리 질렀다.

"진나라는 도읍인 함양을 바쳐 조나라 왕에게 경의를 표하시오."

이렇게 연회가 끝날 때까지 진나라 군신들은 조금의 우위도 차지하지 못했다. 게다가 염파가 변경에서 삼엄하게 경비하고 있었기 때문에 함부로 무슨 짓을 할 수도 없었다.

'민지의 회맹'이 끝나자 조나라 왕은 인상여의 공이 매우 크다 여겨 그를 염파보다 높은 상경上卿의 자리에 앉혔다.

3. 장군과 재상의 화해

그 때문에 염파는 약이 잔뜩 올랐다.

"나는 조나라의 대장군으로 적진을 치고 성과 요새를 함락시키는 큰 공을 몇 번이나 세웠다. 그런데 인상여는 비천한 출신인 주제에 세치 혀나 놀려 작은 공을 세웠음에도 나보다 높은 자리에 앉았다. 허, 나는 그것을 눈 뜨고 봐줄 수가 없구나. 다음에 그 자를 만나면 내 무서움을 보여줄 것이다."

그 말을 전해들은 인상여는 다시는 염파와 마주치지 않으리라 결심했다. 매번 조정에 나갈 때마다 그는 병에 걸린 척하며 염파와 부딪치는 것을 피했다.

한번은 밖으로 나간 인상여가 멀리서 염파가 자기 쪽으로 걸어오는 것을 보고 재빨리 마차를 돌려 숨는 일이 생겼다. 인상여의 문객들은 더 이상 참을 수가 없어 모두 함께 인상여를 찾아갔다.

"우리가 가족과 고향을 등지고 대인의 곁에 있었던 것은 대인의 능력과 인품을 흠모했기 때문입니다. 그러나 지금 대인께서는 염파 장군께서 대인을 비난하고 악담을 하였다고 놀라서 피해 다니고 계십니다. 너무 지나친 것이 아니십니까? 저희는 더 이상 그 수치를 참아낼 수 없으니 그만 보내주십시오."

몇 번이나 그들을 만류하던 인상여는 태도를 바꿔 이렇게 물었다.

"자네들은 염 장군과 진나라 왕 중에 누가 더 무서운 것 같은가?"

문객들은 이구동성으로 대답했다.

"물론 진나라 왕입니다."

인상여는 참을성 있게 계속 설명해 나갔다.

"그렇네, 진나라 왕이 그렇게 무서운데도 나 인상여는 많은 사람들 앞에서 그의 신하들에게 소리치며 치욕을 주었네. 헌데 내가 아무리 무능하다 한들 염 장군 하나가 무서워 이리 피하겠나? 아닐세. 지금 진나라가 강대해졌음에도 감히 우리 조나라에 전쟁을 걸어오지 못하는 것은 염파 장군과 내가 있기 때문이네. 그런 우리가 싸움을 한다면 결국 한 사람이 사라지기 전까지는 싸움이 끝나지 않을 걸세. 그럼 이익을 보는 것은 누구이겠나? 바로 진나라일세. 우리 조나라에게는 막심한 손해이고. 내가 지금껏 염 장군을 피해 다닌 것도 나라의 이익을 가장 귀하게 생각했기 때문이었네."

이후 이 말을 전해들은 염파는 감동하며 매우 부끄러워했다고 한다. 그래서 상의를 벗고 싸리나무채를 등에 진 후 빈

501

객들의 안내를 받아 인상여의 집을 찾아와 사과했다.

"내 생각이 너무 얕아 선생의 그 고상하고 넓은 마음을 헤아리지 못했소."

이것이 바로 잘못을 인정하고 처벌을 기다린다는 고사성어 '부형청죄負荊請罪'의 유래이다.

이때부터 두 사람은 기꺼이 삶과 죽음을 함께하는 좋은 벗이 되었다.

4. 말년의 염파

제후들에게 용기가 많기로 이름 난 염파는 그 이름에 걸맞은 삶을 살았다. 동쪽으로는 제나라를 공격해 그 군대를 무너뜨렸고, 2년 후에는 제나라의 기읍幾邑을 공격해 함락시켰다. 3년째 되던 해에는 위나라의 방릉防陵과 안양安陽을 함락시켰다. 4년째 되던 해에는 인상여가 군대를 이끌고 제나라를 쳐 평읍平邑까지 공격해 들어갔다. 조나라의 또 다른 장수인 조사는 연여閼與에서 진나라 대군을 크게 치고 염파, 인상여와 같은 지위에 앉는다. 당시 조나라는 그야말로 '힘이 넘치는 나라'였다.

그러나 좋은 날은 오래 가지 않는다고, 혜문왕이 죽고 그 아들인 효성왕이 즉위한 후 7년간 진나라와 장평에서 대치하는 상황이 벌어진다. 효성왕은 인상여의 권유를 무시하고 진나라의 반간계에 속아 장평을 굳게 지키고 전쟁에 맞공격하지 않은 염파를 파직시킨다. 그리고 실력 없이 말만 그럴듯한 조사의 아들 조괄(조사는 이때 이미 죽고 없었다)을 염파 대신 내보내 참패한다. 이로써 조나라는 엄청난 손실을 입고 도성까지 함락당할 위기에 처했다. 때가 되어 효성왕이 세상을 떠나고 태자 도양왕悼襄王이 왕위에 앉았다. 이 태자는 염파를 싫어했기 때문에 왕위에 오르자마자 악승樂乘을 염파 대신 장군으로 삼았다. 화가 머리끝까지 치민 염파가 악승을 공격하자 악승은 도망쳐 버렸고, 염파 또한 위나라 대량으로 도망쳐 버렸다.

대량에서 오랜 시간을 보냈지만 위나라 왕이 자신을 쓰려 하지 않자, 염파는 다시 조나라로 돌아가려고 했다. 마침 조나라 역시 진나라의 잇단 공격을 받아 염파를 다시 기용하고자 할 때였다. 그래서 조나라 왕은 위나라로 사자를 보내 염파가 이미 연로해졌으니 아직 쓸 만한지 살펴보게 했다. 당시 염파와 원수지간이던 곽개郭開는 염파가 다시 돌아와 무용을 빛내고 위세를 떨칠까 두려워 어떻게든 그 일을 막고자 했다. 그는 수많은 금을 사자에게 주어 어떤 방법을 써서라도 염파를 모함하라고 부탁했다.

사자를 맞이한 염파는 신이 나서 자신이 아직 건강하고 쓸

만하다는 것을 보여주려고 애를 썼다. 그래서 쌀 한 말과 고기 열 근을 먹었고, 밥을 다 먹은 후에는 군장을 제대로 차려입고 단번에 말에 올라 칼솜씨를 뽐냈다. 그 위엄은 과거와 비교해도 전혀 손색이 없는 것이었다.

그러나 뇌물을 받은 사자는 조나라에 돌아가 이렇게 보고했다.

"염파 장군은 연세가 많으시나 식성은 정말 대단했습니다. 하지만 제가 함께 앉아 있는 동안 밥 한 끼 먹었을 뿐인데 세 번이나 대변을 보러 가셨습니다."

조나라 왕은 그 말을 듣고 염 장군도 이젠 늙었다고 생각하며 다시는 그를 기용하지 않았다.

초나라 왕은 염파가 위나라에 있다는 말을 듣고 염파를 몰래 자신의 나라로 데리고 갔다. 그러나 염파는 초나라에서 오랜 세월을 머물면서도 큰 공을 세우지 못했다.

"아, 조나라의 병사들을 지휘하고 싶구나!"

결국 염파는 수춘壽春, 지금의 안휘성 수현壽縣에서 생을 마감한다.

● **각주**

11 흠이 없는 완전한 옥(璧, 구슬)이라는 뜻이며, 옥을 완전하게 보존한다는 뜻도 된다. 인상여가 옥, 즉 화씨벽을 진나라 왕에게서 조나라로 무사히 돌려보낸 일을 뜻한다.
12 아가리가 좁고 배가 불룩한 질그릇으로, 진나라 사람들은 연회 때 이것을 두드리며 장단을 맞추었다.

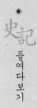

史記
들여다보기

염파가 말년에 다시 기용되지 못한 일은 후대 사람들에게 많은 아쉬움을 남긴다. 1천여 년 후 남송의 대시인 신기질辛棄疾은 안타까움과 비분을 이기지 못하고 '염파 늙었으나, 밥은 잘 먹는가 누구에게 물어보랴'라고 적었다. 이 구절에는 안타까움과 분개가 짙게 배어 있다.

염파

● 주요 인물
  전단

● 주변 인물
  악연, 기겁

● 키워드
  즉묵의 전투

● 주요 사건
  군사 훈련

● 고사
  화우진火牛陣, 소꼬리에 불을 붙여 적진으로 보내는 전법

● 이야기 출처
  『사기』「전단 열전田單列傳」

전단 : 소꼬리에 불을 붙여 적진으로

전국시대는 전쟁이 끊이지 않는 시대였다.

기원전 284년 연나라의 대장군 악의樂毅는 연, 초 등 6개국의 연합군을 이끌고 제나라로 쳐들어갔다. 아무런 준비도 하지 않고 있던 제나라 군대는 강력한 적의 기세에 눌려 뿔뿔이 흩어졌다. 악의는 승리의 여세를 몰아 곧바로 돌진하여 단 몇 달 만에 제나라의 70여 개 성을 잇달아 공격하는 군사 역사상 엄청난 기적을 만들어냈다.

제나라의 안평성安平城에서 있었던 일이다.

악의의 대군이 엄청난 기세로 공격해 오자 안평은 단번에 함락되어 버렸다. 곧이어 성 안에 있던 병사들과 백성들이 앞다투어 피난길에 올랐다. 봇물 터지듯이 사람들이 밀려나오니 사람 소리와 말울음 소리로 성 안은 금세 난장판이 되었다. 당시는 마차나 수레의 축이 밖으로 길게 튀어나와 있을 때였다. 그래서 성 안이 혼란해지자 사람과 말들이 서로 부딪치면서 차축이 부서져 심하게 덜컹거렸다. 그래서 뻔히 눈을 뜬 채로 연나라의 포로가 되는 일이 발생했다.

이렇게 혼란스러운 순간, 무리 속에서 훌륭하게 훈련받은 군대가 등장했다. 그들 역시 황급히 도망치고는 있었으나 당황함이 없이 질서정연하게 빠져나가고 있었다. 게다가 그들의 차축은 짧게 잘려 있고 철판으로 덧대어져 있어 부딪쳐도 망가지지 않았으므로 날렵하게 움직일 수 있었다. 그렇게 그 부대는 잠시 후 안평성을 빠져나갔다.

그들은 누구였을까? 어떻게 그런 선견지명이 있었을까? 그들은 전田 씨 집의 사람이었다. 그중 차축을 짧게 만들 생각은 한 사람은 전단田單이었다.

연나라 군대가 제나라의 모든 땅을 휩쓸었을 때 함락되지 않은 곳은 거莒, 지금의 산동성 거현莒縣와 즉묵卽墨, 지금의 산동성 평도현平度縣 동남쪽 두 성뿐이었다. 그중 즉묵을 지키던 최고 장군이 전사하자 사람들은 전단을 떠올렸다. 안평성을 빠져나갈 때 보여준 탁월한 군사능력을 생각하여 전단을 장군으로 삼고 적에 대항하자고 건의한 것이다.

전단은 악의가 용감하고 지략에 뛰어난 것을 잘 알고 있었기 때문에 똑같이 강하게 나가는 것은 좋은 방법이 아니라고 생각했다. 그래서 적들과 싸우지 않고 성 안만 지키고 있었다. 그래서 악의는 일년 동안이나 즉묵을 포위하고 있었으면서도 그 성을 차지하지는 못했다.

그때 늘 악의를 믿어주고 귀하게 쓰던 연나라 소왕昭王이 세상을 떠나고 혜왕惠王이 즉위했다. 전단은 그 소식을 듣고는 활짝 웃었다.

"하늘이 주신 기회로구나!"

전단의 미소는 어떤 의미였을까? 사실 연나라 혜왕은 태자 시절 악의와 사이가 좋지 않았다. 그래서 전단은 연나라로 사람을 보내 적진에 헛소문을 퍼뜨리는 반간계를 썼다.

"벌써 일흔 개가 넘는 성을 무너뜨린 악의가 거와 즉묵을 치지 못하다니, 이상하지 않은가? 그것은 악의가 새 국왕과의 갈등 때문에 일부러 두 성을 남겨둔 것이다. 군대를 주둔시키고 전쟁 상황을 유지하기 위해. 그래야 제나라 왕과 힘을 합쳐 왕의 자리를 빼앗을 수 있지 않겠나? 제나라는 지금 연나라가 다른 장수를 보낼까 봐 걱정하고 있다."

혜왕은 전단의 계략에 넘어가 즉시 악의 대신 무능한 기겁騎劫을 대장군으로 세웠다. 그러자 연나라 군사들은 크게 분노했다.

전단은 대대적으로 반격할 준비를 했다. 그는 적들의 수가 너무 많아 상대가 안 된다는 것과, 자신의 병사들에게 투지와 자신감을 심어 줘야만 일당백의 효과가 나온다는 것을 너무나 잘 알고 있었다.

그는 성 안에 살고 있는 주민들에게 날마다 밥을 먹을 때마다 마당에서 조상들에게 제사를 지내라고 명령했다. 조상에게 제사를 지낼 때는 물론 밥과 요리를 마당에 늘어놓아야만 했다. 하늘의 새들은 이것을 보고 무리를 지어 즉묵의 하늘 위를 춤추듯 맴돌았다. 연나라 군사들은 그 광경이 너무 신기했다. 전단은 그 틈에 사람들을 보내 널리 소문을 퍼뜨리게 했다.

"신선이 하늘에서 내려와 제나라를 돕고 있다."

동시에 자신의 병사와 백성들에게도 이렇게 일렀다.

"신통한 사람이 내려와 우리의 책사가 되어줄 것이다."

전단이 이렇게 발표할 때 한 장난스러운 병사가 까불거리며 전단의 앞에 와 속삭였다.

"제가 그 모사가 되면 어떻습니까?"

그렇게 말하고는 아무렇지도 않은 듯 훌쩍 가 버렸다. 전단은 순간 멍해졌지만, 바로 기지를 발휘해 그 병사의 손을 잡아끌고 올라갔다.

"보시오. 이 사람이 바로 하늘이 우리에게 보내준 책사요."

그러더니 몸을 돌려 그 병사에게 절을 올렸다. 병사는 깜짝 놀라 그에게 다시 속삭였다.

"전 그냥 농담한 거였습니다. 전 정말 아무것도 모른다고요."

전단은 낮은 소리로 속삭였다.

"다른 말은 할 필요도 없다. 모두 내가 시키는 대로만 하면 돼."

한참 동안 단장하고 지도를 받은 새 책사는 의젓한 모습으로 즉묵 군사와 백성들 앞에 모습을 드러냈다. 이때 성 밖에 있던 연나라 군사들까지 들썩거린다는 소식이 들려오자, 모두들 장군 전단이 초인적인 능력을 가졌다고 믿게 되었다. 그러니 싸움이 시작되었을 때 모든 병사들이 죽을힘을 다해 싸운 것은 당연한 일일 것이다. 하지만 연나라 군사들은 하늘이 제나라 군대에 사람을 보내줬다고 하자, 민심이 동요되고 사기가 떨어졌다.

제나라 사람들이 연나라 군대를 더욱 미워하게 만들고 그들과 싸우려는 의지를 품게 하기 위해 전단은 다시 연나라 군대 내에 소문을 퍼뜨렸다.

"우리 제나라 사람들이 제일 무서워하는 것은, 연나라 군대가 포로들의 코를 벤 후 대오 앞에 세우고 전쟁하는 것이다. 그런 식으로 전쟁을 하면 즉묵은 반드시 패할 것이다."

기겁은 그 말을 들은 즉시 소문대로 포로들의 코를 베어 대열 맨 앞줄에 세웠다. 제나라 사람들은 코가 베이고 검은 구멍 두 개만 남은 포로들을 보고 자신들도 포로가 될까 봐 겁을 냈다. 그래서 더 용감하게 전쟁에 임해 성을 지켰다. 포로가 되어 코를 베이지 않기 위해…….

511

이어서 전단은 다시 연나라 군사들에게 즉묵 사람들은 성 밖에 있는 조상의 묘를 연나라 군대이 파헤칠까 봐 온종일 걱정하고 있다고 소문을 퍼뜨렸다. 조상들의 묘를 상하게 한 불초자식들이 무슨 낯으로 세상을 살겠냐며, 그러니 전쟁은 더 힘들어질 것이라는 내용이었다. 바보 같은 기겁은 그 말을 듣고 화풀이를 할 좋은 기회라고 생각했다. 그래서 즉시 묘를 파헤치고 시체들을 태우라고 명했다. 즉묵 사람들은 성 안에서 이 모습을 지켜보고 분에 못 이겨 눈물, 콧물을 흘리며 이를 갈았다. 그리고 하나 둘 전단의 앞으로 나와 어서 성 밖으로 나가 조상의 원한을 풀게 해달라고 간청했다.

병사와 백성들의 눈 속에서 눈물과 분노의 불꽃을 본 전단은 반격할 때가 왔음을 알아챘다.

그는 직접 철 삽과 곡괭이를 들고 모든 사람들과 함께 방어선을 구축했다. 그리고 자신의 아내와 첩, 가족들을 대오 중에 편성해 넣고 모든 양식을 병사들에게 나누어주었다. 또 무장을 완비한 정예부대를 매복시키고 노약자와 부녀자들이 성벽 위에서 순찰하게 했다.

부대의 배치를 다 마친 후, 전단은 연나라 군대에 사람을 보내 투항하겠다는 뜻을 전했다. 동시에 백성들의 금은보화를 한데 모아 성 안의 유명한 부호에게 들려 보내며 말을 전했다.

"연나라 군에 투항하겠으니, 가족은 살려 달라."

그 모든 것은 제나라 군대가 투항하고 즉묵도 곧 손에 들어온다는 소식이 아닌가? 연나라 군대는 장수부터 일반 병사에 이르기까지 잔뜩 들떠서 점점 경계를 소홀히 했다.

전단이 성 안에 있는 소를 모두 모아 오라고 하자 총 1천여 마리의 소가 모였다. 전단은 소 몸에 비단옷을 걸치고, 비단 위에 색색의 기괴한 문양을 그려 넣었다. 소의 뿔에는 날카로운 칼을 매달았고 꼬리에는 유지를 잔뜩 바른 갈대를 빗자루처럼 한 묶음씩 매달았다. 그리고 기골이 장대하고 무예가 출중한 전사 5천 명을 선발하여 색색의 옷을 입히고 얼굴에 색칠을 한 후 병기를 들려 소 뒤에 서게 했다.

모든 준비가 끝나자 볼만한 구경거리가 펼쳐졌다.

'투항'이 예정된 전날 저녁, 전단은 병사와 백성들에게 성벽에 구멍을 몇 개 뚫고 소들을 내보내라고 했다. 그리고 소꼬리에 묶은 갈대에 불을 붙였다. 갈대에 불이 붙자 소꼬리까지 타들어갔고, 놀란 소들은 꼬리를 높이 치켜든 채 죽어라고 앞으로 돌진했다. 갈대는 점점 더 거세게 타올랐고 소들 역시 더욱더 거칠어져 단숨에 종횡무진 돌진했다. 5천 명 장사들도 그 뒤를 바짝 따르며 연나라 진영으로 돌격해 들어갔다. 깊은 잠에 빠져 있던 기겁과 연나라 장수들은 갑자기 산사태가 난 것과 같은 소리들이 울려 퍼지자 깜짝 놀라 일어났다. 그들은 옷도 제대로 챙겨 입지 못하고 급히 무기를 들고 밖으로 뛰쳐나왔다. 어찌된 일인지 정신을 차리기도 전 꼬리에 불이 붙은 화우火牛들이 군영 안까지 밀어 닥쳤다. 소들과 부딪친 병사들은 그 자리에서 목숨을 잃었고, 소가 휩쓸고 지나간 군막은 불이 붙어 훨훨 타 버렸다. 5천여 장병들이 그 뒤에서 남은 병사들을 베었다. 성 안에 있던 백성들은 후방에서 북과 징을 두드리며 소리 질러 응원했다. "죽여!"라는 고함과 북 소리에 하늘과 땅이 뒤흔들리는 것만 같았다.

연나라 군대는 제나라가 하늘의 도움을 받는다는 말을 들은 데다 무시무시한 불소들과 흉악한 얼굴의 무사들이 튀어나오자, 정말 하늘에서 장수들이 내려온 줄 알고 혼비백산하여 도망쳤다. 전쟁할 마음은 꿈조차 꿀 수 없었다. 자기들끼리 치고 밟아 죽거나 부상을 당한 사람도 부지기수였다. 무능력한 대장군 기겁 역시 제나라 군대에게 죽임을 당했다.

전단은 제나라 군대를 이끌고 승리의 여세를 몰아 도망치는 연나라 군대를 뒤쫓았다. 그렇게 적군을 전부 국경 밖으로 내쫓고 잃어버린 영토도 되찾았다.

마침내 제나라가 멸망의 문턱에서 위기를 극복하고 안녕을 되찾은 것이다.

제나라 왕은 전단을 안평군으로 봉했다.

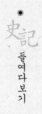

史記
들여다보기

연나라 군대는 처음 제나라로 들어왔을 때, 화읍畵邑 사람 왕
촉王蠋이 현명하고 능력이 뛰어나다는 말을 듣고, 화읍의 반경
30리 안으로는 병사들이 들어가지 못하도록 했다. 그러고는
왕촉에게 나와서 장군이 되라고 협박하였다. 그러나 왕촉이
끝까지 응하지 않자 연나라 사람들은 '만약 장군이 되어주지
않는다면 삼군의 장수들을 이끌고 화읍의 성을 전부 도살하
겠다'고 협박했다. 왕촉은 분을 못 이겨 자살했다.

왕촉의 묘

● 주요 인물
여불위

● 주변 인물
자초, 영정, 화양부인 조희

● 키워드
정객, 교활함

● 주요 사건
자초가 왕위에 오르는 것을 돕다

● 고사
기화가거奇貨可居, 진귀한 물건이나 사람은 쓸모가 없어도 훗날을 위해 잘 간직하는 것이 좋다

● 이야기 출처
『사기』「여불위 열전呂不韋列傳」

呂不韋

여불위 : 그리고 진시황

여불위呂不韋는 사실 전국시대 한나라의 큰 상인이었다. 그는 수완이 뛰어나고 빠릿빠릿한 사업적인 두뇌로 몇 년 만에 엄청난 재산을 축적했다. 어느 해 여불위는 조나라 도읍인 한단에서 장사를 하다가 조나라에 인질로 잡혀온 진나라 공자 자초子楚를 만난다. 그는 순간 마음이 동했다.

"이 사람은 가까이 둘 만한 진기한 사람이다[奇貨可居]!"

자초를 진귀한 상품으로 보고 사두면 언젠가는 큰 이익을 낼 것이라는 뜻이었다.

사실 당시 자초의 상황은 더 나쁠 수 없을 지경으로 처참했다. 그는 사실 진나라 태자 안국군安國君의 아들이었지만 정실인 화양華陽 부인의 아들은 아니었다. 그래서 아버지의 총애를 받지 못하고 조나라에 인질로 보내졌던 것이다. 당시 진나라와 조나라는 걸핏하면 전쟁을 일으켰기 때문에 조나라에서 지내야만 하는 자초는 늘 바늘방석에 앉은 것만 같았다. 먹고 입는 것은 초라하기 그지없었고, 출행을 할 때도 금방이라도 무너질 것만 같은 마차를 타는 고달픈 생활을 했다. 그러나 영리한 여불위는 그런 것에는 신경 쓰지 않았다. 자초는 신분이 좋고 자신은 돈이 있으니, 두 사람이 손을 잡는다면 한없이 발전할 수 있다는 계산이 선 것이다. 여불위는 자초를 찾아갔다. 여불위는 자초를 보자마자 자기 소개도 하지 않고 본론으로 들어갔다.

"공자, 제가 공자의 집안을 빛내드리겠습니다."

자초는 자신이 사는 곳을 돌아보았다. 집안은 낡고 허름한 데다 이것저것 부족한 것투성이였다. 자초는 여불위가 자신을 희롱한다고 생각하고는 쓴웃음을 지으며 대답했다.

"먼저 선생의 집안부터 빛내고 우리 집안을 빛내 주시오."

여불위는 의미심장한 대답을 한다.

"공자님은 모르시겠지만 저희 집안은 공자님의 가문에 기대어 더욱 성대해질 것입니다."

자초는 그 말에서 깊은 의미가 있음을 알아채고는 즉시 웃음을 거두고 여불위에게 읍했다. 그리고 그를 자리에 앉힌 후 더욱 자세히 물어보았다.

518　여불위가 말했다.

"지금의 진나라 왕은 이미 늙었으니, 태자이신 공자의 부친 안국군께서 곧 새로운 군주가 되실 것입니다. 그러나 듣자 하니 안국군에게는 아들이 많다더군요. 더구나 공자께서는 총애도 받지 못하고 계시고요. 그러니 안국군께서 왕이 되신다 해도 공자께서 태자가 되실 수는 없을 것입니다."

자초는 긴 한숨을 내쉬었다.

"그렇소. 난 평생 이렇게 고생하며 살 팔자 같소."

여불위는 옅은 미소를 띠며 자세하고 빈틈없이 짠 원대한 계획을 털어놓았다.

"너무 낙심하지 마십시오. 제가 있지 않습니까? 공자의 부친께서 총애하시는 분은 정부인 화양부인이라 들었습니다. 그러나 화양부인에게는 아들이 없지요. 우리는 화양부인의 마음을 사야 합니다. 부인이 부친께 말을 잘 넣어 공자를 태자로 삼도록 말이지요."

자초는 깜짝 놀라 바로 여불위에게 절을 올렸다.

"만약 그 일이 이루어진다면 진나라의 천하를 선생과 함께 누리겠소."

여불위는 당징 자신의 계획을 행동으로 옮겼다. 먼저 자초의 명성을 높이기 위해 5백 냥의 금을 자초에게 주고, 많은 빈객들과 사귀도록 하였다. 그렇게 인재를 후히 대접하고 품행이 고상하다는 인상을 주게 한 것이다.

그런 다음 다시 5백 냥의 금을 들여 진귀한 보물들을 잔뜩

519

사다가 화양부인에게 바쳤다. 그러면서 자초가 얼마나 똑똑하고 능력이 뛰어난지, 빈객들이 천하 곳곳에 얼마나 많이 퍼져 있는지 전하며 이렇게 덧붙였다.

"자초는 부인을 매우 존경해 날마다 태자와 부인을 걱정하며 눈물을 흘린답니다."

화양부인은 그 말에 큰 위로를 얻고 기뻐했다.

이어서 여불위는 화양부인의 언니를 찾아갔다.

"마님의 누이는 지금 안국군의 총애를 받고 있습니다. 그러나 나이를 먹고 아름다움이 그 빛을 바란다면 무엇으로 지금의 지위를 유지하시겠습니까? 아들도 없는데 말이지요. 그러니 자초를 아들로 삼으라 하십시오. 후에 자초가 태자가 된다면 화양부인은 지위도 높아지고 의지할 곳까지 얻게 될 것입니다."

화양부인의 언니는 그 말에 동의하며 고개를 끄덕였다.

"맞소. 아름다움은 언젠간 사라지게 마련인 것. 미모를 잃으면 남자들의 사랑 또한 사라질 것이오."

그래서 화양부인의 언니는 동생을 찾아가 설득하였다. 화양부인도 마음이 움직였다. 그 결과 여불위가 생각한 대로 자초는 순식간에 안국군의 정식 계승자가 되었다. 안국군은 또 여불위를 자초의 스승으로 임명하고 자초와 함께 조나라에 계속 머물도록 했다.

여불위는 조나라에서 노래와 춤에 능한 절세미인을 찾아

첩으로 삼고 총애했다. 얼마 후 그녀는 아이를 가졌다. 어느 날 여불위는 자신의 집에서 연회를 열고 자초를 초대했다. 흥이 잔뜩 오르자 여불위는 그 사랑하는 첩을 불러 춤을 추게 하여 흥을 돋우었다. 그런데 자초가 한눈에 그 여인에게 반해 버리고 말았다. 자초는 여불위에게 그 여인을 달라 청했다. 처음엔 여불위도 화를 냈지만 다시 생각해 보니, 자신의 모든 가산은 지금 자초에게 들어가 있지 않은가? 한 여자 때문에 모든 일을 그르칠 수는 없었다. 그래서 그는 마음을 다잡고 애첩을 자초에게 양보하였다.

그 여자는 임신한 일을 자초에게 알리지 않았다. 열 달 후 아들이 태어났고 이름을 정政이라고 지었다. 그 아이가 바로 훗날의 진시황이다. 이는 진시황이 여불위의 아들이란 의미가 되기도 한다.

몇 년이 지난 후 진나라가 다시 조나라로 쳐들어오자, 조나라는 자초를 죽여 버리려고 한다. 형세가 다급해지자 여불위는 다시 황금 6백 냥을 보초를 서고 있던 조나라 병사들에게 뇌물로 주었다. 그러고 나서 자초와 함께 조나라를 빠져 나가 진나라로 갔다. 이후 조나라는 나시 영정嬴政, 진시황의 성이 영이다과 어미를 죽이려고 하지만, 두 사람 역시 몸을 피해 위기를 모면할 수 있었다.

얼마 후 진나라 소왕이 세상을 떠나고 안국군이 왕위를 계승했다. 왕후가 된 화양부인은 자초를 태자로 세웠다. 조나라

521

는 우의를 표하기 위해 영정 모자를 극진히 호송하여 진나라로 보내주었다.

안국군은 왕위에 오른 첫해 세상을 떠났다. 그렇게 자초는 진나라의 왕이 되었고 영정은 진나라의 태자가 되었다. 영정의 어머니는 물론 왕후가 되었다.

3년 후 자초 역시 세상을 떠나고 태자 영정이 진나라의 왕위를 이어받았다. 그의 나이 불과 13세 때였다. 영정은 여불위를 재상으로 모시고 그를 중부仲父라고 불렀다. 또 그를 문신후文信候에 봉하고 하남 낙양의 10만 가구를 식읍으로 주었다. 여불위는 조정에서 모든 국가 중대사를 장관하며 엄청난 권세를 누렸다. 문객은 1천여 명에 달해 명성을 널리 떨치니, 마침내 그가 바랐던 보상을 받게 된 것이다.

당시 진나라는 국력이 강하긴 했지만 문화 수준은 다른 여섯 나라에 뒤져 있었다. 여불위는 이를 부끄럽게 여기고 신릉군과 맹상군 등을 본받아 현인들을 받아들였다. 그래서 문객이 많을 때는 3천 명에 이르렀다. 그는 이들 문객들에게 각자의 견문과 학설을 기록하게 한 후 이를 모아 책으로 엮었다. 이 책은 8람覽, 6론論, 12기紀로 나뉘어 있으며 총 20만 자에 달한다. 여불위는 이 책에 기록된 내용이 천지만물의 이치뿐 아니라 과거와 현재의 이야기까지 아우른다고 여겨 『여씨춘추呂氏春秋』라고 이름 붙였다.

책을 다 쓴 후 여불위는 진나라 수도인 함양 성문에 1천 냥의 황금을 걸고 공고를 붙였다. 진나라를 찾아온 사람 중에 이 책에서 한 글자라도 더하거나 뺄 수 있는 사람이 있다면 1천 냥의 황금을 주겠다는 내용이었다. 순식간에 진나라 사람들이 문화를 중시한다는 소문이 천하에 퍼졌다. 이것은 한 글자가 일천금의 가치가 있다는 성어 '일자천금一字千金'의 출처이기도 하다.

그러나 여불위는 태후와 몰래 정을 통하고 있었다. 이후 영정이 커가는 것을 보면서 여불위는 그 일이 새어나가 자신에게 화가 닥칠까 두려웠기 때문에 어떻게든 태후를 떼어 놓으려고 했다. 그는 노애嫪毐라는 사람을 그의 문객으로 삼고 육욕에 빠지게 한 다음 태후를 유혹하게 했다. 여불위의 생각대로 태후는 노애를 매우 마음에 들어 했다. 여불위는 또 기발한 계략을 생각해 낸다. 일단 노애가 죄를 지어 궁형을 받아야 하는 것처럼 꾸민 뒤, 태후가 궁형을 관장하는 관리에게 뇌물을 주게 한 것이다. 그래서 노애는 진짜로 궁형을 받지 않을 수 있었다. 대신 그의 수염을 뽑아 환관처럼 꾸미고 태후의 시중을 들게 했다. 그렇게 태후는 날마다 노애와 함께 지냈다. 어느 정도 시간이 흘러 아이를 갖게 된 태후는 몸을 숨기고 아이를 낳았다. 사람들에게는 신의 뜻을 물으러 가는 것이라고 둘러댔다. 태후의 총애를 받던 노애는 수천 명의 노비를 가지게 되었지만, 그것으로 모자라 문객도 1천여 명까지 들이게 해달라고 청했다.

그러나 종이는 불을 가릴 수 없는 법이다. 몇 년 후 누군가 영정에게 노애가 환관이 아니며 태후와 두 명의 아들까지 낳았다고 말했다. 왕이 죽으면 노애의 아들이 왕위를 계승하게 될 것이란 말도 덧붙였다. 영정은 화가 나서 법리法吏에게 엄격히 조사해 처리하라고 명령했다. 순식간에 영정은 모든 진상을 밝혀냈고 여불위까지 연루되어 들어갔다. 영정은 노애의 삼족을 멸하고 태후와의 사이에서 태어난 두 아들도 죽여 버렸다. 그리고 태후는 옹雍이라는 곳으로 보내 버렸다. 영정은 여불위를 죽이고 싶은 마음이 간절했지만, 여불위의 공이 워낙 큰 데다 문객들도 많이 거느리고 있어 잠시 미뤄두기로 했다.

그러나 영정은 이미 당시의 어린 군주가 아니었다. 그때 그의 나이는 스물 셋, 직접 조정의 일을 주관할 수 있는 나이였다. 그는 재능이 출중했을 뿐 아니라 담력과 식견도 뛰어났고 야심도 많았다. 영정은 '침상 옆에 다른 사람이 코 골고 자는 것을 용인할 수 없다'는 말처럼, 진나라의 대권을 쥐고 있는 여불위를 더 이상 용인할 수가 없었다. 얼마 후 그는 여불위에게서 재상의 자리를 빼앗고 사천四川으로 귀양을 보냈다. 사천은 당시 황량한 불모지였기 때문에 여불위는 크게 놀랐다. 자신이 죽는 것이 기정사실이 되었다 여긴 그는 결국 독약을 먹고 자살한다.

史記
들여다보기

『여씨춘추』는 고대 중국의 거상이자 진나라 재상인 여불위가
전국의 논객들과 식객들을 모아 짓게 한 일종의 백과사전이
다. 총 26권 160편으로, 연감에 해당하는 기紀 12권, 보고서에
해당하는 람覽 8권, 논문에 해당하는 론論 6권으로 구성되어
있다.

여불위는 이 책을 진의 수도 함양 저잣거리에 전시해 놓고
"이 책에서 한 글자라도 고칠 수 있다면 천금을 주겠다"라고
큰소리를 쳤다. 이 때문에 일자천금一字千金이라는 고사가 생
겼다.

각주구검 등의 고사도 『여씨춘추』에서 나온 것이다.

여불위   여불위의 애첩 주희   『여씨춘추』

감라 : 어린 외교가

청나라 시인 공자진龔自珍은 일찍이 이런 글을 썼다. '하늘의 주재자에게 다시 힘을 내어 다양한 방식으로 인재를 내려달라 구하였다.' 그는 누구든 재능이 있으면 그의 출신성분이나 지위, 연령 및 인간관계 등에 상관없이 중용해야 한다고 생각했다. 공자진의 이런 이상은 그가 살았던 시대에는 감히 꿈꿀 수도 없는 정신적인 사치였다. 그러나 온갖 꽃이 같이 핀다는 '백화제방百花齊放'의 전국시대에는 생생한 현실이었고, 감라甘羅는 가장 좋은 예였다.

감라는 진나라 사람으로, 그의 할아버지인 감무甘茂는 진나라의 유명한 좌승상이었다. 그는 총명함과 예지로 유명해서, 몇 번이나 적을 기습하는 뛰어난 계략을 짜내어 진나라에 전

공을 세웠다. 감무가 죽을 때 감라는 열두 살로 당시 진나라의 승상이던 여불위의 문하에서 빈객으로 지내고 있었다.

감라는 비록 나이가 어렸지만 기민하고 활발하여 사람들은 모두 그를 좋아하였다. 어느 날 감라는 재상인 여불위가 근심에 잠겨 한숨을 내쉬는 것을 보고 다가가 정중히 물었다.

"재상, 무슨 안 좋은 일이 있으십니까?"

여불위가 대답했다.

"최근 연나라에서 태자 단丹을 우리 진나라에 인질로 보내왔으니 우리도 인질을 보내야 하는 상황이다. 그래서 나도 장당張唐 장군을 연나라에 보내 참모로 삼으려 했지. 진나라와 연나라가 손을 잡으면 진나라와 연나라 사이에 있는 조나라가 고립될 테니까. 그러나 장당은 과거 병사들을 이끌고 조나라를 공격한 적이 있어서, 이번에 조나라를 지나다가 죽임을 당할까 두렵다며 계속 거절을 하는구나. 벌써 몇 번이나 설득했지만 좀처럼 뜻을 굽히지 않았어."

"그 일은 제게 맡겨주십시오."

감라가 말하자 여불위는 그 말에 화가 나서 소리를 질렀다.

"썩 꺼져라! 재상인 내가 장당을 설득했어도 듣지 않았는데, 네가 뭐라고 그를 설득할 수 있겠느냐? 썩 물러가거라, 물러가! 괜히 귀찮게 하지 말고."

그러나 감라는 놀라는 기색 없이 차분히 대답했다.

"나리, 일단 고정하고 들어보십시오. 옛날 항탁項橐은 일곱 살에 공자의 스승이 되었습니다. 소인은 지금 열두 살로 항탁보다 다섯 살이나 더 많지 않습니까? 그러니 소인을 보내 보십시오. 제가 성공하지 못하고 오면 그때 제게 욕하셔도 늦지 않을 것입니다."

여불위는 감라가 어린아이임에도 전반적인 계획을 다 세우고 침착하게 이야기하는 태도에 감복하였다. 그래서 마음을 가라앉히고 감라가 장당에게 가는 것을 허락했다.

감라는 즉시 장당을 만나러 갔다. 웬 어린아이가 자기를 만나려 한다는 말을 들은 장당은 호기심에 객실로 나왔다가 감라의 머리를 툭툭 치며 말했다.

"무슨 일로 왔느냐?"

감라가 갑자기 질문을 던졌다.

"장군의 공로와 대장군 백기의 공로 중 어느 것이 큽니까?"

장당이 대답했다.

"백기 장군은 공격하면 반드시 이기고 전쟁에 나가면 반드시 승리했다. 그분이 쳐부순 성과 도읍도 부지기수였지. 하지만 나는 공이 적어 그분의 만 분의 일도 되지 않는단다."

감라가 다시 물었다.

"과거 저희 진나라의 재상이었던 범저와 지금의 재상인 여 재상을 비교하면 누구의 권력이 더 큽니까?"

장당이 또 대답했다.

"여 재상의 권세가 더 크지."

감라가 더 강한 어조로 목소리를 높이며 말했다.

"정말 여 재상의 권세가 범저보다 크다고 생각하십니까?"

장당이 대답했다.

"그걸 모를 리 있겠느냐? 확신한다."

감라는 또박또박, 그러나 더욱 위엄 있는 말투로 말했다.

"당시 범저가 백기 장군과 함께 조나라를 공격하러 가자고
하였을 때 백기 장군은 사양했습니다. 그리고 며칠 지나지 않
아 범저에게 죽임을 당했지요. 지금 여 재상께서 장군님을 연
나라에 보내 참모로 삼으려 하시는데, 장군께서는 우물쭈물
하며 이리저리 핑계를 대고 계십니다. 생각해 보십시오. 장군
의 머리를 보존하실 수 있겠습니까?"

장당은 그 말에 깜짝 놀라 식은땀을 흘리며 감라에게 허리
를 숙여 절을 했다.

"알려주어 고맙다."

말을 마친 장당은 옷과 신발도 제대로 챙겨 입지 못하고 집
을 나섰다. 그리고 여불위를 만나 몇 번이나 사죄했다.

"재상, 제가 연나라로 가겠습니다. 바로 출발하지요."

그러나 장당은 여전히 조나라 사람들에게 살해를 당할까
봐 두려웠다. 그래서 여불위에게 감라를 데리고 가게 해 달라
고 청했다. 이에 여불위는 진시황에게 장당이 조나라의 위험
을 잘 벗어날 수 있도록 마차 다섯 대를 빌려 달라고 청하고
왕의 허락을 구했다. 진나라 왕은 열두 살짜리 어린 아이가

그런 놀라운 재능이 있다는 말을 듣고 호기심이 생겨 그를 왕실로 불렀다.

감라는 왕과 문무백관 앞으로 나아갔다. 사람들은 감라가 어린 나이에도 대범하고 여유가 있는 데다 민첩하게 반응하고 뛰어난 말솜씨를 가진 것을 보고 칭찬했다. 진나라 왕은 그 자리에서 감라에게 열 대의 마차와 1백 명의 수종을 붙여주어 당당하게 조나라를 지나게 했다.

조나라 왕은 진나라에서 사자가 온다는 말을 듣고 친히 성에서 20리 밖까지 나와 영접하였다. 그런데 마차에서 내리는 사람이 어린아이이자 놀라움을 감출 수가 없었다. 감라는 조나라 왕의 표정은 신경 쓰지 않고 질문을 던졌다.

"대왕께서는 연나라 태자 단이 진나라에 인질로 온 일을 알고 계십니까?"

"이미 알고 있다."

"대왕께서는 장당이 연나라에 참모로 간다는 사실을 아십니까?"

"그것도 알고 있다."

"연나라 태자 단이 진나라에 인질로 온 것은 연나라가 진나라를 속이지 않겠다는 뜻을 보이기 위함입니다. 장당이 연나라에 참모로 가는 것은 진나라가 연나라를 속이지 않겠다는 뜻을 표하는 것이지요. 연나라와 진나라가 이렇듯 서로 속이지 않겠다고 하는 연유가 무엇인지, 대왕께서는 아십니까?"

조나라 왕은 자신의 앞에 서 있는 사람이 어린아이라는 사실은 이미 잊은 채 긴장하여 물어보았다.

"연유가 무엇인가?"

"이유야 매우 분명하지요. 조나라를 치기 위해서입니다."

조나라 왕은 감라의 손을 꼭 붙잡고 말했다.

"조나라가 어찌 해야 이 위기를 벗어날 수 있을지 차근차근 설명해 주게."

"그러면 성 다섯 개를 진나라에 바치십시오. 그럼 전 진나라 왕께 나아가 연나라 태자를 송환하시라 청하겠습니다. 그리고 조나라와 연합하여 연나라를 치자고 하겠습니다."

조나라 왕은 신이 나서 즉시 다섯 개의 성을 진나라에 바쳤다. 이후 조나라 왕은 군사를 보내 연나라를 쳐 30개의 성을 함락하고 11개의 성을 진나라에 바쳤다. 진나라 왕은 매우 흡족해하며 감라를 '상경'에 봉해 신하들 중에서 가장 높은 지위에 앉혔다.

감라가 어린 나이에 상경의 자리에 앉을 수 있었던 것은 그가 총명하고 영리했기 때문이지만, 더 중요한 이유는 당시 진나라 왕이 강대한 힘을 가졌기 때문이다. 감라의 '위협'이 효과적이었던 것도 강대한 진나라가 든든한 방패가 되어준 덕분이었다. 나라가 강성해지려면 인재가 필요하지만, 인재 역시 강대한 나라가 필요한 것이다.

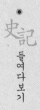

史記

들여다보기

공자는 일찍이 노나라의 일곱 살짜리 신동인 항탁을 스승으로 모셨다고 전해진다. 전하는 바에 따르면 『소아론小兒論』에 이 내용이 적혀 있으며, 종전의 『삼자경三字經』에는 '과거 중 니는 항탁을 스승으로 모셨다. 성현은 늘 배움에 부지런했다'는 글이 기록되어 있다.

『삼자경』

◉ 주요 인물
   형가

◉ 주변 인물
   태자 단, 진나라 왕, 고점리

◉ 키워드
   비분강개

◉ 주요 사건
   진나라 왕 암살

◉ 고사
   진시황을 암살하려던 형가[荊軻刺秦], 모략이 탄로 나다[突窮匕見]

◉ 이야기 출처
   『사기』「자객 열전刺客列傳」

형가 : 진시황을 노리다

전국시대 후기 진나라의 힘은 날마다 강성해져 갔다. 특히 진나라 왕 영정(진시황)은 친정을 시작한 후, 멀리 있는 나라와 친하게 지내고 가까이 있는 나라를 공격하는 정책을 채택했다. 다른 나라의 영토를 잠식해 감으로써 그 나라의 힘을 약하게 만든 것이다. 당시 진나라의 위엄은 가히 넘볼 수 없는 것이었다. 그래서 각국의 제후들은 영정을 두려워하고 또 미워했다. 연나라의 태자 단 역시 그중 하나였다.

사실 어린 시절 태자 단과 영정은 절친한 벗이었다. 영정은 조나라에서 태어나 자랐고 태자 단은 조나라에 인질로 잡혀와 있었기 때문이다. 그런데 누가 상상이나 했을까? 영정은 진나라의 왕이 되었지만 단은 또 진나라에 인질로 잡혀오게 되었다. 그런데 영정이 옛정은 생각지도 않고 태자 단에게 온갖 모욕은 다 주었던 것이다.

태자 단은 영정에 대한 원한이 사무쳐 반드시 그를 제거하고야 말겠다고 맹세했다. 연나라에 돌아온 후 단은 얼마가 들든 따지지 않고 널리 용사들을 불러 모았다. 당시 진나라의 장군이었던 번오기樊於期는 진왕에게 죄를 짓고 죽음을 당할까 두려워 연나라로 도망쳐 왔다. 태자 단은 그 역시 받아주었다.

단의 스승인 국무鞠武는 번오기를 받아주는 것은 '배고픈 호랑이 앞에 고기를 던져주는' 것처럼 진나라 군대를 부르는 위험한 짓이라며 만류했다. 그리고 진晉, 초, 제 나라 및 흉노족과 연합하여 함께 진나라에 대항하라고 건의했다. 그러나 태자 단은 확고했다.

"스승님의 계획은 너무나 장기적입니다. 하지만 저는 단 한 순간도 지체할 수 없습니다. 설령 그렇지 않다 하더라도 막다른 길에 몰려 제게 투항한 친구를 내어줄 수는 없습니다."

국무는 한때 널리 명성을 날렸던 거사 전광田光을 단에게 추천했다. 그러나 전광은 당시 이미 칠순의 나이로 백발이 성성하고 허리도 굽어 태자 단이 그려오던 인재는 아니었다. 전광 역시 그 점을 알고 있었기에 단에게 다시 형가荊軻를 추천했다.

형가는 위衛나라 사람으로 책 읽기를 좋아하고 검술이 매우 뛰어났다. 그는 위나라의 군주를 찾아가 이야기도 나누어보

앉으나 왕에게 인정을 받지 못해 울적해했다. 이후 위나라가 진나라에 멸망하자 형가는 연나라로 도망쳤다. 그는 연나라에서 고점리高漸離라는 사람과 사귀어 절친한 벗이 되었다. 고점리는 축이라는 악기를 매우 잘 다뤘고 형가는 술을 좋아했기에 두 사람은 자주 저자에서 만나 마음껏 술을 마시곤 했다. 술기운이 얼큰하게 오르면 고점리는 축을 연주했고, 형가는 큰 소리로 노래를 불렀다. 그들은 옆에 사람이 있건 말건 그렇게 노래하며 때론 울고 때론 큰 소리로 웃어댔다.

전광의 소개를 받고 얼마 후, 단은 형가를 직접 찾아갔다. 만나자마자 단은 자신의 계획을 형가에게 털어놓았다.

"저희 스승님은 진나라에 맞설 수 있는 유일한 방법은 각 나라 제후들과 연합하여 진과 싸우는 것이라고 하셨습니다. 허나 이것은 시간을 많이 필요로 하는 방법입니다. 전 지금 마음에 불이 붙은 것처럼 급합니다. 선생께서 진나라 왕을 암살해 주신다면, 진나라는 엄청난 혼란에 휩싸일 것입니다. 우리가 그 기회를 틈타 진나라를 멸망시킨다면 우리의 꿈도 빨리 이뤄질 수 있지 않겠습니까?"

형가도 단의 말에 동의하였다.

태자 단은 형가를 상경으로 모시고 특별히 '형관荊館'이란 거처까지 지어주었다. 그리고 날마다 산해진미와 좋은 술로 형가를 대접하고 진귀한 보석들과 마차, 미녀를 주어 마음껏 즐길 수 있도록 해주었다.

어느 날 형가와 태자 단이 말을 타고 나갔을 때 형가가 무심결에 이렇게 말했다.

"천리마의 간이 그렇게 맛이 좋답니다."

얼마 후 단은 자신이 가장 아끼던 천리마를 죽여 말의 간 요리를 형가의 상에 올려주었다.

또 한 번은 태자 단이 형가를 초대해 술을 마실 때였다. 단은 특별히 자신이 가장 아끼는 미녀에게 형가의 시중을 들게 했다. 형가는 그 여인의 희고 부드러운 손을 보고 자기도 모르게 감탄했다.

"백옥처럼 고운 손이로구나!"

형가가 연회를 마치고 집에 오자 태자 단이 선물을 보내왔다. 형가가 상자를 열어보니, 조금 전 그 아름다운 미녀의 손이 담겨 있는 것이 아닌가! 형가는 가슴이 뭉클하여 죽음으로써 태자에게 보답하리라 결심했다.

그러나 한참이 흘러도 형가는 움직일 기미를 보이지 않았다. 그 사이 진나라 장군인 왕전은 이미 조나라를 멸망시키고 조 왕을 포로로 잡아갔다. 조나라를 멸망시킨 진나라 군대는 연나라 국경으로 진격해 왔다. 단은 너무 놀라고 당황하여 즉시 형가를 찾아가 하루 속히 계획을 실행에 옮기라고 재촉했다.

형가가 대답했다.

"사실 진나라 왕을 죽일 기본적인 방안은 이미 생각해 두었습니다. 여태껏 태자님의 명령만 기다리고 있었던 것입니다."

태자는 정신이 번쩍 들었다.

"정말이시오? 어서 말해 보시오."

"진나라 왕에게 접근하려면 먼저 그의 믿음을 살 수 있는 것을 가지고 가야 합니다. 얼마 전 태자께서는 번오기라는 장군을 거두셨지요? 진나라 왕은 그를 사로잡기 위해 상금으로 2천 냥의 황금과 만 가구의 식읍을 약속했습니다. 만약 제가 번오기 장군의 머리와 연나라에서 가장 풍요로운 지역인 독항督亢의 지도를 선물로 가지고 간다면, 진나라 왕은 기뻐서 저를 만나줄 것입니다. 그 이후부터는 제게 맡기십시오."

태자는 그 말에 연신 손을 내저으며 말했다.

"그럴 수 없소. 번오기 장군은 막다른 길에 몰려 내게 온 것이오. 나에 대한 신임이 두터운 것임을 알고 있는데 내 어찌 그를 해칠 수 있겠소."

형가는 태자가 허락하지 않을 것을 잘 알고 있었기 때문에 몰래 번오기를 찾아가 물어보았다.

"진나라 왕은 장군에게 온갖 악행은 다 저질렀소. 장군의 부모와 친지들을 죽였고, 또 장군의 머리에 큰돈까지 걸었소이다. 그런 자에게 복수할 생각은 없으시오?"

그 말을 들은 번오기는 고개를 들고 긴 한숨을 내쉬었다. 얼굴은 이미 눈물범벅이었다.

"그것만 생각하면 비통한 마음이 뼛속까지 사무치오. 그러

539

나 어찌 복수해야 할지 도무지 알 수가 없소이다."

형가가 말했다.

"내게 방법이 있기는 하나, 장군께 너무 무리한 부탁인지라 허락하실지 모르겠소."

번오기는 앞으로 한 발짝 나아가 형가를 붙잡았다.

"무엇이오? 어서 말해 보시오. 복수만 할 수 있다면 만 번을 죽어도 아깝지 않소."

그러자 형가는 번오기에게 자신의 계획을 일러주었다. 그 말을 들은 번오기는 두말하지 않고 그 자리에서 검을 빼 자결해 버렸다.

이 소식을 들은 태자 단은 급히 달려왔지만 번오기의 목숨은 이미 끊어진 후였다. 태자는 깊은 슬픔에 번오기의 시체를 부둥켜안고 통곡했다.

이어 태자 단은 번오기의 머리를 함에 담고 정성껏 봉했다. 그리고 견혈봉후見血封喉라는 독약에 담갔던 날카로운 비수를 연나라 독항 일대의 지도와 함께 형가에게 주며 어서 길을 떠나라 재촉했다.

그러나 형가는 한참을 고민하더니 도와줄 사람이 하나 더 필요하다며, 그의 친구가 올 때까지 꼼짝도 하려 하지 않았다. 단은 시간이 길어져 형가의 마음이 바뀔까 두려워 이렇게 설득했다.

"시간이 급박하오. 내 수하에 진무양秦武陽이라는 용사가 있는데 열세 살에 이미 칼을 들어 사람을 죽였고 담력과 견식이 매우 뛰어나오. 그에게 선생을 돕게 합시다."

형가는 동의할 수밖에 없었다.

동이 틀 무렵, 역수 강가였다. 시간은 어느덧 가을이 되었고 갈고리처럼 흰 그믐달이 하늘 끝에 걸려 있었다. 쌀쌀한 서리 바람과 갈대꽃은 스산한 분위기를 한껏 자아냈다. 태자와 이 일에 대해 아는 문객들은 형가를 배웅하기 위해 모두 물가로 나왔다. 역수를 건너면 형가는 진나라로 가게 된다. 형가의 이번 여정이 무엇을 의미하는지 잘 알고 있었던 그들은 약속이나 한 듯 모두 흰옷에 흰 모자를 쓰고 왔다. 술이 몇 잔 뱃속에 들어가자 무리는 한순간 아무런 말도 하지 않은 채 말없이 흘러가는 역수만 바라보았다. 이때 고점리가 축을 치니 비통하고 처량한 악기소리가 울려 퍼졌다. 형가는 이 소리에 맞춰 노래를 불렀다.

"바람은 쏴쏴 불고 역수는 차디차구나. 장사는 이번에 가면 돌아오지 못한다네!"

비단을 찢는 듯한 노랫소리는 비장하고 격양되어 있었다. 배웅하러 나온 사람들도 모두 맥이 급히 뛰며 가슴속의 분노가 끓어오르는 것을 느꼈다. 노래를 마친 후 형가는 배에 올랐다. 서서히 그의 모습이 사라지고 아득한 역수만 보였지만, 형가는 끝까지 뒤를 돌아보지 않았다.

마침내 형가 일행은 진나라에 도착했다. 진나라 왕은 번오기의 머리와 연나라 독항 일대의 지도를 가지고 온다는 말에 한껏 들떠서 구빈九賓을 대접하는 예를 갖추고 함양궁에서 연나라의 사자를 맞았다.

드디어 기다리던 그 순간이 온 것이다.

형가는 번오기의 머리가 담긴 함을 받쳐들었고, 진무양은 지도를 들고 형가의 뒤를 바짝 쫓았다. 두 사람은 그렇게 한 발 한 발 궁전 안으로 걸어 들어갔다. 대전의 계단 앞에 도착할 때쯤 진무양은 겁에 질려 얼굴이 하얘졌다. 온몸이 벌벌 떨리며 땀이 비 오듯 흘렀다. 진나라 군신들은 이를 보고 모두 이상하게 여겼다. 형가는 이러면 안 되겠다 싶어 웃는 얼굴로 진무양을 한번 돌아보고는 진나라 왕 앞에 절을 올렸다.

"폐하, 제 시종은 미개한 북방 이민족입니다. 한 번도 천자를 뵌 적이 없어 이리 놀란 것이니 이해하여 주십시오."

영정은 웃으며 대답했다.

"됐네, 일단 번오기의 머리와 지도를 내게 주게."

형가는 어쩔 수 없이 혼자 앞으로 나아가 진나라 왕 앞에 있는 탁자에 지도를 놓았다. 그리고 천천히 그에게 펼쳐 보여주었다. 조금씩, 조금씩 지도가 펼쳐졌다. 지도가 완전히 펴지자 그 속에서 번쩍이는 비수가 나왔다.

진 왕이 당황하여 정신을 놓고 있을 때 형가는 재빨리 왼손으로 진 왕의 소매를 잡고 오른손으로는 비수를 잡아 진 왕을 향해 내질렀다. 깜짝 놀란 진 왕은 본능적으로 벌떡 일어나

뒤로 비켜섰다. 북 하고 소매가 찢기면서 진 왕은 첫 번째 공격을 피했다. 이어 형가는 몸을 세우는 것처럼 하면서 두 번째 공격을 했다. 재빨리 도망치던 왕이 쾅하고 병풍에 부딪치니, 병풍이 바닥에 나뒹굴었다. 그는 검을 빼들려고 하였으나 검이 너무 긴 데다 긴장한 몸이 굳어 좀처럼 칼이 뽑히지 않았다. 왕은 대청의 기둥을 돌아 도망갔다. 형가는 비수를 들고 뒤를 바짝 쫓았다.

진나라의 법률 규정상 대전에 나간 때 군신들은 어떤 무기도 들고 갈 수 없었다. 문 밖에 있는 시위대만이 무기를 들 수 있었지만 진나라 왕의 명령이 없이는 대전에 올라올 수가 없었다. 그런 상황에서 갑작스레 형가가 공격하자 진나라 신하들은 왕이 위험에 처한 것을 보면서도 뛰어나와 형가를 막지 못했다. 대전은 순식간에 엉망이 되었다.

긴급한 상황에서 태의 하무夏無는 자신이 약상자를 들고 있는 것을 깨닫고 다짜고짜 약상자를 들어 올려 있는 힘껏 형가에게 던졌다. 형가는 몸을 돌려 피했다. 바로 그때 군신들이 소리를 질렀다.

"폐하! 어서 검을 뒤로 매십시오."

진 왕은 번뜩 정신이 들었다. 검을 등뒤로 밀자 순식간에 장검이 뽑혔다. 그대로 형가를 향해 칼을 휘두르자, 형가의 왼쪽 다리가 잘려 나갔다. 형가는 더 이상 진 왕을 쫓을 수가 없어 땅바닥에 앉아 비수를 든 채 온몸의 힘을 다해 진 왕에게 던졌다. 진 왕이 살짝 피하자 비수는 스칠 듯이 진 왕의 곁을 지나 청동기둥에 부딪쳐 불꽃을 일으켰다.

진 왕의 검은 연달아 형가를 찔러댔다. 결국 형가는 여덟 곳에 큰 부상을 입어 반격조차 할 수 없게 되었다. 그는 암살이 실패한 것을 알고 청동기둥 옆에 쪼그려 앉아 고래고래 소리를 지르며 진 왕을 욕했다.

"폭군! 네놈이 얼마나 오래 횡포를 부리는지 내 두고 보리라!"

진나라 왕은 즉시 문 밖에 있는 시위대에게 그를 죽이라 명을 내렸다.

영정은 그런 일을 당하니 놀랍기도 하고 분하기도 해 며칠간 계속 심장이 두근거리고 잠을 잘 수가 없었다. 그는 연나라에 대한 공격을 강화하였다. 연나라 왕은 그 공세를 감당할 수가 없어 태자 단을 죽이고 그 머리를 진나라 왕에게 바쳤다. 그러나 얼마 지나지 않아 연나라는 진나라에게 멸망하고 만다.

곧이어 진나라는 남은 제후국들도 다 물리치고 천하를 통일하였다. 진나라 왕 영정은 스스로를 시황제라 칭하고 각지에 흩어져 있는 태자 단의 문객, 그러니까 형가의 일당을 다 잡아오라는 명을 내렸다.

고점리는 이름을 바꾸고 몰래 송자현松子縣으로 가서 남의 집 하인 노릇을 했다. 한번은 주인의 대청에서 한 손님이 축을 치자 그냥 지나치지 못하고 귀를 기울여 들었다. 바로 그 순간 지울 수 없는 과거의 장면들이 쟁쟁거리는 음악에 맞춰 다시 눈앞을 스쳐 지나갔다.

이후 그는 자주 문 밖에서 사람들이 축을 치는 것을 들었다. 시간이 길어지자 자기도 모르게 누가 잘 쳤는지, 누가 못 쳤는지 평가하게 되었다. 누군가 그 모습을 보고 주인에게 고했다. 주인은 깜짝 놀라 고점리를 대청으로 불러 축을 연주하게 하였다. 고점리가 드디어 축을 연주했다. 곡이 끝나자 우레와 같은 박수소리가 터져 나왔다. 빈객들은 이렇게 아름다운 축 소리는 정말 오랜만에 듣는다며 입을 모았다.

고점리는 평생 이렇게 이름을 숨긴 채 살 수는 없다는 생각이 들었다. 그래서 방으로 돌아가 행장 속에 들어 있던 축을 꺼내고 전에 입던 화려한 옷으로 갈아입은 뒤, 다시 한 번 대청으로 나왔다. 그 자리에 있던 주인과 손님은 다시 한 번 깜짝 놀라며 그를 귀한 손님으로 모셨다.

이때부터 송자현의 사람들은 번갈아가며 연회를 베풀고 고점리를 후히 대접하며 축 연주를 부탁했다. 그 소식을 들은 진시황은 그를 만나고 싶다며 명을 내렸다. 고점리가 함양에 오자, 그를 아는 사람들이 진시황에게 보고했다.

"그는 형가와 절친한 벗인 고점리입니다!"

진시황은 그의 재능을 아까워하여 차마 죽이지 못했다. 대신 그의 두 눈을 멀게 만들어 자신의 곁에 두었다.

진시황은 고점리의 축 연주를 매우 좋아했다. 매번 들을 때마다 높은 경지의 예술을 누리는 느낌이 들었다. 고점리는 자신이 진시황과 있는 시간이 점점 늘어가는 것을 깨닫고 드디어 때가 왔음을 느꼈다.

고점리는 축 속에 금속인 납을 녹여 넣었다. 어느 날 진시황은 다시 고점리를 침궁으로 청해 자신의 옆에 앉아 축을 연주하게 했다. 주변이 고요했고 시위병도 하나 없었다. 고점리는 속으로 미소를 지었다. 잠시 연주를 하던 고점리는 갑자기 축을 쳐들어 진시황에게 집어 던졌다. 그러나 그는 앞이 보이지 않았기 때문에 정확하게 맞출 수가 없었다. 여러 전쟁을 겪었던 진시황은 놀라운 순발력으로 재빨리 그의 공격을 피했다.

너무 놀란 진시황은 고점리를 죽이라고 명령했다. 그때부터 진시황은 6개국의 사람을 가까이 두지 못했다고 한다.

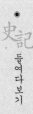

史記

들여다보기

진시황을 암살하기 위해 번오기의 목과 독항의 지도를 들고
진시황을 알현한 헝가는 지도 속에 숨겼던 비수로 진시황의
목숨을 노렸다. 대전 안에서 도망치는 진시황을 쫓던 헝가는
결국 진시황의 칼에 다리가 잘리고 목숨을 잃었다. 그림은 헝
가가 진왕을 암살하는 장면을 그린 한漢나라 때의 그림이다.

전국시대 청동 비수

형가

● 주요 인물
　진시황

● 주변 인물
　울요, 이사

● 키워드
　천하 통일, 뛰어난 재능과 원대한 계략, 잔학함과 포악함

● 주요 사건
　천하 통일, 분서갱유

● 고사
　차동궤 서동문車同軌, 書同文. 수레바퀴와 문자를 통일하다, 도량형, 분서갱유

● 이야기 출처
　『사기』「진시황본기秦始皇本紀」

秦始皇

진시황 : 중국 역사의 첫 번째 황제

1. 천하 통일

지금 중국인들은 음력 정월을 'zhēng yuè'라고 읽는다. 사실 이 '정'이라는 말은 중국 역사상 첫 번째 황제인 진시황과 깊은 연관이 있다. 진시황은 진나라 장양왕의 아들로 정월 원단 元旦에 태어났다. 그래서 아버지 자초는 그의 이름을 영정이라고 지어주었다. 이후 그가 황제의 자리에 오르자 사람들은 왕의 이름에 사용된 글자를 피하기 위해 '정월'의 정을 '정征'의 발음으로 읽었는데, 그 발음이 그대로 굳어져 버린 것이다.

사실 진나라 이후 사람들의 생활과 진시황이 연관된 경우는 비단 이것뿐만이 아니다.

진시황이 왕위를 계승했을 때 그의 나이는 불과 열세 살, 아직 철모르는 때였다. 그래서 그는 오랫동안 조정의 권세를 장악하고 있는 재상 여불위의 손에 휘둘렸다. 이때 진나라는 몇 대에 걸쳐 나라를 잘 다스리고자 노력하였기 때문에 이미 여러 나라 가운데서도 강국으로 자리 잡고 있었다. 여불위는 그러한 기대를 저버리지 않고 질서정연하게 나라를 잘 다스렸다.

영정이 스물세 살 때, 노애라는 환관이 반란을 일으켜 왕권을 찬탈하려는 일이 벌어졌다. 여불위가 노애를 추천했다는 사실을 알게 된 영정은 그것을 빌미로 여불위를 재상에서 몰아내고 국가의 대권을 잡았다.

야심만만했던 영정은 여섯 나라를 멸하고 중원을 통일할 마음을 품고 있었다. 그는 대대적으로 인재들을 모아 통일 사업을 정진시켰다. 실력은 뛰어났지만 여섯 군주들에게 쓰임을 받지 못하고 있던 인재들이 속속 진나라 왕에게 몸을 맡겼다. 과거 연나라에 중용을 받았던 채택, 초나라의 이사李斯, 그리고 위魏나라의 울요尉繚도 진나라로 왔다.

울요는 진나라 왕에게 아주 훌륭한 건의를 한 적이 있다.

"진나라는 이미 강대국이 되었습니다. 지금 우리에게 두려운 것은 여섯 나라가 힘을 합쳐 진나라에게 대항하는 것뿐입니다. 그러니 대왕께서는 재물을 아끼지 마시고 여섯 나라의 중요한 대신들에게 뇌물로 주십시오. 그렇게 진나라에게 불리한 계략들을 깨뜨리는 것입니다. 여섯 나라를 멸망시키는 데는 기껏 해봐야 30만 냥의 금이 들 것입니다."

진시황은 매우 기뻐하며 그 책략을 받아들였다. 과연 여섯 나라들은 서로 나뉘더니, 10년 안에 하나씩 멸망했다. 기원전 221년, 진시황은 그의 위대한 통일사업을 완수하고 춘추전국이라는 5백여 년 혼란의 시대에 종지부를 찍는다.

영정은 자신이 예전처럼 계속 왕이라는 호칭을 사용하면 여섯 나라 제후의 왕과 별다른 구분이 없을 것이라 생각했다. 그래서 대신들과 상의하여 칭호를 바꾸기로 한다. 승상 왕관王綰, 정위廷尉 이사 등은 이렇게 건의했다.

"고대에는 천황天皇, 지황地皇, 태황泰皇이라는 말을 사용했으며, 그중에서도 태황이라는 칭호를 가장 존귀하게 여겼다고 합니다. 그러니 폐하의 칭호도 태황이라 하는 것이 적합할 것입니다."

그 말에 영정은 잠시 생각에 잠겼다.

"태황의 '태'자는 없어도 될 것 같네. 태황의 '황' 자와 오제의 '제帝' 자를 합쳐 황제라고 부르면 나의 위대한 공로와 업적이 잘 드러나지 않겠나? 나는 첫 번째 황제이니 시황제라고 부르게. 앞으로 자자손손 대를 이어 2세, 3세, 4세라고 하여 천세, 만세까지 가면 되지 않겠나?"

이때부터 중국 역사에 '황제'라는 칭호가 등장하게 되었다.

칭호는 정했지만 통일한 나라는 어떻게 다스려야 할 것인가? 승상 왕관이 시황제에게 아뢰었다.

"여섯 나라가 멸망한 지 얼마 되지 않은 지금, 과거 연이나 제, 초 나라처럼 저희 도성에서 멀리 떨어진 나라들에 제후를 분봉하지 않으면 이 넓은 땅을 다스리기 힘들 줄로 아옵니다. 그러니 폐하께서 황제의 아들 몇을 그들 지역의 왕으로 세워 폐하의 통치에 협조하게 하십시오."

다른 대신들은 동의했으나 정위 이사는 극렬히 반대했다.

"그 옛날 주 문왕과 무왕께서 천하를 얻으신 후 자제와 공신들을 제후로 봉하셨지만, 훗날 어찌 되었습니까? 여러분도 잘 아시다시피 제후들의 사이는 점점 멀어져 결국 원수나 다름없이 서로 전쟁을 일삼았습니다. 그러나 주나라 천자는 이를 막을 힘조차 없었지요. 제 생각엔 폐하께서 전국에 군郡과 현縣을 설치하심이 좋을 줄로 아옵니다. 그러면 천하는 두 마음을 품지 않아 관리하기 쉬워질 것입니다."

잠시 고민하던 시황제는 이사의 말에 찬성하고, 그가 건의한 대로 천하를 36개 군으로 나누고 군 밑에 현을 나누었다. 모든 군은 중앙정부에서 직접 임명한 세 장관, 즉 군수郡守, 군위郡尉, 군감軍監이 가서 다스리도록 했다.

이 체제는 후세에 매우 큰 영향을 미친다. 이후 각 봉건왕조가 실시한 정치 체제는 대체적으로 진나라가 제정한 기초에서 변형된 것이었기 때문이다. 여섯 나라의 유민들이 반항하는 것을 막기 위해 진시황은 기존의 여섯 나라에 있던 병기를 모두 압수해 수도 함양에서 녹여 버렸다. 그리고 그것으로

12개의 '금인金人'을 만들어냈다. 각 금인마다 중량은 천 석(약 24만 근)에 달했는데 모두 황궁 안에 두었다.

과거 여섯 나라가 전쟁을 벌일 때 제후들은 독립적으로 움직였을 뿐만 아니라 각국의 화폐와 도량형, 문자도 모두 달랐다. 시황제는 그런 상황을 바꾸지 않으면 '천하 통일'이라 할 수 없다고 생각하고 대대적인 '통일' 명령을 내렸다. 앞으로는 무게가 반 냥에 네모난 구멍이 뚫린 둥근 모양의 동전을 쓰고, 통일된 도량형을 사용한다. 전국의 길이와 무게, 되와 말의 값도 모두 통일한다. 차축에 달린 두 바퀴 사이의 거리는 모두 6척으로 통일했는데, 이것이 역사서에 기록된 '차동궤車同軌'이다. 또 소전小篆이라는 문자를 전국의 통일된 표준문자로 지정한다. 이것이 바로 '서동문書同文'이다.

이들 정책의 출현은 전국의 통일을 더욱 강화시켰으며 사회, 경제, 문화의 발전에 큰 도움이 되었다. 또한 진시황의 놀라운 용기와 능력도 증명해 주었다.

2. 분서갱유

이제 막 통일이 되었을 때 이런 '중앙집권식 전제주의 제

도'를 모두 환영한 것은 아니다. 구제도나 구사상에 익숙한 사
람들은 새로운 제도가 하나같이 마음에 들지 않았다. 그들은
늘 분봉제가 더 좋다며 다시 회복시켜야 한다고 주장했다. 또
일부 유생들은 춘추전국시대 '백가쟁명'의 자유로운 분위기
를 잊지 못하고, 새로운 제도에 대해 이러쿵저러쿵 반론을 늘
어놓았다. 진나라 시황제는 그것이 영 못마땅하였다.

어느 날 시황제가 함양궁에서 연회를 열고 군신들과 가장
학식 있는 유생들 70여 명을 초대했다. 연회에서 유생 주청신
周靑臣이 시황제에게 경의를 표하며 칭찬을 늘어놓았다.

"진나라의 영토는 본래 천 리도 못 되었으나 폐하께서는 용
맹함과 지혜로 여섯 나라를 멸하시고 중원을 통일하셨습니
다. 그리고 전례 없던 군현제도를 실시하셨지요. 지금은 태양
과 달이 비치는 모든 곳이 폐하의 통치 하에 있습니다. 예부
터 지금까지 폐하에게 견줄 만한 사람이 하나도 없으니, 폐하
는 진정 천하에서 가장 위대하신 분입니다."

이렇게 찬양하는 말을 들으니 시황제는 흐뭇해질 수밖에
없었다. 그러나 정치적 견해가 다른 유생들은 주청신의 말을 더
이상 들어줄 수가 없었다. 성격이 강직했던 순우월淳于越은 주
청신의 말이 끝나기도 전에 벌떡 일어나 화를 내며 반박했다.

"폐하! 상나라와 주나라가 천하에 군림한 것이 천여 년이
넘습니다. 그들의 강산이 그토록 견고했던 이유가 무엇입니
까? 그들이 자녀와 공신들을 제후로 봉했고, 제후들은 별들

이 달을 싸고 돌듯 그 옆에서 천자의 통치를 보좌했기 때문이었습니다. 그러나 지금 폐하께서는 군현제를 실시하고 계시니, 반란이라도 일어나면 누가 나서서 막겠습니까? 옛 규칙을 따르지 않으면 언젠가는 망하고 말 것이옵니다."

곧이어 조정의 문무대신과 유생들 사이에서 신구 제도에 대해 격렬한 논쟁이 벌어졌다. 시황제는 아무런 의견도 내지 않고 논쟁이 끝나면 통일된 방안을 가지고 오라고 명령했다.

며칠 후 정위 이사가 상서를 올렸다.

"법이란 한 가지로만 정해진 것이 아닙니다. 천하를 다스리는 사람은 시대의 변화에 따라 통치 계획을 제정해야 합니다. 지금 천하는 이미 안정되었고 법령도 통일되었으니, 백성들은 열심히 밭을 갈고 일해야 하며 공부하는 사람은 응당 현행 법령과 제도를 열심히 익혀야 할 것입니다. 그러나 덮어 높고 공부만 하는 일부 답답한 서생들은 기존의 것을 버리지 않고서 고서에 기록된 것을 가지고 새로운 제도를 비판하고 있습니다. 그 때문에 시비가 엇갈리고 인심도 어지러워졌습니다. 백성들은 아는 것이 없기 때문에 그들에게 현혹되고 있는 실정이지요. 이는 폐하의 통치에 매우 불리합니다. 사상을 통일하기 위해 진나라의 역사, 의약, 역서, 농서 외에 다른 책들은 모두 불태워 버리시옵소서."

시황제는 그 말에 깊이 동조하며 즉시 이사의 건의를 받아들여 책을 태우라는 명을 내렸다. 그리고 법을 공부하려는 관리를 제외하고는 고서를 보는 것을 금했다.

명령이 하달된 후 며칠 내에 곳곳에서 책을 태우는 불길들이 일어났다. 진나라 이외의 역사서와 제자백가의 학술 사상이 담긴 서적들은 대부분 모두 불타 버렸다. 진나라 이전의 수많은 역사적 사실과 사상에 관한 기록이 그때 실전돼 버린 것이다. 이는 책을 목숨처럼 여겼던 유생들의 강한 반발을 불러일으켰다. 그들은 공개적으로는 불만을 표시하지 못했으나, 뒤에서는 네댓 명씩 무리를 지어 시황제가 잔인하고 야만적이라고 욕을 했다.

이 일을 알게 된 시황제는 화가 나서 어사대부에게 배후에서 비방한 사람들을 조사하라는 명을 내렸다. 체포되어 심문을 당한 유생들은 엄한 형벌과 체벌을 견디지 못하고 나만 살겠다는 식으로 다른 사람들의 이름을 불었다. 이렇게 한 명, 두 명 연루되다 보니 순식간에 460명이 넘는 방사와 유생들에게 혐의가 있다고 밝혀졌다. 극도로 분노한 시황제는 자세한 심문이나 냉정한 조사도 하지 않고 함양성 밖에 커다란 구덩이를 파 그들을 전부 산 채로 매장해 버렸다.

책을 태우고 유생들을 생매장한 분서갱유焚書坑儒는 진나라 시황제가 사상을 통일해 보고자 실시한 일이었으나, 사실상 사상과 문화에 대한 대학살로 변질되고 말았다. 그 이후 시황제는 학문을 연마하는 모든 사람들의 적이 되었다. 동시에 제대로 학문을 연구하는 사람은 점점 줄어들어 황제의 주위에는 학문과 기술이 없는 소인배들만 가득하게 되었다. 진의 통치도 이때부터 서서히 쇠퇴의 길에 접어든다.

이후 정위 이사는 재상으로 임명된다. 이사는 법가 사상을 공부했기 때문에 엄격한 형벌과 법으로 백성들을 다스려야 한다고 주장하였다. 고대 형법 중에서 가장 참혹한 '오형(묵墨, 의劓, 형荊, 궁宮, 대벽大辟)'도 진나라 때 생긴 것이었다. 묵형은 얼굴에 글자를 새기고 거기에 먹으로 색을 입히는 형벌이다. 의형은 코를 베는 것, 형형은 광대싸리채로 때리는 것, 궁형은 생식기를 자르는 벌, 대벽은 사형을 의미한다.

전국시대를 진나라의 백성들은 통일 후에 평화롭고 안정된 날이 오기를 간절히 기다렸다. 그러나 시황제는 폭정으로 그들을 대했다. 백성들은 실망했으며, 결국 몇 년 지나지 않아 역사상 첫 번째 농민 봉기가 일어난다.

3. 바다 밖에서 신선을 찾다

6개국을 멸하고 천하를 통일한 것은 천추에 길이 남을 위대한 업적이었다. 그러나 그토록 놀라운 업적을 이루고도 언젠가는 일반인들처럼 그렇게 세상을 떠나야 한다는 사실을 생각하면 진시황은 마음이 영 편치 않았다.

이때 서복徐福이라는 산동사람이 진시황에게 상서를 올렸다. 동해에는 봉래, 방장, 영주라는 신산神山이 있는데, 그곳에는 한 알만 먹어도 영원히 늙지 않는 불로장생의 약이 있다는 내용이었다.

신이 난 진시황은 그 즉시 서복에게 몇천 명의 소년과 소녀를 붙여주고 바다를 건너가 신선의 약을 구해 오게 했다. 그러나 서복 일행은 그 이후로 다시는 돌아오지 않았다.

서복은 오지 않았지만 진시황은 그대로 포기할 수가 없었다. 몇 년 후 그는 다시 후공侯公과 노생盧生 등을 바다로 보내 신선을 찾아 불로장생의 약을 받아오게 했다. 노생은 몇 년을 찾아 헤맸지만 아무것도 찾을 수 없었다. 진시황이 죄를 물을까 두려워진 그는 거짓말을 꾸며냈다.

"저희가 신선과 불로초를 찾지 못한 연유가 무엇인지 아십니까? 그것은 악귀가 중간에서 방해를 했기 때문입니다. 소위 진인眞人, 도가에서 참된 도를 체득한 사람은 날마다 구름과 안개를 타고 하늘을 날며 자유롭게 다닌다 합니다. 또 바닷물에 빠져도 죽지 않고 큰불이 나도 불에 타지 않는답니다. 진인이 이런 경지에 오를 수 있었던 것은 소리 소문 없이 왔다가 소리 없이 가서 악귀가 그의 행보를 모르기 때문입니다. 폐하께서도 날마다 거처하시는 곳을 남들이 알지 못하게 하십시오."

진시황은 넋이 나간 듯 감탄했다.

"그 진인이 정말 부럽군."

그리고 그 후로는 자신을 짐朕이라 칭하지 않고 진인이라고 불렀다. 또한 함양성 부근 2백 리에 궁전을 270채 지으라고 명하고, 담장 사이의 길과 천자가 다니는 길을 서로 잇게 했다. 또 궁전 안에 휘장을 두르고, 종과 북, 미녀들을 잔뜩 데려다 놓고 어느 곳으로도 옮기지 못하게 했다. 그는 자신이 가고 싶은 곳으로 마음껏 다녔지만 누구라도 황제가 있는 위치를 정확하게 이야기하면 사형에 처했다.

한번은 진시황이 양산궁梁山宮에 갔을 때였다. 산 위에서 승상의 마차와 수종들이 긴 대열을 이루고 떠들썩하게 행차하는 것을 본 진시황은 기분이 상해 눈살을 찌푸리며 중얼거렸다. 태감은 몰래 그것을 재상인 이사에게 전했다. 이사는 즉시 행렬의 수행인원을 축소했다. 진시황은 그것을 알고 화를 내며 말했다.

"흥! 분명 양산궁에 있던 자가 내 말을 전했을 게다. 다른 사람이 그 말을 들으면 당시 내가 어디에 있었는지 알지 않겠는가?"

그러면서 범인을 찾아내라 명했지만 아무도 선뜻 죄를 인정하지 않았다. 그러자 진시황은 당시 양산궁에서 자신의 시중을 들던 사람을 모두 죽여 버렸다. 그때부터 황제가 어디에 있는지 아는 사람은 한 명도 없게 되었다. 후공과 노생은 진

559

시황이 진인이 되려는 결심이 매우 굳은 것을 보고 깜짝 놀라
도망쳤다.

이후 진시황은 천하를 순시하며 산동의 랑아琅玡에서 서복
과 우연히 마주쳤다. 서복은 몇 년째 나라의 많은 재산을 쓰고
도 신선이나 불로초를 찾지 못했기 때문에 벌을 받을까 두려
워 거짓말을 했다.

"저희가 본래는 불로초를 얻을 수 있었으나, 배를 타고 바
다에 나갈 때마다 상어의 습격을 받아서 그곳에 갈 수가 없었
습니다."

진시황은 자신이 하는 일을 막을 수 있는 자나 사물은 없다
고 믿고 있었다. 그래서 바다에 나갈 때 자신이 직접 큰 활을
들고 상어가 나타나기를 기다렸다. 마침 공교롭게도 어느 날
진짜 커다란 상어가 나타났고, 진시황은 그것을 맞춰 죽였다.

진시황의 사기는 더욱 높아졌다. 상어를 몇 마리만 더 죽이
면 신선의 약을 찾을 수 있을 것만 같았던 것이다. 그러나 오
랜 시간 궁 밖을 다니며 피로에 지친 까닭에 진시황은 병에
걸려 다시는 일어나지 못했다. 그가 길에서 죽어 버림과 동시
에 그의 불로초를 향한 꿈도 함께 사라져 버렸다.

史記
들여다보기

불로장생을 꿈꾸던 진시황은 진인이 되기 위해, 명약을 얻기 위해 천하로 사람을 보냈으나, 결국 꿈을 이루시 못하고 객사한다. 중국 최초의 중앙 집권적 통일제국인 진秦나라를 건설한 전제군주답게 그의 무덤인 진시황릉원 동쪽 담에서 1킬로미터 떨어진 지하 갱도에 병마도용을 함께 수장했다.

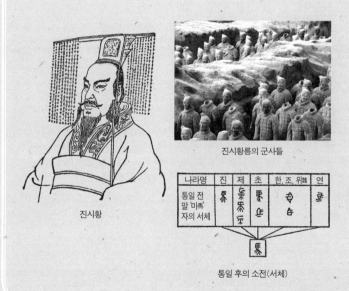

진시황릉의 군사들

진시황

나라명	진	제	초	한, 조, 위魏	연
통일 전 말 '마馬' 자의 서체	통				

통일 후의 소전(서체)

● 주요 인물
  조고, 이사

● 주변 인물
  진시황(시황제), 진이세(이세황제), 자영

● 키워드
  간사한 소인배(조고), 뛰어난 재능, 나쁜 사람의 앞잡이가 되다(이사)

● 고사
  지록위마指鹿爲馬, 사슴을 말이라 우겨 윗사람을 농락하고 권세를 함부로 부림

● 이야기 출처
  『사기』 「이사 열전李斯列傳」

조고 : 지록위마, 그 무서운 권세

7월 유성이 나타났다. 위엄을 떨치고 천하를 순행하던 진시황의 가마가 사구沙丘, 지금의 하북성 평향현平郷縣 동북 지역에 도착했다. 날씨는 찌는 듯이 덥고 건조했다. 게다가 출궁한 지도 어느덧 일년이 다 되어 가고 있었다. 여행의 피로와 마차의 덜컹거림은 천하에 용맹과 기세를 떨쳤던 진시황도 병들어 일어나지 못하게 만들었다. 태의가 땀을 뻘뻘 흘리며 백방으로 뛰어다녔지만 이미 반백이 넘은 진시황은 잘 알고 있었다.

'내 평생 함양에는 다시 못 돌아가겠구나! 이제 뒷일을 당부해야 할 때이다.'

이번 출행에서 그는 막내아들인 호해胡亥와 승상인 이사, 그리고 중차부령中車府令, 황제가 출행할 때 마차와 수레만 관리하는 사람

겸 부새령符璽令, 옥새를 관리하는 사람인 조고趙高를 데리고 나왔었다. 큰아들 부소扶蘇와 몽념蒙恬 장군은 변경에서 흉노족을 막고 있었다.

스무 명이 넘는 아들 중에서 누구를 황위 계승자로 선택해야 할까? 마침내 며칠 동안이나 고민하던 진시황은 조고를 불러 큰아들 부소에게 보낼 조서를 받아 적게 했다.

"병권은 몽념 장군에게 맡기고 번개처럼 사구로 달려와 장례에 참여하고 황위를 계승하도록 하라."

그러나 조서에 옥새를 찍어 사자에게 전달하기도 전에 진시황은 세상을 떠나고 말았다. 이 일은 호해, 이사, 조고 및 곁에 있던 환관 몇 사람만 알고 있었다. 이사는 황제가 조정에 태자를 세우지도 않은 채 밖에 나갔다가 갑자가 세상을 떠났다는 소식이 전해지면 혼란을 야기할 것이라 생각했다. 그래서 황제가 죽었다는 사실을 감쪽같이 숨기고 어디에도 알리지 않았다. 그들은 황제의 시체를 은폐된 커다란 마차에 넣고 군신들이 평소에 하던 대로 알현해 일을 보고하도록 했다. 그리고 평소처럼 음식도 올리게 했다. 대답이나 지시가 필요한 경우는 조고가 되는 대로 적어서 어명을 내린 것처럼 꾸몄다.

사실 진시황은 살아 있을 때도 자객을 두려워하여 대부분 마차 안에서 신하들을 응대하였다. 그래서 이번 일도 의심하는 자가 없었다. 그러나 찌는 듯한 날씨 탓에 얼마 지나지 않아 시체가 썩어 심한 악취가 났다. 조고는 안 되겠다 싶어 즉시 지방 관리들에게 소금에 절인 생선들을 많이 올리라는 어명을 내렸다. 관원 한 명 당 수레에 1섬 씩 실어 오게 한 것이다. 절인 생선은 원래 냄새가 고약했다. 그러자 사람들은 어디에서 고약한 냄새가 나는지 알아채지 못했다.

행렬은 밤낮없이 행진해 함양성으로 갔다. 가는 내내 별다른 일은 생기지 않아 순조롭게 일이 진행될 것만 같았다. 하지만 사실 조고의 마음속에서는 온갖 생각들이 뒤엉켜 있었다. 조서와 옥새를 전하지 않은 것도 자신이요, 황제의 유언을 공자 부소에게 전하지 않은 것도 자신이 아닌가? 조고는 부소가 황위에 앉으면 자신의 목숨은 금방이라도 날아갈 것이 두려워 그런 짓을 꾸민 것이었다. 그 이유가 무엇일까?

사실 조고는 이전에 태감이었다. 진나라의 법률을 잘 아는데다 아첨과 아부를 잘 했기 때문에 진시황은 그를 파격적으로 선발했다. 그래서 조고는 중차부령의 직위를 받았고, 황제의 막내아들인 호해에게 재판과 법을 가르치게 되었다. 한번은 조고가 큰 죄를 짓자 진시황은 몽념의 동생인 몽의蒙毅에게 그를 벌하라고 명한다. 몽의는 법에 근거하여 조고에게 사형을 선고한다. 그러나 몽의가 상주문을 올리자 진시황은 조고가 평소 자기 마음에 들게 일했던 것을 생각하고 그 죄를 면하여 준다. 그리고 원래의 관직까지 돌려주었다. 그때 조고는 몽씨 집안과는 절대 한 하늘 아래서 살지 않겠다고 맹세했다.

그는 몽념이 부소의 심복이니, 부소가 즉위하면 몽념이 높은 자리에 앉는 것은 당연할 것이라 생각했다. 그렇게 되면 조고는 멀리 내쳐지지 않겠는가?

'안 돼, 절대로 부소가 황제가 되게 할 수는 없어. 절대로 손에 들어온 떡을 몽념 그 자식에게 거저 주진 않을 거야!'

그래서 조고는 기회를 보아 넌지시 호해를 떠보았다.

"황상께서 붕어하시면서 왕을 봉하는 조서를 내리지 않으셨습니다. 다만 큰 아드님께 서찰을 하나 남기셨지요. 장자께서 오면 바로 천자에 봉해지실 텐데, 그러면 공자께서는 몸을 둘 곳조차 없어질 테니 어쩌면 좋습니까?"

조고의 의도를 알아차리지 못한 호해가 대답했다.

"현명한 군주는 신하를 알고 현명한 아버지는 아들을 안다고 했소. 아버지께서 돌아가시면서 우리 아들들을 왕으로 봉하지 않으셨는데 무슨 할 말이 있겠소?"

조고는 호해가 자신의 뜻을 알아차리지 못하는 것을 보고 단도직입적으로 이야기했다.

"황위를 계승할 힘이 지금은 공자와 저, 승상 세 사람에게 있습니다. 우리가 황위를 차지할 방법을 찾아 공자께서 이어받으시게 하면 어떻겠습니까? 다른 사람으로 신하를 삼는 것과 다른 사람이 신하가 되는 것은 전혀 다른 일이옵니다. 전자는 남을 다스리는 것이요, 후자는 다른 사람의 다스림을 받는 것이니, 그야말로 천지 차이가 아닙니까?"

권력에 대한 유혹은 어찌나 달콤한지, 호해는 마침내 마음이 움직여 조고의 뜻에 따르겠다고 했다. 이어서 조고는 이사를 종용했다. 이사는 재능이 뛰어난 사람으로, 진나라 시황제가 천하를 통일했을 때 크게 쓰임을 받았고 그 유명한 『간축객령諫逐客令』을 저술하였다. 진시황은 황제가 되자 이사를 승상에 앉혔다. 이사는 문자와 도량형, 화폐의 통일, 분서갱유, 만리장성 축조 등 국가의 중대사마다 적극적으로 의견을 냈을 뿐 아니라 결정에 참여했다. 진나라의 법률 대부분이 그의 손에서 탄생했다.

이사는 늘 사람에게 가장 수치스러운 일은 신분이 비천해지는 것이며, 가장 슬픈 일은 가난해지는 것이라고 생각했다. 그가 고향인 초나라의 군현에서 하급 관리로 있을 시절, 뒷간에 있는 쥐는 배설물을 먹고 사람이나 개가 다가가면 깜짝 놀라서 도망가지만, 현 창고에 있는 쥐는 산처럼 쌓인 양식을 먹으며 편하게 자는 것을 보았다. 창고에서 사는 쥐는 사람이나 개가 방해할까 봐 두려워하지 않았다.

'사람에게 재능이 있고 없고는 나중 일이다. 중요한 것은 그가 어떤 환경에 처해 있는가 하는 것이다. 나는 반드시 곡식 창고 속의 쥐가 되어야 한다.'

그는 강대한 진나라를 곡식 창고로 생각했기 때문에 이사의 마음이 흔들린 것도 어쩌면 당연한 일인지도 모른다. 처음에 이사는 조고의 음모에 동의하지 않았다. 그러나 결국 이사도 조고의 위협과 유혹에 못 이겨 호해, 조고와 한 편이 되고 말았다. 세 사람은 몰래 진시황의 유서를 없애고 공자 부소와 대장군 몽념에게 자살을 명하는 유서를 만든 후 사자에게 서찰을 전하게 했다.

성품이 유약했던 부소는 유서를 받고 그것이 진짜라고 믿었다. 그는 아버지가 죽으라고 명하셨으니, 죽는 것이 마땅하다며 진짜 자살해 버렸다. 몽념은 자살하지 않으려고 버티다가 조고가 보낸 사자에게 잡혀 감옥에 갇혀 죽고 말았다.

걸림돌들이 제거되자 호해는 아무 어려움 없이 황위에 앉을 수 있었다. 그가 바로 이세황제, 진이세이다. 덕분에 이사는 재상의 자리를 지켰고, 더 큰 신임을 받은 조고는 '랑중령郎中令, 황제의 근신'이란 더 높은 자리에 앉아 조정을 좌지우지하며 함부로 권력을 휘둘렀다.

호해는 비록 진시황이 가장 사랑했던 막내아들이었지만, 불행히도 아버지의 뛰어난 재능과 계략은 물려받지 못했다. 그는 즐길 줄만 알았다. 하루는 그가 조고에게 물었다.

"어떻게 하면 짐이 아무런 걱정 없이 살며 오락을 즐길 수 있겠나?"

조고는 젊은 황제가 아무런 포부도 없는 것을 보고 신이 나서 말해 주었다.

"법령을 엄히 하고 형벌을 혹독하게 내려야 합니다."

조고는 이 기회를 놓치지 않고 법을 바꿔 자신과 생각이 다른 사람들을 배척해 나갔다. 몽의는 당연히 첫 번째로 죽임을 당했다. 진시황의 몇몇 아들과 공주들도 머리가 잘렸고, 시체는 저자에 내걸렸다. 한 사람이 죄를 지으면 온 가족이 연루되어 순식간에 조정 안팎은 피비린내가 진동하였고 사람들은 두려움에 떨었다.

자신의 방탕한 생활을 만족시키고 마음껏 즐기기 위해 이세황제는 아방궁阿房宮을 확장공사하고 세금과 노역을 늘렸다. 백성들로부터 조세를 많이 걷어오는 관원에게는 좋은 관직을 주었고 백성들에게 엄한 형벌을 내리며 쉽게 사람을 죽이는 관원을 충신이라고 여겼다.

진나라가 천하를 통일한 후, 백성들은 마침내 일곱 나라 간의 전쟁이 그치고 안정되고 평안한 생활을 할 수 있게 되었다고 좋아했다. 그런데 시황제가 가혹하고 엄한 법으로 나라를 다스리더니, 이세황제는 더 잔혹하고 악랄한 방법으로 부역과 조세, 징용을 시키고 있었다. 끝이 보이지 않는 상황을 백성들은 더는 견뎌낼 수가 없었다. 결국 진승陳勝과 오광吳廣은 대택향大澤鄉에서 봉기를 일으켰다. 각지의 영웅호걸들이 이에 호응하자 저항의 불길은 순식간에 전국으로 퍼져나갔다.

이사는 애가 타서 몇 번이나 이세황제에게 간언을 올리려 했다. 그러나 날마다 조정에 나가도 호해의 얼굴조차 볼 수가 없었다. 대체 어찌 된 일일까? 자기가 나쁜 일을 많이 저질러 숙적이 너무 많다는 것을 잘 알고 있던 조고는 대신들이 조정에서 황제에게 보고할 때 자신의 잘못을 폭로할까 두려웠다.

그래서 거짓말을 꾸며 이세황제에게 아뢰었다.

"천자가 존귀한 것은 군신들이 천자의 얼굴을 볼 수 없고 그 음성만 들을 수 있기 때문이옵니다."

원래부터 향락만 좋아하고 조정의 일에는 관심이 없었던 이세황제는 그 말이 마음에 쏙 들었다. 그때부터 그는 금궁禁宮으로 깊이 들어가 대신들을 만나지 않았다. 조정의 모든 일은 결국 조고 혼자서 결정하였다.

막상 권력을 쥐고 나니, 조고의 야심은 점점 더 커졌다. 그래서 재능이 뛰어난 이사를 죽여 버릴 결심을 한다. 그는 진심으로 걱정하는 척 이사에게 말했다.

"지금 반란을 일으킨 사람이 저렇게 많은데 황상은 향락에만 빠져 있습니다. 헌데 승상께서 아무런 진언도 안 하셔야 되겠습니까?"

이사는 긴 한숨을 내쉬었다.

"나라고 왜 진언을 안 드리고 싶겠소? 허나 황상의 얼굴을 좀처럼 볼 수가 없소이다."

조고는 간절한 어투로 말했다.

"나라의 안위가 모두 승상께 달렸습니다. 황상께서 시간이 나시면 제가 바로 승상께 알려 드립지요."

그런 후 조고는 이세황제가 비빈, 미녀들과 뒹굴고 있을 때 일부러 이사에게 사람을 보내 알렸다.

"황상께서 막 시간이 나셨으니, 보고를 하러 오시지요."

이사는 즉시 궁으로 달려와 뵙기를 청하였다. 그렇게 몇 번이 반복되자, 이세황제는 부끄럽다 못해 이제는 화가 났다.

"승상은 왜 이런 때만 와서 나를 방해하는 거지? 일부러 내게 수치를 주려는 것인가?"

조고는 그 틈을 타 이사가 진작부터 왕위를 찬탈할 마음을 가지고 있었다고 모함했다. 또 이사의 아들과 당시 농민 봉기를 일으킨 봉기군 사이에 왕래가 있었다는 헛소문도 만들어 전했다. 이 두 가지 죄명으로 이사와 그의 온 가족을 깨끗이 제거해 버린 것이다. 이사가 죽자 이세황제는 조고를 승상의 자리에 앉히고 나라의 큰일을 모두 그에게 맡겼다.

조정의 대권을 빼앗은 조고는 일부 대신들이 자신을 인정하지 않을까 걱정됐다. 그래서 하루는 조정에 사슴을 끌고 가 수많은 대신들 앞에서 이세황제에게 물었다.

"폐하께 좋은 말을 바치려고 왔습니다."

이세황제는 웃으며 대답했다.

"그건 사슴이 아니오? 농담이 지나치시오."

조고는 억울한 표정을 지어 보였다.

"소신 오랜 고민 끝에 세상에 둘도 없는 말을 찾아낸 것이온데, 어찌 사슴이라 하십니까? 못 믿으시겠다면 대신들에게 한번 물어보시지요."

대신들은 그 말을 듣고 어리둥절해 서로 쳐다볼 뿐 아무런 말도 하지 못했다. 겁이 많은 일부 대신들은 조고에게 미움을 살까 겁이 났다. 결국 그들은 자신들을 훑고 지나가는 조고의 차갑고 날카로운 눈빛을 견디지 못하고 급히 소리 질렀다.

"말입니다, 말! 정말 좋은 말이군요!"

용기 있고 정직한 몇몇 신하들은 이를 봐줄 수가 없어 앞으로 나섰다.

"그것은 분명 사슴이오. 말이 아니란 말이오!"

조고는 그때 사슴이라고 말했던 사람들을 며칠 후 누명을 씌워 모두 죽여 버렸다. 그뒤로 사람들은 조고가 팥이라면 팥이라 했고, 콩이라면 콩이라고 무조건 편을 들었다.

조고는 모든 대신들이 자신의 힘에 굴복한 것을 보고 이세 황제를 자살시켰다. 그런 후 옥새를 들고 용포를 입어 스스로 황제가 되려 했다. 그러나 시종과 대신들은 아무도 그와 함께 대전에 나가지 않았다. 그는 역부족임을 느끼고 진시황의 동생인 자영子嬰을 찾아 황제로 삼았다.

자영은 조고의 무서움을 알고 있었다. 그는 이세황제의 전철을 밟지 않기 위해 즉위하고 얼마 지나지 않아 사람을 보내 조고를 암살했다.

그러나 자영이 황위에 오른 지 46일 만에 유방劉邦이 일으킨 군대가 쳐들어왔다. 자영은 장례식에 쓰는 마차를 타고 옥새를 목에 건 채 길 옆에 서 있었다. 유방에게 투항한다는 의미였다. 그렇게 진 왕조는 멸망하였다.

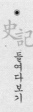

史記
들여다보기

사마천은 이사를 이렇게 평가하고 있다. "사람들은 이사가 충성심 때문에 죽임을 당했다고 말하지만, 그 근본을 살펴보면 그것은 어리석은 생각이다. 만약 이사가 개인적인 탐욕을 부리지 않았다면, 그의 역사적인 지위는 주공, 소공에 견줄 만했을 것이다."

이사를 모함해 죽게 만든 조고

●주요 인물
　진섭

●주변 인물
　오광

●키워드
　봉기군의 수령

●고사
　참새와 제비가 기러기와 고니의 뜻을 어찌 알리, 왕후장상의 씨가 따로 있더냐,
　게간이기揭竿而起, 봉기하다, 어복단서魚腹丹書, 물고기 뱃속의 붉은 서신

●이야기 출처
　『사기』 「진섭세가陳涉世家」

진섭 : 첫 번째 농민 봉기의 주인공

'핍박이 있는 곳에 저항이 있다'는 말이 있다. 이 말은 사실이다. 진시황이 죽은 후 막내아들 호해가 왕위를 이어받았다. 호해는 아버지의 포악함과 사치스러운 생활태도를 바꾸기는커녕 오히려 그 강도를 한층 더욱 높였다. 무엇이든지 지나치면 모자람만 못한 법. 그가 대대적인 토목공사를 일으키고 터무니없이 많은 세금을 징수하자 백성들은 도탄에 빠졌고 원망의 소리도 더욱 거세졌다.

진승의 자는 섭으로 양성陽城, 지금의 하남성 등봉현登封縣 동남쪽 출신이었다. 그는 젊은 시절에는 다른 사람의 집에서 고용살이를 하는 농민이었다. 어느 날 그는 밭을 갈다 지쳐 동료들과 함께 앉아 쉬고 있었다. 모두들 힘겨운 생활과 불공평한 대우에 대해 불평하자 진승은 격양된 목소리로 사람들에게 말하였다.

"나중에 누구든 부자가 되면 오늘 함께한 가난한 친구들을 잊지 말기로 하세!"

사람들은 그 말에 큰 소리로 웃어댔다.

"피곤해서 머리가 어찌 된 것 아닌가? 다른 사람 밭이나 갈며 쟁기나 호미 한 자루조차 갖지 못한 우리가 무슨 수로 부자가 되겠는가?"

진승은 긴긴 한숨을 내쉬었다.

"아! 남의 집 처마 밑에 사는 제비와 참새가 하늘을 나는 기러기와 고니의 원대한 뜻을 어찌 알까."

기원전 209년 7월, 양성의 지방관료들은 조정의 명령에 따라 진승을 포함한 9백여 명의 장정들을 징용해 어양漁陽 일대의 변경 지대를 지키게 했다. 이곳 어양은 오늘의 베이징 밀운密雲 지역으로 당시 진승의 고향에서는 북쪽으로 몇천 리나 떨어진 머나먼 곳이었다. 선발된 9백 명의 장정들이 한 곳에 모이자 진승과 오광은 소대장으로 지목되었다. 표독스러운 군관의 압송이 시작되었다. 행여나 정해진 날짜에 도착하지 못할까 봐 모두들 밤낮없이 진군했다. 시간을 지키지 못하면 진나라의 법에 따라 일괄 사형이었기 때문이었다.

그러나 날씨는 마음 같지 않았다. 가는 내내 큰 비가 내려 대오의 행진은 점점 느려졌다. 대택향大澤鄕, 지금의 안휘성 숙현宿

縣 동남부 류劉 씨 집성촌에 도착했을 때는 도로가 물에 잠겨 더는 앞으로 나아갈 수가 없었다. 결국 부대는 그 자리에 멈췄다. 그렇게 주둔해 버리면 시간을 맞춰 도달하는 것은 꿈도 꿀 수 없는 상황이었다. 기일을 맞추지 못하면 목이 달아날 것은 불 보듯 뻔했다. 그럼 이제 어떻게 해야 한단 말인가?

진승은 오광을 불러 몰래 작전을 짰다.

"어떻게든 방법을 찾아야 하네. 이대로 헛되이 죽을 수는 없어. 여기서 도망갔다가 잡히면 죽을 것이네. 반역을 일으켰 다 실패해도 죽을 것이네. 어차피 죽을 거라면 반역을 일으켜 보고 죽는 것이 낫지 않겠나!"

오광이 대답했다.

"맞네. 나도 이제 당할 만큼 당했네. 그러나 모반이라니, 모 반은 어떻게 하는 건가?"

진승이 대답했다.

"그 문제를 며칠째 생각해 보았네. 지금 천하의 백성들은 이미 진 왕조의 쓴맛을 볼 만큼 보았네. 이세황제는 시황제의 막내아들로 원래는 황제가 될 수 없는 서열이었다더군. 황제 가 되어야 할 사람은 그의 형인 부소였어. 부소는 성품이 좋 고 아버지에게도 사람을 많이 죽이지 말라는 충언을 하는 어 진 사람이었다네. 그래서 시황제가 화가 나 부소를 몽념에게 보내 장성을 지키게 한 것이고. 그런데 그런 분이 호해, 지금 의 왕에게 죽임을 당했다네. 하지만 백성들은 그분이 지혜롭고 어질다는 것만 알고, 돌아가신 것은 모르고 있지. 또 초나라의 대장군 항연項燕은 전쟁에서 큰 공을 세웠고 병사들을 매우 아껴 백성들의 추대를 받았다네. 어떤 사람은 그가 죽었다 하고, 또 어떤 사람은 그가 도망갔다 했지. 우리가 지금 공자 부소와 대장군 항연의 이름을 빌려, 천하에 봉기를 일으키고 이세황제에게 맞선다면 수많은 사람들이 함께 일어나 줄 것이네."

오광은 진승의 말이 옳다고 생각했다. 두 사람은 어떻게 하면 좋을지 세부사항을 두고 한참이나 의논했다. 사람들은 자신들에 대해 속속들이 다 알고 있는데, 어떻게 자신들이 부소와 항연의 패거리라고 믿게 한단 말인가? 당시 사람들은 미신을 믿었기 때문에 두 사람은 일행을 현혹시킬 특별한 방법을 써야겠다고 생각했다.

진승은 몰래 옷감에 붉은 색으로 '진승 왕'이라고 적고 강가로 나왔다. 그리고 어민들이 막 잡아 올린 커다란 물고기의 뱃속에 집어넣었다. 시장에 나가 생선을 사가지고 온 동료들이 배를 갈라 보니 정말 신기한 일이 일어났다. 자신의 부대에 있는 진승이 하늘이 정한 천자라는 것이었다. 한순간 모두들 의견이 분분했다.

저녁이 되어 오광 역시 부대가 주둔하고 있는 야영지 옆 숲으로 가서 등을 밝혔다. 불빛이 밝아졌다 사그라졌다 하며 '도깨비 불'처럼 보였다. 오광은 여우의 울음소리를 흉내 내어 이렇게 외쳤다.

"초나라가 다시 일어나 진승이 왕이 될 것이다!"

그 소리를 들은 수비병들은 놀라서 까무러쳤다.

다음날 아침이 되자, 일행은 모두 진승을 자세히 뜯어보았다. 그러자 정말 뭔가 남다르게 생긴 것 같았고 하늘이 선택한 천자의 얼굴처럼 보이기도 했다.

진승과 오광은 계획이 성공한 것을 보고 매우 기뻐하였다. 다음 단계는 더 쉬워졌다. 오광은 평소 사람들을 잘 돌보았기 때문에 동료들은 모두 그의 말을 잘 따랐다. 그들을 압송하는 군관이 술에 취하자, 오광은 일부러 도망가야 한다고 계속해서 소리를 질렀다. 군관은 놀라기도 하고 화가 나기도 해서 채찍을 꺼내 오광에게 휘둘렀다. 이어 검을 뽑아 오광을 죽이려고 했다. 주변에 있던 수비병들은 그 모습을 보고 분통을 터뜨렸다. 오광은 벌떡 일어나 성큼성큼 앞으로 걸어가더니, 군관의 검을 빼앗아 군관을 찔러 버렸다. 뒤이어 진승 역시 뛰어나가 군관 두 명을 찔러 죽였다.

군관을 죽인 진승과 오광은 사람들을 불러 모은 후 큰 소리로 외쳤다.

"형제들이여, 우리는 큰 비를 만나 어양에 도착할 수 없게 되었소. 법대로 한다면 목이 잘릴 것이오. 어양의 관원들이 요행히 우리를 살려준다 해도 변경을 수비하다 보면 열 명 중 살아남는 사람은 한두 명뿐이오. 어차피 죽을 인생, 사내대장

부라면 명예롭게 죽어야 하지 않겠소. 우리를 짓밟는 왕후장
상의 씨는 따로 있답디까?"

사람들은 진승의 말을 듣고 크게 소리 질렀다.

"맞소, 맞아! 우리 모두 당신을 따르겠소!"

진승과 오광은 사람들이 한마음이 된 것을 보고 즉시 봉기
를 일으키기로 결심한다. 그들은 무리를 나눠, 한쪽 무리에게
는 산에서 나무와 죽간을 베어와 무기를 만들라고 시켰다. 또
다른 무리에게는 진흙으로 봉기의 결의를 다질 때 쓸 평대를
쌓게 했다. 또 커다란 깃발을 만들고 커다랗게 '초楚'라는 글
자를 수놓았다. 이것이 바로 봉기를 일으킨다는 뜻의 '게간이
기揭竿而起'의 유래이다.

모든 준비가 끝났다. 진승과 오광은 평대에 올라 봉기를
선언했다. 그들은 모두 오른쪽 소매를 걷는 것으로 표식을 삼
았다. 그들의 이름은 '대초大楚'였다. 진승은 자신의 칭호를
장군, 오광은 도위都尉라고 정했다. 9백 명의 사람들은 순식
간에 대택향을 점령했다.

부근의 백성들도 진승과 오광이 봉기를 일으켰다는 소식을
듣고 호미와 써레, 멜대를 들쳐 메고 봉기군과 함께했다. 그
리하여 봉기군은 순식간에 몇 배로 불어났다.

진승, 오광은 사람들을 이끌고 대택향을 출발해 일거에 기
현蘄縣을 함락시켰다. 이어서 진승은 갈영葛嬰이란 사람에게
부대를 맡기고 기현의 동쪽에 있는 다섯 현을 치게 했다. 이

들이 진현陳縣, 지금의 하남성 회양현淮陽縣까지 쳐들어갔을 때 봉기군은 이미 전차 6, 7백 대와 1천여 명의 기마병, 몇만 명의 보병을 갖춘 거대한 조직이 되어 있었다. 봉기군은 순식간에 진현도 점령했다. 진승은 진현에서 스스로를 왕이라 칭하고 국호를 장초張楚라고 지었다. 초나라를 키운다는 뜻이었다.

이어서 진승은 군대를 몇 개로 나눠 오광에게 한 부대를 주어 형양滎陽, 지금의 하남성 형양현을 치게 하고, 주문周文에게 또 다른 부대를 주어 진나라 왕주의 도성인 함양을 공격하게 했다.

진나라의 폭정에 찌들었던 수많은 무리들이 속속 일어나 군현의 관리들을 죽여 진승의 봉기에 호응했다. 동시에 진나라 왕조 밑에서 뜻을 이루지 못하고 있던 지주와 6개국의 귀족들도 진나라에 반대하여 병사를 일으켰다. 그들 중 일부는 진승에게 투항했고, 일부는 스스로 나라 이름을 내걸었다. 진나라에 대항하는 불길이 점점 뜨거워지며 전쟁의 형세도 점점 더 복잡해졌다.

진승의 명을 받아 함양을 공격하러 간 주문은 초나라의 대장군이었던 항연과 춘신군의 수하에 있었던 사람이었다. 그는 자신이 군사에 대해 잘 알고 용맹하다고 자부하고 있었다. 함양으로 가는 길, 그는 파죽지세로 여러 마을을 치고 수많은 병사와 말들을 불러 모았다. 그리고 마침내 함양에서 백 리 떨어진 회戱, 지금의 섬서 임동현臨潼縣 경내까지 도달하게 되었다.

이세황제는 봉기군이 자신의 궁문 앞까지 와 있다는 말을 듣고 허둥대다가 대장 장한章邯에게 역산酈山에서 능묘를 짓고 있는 수만 명의 사람을 모아 봉기군에 맞서라고 명령하였다. 주문이 비록 용맹하긴 했지만, 그의 부대는 급히 조직된 것으로 제대로 된 훈련조차 받지 않은 상태였다. 당연히 격전은 버텨낼 수가 없었다. 결국 주문의 군대는 장한의 군에게 패했고, 수세에 몰린 주문은 자살해 버렸다.

형양을 치러 나간 오광의 부대는 한 번에 형양을 치지는 못했다. 오광의 부하 전장田臧은 주문을 무찌른 장한 장군이 다가올 것이 두려워 자기가 먼저 장한을 공격하려 했다. 또 오광이 자신의 의견을 듣지 않을 것이라 생각해 진승의 명령이라 속이고 오광을 죽여 버렸다. 이어서 전장은 군사를 반으로 나눠, 한쪽은 형양을 계속 포위 공격하게 했다. 그리고 자신은 다른 정예부대만을 이끌고 장한을 치러 나갔지만, 결국 크게 패하고 목숨까지 잃고 만다.

장한은 주문과 전장을 친 후 바로 진현을 공격한다. 이때 진승은 병사들을 밖으로 내보낸 터라 작은 부대만을 곁에 두고 있었다. 진나라 군의 엄청난 공세 앞에서 진승은 진현을 포기하고 병사들과 함께 동쪽으로 퇴각할 수밖에 없었다. 성보城父, 지금의 안휘성 몽성현蒙城縣 서북부까지 퇴각했을 때 그의 마부인 장가莊賈는 갑자기 진승을 죽이고 진나라 군에 투항해 버렸다.

 진승이 살해당한 후 다른 봉기군의 장수였던 여신呂臣은 군사를 이끌고 진현을 공격해, 배신자 장가를 잡아 죽여 진승의 복수를 했다. 그러나 얼마 지나지 않아 진나라 군대가 다시 진현에 쳐들어와 여신은 패했고, 결국 농민 봉기도 실패하고 만다.

 진승이 왕이 된 후 살해당하기까지 총 6개월의 시간이 흘렀다. 왕이 된 후 그는 진현을 수도로 삼았었다. 과거 그와 함께 땅을 갈던 동료는 그 소식을 듣고 진현으로 달려와 왕궁의 대문을 두드리며 소리를 질렀다.

 "진섭陳涉을 만나야겠소!"

 궁문 지휘관은 소란을 피우러 온 사람인 줄 알고 그를 묶어 죄를 다스리려 했으나, 진섭과 아는 사이라는 재빠른 대답에 풀어주었다. 그러나 진승에게 보고하지는 않았다. 그 후 진승이 밖에 나가 일을 볼 때, 그 사람이 길을 막으며 큰 소리로 진승의 이름을 불렀다. 진승은 그 소리에 마차를 멈추고 고개를 내밀었다. 거기에는 옛날에 함께 일했던 동료가 있었다. 진승은 반가운 마음에 그를 마차에 태우고 함께 왕궁으로 돌아갔다. 그 사람은 왕궁에 들어간 후 정자와 누각 그리고 천을 드리운 장식을 보고 감탄하였다.

 "허어! 정말 커다란 집이군! 물건도 많고!"

 그렇게 왕궁에서 며칠간 묵게 되었는데, 그자는 나가나 들어오나, 먹으나 잠자나 과거 농촌에 있을 때처럼 다른 사람들은 신경 쓰지 않고 제멋대로 행동했다. 그리고 걸핏하면 진승의 옛이야기들을 들춰냈다. 해야 할 말과 하지 말아야 할 말도 가리지 않고 거침없이 내뱉었다. 그러자 누군가 진승에게 조언했다.

"왕의 친구분은 우매하고 무지하여 말을 함부로 하고 있습니다. 그러다가는 왕의 위신까지 깎이게 될 것입니다."

진승은 즉시 그 동료를 죽여 버렸다. 이 일이 있은 후 진승의 옛 지기들은 실망하여 하나둘 그를 떠났고, 그의 주변에는 의지할 만한 사람이 하나도 남지 않게 되었다. 진승은 또 주방朱房을 중정中正으로, 호무胡武를 사과司過로 세워 신하들의 잘못을 조사하게 했다. 이 두 사람은 군신들을 매우 엄하게 관리하였는데 조금만 문제가 있으면 바로 잡아 죄를 물었다. 두 사람이 이렇게 진승에 대한 충심을 표하자, 진승은 특별히 두 사람을 신임하였다. 그러나 신하와 장수들의 마음은 점점 더 진승에게서 멀어졌다. 어쩌면 이것이 진승이 패배한 이유일지도 모른다.

진승, 오광의 농민 봉기는 비록 실패했지만, 그 봉기에 참여했던 항우項羽와 유방의 봉기군은 결국 진나라 왕조를 무너뜨렸다. 그리고 결국 유방이 천하를 거머쥐게 되었다.

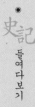

史記
들여다보기

진승, 오광이 대나무를 들고 일어나 단을 세우고 맹세를 하자, 후세 사람들은 그 단을 '섭고대涉故臺'라고 불렀다. 섭고대가 있던 곳은 지금의 안휘성 숙주시 용교구埇橋區 서사파진西寺坡鎭 섭고대촌이다.

〈진승·오광의 난〉

진승과 오광이 일어난 곳

●주요 인물
　항우

●주변 인물
　항량, 송의, 범증, 류방 등

●키워드
　영웅, 사람을 잘 못 쓰다

●주요 사건
　출병할 때 솥을 부수고 배를 침몰시키다[破釜沈舟], 초한의 전쟁

●고사
　파부침주, 홍문연鴻門宴, 해하垓下의 포위

●이야기 출처
　『사기』「항우본기項羽本紀」

项羽

항우 : 실패한 영웅

1. 소년 항우

진시황은 6개국을 멸하고 천하를 통일한 후, 민심을 살피고 자신의 위용을 떨치기 위해 거의 일년에 한 번씩은 순행을 나갔다. 한번은 그가 회계(지금의 저장성 소흥) 지방에 갔을 때의 일이다.

　비단 깃발이 나부끼며 진시황의 기나긴 행렬이 천천히 지나가자, 양옆에 늘어서 있던 백성들은 한 번도 보지 못했던 황제의 위엄에 기가 꺾여 하나둘 바닥에 무릎을 꿇고 숨을 죽이고 있었다.

　그러나 한 젊은이만은 전혀 두려운 기색이 없어 보였다. 두 눈을 동그랗게 뜨고 번뜩이는 눈빛으로 노란색의 양산 아래 거드름을 피우며 앉아 있는 진시황을 바라볼 뿐이었다. 그러다 갑자기 비웃듯이 말했다.

"흥! 뭐 별로 대단한 것도 없잖아. 내가 대신해도 되겠군."

말이 끝나기도 전, 젊은이 옆에 있던 나이 든 사람이 급히 그의 입을 막으며 작은 소리로 나무랐다.

"이 바보 같은 놈! 무슨 소리를 하는 게냐? 누가 그 말을 듣고 관아에 아뢰면 네놈 때문에 구족이 참수를 당하는 것을 모르느냐?"

이 젊은이가 바로 이후 천하에 위엄을 떨친 서초西楚의 패왕 항우이다. 그리고 항우의 옆에 있던 늙은이는 그의 숙부인 항량項梁이었다. 그날 그들은 특별히 행차하는 시황제를 보기 위해 오중吳中, 지금의 강소성 소주에서 회계까지 찾아온 것이었다.

그러나 오중은 항량이나 항우의 고향이 아니었다. 그들은 본래 하상下相, 지금의 강소 숙천현宿遷縣 사람으로 몹시 귀한 집안 출신이었다. 항씨 집안은 대대로 초나라의 고위급 장수였고, 항량의 아버지는 역사적으로도 유명한 대장군 항연이었다.

항량은 병서에 능하고 견식이 풍부한 사람으로, 조카인 항우가 자신과 같이 문무를 겸비한 인재가 되기를 바랐다. 그래서 항량은 항우가 어렸을 때부터 그에게 책을 읽고 글 쓰는 법을 가르쳤다. 그러나 배운 지 며칠 지나지 않아 항우는 벌써 지겨워했다. 학문을 즐겨하지 않으면 무술은 좋아할까 싶은 마음에 항량은 항우에게 검술도 가르쳐 보았지만, 항우는 또 중간에 포기하며 더 이상 배우려 들지 않았다.

항량은 화가 머리끝까지 치밀었다.

"이것도 배우기 싫다, 저것도 배우기 싫다, 그럼 평생 범부로 살 생각이냐?"

"물론 아닙니다!"

고집이 센 어린 항우는 고개를 내저었다.

"책을 읽고 글을 쓰는 것은 이름을 기록하기 위함이며, 검법은 아무리 뛰어나도 다른 사람과 단독으로 싸울 때만 의미가 있습니다. 그러니 제가 배울 가치가 없지요. 저는 만인을 대적할 수 있는 병법을 배울 것입니다!"

항량은 조카의 포부가 원대한 것을 보고 뛸 듯이 기뻐했다. 그는 즉시 항우에게 병법을 가르쳤다. 처음 배우기 시작했을 때 항우는 군사를 배치하고 진을 치는 다양한 방법에 흥미를 느껴 열심히 따라왔다. 그러나 그것도 오래가지 않았다. 병법의 대략적인 내용을 파악하고 나자 또 옛 병이 도져 더 깊이 들어가려 하지 않은 것이다. 이것이 이후 그가 실패한 가장 주요한 이유일지도 모르겠다.

2. 오중에서 병사를 일으키다

기원전 209년 진이세 원년 7월, 진승과 오광은 대택향에서 봉기를 일으켜 진 왕조의 폭정에 대항하는 불씨를 일으켰다. 곧이어 과거의 제, 초, 한, 위, 조, 연 여섯 나라의 드넓은 영토에서 가난에 찌들었던 백성들과 지역의 영웅호걸들이 속속 일어나 힘을 보탰다. 그리하여 중국 역사상 처음으로 대규모의 농민 봉기의 물결이 일어나게 된다.

항량은 진나라에 대항하여 의거를 일으킬 때가 되었다고 생각했다. 그는 이 일을 위해 적극적으로 준비하기 시작했다. 마침 그때 회계 태수가 항량에게 군대를 보낼 일에 대해 논의하러 왔다. 항량은 태수부로 가면서 생각했다.

'의거를 일으키려면 태수부터 제거해야 한다.'

그는 항우에게 장검을 들고 밖에 서 있으라고 명했다. 그리고 자신은 의사청 안에서 태수와 함께 이야기를 나누었다. 잠시 후 항량은 핑계를 대며 항우를 의사청으로 불러 들였다. 이런저런 이야기를 나누다가 태수가 아무런 방비도 하지 않을 것을 보고, 항량은 항우에게 눈짓을 보내며 말했다.

"이제 됐다."

항우는 잠시도 망설이지 않고 칼을 휘둘렀다. 빛이 번쩍 하자 피 묻은 태수의 머리가 항우의 손에 떨어졌다. 태수의 직위를 증명하는 인수印綬도 이미 항우의 손에 쥐어져 있었다.

사람들은 갑작스러운 광경에 정신을 차리지 못했다. 순식간에 태수부는 난리가 났다. 몇몇 사람이 항우에게 달려들었지만 항우는 아무 말도 하지 않고 힘껏 장검을 휘둘렀다. 순식간에 수백 명이 죽어나갔고, 놀란 관원들은 바닥에 엎드려 꼼짝도 하지 않았다.

항량은 앞으로 나가 그 지역의 관원들을 불러 모으고 폭정을 휘두르는 진나라를 멸하고 백성들을 구제하겠다는 뜻을 밝혔다. 사람들은 모두 항량과 함께 대업을 이루겠노라고 약속했다. 얼마 후 그들은 8천 명의 정예병을 갖게 되었다.

그 해 항우의 나이 스물네 살이었다.

강동에서 의군이 점점 세를 키워가고 있을 무렵, 항량은 진승이 패하고 목숨을 잃었다는 소식을 듣게 된다. 다음 행동계획을 논의하기 위해 그는 초나라 각 장수들이 참가하는 회의를 열었다.

이때 평소 남에게 계략을 짜주기 좋아하던 일흔이 넘은 기인이 항량을 찾아왔다. 그는 그 후 늘 항우를 보좌했던 범증范增이었다.

"진승이 실패한 것은 당연한 결과입니다. 당시 진나라가 6개국을 멸했을 때 그중 초나라는 가장 죄가 없었습니다. 초나라 회왕이 속아서 진나라에 간 후 다시는 돌아오지 못하니,

초나라 사람들 중에 회왕을 그리워하지 않는 자가 없었습니다. 이번에 진승이 의거를 일으켰으나 초나라의 후세를 옹립하지 않고 자기가 스스로 왕이 되었습니다. 그래서 그의 세력과 지위가 오래가지 못한 것입니다. 그러나 장군께서 의거를 일으키려 하시니, 이토록 많은 사람이 몰려들었습니다. 그 이유가 무엇이겠습니까? 바로 항씨 집안이 대대로 초나라의 장군이었기 때문입니다. 사람들은 장군을 초나라의 왕으로 옹립하여 초나라를 부흥시킬 꿈을 꾸고 있는 것입니다."

항량은 그 말에 고개를 끄덕였다. 큰일을 이루기 위해서는 민심이 가장 중요했다. 항량은 백성들 중에서 초나라 회왕의 손자를 찾아 초나라의 회왕으로 옹립했다.

큰 틀이 잡히고 나자 향량은 군대를 이끌고 산동으로 밀고 올라가 진나라 군대를 몇 번이나 쳐서 이기고, 진의 명장인 이유李由를 죽였다. 의거를 일으킨 후부터 계속 승리를 거두자 항량은 교만해져 적을 깔보기 시작했다. 따라서 군대에 대한 관리도 점점 느슨해졌다.

항량의 부하 중 송의宋義라는 장군은 조짐이 좋지 않은 것을 보고 항량에게 간언했다.

"교만한 군대는 반드시 패한다고 하였습니다. 지금 우리 군대는 날이 갈수록 태만해지고 있습니다. 그러나 진나라 군대는 원군을 보충하며 날마다 강해지고 있지 않습니까? 형세가 좋지 않습니다!"

그러나 이미 항량은 승리의 기쁨에 도취되어 어떤 말도 귀에 들어오지 않는 상태였다.

그 후 진나라 군대는 각 지역의 원군들이 충원되면서 세력이 더욱 커졌다. 항량은 정도定陶라는 곳에서 전사하고 만다.

3. 솥을 부수고 배를 가라앉히다

정도에서 진나라의 주력부대를 이끌고 항량을 친 사람은 대장군 장한이었다. 장한은 초나라 군대의 사령관이 죽었으니 대세가 이미 기운 것이나 다름없다며 완전히 안심해 버렸다. 그는 병사들을 이끌고 황하를 건너 다시 할거해 일어난 조나라를 공격하기 시작했다. 힘이 약한 조나라는 진나라 군대의 적수가 되지 못했다. 순식간에 거록鉅鹿에서 진나라 군에 포위당하자 조나라 왕은 급히 초나라 군대에 도움을 요청했다.

마침 송의가 항량에게 이미 간언을 올렸었다는 말을 들은 초나라 회왕은 송의야말로 재능이 있는 사람이라 여겨 즉시 그를 불렀다. 송의가 도착해 호언장담을 늘어놓자 회왕은 완전히 마음을 빼앗겨 버렸다. 그 자리에서 바로 송의를 대장군

으로 삼고 항우를 부장군으로 임명해 조나라를 구원하라고
명령했다.

그러나 송의는 이기적이고 비열한 소인배로, 군대가 산동
에 도착하자 진군을 멈춰 버렸다. 항우는 이상했다. 조나라가
거록에서 포위를 당했으니 초나라 군대가 밖에서 치고 들어
가면 조나라 군이 성 안에서 맞서 나올 것이다. 그렇게 안팎
으로 공격을 하면 진나라 군대 역시 쉽게 무너질 것이었다.

그는 다급하게 대장군의 천막에 들어가 질문했다. 송의는
항우를 쳐다보더니 태연자약하게 대답했다.

"뭐가 그리 급한가? 자네 어부지리라는 말도 못 들어봤는
가? 지금 진나라는 전력을 다해 조나라를 공격하고 있네. 이
전쟁이 끝나 진나라가 이긴다 해도 전쟁 후라 몹시 지쳐 있을
것이니, 그때 우리가 쳐들어가면 되지 않겠나? 또 진나라 군
대가 지면 우리는 실력을 유지하고 있다가 바로 쳐들어가 일
거에 진을 멸하면 될 것이네!"

항우가 반박했다.

"만약 진나라가 조나라를 멸망시키고 날개를 얻은 호랑이
처럼 더 무서운 기세로 우리를 공격해 오면 어떻게 합니까?
그럼 우린 더 큰 어려움에 빠지지 않겠습니까?"

송의는 짜증스럽게 대답했다.

"자넨 정말 용기만 있지 머리가 없는 바보로군! 갑옷을 입
고 전장으로 뛰어 들어간다면 내가 자네보다 못할지도 모르

네. 그러나 장막에서 승리의 계획을 짜는 일은 날 따라오려면 멀었네."

그러면서 송의는 병사를 움직이지도 않고 오히려 아들의 배웅을 빌미로 큰 연회까지 열었다. 당시 날씨가 매우 추운 데다 큰 비까지 내려 병사들은 추위와 배고픔에 떨고 있었다. 그러나 송의와 몇몇 지위가 높은 장수들은 불을 훤히 밝히며 마음껏 먹고 마셔댔다. 그러자 진영에서는 원망소리가 끊이지 않고 들려왔다.

항우는 송의가 하는 짓마다 영 마음에 들지 않았다. 어느 날 아침, 그는 송의를 만날 기회를 이용해 검을 뽑아 들고 송의의 머리를 베어 버렸다. 그리고 병사들의 마음을 안정시키기 위해 이렇게 말했다.

"송의는 모반을 꾀했다. 왕께서 밀서를 보내셨기에 그를 죽인 것이다."

병사들은 놀랍고 또 두려웠지만 항우의 용맹함을 잘 아는 데다 송의에게 워낙 불만도 많았던 터라, 그 즉시 항우의 지휘에 복종하며 그를 상장군으로 추대했다. 항우는 회왕에게 사람을 보내 보고했고, 회왕도 대세에 따라 항우를 상장군으로 임명하고 부대의 통솔권을 주었다.

일단 군권이 손에 들어오자 항우는 즉시 진나라 군에 대한 공세를 펼치기 시작했다. 그는 먼저 두 명의 장군에게 선두부대를 맡긴 후 장하漳河를 건너가 유리한 지형을 먼저 차지하라

일렀다. 곧이어 자신이 직접 대군을 이끌고 진나라와 교전을 벌일 준비를 했다.

어렴풋이 날이 밝아올 무렵, 모든 초나라 군대는 물살이 거센 장하를 건넜다. 뭍에 오르자 병사들은 깜짝 놀랐다. 그들의 상장군이 모든 배를 깨서 가라앉히고, 솥을 전부 깨부수었기 때문이다. 몸에는 사흘치 마른 양식밖에 지니지 않은 상태였다. 이것이 바로 '파부침주破釜沈舟'의 의미이다.

병사들은 그제야 이번 전쟁은 반드시 치러야 하며 전진만 있을 뿐 후퇴는 없다는 것을 깨달았다.

유독 격렬했던 전쟁은 그렇게 시작되었다. 초나라 군사들이 산에서 내려오는 범과 같이 무서운 기세로 내달리며 소리를 지르자 천지가 다 요동쳤다. 그들은 하늘의 매처럼 재빠르고 용감하게 공격했다. 장한의 대군도 이에 질세라 진을 배치하고 힘을 내어 반격에 나섰다. 그러나 한 명이 열 사람 몫을 해내는 초나라 군사들이 강철 검을 휘두르니, 진나라 병사들의 시체가 땅에 즐비하게 쌓이고 피가 흥건해 강처럼 흘러내렸다.

당시 의군을 일으킨 제후들이 거록에 구원병을 보내왔다. 그러나 그들이 끼어들 틈은 없었다. 그들은 보루 뒤에 숨어 벌벌 떨며 전쟁을 지켜볼 뿐이었다.

셋째 날 초나라 군대는 아홉 번을 싸워 모두 승리했다. 초나라 군이 승리하자 장한의 20만 대군도 결국 투항해 왔다.

항우의 명성은 순식간에 드높아졌고 각 제후국의 수령들 또한 모두 깊이 탄복했다.

4. 홍문연

항우와 항량이 오중에서 진승, 오광을 따라 거병했을 때 사수泗水의 유방 역시 패沛에서 봉기를 일으켜 항량의 지휘 하에 들어왔었다. 이후 유방과 항우는 군대를 양 갈래로 나눠 진나라 군대에 맞서 싸웠다. 출발 시 회왕과 각 제후국의 장수들은 누구든 함곡관을 먼저 차지하는 자를 왕으로 삼기로 약속했다.

유방이 진나라 장수들을 매수하는 전략을 쓰는 동안 항우가 하북에서 진나라 주력부대를 진멸시켜 진의 후방은 비어 있었다. 그 무렵 군대를 이끌고 서쪽으로 진군한 유방은 이듬해 엄청난 힘으로 밀고 들어가 한 번의 공격으로 함곡관을 차지해 버렸다. 그리고 진나라 수도인 함양지금의 섬서성 서안西安에 쳐들어가자 진 왕조의 마지막 황제 자영이 투항해 왔다.

이때 거록 대전에서 큰 승리를 거둔 항우 역시 함곡관에 도착했다. 승리의 기세를 몰아 힘차게 전진했다. 그의 군대가 홍문鴻門, 지금의 섬서성 임동현에 도착했을 때 하늘은 이미 어두워져 묵어가야 할 상황이 되었다. 이곳은 유방이 주둔하고 있는 패상霸上과 겨우 40리밖에 떨어지지 않은 곳이었다. 그렇게 두 군이 주둔하자 일촉즉발의 형세가 되어 버렸다. 당시 항우에게는 40만 대군이 있어 백만대군이라 불리고 있었지만, 유방은 겨우 10만 병력에 불과해 두 군의 실력 차이가 현저했다. 유방이 매우 위험한 상태에 놓인 것이다.

그날 밤, 항우는 중군의 장막에 앉아 사무를 보고 있었다. 호위병이 누군가 찾아왔다고 보고했다.

"들라 이르라."

항우의 장막으로 들어온 그 사람은 이렇게 말했다.

"소인은 유방의 부하인 좌사마左司馬 조무상曹無傷의 수하입니다. 조 장군께서 유방이 관중에서 왕이 되려 한다고 전하라고 하셨습니다. 유방은 이미 자영을 재상으로 삼고 진나라의 모든 보화를 차지했습니다."

그 말에 항우가 버럭 화를 내었다.

"유방, 내 이놈을! 전방에서 내가 진의 주력부대를 치지 않았다면 유방 그놈이 그렇게 쉽게 함곡관에 들어갈 수 있었겠느냐! 내가 이 목숨과 강산을 바꾼 것인데 그렇게 쉽게 그자한테 줄 수는 없다. 병사들! 내일 식사를 든든히 해라. 바로 유방을 치러 갈 것이니라."

598 　모사인 범증도 강하게 찬성하는 뜻을 비쳤다.

"과거 유방이 패에서 사수의 청장으로 있을 때, 재물과 여색을 탐하며 나쁜 짓을 일삼았다 들었습니다. 그런데 또 관중에 들어가자 재물과 미녀들을 일괄 몰수하는 것을 보니, 결코야심이 없는 자가 아닙니다. 우리가 먼저 그를 공격해야 합니다. 늦었다간 그의 신하가 되고 말 것입니다."

항우가 전쟁 계획을 막 마쳤을 무렵, 누군가 어두운 밤을 틈타 몰래 초나라 진영을 빠져나갔다. 그는 말을 타고 유방이 주둔한 곳으로 날듯이 달려갔다. 그는 초나라의 좌윤左尹 항백項伯으로 항우의 숙부였다. 그는 유방의 모사인 장량과 목숨도 바칠 수 있는 절친한 벗으로, 항우와 유방이 전쟁을 벌이면 장량이 위험에 처할까 봐 달려간 것이다.

장량은 항우가 유방을 공격하려 한다는 소식을 듣고 고개를 저었다. 혼자만 빠져나갈 수는 없었다.

"장군께선 나에게 잘 대해 주셨네. 그런데 내가 이렇게 가 버리면 의리를 져 버리는 것이 아니겠나? 잠시만 앉아 있게, 내 잠시 나갔다 옴세."

장량은 유방의 장막으로 가 즉시 그 소식을 전했다. 깜짝 놀란 유방이 물었다.

"이를 어쩌면 좋겠소?"

장량은 생각에 잠겨 유방에게 물었다.

"장군의 부하로 항우의 군대를 막을 수 있겠습니까?"

유방은 잠시 침묵하더니 어쩔 수 없다는 듯 말했다.

"할 수 없네."

장랑이 대답했다.

"지금 항백이 이곳에 와 있습니다. 만나보시겠습니까?"

유방은 장랑을 보며 고개를 끄덕였다.

"알겠네."

유방은 즉시 항백을 접견했다. 유방은 앞으로 나가 다정하게 항백의 손을 잡으며 '형님'이라고 불렀다. 그리고 연회를 열어 후하게 대접했다. 연회에서 유방은 장랑의 중매로 항백과 사돈이 되기로 한다. 마지막으로 유방은 아주 억울하다는 듯 항백에게 말했다.

"전 함곡관에 들어온 후 재물 하나도 챙기지 않았습니다. 관리와 백성들의 명부를 만들어 관청의 창고에 넣어 봉하고 날마다 항우 장군께서 오시기만을 기다렸지요. 그런데 반역이라니요? 안 그래도 제가 내일은 항우 장군께 인사를 드리려고 하였습니다. 그러니 제 상황을 항 장군에게 낱낱이 고해 주시고, 제가 은혜를 모르는 사람이 아니라고 잘 좀 말씀해 주십시오."

항백은 그날 밤 바로 항우의 진영으로 돌아와 유방의 말을 전했다. 또 유방을 여러 가지로 칭찬하자 항우의 마음이 약해졌다.

다음날 아침, 유방은 최측근인 장랑과 호위 번쾌樊噲 등을

데리고 가 공손한 태도로 항우에게 인사를 올렸다. 또 '재물

을 챙기지 않고 명부를 만들어 관청의 창고에 봉해 넣은 후 장군이 오시기만을 기다렸다'는 말로 자신의 충성심을 보이기 위해 애썼다. 원래부터 호탕하고 거친 성격의 항우는 유방이 이렇게 몸을 낮추자 득의양양해져서 말했다.

"솔직히 나도 자네를 믿고 있었네. 그런데 자네 부하인 조무상이 그런 모함을 하지 않겠나."

그날 항우는 연회를 베풀어 유방을 맞이했다.

고대 예절에 따르면, 연회에서 손님과 주인이 함께할 경우 동쪽이 보이는 서쪽자리를 가장 귀한 자리로 보고 손님에게 양보했다. 남쪽을 바라보는 자리가 두 번째, 북쪽을 바라보는 자리가 세 번째로 귀했다. 그리고 서쪽을 바라보는 자리는 수행원들이 앉는 자리였다. 그러나 홍문의 연회에서 항우와 항백은 동쪽을 향하는 자리에 앉고 남쪽을 바라보는 자리는 범증이 앉았다. 유방은 북쪽을 향한 자리에 앉았고 장랑은 동쪽에 앉았다.

술자리에서 범증은 몇 번이나 항우에게 눈짓을 했다. 어서 유방을 죽이라는 것이었다. 그러나 항우는 범증의 신호를 무시했다. 마음이 급해진 범증은 벌떡 일어나 밖으로 나갔다. 그리고 호위하고 있던 항장項壯을 따로 불러 말했다.

"오늘 유방을 죽이지 않으면 후한이 끊이지 않을 것이네. 하지만 우리 대왕께서는 마음이 너무 약하여 손을 쓰지 않고 계시네. 그러니 자네가 들어가 저들에게 술을 따르며 검무를 추겠다고 하게. 그런 다음 기회를 봐서 유방을 제거하면 되네."

항장은 계획대로 술자리 중앙으로 들어가 말했다.

"대왕과 패공께서 함께 술을 드시는데 군대에서 딱히 즐길 오락이 없으니, 제가 검무를 춰 보이겠습니다."

항우가 검무를 허락했다. 항백은 항장의 속셈을 알아차리고 자신도 검무를 추겠다며 검을 빼들고 항장과 마주해 춤을 췄다. 항장이 검으로 유방을 찌르려 하자 항백이 달려가 자신의 몸으로 유방을 막았다. 항장은 아무리 해도 유방을 찌를 수가 없었다.

장량은 상황이 좋지 않은 것을 보고 몰래 장막 밖으로 빠져 나갔다. 밖에서 기다리고 있던 번쾌가 다급히 물었다.

"안에 상황이 어떻습니까?"

장량이 대답했다.

"아주 위험한 상황이네. 항장이 검무를 추는데 패공을 노리는 것 같네."

그 말에 번쾌는 깜짝 놀랐다.

"제가 가서 맞서 싸우겠습니다."

그러더니 검과 방패를 들고 안으로 뛰어 들어갔다. 긴 창을 들고 있던 문지기들이 막았으나, 번쾌가 힘껏 부딪치자 픽 하고 바닥에 쓰러졌다. 번쾌는 한달음에 장막 안으로 들어가 유방의 옆에 섰다. 두 눈을 부라리며 항우를 노려보니 머리카락이 곤두서고 눈이 찢어질 듯한 모습이었다.

항우는 번쾌의 모습에 깜짝 놀라 두 손으로 검을 잡으며 물었다.

"무슨 짓을 하려는 게냐?"

장랑이 옆에서 대신 대답했다.

"이 자는 패공의 호위입니다."

항우는 번쾌에게 반쯤 익은 돼지 다리를 상으로 내렸다. 번쾌는 방패를 벗어 땅에 내려놓고 돼지 다리를 방패 위에 올린 후 칼로 썰어 먹었다. 모두들 그를 지켜보았다. 잠시 후 항우가 말했다.

"정말 훌륭한 장수로구나! 술을 더 마실 수 있겠는가?"

번쾌는 벌떡 일어나 큰 소리로 대답했다.

"죽음도 무섭지 않은데 술이 무섭겠습니까? 진나라 왕의 폭정에 못 이겨 천하 모든 사람들이 일어나 맞서고 있습니다. 패공께서는 함양에 들어오신 후 작은 것 하나 욕심내지 않으시며 대왕께서 오시기만 기다리셨습니다. 그런데 대왕께서는 소인배의 간언만 믿고 패공을 해하려 하시니, 진나라 왕과 무엇이 다르단 말입니까?"

항우는 순간 뭐라고 해야 할지 몰라 번쾌에게 앉으라고만 말했다.

잠시 후 유방은 뒷간에 가겠다며 밖으로 나왔고, 장랑과 번쾌도 기회를 틈타 빠져나왔다. 그리고 장랑에게 뒷일을 맡기고 몰래 지름길을 통해 항우의 진영을 빠져 나왔다.

진영에 돌아간 유방은 즉시 조무상을 죽여 버렸다.

유방이 이미 빠져나갔다는 말을 들은 범증은 화가 나서 항우에게 욕을 퍼부었다.

"이 쓸모없는 인간! 당신은 유방의 포로가 되고 말 것이오!"

많은 사람들이 항우의 이야기를 읽을 때 이런 의문을 품는다. '항우는 유방보다 훨씬 강한 군대를 가지고 있었고 전쟁 경험도 훨씬 풍부했다. 또 사람들에게 관대하고 병사를 자식처럼 아꼈다. 그런데 어떻게 초나라와 한漢나라가 맞붙었을 때 항우가 지고 말았을까?'

사실 홍문관 연회에서 두 사람이 보여준 태도만 보더라도 그 답을 알 수 있을 것이다. 항우는 앞에서 말한 것과 같이 많은 장점을 가지고 있었지만, 교만하여 적을 너무 우습게 보았고 작은 꾀에도 쉽게 넘어갔다. 우유부단하여 과감하게 결정을 내리지 못했고 사람을 쓰는 지혜도 부족했던 것이다. 그러나 유방은 달랐다. 그는 임기응변과 말주변이 뛰어났고 사람을 잘 썼다. 이것이 바로 유방이 천하를 얻은 비법이었다.

이렇게 볼 때 홍문관의 연회는 매우 중요한 이치가 숨겨진 자리였다고 할 수 있다.

5. 오강에서 스스로 목을 베다

유방이 진영으로 돌아간 후 항우는 함양에 들어가 맹주의
자격으로 열여덟 명의 제후를 봉했다. 유방은 한왕漢王으로
봉해졌고, 항우는 스스로를 '서초패왕西楚霸王'이라 칭했다. 제
후들을 봉한 후 항우는 각 제후들과 함께 봉지로 돌아가 각자
영토를 잘 지켜 천하가 태평해지기를 바랐다. 그러나 그는 이
렇게 땅을 나누는 할거割據 제도가 이미 낙후되었다는 사실을
인식하지 못하고 있었다. 얼마 후 불공평하게 땅이 나뉘었다
고 생각한 제후가 다시 난을 일으켰다. 유방도 그 기회를 틈
타 군대를 돌려 다시 관중을 점령하고 항우를 공격해 왔다.
처음 몇 년 동안은 크고 작은 전쟁에서 항우가 계속 승리를
거두었다. 그러나 유방은 사람을 아주 잘 쓰는 인물이었다.
특히 군사 방면의 천재 한신韓信의 보좌를 받고, 팽월彭越과 같
은 사람들의 협조 속에서 항우를 숨 돌릴 틈도 없이 지치게
만들었다. 게다가 유방은 하는 일마다 민심을 얻고 있었고,
관중을 근거지로 하여 서서히 전쟁의 주도권도 장악해 가고
있었다.

기원전 203년, 유방과 제후의 대군은 해하垓下, 지금의 안휘성
영벽靈壁에서 항우의 군대를 포위했다. 안팎으로 몇 겹씩 포위

하니 물 샐 틈조차 없어 보였다. 항우는 몇 번이나 포위를 뚫으려 하였지만 포위망은 좀처럼 뚫리지 않았다. 어느새 양식도 바닥이 드러나고 있었다.

정말 심란한 밤이었다. 중군의 장막은 불이 훤히 밝혀져 있었지만 저마다 근심어린 얼굴에는 초조함마저 감돌았다. 장막 밖에서는 북풍이 휘휘 휘몰아쳤다. 멀리서 들리는 바람소리는 사람의 울음소리 같기도 하고, 또 누군가가 포효하는 소리 같기도 했다.

패왕의 마음은 텅 빈 것만 같았다. 그는 인정할 수가 없었다. 처음 그가 8천 명의 강동 젊은이들을 호령했을 때는, 그가 채찍을 휘두르며 명령을 내리면 병사들이 진군해 초목이 쓰러지듯 눈앞에서 적들이 흩어졌다. 그런데 지금은……

'유방, 이 악독하고 무뢰배 같은 놈. 얼마 전엔 내가 그놈의 부모와 아내, 자식까지 다 보내주었건만……. 게다가 홍구鴻溝를 경계로 서로 남의 땅을 넘보지 않기로 약속까지 했는데, 어째서 신의를 지키지 않고 최악의 상태에 처한 나를 사지로 내모는 것인가? 내 죽는 것은 아깝지 않지만 강동의 형제들이 불쌍해서 어찌 할꼬…….'

거기까지 생각이 미치자 고향을 향한 깊은 그리움이 솟아나 패왕의 콧날이 시큰해졌다. 그런 감정을 떨쳐 버리기 위해 패왕은 일어나 장막 밖으로 나갔다.

그런데 한나라 진영에서 웬 노랫소리가 울려 퍼졌다. 항우는 궁금해서 귀를 기울였다. 바람소리와 함께 한나라 진영의 노래 한 소절, 한 소절이 똑똑히 들려왔다. 모두 고향인 초나라의 곡조였다. '설마, 설마 한나라 병사들이 이미 초나라 땅을 차지한 것일까? 어떻게 한나라 진영에 초나라 사람이 저렇게 많은 것일까?' 하지만 그는 그것이 유방의 계책이라는 것을 눈치 채지 못했다. 유방은 일부러 병사들에게 초나라의 노래를 가르쳐 부르게 했다. 초나라 군의 사기를 떨어뜨리기 위한 계획이었다.

이때 항우의 수하, 초나라의 병사들 역시 사방에서 울려 퍼지는 나지막한 초나라 노래를 들었다. 그들은 그 곡조를 따라 부르며 어느새 울먹이기 시작했다.

항우는 놀랍고도 궁금했다. 슬픔을 달랠 길이 없던 그는 장막 안에 들어가 술을 마셨다. 늘 항우의 곁을 지키던 미녀 우희虞姬도 함께 앉아 말없이 술을 마셨다.

장막 밖에서는 패왕이 아끼던 오추마烏騅馬도 주인의 마음을 아는 듯 길고 슬픈 울음소리를 냈다.

항우는 만감이 교차했다. 그는 술잔을 내려놓고 칼을 뽑아 검무를 추며 노래 불렀다.

"힘은 산을 뽑을 듯하고, 기세는 땅을 덮을 듯하네. 허나 시기가 불리하니 추도 달리지 않네. 추가 달릴 수 없으니 우야, 우야, 어찌 할꼬."[13]

비장하고 격양된 목소리로 항우는 몇 번이나 같은 노래를   **607**

불렀다. 슬픔을 가눌 수가 없었다. 노래를 다 부르고 나니, 평생 전쟁터에서 생을 보낸 패왕의 얼굴은 눈물로 범벅이 되어 있었다.

우희 역시 눈물을 떨어뜨렸다. 그녀는 패왕이 들고 있던 보검을 받아들고 검무를 추며 노래했다.

"한나라 병사 이미 땅을 점령하니, 곳곳에 초나라 노랫소리. 대왕의 기개 다 하니 소첩은 어디에 기대리."14

노래가 끝나자 장막 안에 있던 부하 무관들과 시종들은 모두 흐느껴 울었다.

항우는 다시 한 번 포위망을 뚫을 결심을 했다. 그는 남은 8백 명의 병사를 이끌고 앞장서 출격했다. 밤이 어두웠기 때문에 이번에는 성공할 수 있었다. 다음날 아침 날이 밝고서야 항우가 포위망을 뚫고 도망친 것을 안 유방은 급히 기마병 5천 명을 보냈다.

하지만 길을 잃은 항우는 또다시 쫓기고 말았다. 밤새 격렬한 전투를 치르고 나자, 그의 곁에는 20여 명의 기마병만 남아 있었다. 항우는 이제 살아 돌아갈 수 없다는 것을 알고 남은 기마병들에게 말했다.

"거병한 후 지금까지 8년이 지났다. 8년 동안 나는 천하를 누비며 가는 곳마다 승리를 거두었다. 그러나 오늘 이곳에 포위되니 하늘이 나를 버리신 것 같구나. 하지만 이것은 내가 싸움을 못했기 때문이 아니다. 못 믿겠으면 보거라!"

항우는 말을 다 마치기도 전 고함을 지르며 날듯이 달려 홀로 한나라군 속으로 뛰어들었다. 이리저리 장검을 휘두르고 찌르니, 잠시 후 수많은 깃발이 베어 넘어가고 수백 명의 적장이 목숨을 잃었다. 한나라 장수들은 깜짝 놀라 후퇴했다. 항우는 흐뭇한 표정을 지으며 그의 기마병들에게 말했다.

"어떤가? 내 말이 틀림없잖나?"

기마병들은 모두 고개를 숙이며 감탄했다.

결국 항우는 오강烏江까지 떠밀려왔다. 오강의 정장亭長은 항우가 건널 때 쓸 배를 준비해 두었다. 고개를 들어 하늘을 올려다보며 항우가 슬픈 미소를 지었다.

"하늘이 나를 버렸는데 강을 건너간들 무엇 하리. 과거 8천 명의 병사들을 이끌고 이 강을 건넜었는데 지금은 함께 돌아갈 자 아무도 없구나. 강동의 어른들과 형제들이 나를 받아주고 용서해 준다 하여도 내가 무슨 얼굴로 그들을 다시 보겠는가? 내가 탄 말은 하루에 천리를 가며, 나와 일생을 함께했으니 차마 죽일 수가 없네. 그러니 이 말은 자네가 받게."

그러고 나서 천하를 호령했던 서초의 패왕 항우는 칼을 뽑아 자결하고 말았다. 그의 나이 불과 33세였다.

1천3백여 년이 지난 후 일시적인 안일만을 쫓던 남송南宋 왕조는 북방 소수민족인 금金에게 침략을 당하자 끝까지 저항하지 않고, 도성을 변량汴梁, 지금의 하남성 개봉開封에서 황하와 장강 건너편에 있는 임안臨安, 지금의 저장성浙江省 항주杭州으로 옮졌다. 시름에 잠긴 여름날 밤 나라를 잃은 슬픔에 젖은 시인 이청조李淸照는 한참이나 잠들지 못했다. 결국 그는 옷을 걸쳐 입고 앉아 시를 써내려갔다.

살아서는 걸출한 인물로 살고
죽어서는 백귀의 영웅이 되리.
지금도 항우를 그리는 것은
강동을 건너지 못한 그 마음 때문이리.

● **각주**

---

13 가사의 뜻 : 나는 세상을 뒤엎을 만한 특별한 힘이 있어 산이라도 들어올릴 수 있었다. 그러나 지금 시기가 불리하니 오추마도 앞으로 나아가질 못하는구나. 오추마가 앞으로 갈 수 없으니 우희야, 우희야, 어찌하면 좋겠느냐?

14 가사의 뜻 : 한나라 병사들이 성과 진채에 들어와 땅을 차지했네. 지금 주변은 온통 초나라의 노랫소리뿐. 패왕의 운명이 다했다면 나는 누구를 의지해 이 세상을 살아갈꼬.

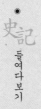

史記
들여다보기

서한의 군복은 주로 관모, 두건, 두루마기, 갑옷 등이었다. 무관은 관모를 쓰고 사병들은 천으로 머리를 둘러맸는데, 그것을 두건이라 불렀다. 모두 몸에 붙는 긴 옷을 입고, 겉에는 철로 만든 갑옷(현갑玄甲이라고도 함)을 입었으며, 발에는 장화를 신었다.

서초의 패왕 항우

항우의 고향에 세워진 항우상

● 주요 인물
  순우곤, 우맹, 유전, 곽사인, 서문표

● 주변 인물
  제 위왕, 손숙오의 아들, 진시황, 한 무제 등

● 키워드
  농신, 익살과 말주변

● 고사
  일명경인一鳴驚人, 한 번 울면 사람을 놀래킨다,
  우맹의관優孟衣冠, 우맹이 남의 옷을 입다, 겉모양만 같음을 비유,
  서문표치업西門豹治鄴, 서문표 업을 다스리다

● 이야기 출처
  『사기』「활계 열전滑稽列傳」

"弄臣"

농신 : 고금의 모든 일을 우스갯소리에 부치다

잘못을 범한 군주 앞에서 옳은 것을 위해 정직한 말을 하는 행위는 사람을 숙연하게 만든다. 그러나 몇몇 '농신弄臣'들은 우스갯소리를 통해 어려운 문제를 간단히 해결하여 다른 사람들이 탄복하게 만들었다.

여기서 우리는 춘추전국 시기부터 전한과 후한 사이에 있었던 몇몇 '익살맞은 대가'들의 이야기를 해보려고 한다.

1. 순우 곤

순우 곤淳于髡은 제나라 위왕의 대신으로 키가 매우 작고 못생겼지만, 기지가 넘치고 익살맞았으며 말주변이 매우 뛰어났다. 그래서 여러 번 다른 나라 제후들을 만나 그 소임을 완수해 내었다고 한다.

한번은 제나라 왕이 순우 곤에게 백조를 주며 초나라 왕에게 전하라 명했다. 그러나 가는 도중 백조가 날아가 버리고 말았다. 순우 곤은 당황하지 않고 빈 바구니만을 들고 초나라 왕 앞에 나가 말했다.

"저희 왕께서 폐하께 백조를 바치라고 저를 보내셨습니다. 하지만 오는 도중 연못이 하나 나오지 뭡니까? 백조가 목이 마를 것 같아 불쌍히 여겨 물이나 좀 먹으라고 잠시 풀어주었는데, 백조가 멀리 날아가 버렸습니다. 전 스스로 목숨을 끊어 사죄하려 하였으나, 다른 사람들이 폐하를 보고 새 한 마리 때문에 지사를 자살하게 만들었다고 욕할 것이 걱정되었습니다. 그래서 비슷하게 생긴 다른 백조를 사올까 하였지만, 다시 생각해 보니 그것은 폐하를 속이는 일이 아닙니까? 다른 나라로 도망가자니 두 나라의 군주가 우의를 다지는 일을 지체시킬 것 같아 또 걱정이 되었습니다. 그래서 불원천리를 무릅쓰고 왔으니, 제게 벌을 내려주십시오."

초나라 왕은 그 말을 굳게 믿고 감동하여 말하였다.

"좋네. 제나라에 이렇게 진실된 신하가 있었다니!"

그러고는 순우 곤에게 상을 내렸다. 백조를 가져왔을 때 줄 상의 두 배나 될 법한 재물이었다.

제나라 위왕은 한동안 수수께끼와 유흥에 빠져 있었다. 그래서 밤새 술을 마시고 여색에 빠져 정사를 돌보지 않았다. 모든 일은 대신들에게 맡기니 나랏일이 점점 엉망이 되어 갔다. 다른 제후들은 제나라의 정치가 부패하고 혼란스러워지는 것을 보고 침략할 준비를 하였다. 나라가 위급한 상태에 처하자 대신들은 애가 탔지만 감히 왕에게 충언을 하지는 못했다.

오직 순우 곤만이 위왕을 찾아갔다. 그는 위왕이 무엇을 좋아하는지 잘 알고 있었기 때문에 수수께끼를 냈다.

"폐하, 폐하의 정원에 떨어졌는데 몇 년이 지나도 날지도 않고 울지도 않는 커다란 새가 하나 있습니다. 과연 이 새가 무슨 새겠습니까?"

위왕은 순우 곤이 새를 빗대어 자신을 비꼰다는 것을 금세 알아차렸다. 그는 바로 앉아 자신의 최근 잘못들을 돌아보며 이렇게 대답했다.

"그 새가 안 날아서 그렇지 한번 날면 하늘까지 닿을 것이요, 그 새가 울면 모든 사람이 깜짝 놀랄 것이외다〔一鳴驚人〕." **615**

그러더니 즉시 관원들을 조정으로 불러 그간에 밀린 보고
를 받았다. 그리고 상을 줄 자에게는 상을, 벌을 줄 자에게는
벌을 주었다. 또 군대를 증파해 침략해 오는 적군을 막게 했
다. 제후들은 그 모습에 깜짝 놀라 차지하고 있던 제나라의
땅을 즉시 되돌려 주었다. 그때부터 위왕은 마음을 가다듬고
성실히 국사를 돌보았고, 마침내 제후국 사이에서 36년 동안
이나 군림할 수 있었다.

또 어느 해 초나라에서 대군을 보내 제나라를 공격해 왔다.
위왕은 순우 곤을 사절로 임명하고 조나라에 구원병을 요청
하였다. 그러나 조나라에 바칠 예물로 고작 황금 1백 냥과 마
차 열 대만을 주었다. 순우 곤은 몸을 흔들며 하늘을 향해 크
게 웃었다. 너무 웃어서 모자를 묶었던 끈까지 끊어져 버렸
다. 위왕은 그의 반응이 너무 이상하여 물어보았다.

"왜 웃는 것이오?"

순우 곤은 간신히 웃음을 멈추고 대답했다.

"방금 제가 오는 길에 밭 옆에 있는 늙은 농부를 보았습니
다. 그 농부는 족발 하나와 술을 들고 밭의 신에게 제사를 지
내며 이리 말하더군요. 우리를 보우하사 오곡을 풍성하게 하
시고 창고에 다 넣지 못할 만큼 많은 양식을 거두게 하옵소
서. 저는 그가 제사음식으로 그렇게 조금 들고 있으면서 원하
는 것이 그리 많나 싶어 도저히 웃음을 참을 수가 없었습니
다."

위왕은 바로 그 말뜻을 알아차렸다. 순우 곤은 자신이 조나라에 보내는 예물이 너무 적다고 꼬집어 말하는 것이었다. 위왕은 예물을 황금 천 냥, 백옥 열 쌍, 마차 백 승으로 늘렸다. 순우 곤은 그제야 조나라로 떠났다. 조나라 왕은 풍성한 예물을 보고 매우 흡족해하며 즉시 제나라에 정예군 10만 명과 전차 천 대를 보내 주었다. 초나라는 이 소식을 듣고 그날 밤 바로 군대를 철수했다.

순우 곤이 제나라로 돌아오자 위왕은 크게 기뻐하여 후궁에 큰 연회를 열고 그를 융숭히 대접했다. 그렇게 밤늦게까지 술을 마셨다. 이런저런 이야기를 나누던 중 위왕이 순우 곤에게 물었다.

"경은 얼마나 마셔야 취하오?"

순우 곤이 대답했다.

"한 말을 마셔도 취하고, 한 섬(섬은 열 말)을 마셔도 취합니다."

위왕은 호기심이 생겼다.

"그렇소? 그 이유가 무엇이오?"

순우 곤이 다시 대답했다.

"조정에서는 폐하께서 가장 높으시니, 폐하께서 제게 술을 내리시면 왼쪽에는 집법관이 설 것이요, 오른쪽에는 기사관이 설 것입니다. 그러니 겁이 나서 고개를 숙이고 술을 마시겠지요. 그래서 한 말을 다 마시지 않아도 취할 것입니다. 그

러나 오랫동안 못 만났던 친구가 찾아와 함께 술을 마시면 기
분이 좋아 이런저런 이야기를 나누며 술을 마실 테니, 대여섯
말을 마셔도 취하지 않을 것입니다. 만일 마을에서 모임이 있
어 남녀가 함께 앉아 돌아가면서 술을 권한다고 해 보십시오.
또 정오부터 해질 무렵까지 놀이를 하고 주사위를 던지다가
등촉이 꺼져 손님들이 다 돌아갔는데 주인이 저만 남기는 겁
니다. 술에 취해 눈이 풀렸는데 코끝으로는 여인의 머리카락
과 옷에서 나는 향기가 스칩니다. 그럼 저는 가장 기쁘고 편
안한 상태가 될 것이니, 한 섬도 마실 수 있을 것입니다. 그러
나 술이 끝나면 어지러워질 것이요, 즐거움이 끝나면 슬픔이
올 것입니다. 모든 일이 다 그렇지요. 바꿔 말하면 어떤 일이
든 지나쳐서는 안 됩니다. 지나치면 곧 쇠미해지기 마련이니
까요."

처음에 위왕은 순우 곤의 조리 있는 '주경酒經'을 들으며 자
신의 생각과 같다고 고개를 끄덕이고 있었다. 그렇게 듣다 보
니 점점 생각이 동화되며 기분이 점점 좋아졌고, 끝까지 듣자
마음이 움직였다.

'순우 곤은 지금 내게 조언을 하는 것이다. 밤새도록 술을
마셔서는 안 된다고.'

다음날부터 위왕은 일찍 자고 일찍 일어났으며, 밤새 술을
마시며 오락을 즐기는 일은 하지 않았다. 순우 곤 역시 위왕
의 신임을 받아 외교 업무를 주관하게 되었다.

2. 우맹

'우맹優孟'은 맹孟 씨 성을 가진, 음악을 맡은 관리를 가리킨다. 중국은 고대에 연극과 음악, 춤, 우스갯소리를 하는 사람들을 '우優'라고 불렀다. 우맹은 초나라 사람으로 키가 8척이고 말재주가 뛰어나 농담 형식으로 초나라 왕에게 넌지시 충고를 하곤 했다.

초나라 장왕莊王은 특히 말 키우는 것을 매우 좋아하였다. 왕은 마침내 전국 각지에 수소문해 세상에 둘도 없을 준마를 찾아냈다. 그는 그 말을 너무나 사랑한 나머지 화려하고 아름답게 장식된 방 안에서 말을 키웠다. 오색의 비단으로 만든 옷을 해 입히고 하얀 천이 드리워진 침대에서 자게 했다. 또 크기가 균일한 말린 대추를 먹였다. 하루에도 몇 번씩 말을 들여다보며 불편한 곳은 없는지 살필 정도였다. 그러나 불행하게도 얼마 지나지 않아 그 말은 살이 너무 많이 쪄 죽고 말았다.

장왕은 슬픔에 빠져 음식도 먹지 못하고 잠도 못 잤다. 심지어 조정에도 나오려 하지 않았다. 그는 대신들에게 말을 위해 성대한 장례를 준비하라 명했다. 염하여 입관할 관곽을 만들고 대부의 예의로 장례를 치르라는 것이었다. 대신들은 너

무 지나치다 싶어 왕에게 충언을 올렸다. 그러나 장왕은 화를
내며 소리쳤다.

"누구든 말의 장례에 대해 왈가왈부하는 자는 목을 베겠
다!"

우맹은 그 소식을 듣고 즉시 장왕을 만나러 갔다. 대전의
입구에 도착한 그는 고개를 뒤로 젖히고 큰 소리로 통곡했다.
장왕은 그 모양이 하도 이상해서 우는 연유를 물어보았다. 우
맹이 대답했다.

"죽은 말을 위해 우는 것입니다. 우리 초나라처럼 큰 나라
에서 무슨 일인들 못 하겠습니까? 그 말은 왕께서 가장 아끼
시던 것이 아닙니까? 그런데 대왕께선 대부의 예의로 장례하
라 명하시니, 너무 가볍습니다. 저는 군주의 예의로 장례하시
기를 주청 드립니다."

장왕은 기분이 좋아졌다.

"역시 경은 나를 잘 아시는구려. 군주의 예라면 어찌 장례
를 치러야겠소?"

우맹이 대답했다.

"문양을 새겨 넣은 옥관을 준비하시고, 수많은 전쟁에 참
전했던 병사들에게 묘혈을 파게 하며 노인과 아이들에게 흙
을 져 나르게 하십시오. 장례에는 제나라와 조나라의 사자를
불러와 앞에서 길을 이끌게 하시고, 한나라와 위나라의 사자
들은 뒤에서 호위하게 하십시오. 사직에서 평소 저희가 하늘

과 땅, 조상에게 제사 드릴 때 쓰는 소와 양을 옮겨와 제물로 삼으시고 만호 크기의 땅을 그 말에게 식읍으로 내리소서. 그 말을 들은 제후들은 대왕께서 사람은 가벼이 여기고 말은 중히 여긴다는 것을 알게 될 것입니다."

여기까지 듣던 장왕은 번뜩 정신이 들었다.

"아니? 내가 그렇게도 황당한 잘못을 범했던 게요? 그럼 이제 내가 어찌하면 좋겠소?"

우맹은 웃음을 참으며 짐짓 진지한 표정으로 말했다.

"짐승은 짐승에 맞게 장례를 치르셔야지요. 땅을 파서 부뚜막을 만들고 그 위에 커다란 솥을 관으로 삼으십시오. 생강, 대추, 멥쌀을 제물로 삼아 넣고 큰 불에 끓이고 푹 삶으십시오. 그런 다음 사람의 뱃속에 매장하면 될 것입니다."

장왕은 즉시 그 말을 주방장에게 넘기라 명하였다. 그리고 세상 사람들이 자신이 말을 사람보다 더 아낀다는 말을 할까 두려워, 다시는 장례에 관한 이야기를 꺼내지 않았다.

초나라의 재상 손숙오孫叔敖는 우맹이 현덕한 사람이라는 것을 알고 늘 그를 후대하였다. 이후 병에 걸려 죽게 된 손숙오는 그의 아들에게 이렇게 당부했다.

"나는 평생 청렴결백하여 너를 위한 가산을 조금도 마련해 두지 못했다. 그러니 내가 죽으면 넌 빈곤한 생활을 하게 될 것이다. 그때 우맹을 찾아가 손숙오의 아들이라고 말해라. 꼭 기억해야 한다. 꼭!"

621

몇 년이 지난 후 손숙오의 아들은 완전히 빈털터리가 되었다. 어느 날 그는 땔감을 등에 지고 가다가 우연히 우맹과 마주쳤다.

"저는 손숙오의 아들입니다. 아버님은 돌아가시기 전, 제게 빈궁해지면 선생님을 찾아뵈라고 당부하셨습니다."

우맹은 그를 받아들인 후 기억을 더듬어 손숙오가 살아생전에 자주 입던 옷을 입고 모자를 썼다. 그리고 손숙오의 아들과 이야기를 나누며 손숙오가 생전에 어떻게 웃고 말했는지, 행동은 어떻게 했는지 일거수일투족 기억을 더듬어갔다. 일년이 지나 손숙오를 제대로 흉내 낼 수 있게 된 우맹은 손숙오의 아들에게 일렀다.

"내 며칠 널 떠나 있을 것이다. 허나 넌 왕께서 찾으실 때 언제든 찾을 수 있도록 멀리 가지 말거라."

어느 날 초 장왕은 연회를 열고 빈객들을 초대했다. 우맹은 손숙오의 옷을 입고 장왕 앞에 나가 술을 올렸다. 장왕은 죽은 손숙오가 다시 살아 돌아온 줄 알고 깜짝 놀랐다. 손숙오와 너무나 닮은 사람이 우맹인 것을 알아본 장왕이 말했다.

"손숙오 경이 너무나 그립소. 경이 그와 이토록 닮았으니, 경께서 재상이 되어 주시구려."

그러자 우맹이 말했다.

"폐하, 일단 제 아내와 의논해 보고 사흘 후에 대답해 드리겠습니다."

장왕은 윤허했다.

사흘 후 우맹이 다시 오자 장왕이 물었다.

"경의 아내가 뭐라고 대답하였소?"

우맹이 대답했다.

"제 아내는 초나라의 재상은 할 만한 것이 아니니, 절대 하지 말라고 하였습니다. 손숙오는 초나라의 재상으로 지내는 동안 충성을 다하고 청렴했으며 법대로 모든 일을 처리하여 초나라를 바르게 다스렸습니다. 그 덕분에 폐하께서도 패자가 되실 수 있으셨지요. 그러나 손숙오가 죽자, 그의 아들은 발붙일 곳도 없고 가난하여 날마다 땔감이나 떼어다가 생계를 유지하고 있습니다. 이 얼마나 처량하고 비참한 일입니다. 손숙오처럼 그런 재상이 되느니 차라리 죽는 게 낫다고 하였습니다."

장왕은 그제야 손숙오에게 아들이 있었다는 것이 생각났다. 그리고 자신이 한 번도 그의 생활을 돌아보지 않았다는 것도 떠올랐다. '이 얼마나 큰 실수인가? 지금 우맹이 나를 꾸짖고 있구나'라고 생각한 장왕은 벌떡 일어나 우맹에게 사죄했다. 그리고 즉시 손숙오의 아들을 불러 넓은 땅을 봉지로 주고 손숙오에게 제사 지낼 때 필요한 물품도 공급해 주었다.

3. 우전

우전優旃은 전旃 씨 성을 가진 광대였다. 그는 진나라의 난쟁이로 농담을 통해 이치를 깨우치는 데 뛰어났다.

어느 날 진시황은 궁에서 큰 연회를 열었다. 그런데 하늘에서 큰 비가 내려 계단 아래 방패를 들고 보초를 서던 호위병들의 옷이 다 젖어 버렸다. 그들은 추위로 얼굴이 파랗게 질려 온몸을 벌벌 떨고 있었다. 이를 본 우전은 호위병들을 매우 동정하며 물었다.

"좀 쉬고 싶소?"

호위병들이 대답했다.

"물론이오. 쉬고 싶은 마음이 정말 굴뚝같소. 단 몇 분이라도 짬이 나 마르고 깨끗한 옷으로 갈아입고 따뜻한 생강차를 마실 수 있다면 좋겠소이다."

우전이 말했다.

"좋소. 그럼 내 방법을 찾아보리다. 잠시 후 내가 부르면 큰소리로 '여기 있소'라고 대답해 주시오. 알았소?"

호위병들은 열심히 고개를 주억거렸다.

연회는 아직도 한창이었다. 잠시 후 궁전에 있던 사람들이 진시황에게 술을 올리며 큰 소리로 외쳤다.

"만세, 만세!"

그 말이 다 끝나기도 전, 우전이 난간 옆에 기대 큰 소리로 소리쳤다.

"호위병들!"

호위병들이 대답했다.

"여기 있소!"

우렁차고 일치된 목소리가 순식간에 진시황과 모든 조정 대신들의 주의를 끌었다. 우전은 옆에 있는 사람들에게는 신경도 쓰지 않고 말을 이어갔다.

"자네들은 하나같이 키가 크고 장대하나, 그게 다 무슨 소용인가? 빗속에 벌벌 떨며 불쌍한 몰골을 하고 있는 것을. 날 보게. 난 이렇게 작고 왜소하나 지붕 아래서 편히 쉬고 있네."

그러자 진시황은 무엇인가를 깨닫고 호위병들에게 반씩 돌아가면서 보초를 서라고 명을 내렸다.

또 한 번은 진시황이 몇 개의 군현을 가로지르는 엄청난 규모의 정원을 지어 온갖 동물들을 사육하려고 했다. 그러자 우전이 말했다.

"훌륭하십니다! 진나라엔 과연 날짐승과 길짐승을 많이 키울 수 있는 곳이 필요하지요. 적이 쳐들어오면 고라니와 사슴에게 그 뿔로 맞서 싸우라고 하면 될 테니까요."

그 말에 진시황은 웃으며 정원 건축 계획을 취소했다.

진이세가 재위에 있을 때였다. 그는 함양성 전체를 새로 칠

하려고 했다. 그러자 우전이 또 나섰다.

"정말 좋은 생각입니다! 황제께서 말씀을 안 하셨으면 저희가 폐하게 청하려고 하였습니다. 성을 칠하면 재정이 낭비되고 백성들이 고생스러워지긴 하나, 칠을 해 놓으면 정말 보기 좋지 않겠습니까? 칠을 한 성벽은 번쩍번쩍 윤이 날 것이니, 적들이 기어오르지 못할 것입니다. 허나 성을 칠하기는 쉽습니다만, 성벽을 말릴 때 필요한 건물은 어찌 지으실 것입니까?"

진이세는 한참 생각하더니 기분 좋게 그 계획을 취소했다. 얼마 후 진이세는 살해당했고, 우전은 한나라로 귀속되었다가 몇 년 후 죽었다.

4. 곽사인

곽사인郭舍人은 한漢나라 무제武帝 시기의 광대였다. 그가 한 말이 모두 나라와 백성에게 이득이 된 것은 아니었지만, 듣는 사람을 편하게 해주는 힘이 있어 모두들 기꺼이 그의 말을 받아들였다고 한다.

무제가 어렸을 때 유난히 세심하게 잘 돌봐준 유모가 있었다. 자연스럽게 무제와 그 유모의 정은 각별했다. 무제가 자라 황제가 되자 유모는 상서를 올렸다.

모 지역에 나라의 밭이 있으니, 그것을 제게 내려주소서.

한 무제는 기꺼이 그 땅을 주겠노라 약속했다. 유모는 또 상서를 올렸다.

어도御道, 황제가 다니는 길로 다니게 해주십시오. 그래야 자주 황상을 뵐 수 있을 것입니다. 윤허해 주십시오.

무제는 깊이 생각해 보지도 않고 또 허락해 주었다. 유모는 자신이 하는 말이라면 다 들어주자 황제의 총애를 믿고 거만해졌다.

유모의 자손과 하인들까지도 안하무인으로 변했다. 그들은 대낮에도 장안의 거리를 다니며 다른 사람들의 수레나 말을 붙잡고 남의 물건을 빼앗는 둥 제멋대로 굴었다. 장안의 현령은 이 상황을 무제에게 보고하며 법에 따라 유모를 재판할 것을 청했다.

그러나 무제는 차마 유모를 벌할 수가 없었다. 현령은 또 무제에게 유모 일가를 변경으로 유배 보내야 한다고 주청을 올렸다. 이번에는 무제도 어쩔 수 없이 동의했다.

627

유모는 떠나기 전 곽사인을 찾아 울먹이며 말했다. 곽사인은 그녀를 위해 좋은 방법을 생각해 냈다.

"잠시 후 대전에 나가 황제폐하께 작별을 하러 갈 것 아니오. 인사를 다 마치면 즉시 일어나 나오시오. 그때 빨리 나오되, 여러 번 황상을 돌아보시오."

유모는 그의 말대로 궁에 들어가 무제에게 작별을 고하고는 즉시 몸을 돌려 걸어 나왔다. 그러면서 몇 번씩 되돌아보는 것도 잊지 않았다. 이때 옆에 서 있던 곽사인이 큰 소리로 유모를 꾸짖었다.

"빨리 나가지 뭘 그리 꾸물대는 것이냐! 폐하께서는 이미 장성하셨거늘, 아직도 네 젖이 필요할 것 같으냐! 돌아보긴 뭘 돌아보는 것이냐!"

무제는 그 말을 듣고 측은한 마음이 생겼다. 슬픔을 이기지 못한 그는 즉시 유모를 귀향 보내려던 명을 거두었다고 한다.

5. 서문표

서문표西門豹는 전국 시기 위魏나라 사람이었다.

위 문후가 재위에 있던 시절, 서문표는 업성鄴城. 지금의 하남성 안양현安陽縣 북부 및 하북 임장臨漳의 현령으로 부임하게 되었다. 그런데 성에 도착하니 뭔가 이상했다. 거리는 쓸쓸하다 못해 적막감이 감돌았고 집집마다 문이 굳게 잠겨 있었다. 가끔 한 두 사람이 지나갔지만 모두 축 늘어진 채 겁에 질린 모습이었다.

'이상하군. 이 성에 분명 큰 사건이 생겼을 것이다.'

이렇게 생각한 서문표는 수행원들에게 그 지역의 사람들을 만나 알아보라고 명했다.

얼마 후 수행원들은 온갖 풍상을 다 겪었을 법한 노인 몇을 데리고 왔다. 서문표는 단도직입적으로 현에 들어왔을 때 받았던 느낌을 말하며, 무슨 일이 있었는지 물었다. 노인들은 그 말에 눈물을 흘리며 탄식했다.

"아이구. 대인께서 모르셔서 그렇습니다. 이 모든 것은 강의 신 하백河伯이 아내를 취하느라 그리 된 것입니다."

"하백이 아내를 취해요?"

서문표는 깜짝 놀라 눈이 휘둥그레졌다. 노인들이 설명해 주었다.

"이곳에는 강이 하나 있는데, 몇 년 전부터 걸핏하면 물난리가 났습니다. 현에서 갖은 방법을 다 동원했지만 아무런 효과도 없었지요. 이후 관아에서 일을 하던 '삼로三老[15]'와 세리가 어디서인지 무당을 하나 데리고 와 사흘이나 굿을 했는데, 우리가 하백에게 제대로 제사를 올리지 않아 하백이 노하신

629

것이라고 했습니다. 매년 색시를 한 명씩 바쳐야 하백께서 기뻐할 것이라고요."

'흥, 그런 식으로 백성을 속인 것이구나!' 서문표는 금세 눈치 챘다. 그는 가슴속에 차오르는 분노를 꾹 누르며 다시 물어보았다.

"하백에게 색시는 어찌 바칩니까?"

"매년 무당이 집집마다 찾아가 소녀를 찾는데, 예쁜 아이를 보면 '하백의 아내가 될 수 있겠어'라고 말한답니다. 그러면 그 아이를 데려다가 목욕재계를 시키고 예쁜 옷을 입히지요. 강가에는 '신방'을 짓고 붉은 천을 단 후에 커다란 침상까지 마련합니다. 모든 것을 평소 민간에서 아내를 들이는 것과 똑같이 꾸미지요. 그리고 혼인날이 되면 소녀를 신방에 앉힌 후에 그대로 강에 밀어 넣습니다. 신방은 천천히 흘러가다가 몇 십 리쯤 가면 물 속에 가라앉게 되지요."

여기까지 듣자 서문표는 마음이 무거워졌다.

'불쌍한 백성들…… 이 나쁜 놈들을…….'

업성의 늙은이들은 서문표가 한참이나 말이 없자, 그가 무슨 생각을 하는지 알 수가 없어 서로의 얼굴만 바라보았다. 그러더니 바닥에 무릎을 꿇었다.

"대인, 대인께선 저희에게 부모와 같은 관리이시니, 저희의 사정을 헤아려 주십시오. 하백에게 제를 올리는 것은 마땅하나, 하백에게 색시를 내주는 것은……. 멀쩡한 아가씨를 이렇

게 보내다니, 대가가 너무 크지 않습니까? 다른 방법이 없겠
습니까? 그 후부터 업성 사람들은 무당이 딸을 하백의 아내
로 선택할까 두려워하고 있습니다. 특히 딸이 있는 집은 타지
로 도망을 갈 정도이지요. 그래서 업성의 사람은 날이 갈수록
적어지고 인심도 흉흉해졌습니다. 잘 살아보겠다는 의욕도
사라졌고요.

반대로 무당과 삼로, 세리는 하백에게 색시를 바친다는 명
목으로 매년 백성들에게 엄청난 세금을 걷고 백만이 넘는 재
물을 가져갔습니다. 정작 혼례에는 2, 3만 정도만 쓰고 남은
것은 모두 자기들 뱃속을 채운 것이지요. 만약 대인께서 나서
주시지 않는다면 그자들이 그렇게 많은 재산을 가로채는 일
도, 하백에게 색시를 바치는 일도 끝나지 않을 것입니다"

노인의 말을 다 들은 서문표는 가슴이 터질 것만 같았다.
하지만 아무런 내색도 하지 않은 채 이 노인들을 일으켜 세우
며 물었다.

"언제 하백에게 색시를 바칩니까?"

"다음 달입니다."

"혼례가 있는 날 잊지 말고 제게 알려주십시오. 저도 신부
를 배웅할 것입니다. 어르신들은 일단 돌아가 계시지요."

새로 온 현령은 대체 무슨 꿍꿍이일까? 노인들은 궁금하고
속이 쓰렸지만 아무 말도 하지 못하고 집으로 돌아갔다.

드디어 하백에게 색시를 바치는 날이 왔다. 서문표는 일찍

부터 강가에 나가 있었다. 과연 '신방'이 지어지고 신부가 단정하게 옷을 차려 입고 나왔다. 곳곳에 등이 내걸렸고 먼 곳에서까지 구경하려고 사람들이 몰려왔다. 모인 사람이 족히 2, 3천 명은 되어 보였다. 무당과 삼로, 세리는 신방의 옆에 앉아 있었다. 일흔은 족히 됐을 법한 무당은 잘 먹어서 볼이 통통했고 허리가 물통처럼 굵었다. 뒤로는 몇 명의 여제자까지 거느리고 있었다.

정오가 되자 무당이 큰 소리로 말했다.

"시간이 되었으니 신부를 보내라."

말이 떨어지기가 무섭게 서문백이 벌떡 일어났다.

"멈추시오!"

무당은 새로 온 현령이 무엇을 하려는지 궁금해 가만히 지켜보았다. 서문표가 입을 열었다.

"하백에게 아내를 보내려면 예쁜 사람을 보내야 할 것 아니오? 신부를 데려와 보시오. 내 예쁜지 안 예쁜지 봐야겠소."

무당은 현령의 말도 일리가 있다며, 그 소녀를 장막 밖으로 데리고 나왔다. 서문표는 미간을 찌푸렸다.

"이 아가씨는 별로 아름답질 않잖소. 하백이 보시면 화를 낼 것이오. 오늘의 혼례는 아무래도 미뤄야 할 것 같소. 하백께서 기다리느라 애가 타면 안 될 터이니 무당께서 말 좀 전해 주시오. 내 하루속히 곱디고운 아가씨를 찾아 내일모레까지는 보내드리겠다고."

그러더니 별다른 설명도 하지 않고 무당을 강에 던져 넣었다. 무당은 강에서 몇 번을 허우적대더니 결국 물에 빠져 죽고 말았다. 장내에 있던 모든 사람들은 갑작스러운 변고에 머리를 얻어맞은 것처럼 멍하니 서 있었다. 무당의 제자들과 삼로, 세리의 얼굴은 서서히 하얗게 질려갔다.

잠시 후 서문표는 또 혼잣말을 하듯 말했다.

"무당이 왜 이리 안 온단 말인가? 너무 늙어서 걸음걸이도 늦어졌나 부군. 그럼 젊은 제자를 보내 재촉해 볼까?"

수행원은 즉시 무당의 수제자를 강으로 던져 넣었다.

주위에 둘러서서 지켜보던 사람들이 깜짝 놀라 '아' 하는 소리를 내뱉었다.

서문표는 손차양을 하고 강가를 서성이며 강에서 돌아오는 사람이 없나 살피는 몸짓을 했다.

반 시진(한 시간)이 지나자 서문표가 또 입을 열었다.

"수제자가 왜 이리 오래 걸리누? 둘째 제자가 가서 사부와 사제에게 어서 오라는 말을 전하게. 우리가 대답을 기다리고 있다는 말도……."

수행원들은 다시 둘째 제자를 강에 던져 넣었다. 이미 세 사람이 강물에 빠져 죽은 것이다. 사람들은 숨을 죽이며 서문표가 하는 일을 지켜보았다.

서문표는 강가에서 붓을 머리에 꽂고 허리를 굽히더니, 공손히 기다리는 자세를 취했다.

633

한참이 지나자 서문표가 갑자기 머리를 쳤다.

"아! 이제야 알겠군. 무당과 두 제자가 다 여자라 그런 것
이었어. 여자들은 말을 잘 못하니 남자를 보내야겠군. 삼로가
하백에게 말을 전해 줘야겠네."

풍덩! 하는 소리가 났다. 수행원들이 삼로를 강에 던져 넣
었던 것이다.

그러자 강가에 있던 세리를 비롯해 평소 무당, 삼로와 결탁
하고 있던 부호들의 얼굴이 사색이 되었다. 그들은 몸을 부들
부들 떨며 서문표의 앞으로 나와 바닥에 엎드려 머리를 쾅쾅
찧어댔다. 말 한마디 하지 못했다.

서문표는 그들을 본 체 만 체하며 여전히 강가에 서서 누군
가 돌아오길 기다리는 척했다. 그렇게 한참 시간이 흐르자,
세리와 부자들의 머리가 깨져 피가 흘렀다. 서문표는 그들이
놀라서 더는 나쁜 짓을 하지 못할 것이라 생각하고 천천히 입
을 떼었다.

"아, 하백이 그들에게 밥을 준 모양이군. 오늘은 돌아오지
못할 것 같으니, 그만 기다리세. 자네들도 그만 돌아가고."

그들은 대사면을 받은 사람들처럼 한숨을 내쉬며 땅바닥에
그대로 쓰러져 버렸다.

그때부터 그 누구도 하백에게 색시를 바쳐야 한다는 말을
입에 올리지 않았다.

634   서문표는 백성들에게서 우매함과 미신이 완전히 사라지게

하려면 치수治水를 잘 해야 한다는 것을 잘 알고 있었다. 그는 업성 사람들을 이끌고 가 논밭에 물을 대기 위한 수로를 파도록 했다. 처음엔 그의 뜻을 헤아리지 못한 백성들이 수로를 파는 일이 힘들다며 피하려고만 들었다. 그러자 서문표는 직접 작업장에 나가 백성들에게 반복해서 이치를 설명하고 격려해 주었다.

"수로를 만드는 것은 자손 후대에게도 유익한 일이오. 지금은 고생이 되겠지만 앞으로는 그 혜택을 누릴 수 있을 것이오."

2년 후, 12개의 수로가 만들어졌다. 수로가 뚫리자 업성의 물난리도 줄어들었다. 게다가 관개도 편리해지니, 농작물이 많아져 백성들의 생활도 크게 개선되었다. 그러자 도망갔던 사람들도 돌아왔다. 모두 자급자족이 가능해지자, 사람들의 얼굴에도 웃음이 떠나지 않았다. 그들은 서문표에게 진심으로 감사해하며 그를 존경했다.

시간이 물 흐르듯 흘러 왕조가 바뀌었다. 한漢나라, 서문표는 이미 땅 속에서 깊은 잠을 자고 있었다. 한 왕조는 수리를 담당하고 있는 관리를 업성에 보내 지형을 조사하게 하였다. 당시 서문표가 지은 12개의 수로가 이미 오래되었으니 지금의 농업 생산에는 맞지 않을 것이라 생각했던 것이었다. 그들은 수로를 합치자고 건의했지만 업성 백성들의 극렬한 반대에 부딪쳤다. 그들은 이 수로들이 서문표가 백성들을 이끌고 만든 것이며, 현군인 서문표가 만든 방식을 함부로 바꿀 수는 없다고 입을 모았다.

결국 수로를 합치는 계획은 취소되고 말았다.

● 각주

15 한나라 시기 고을의 장로로, 백성들의 교화를 맡았다.

史記
들여다보기

전국 시기에는 강언江堰과 정국거鄭國渠에서 유명한 수리水利
사업이 있었다. 진나라 소왕 시기, 촉蜀 지역의 군수 이빙李氷
은 백성들을 이끌고 수리사업을 벌여 강언의 건설에 큰 공을
세웠다. 성도成都 평원은 강언 덕분에 비옥해져 '천부지토天府
之土'라고 불렸다. 정국거는 진시황이 한韓나라에서 파견한 수
리전문가 정국鄭國의 건의를 받아들여 정국의 주도하에 건설
한 것이다. 그 덕분에 관중 지대는 고대부터 풍요로운 땅으로
자리매김 할 수 있었다.

서문표

　　사마천의 『사기』는 한국에서도 매우 유명한 역사서로서 수없이 많은 출판사에서 다양한 형태로 번역, 출간되어 왔다. 그래서 처음 이 책을 번역하게 되었을 때 그만큼 부담감도 컸다. 어떻게 중국의 역사를 재미있고 사실적으로 독자들에게 전달할 것인가? 그것은 번역자에게 꽤 무거운 과제였다. 하지만 번역을 해나갈수록 중국의 고대 인물들을 만나는 재미를 느낄 수 있었다. 중국의 전설·신화 시대부터 하, 상, 주, 춘추전국시대, 첫 통일 왕조인 진秦나라의 탄생과 멸망까지 중국 고대 역사의 시작을 되짚어 가면서 지금의 나와 한국을 비춰보는 재미가 있었던 것이다.

　　'역사는 삶의 거울이고, 그 역사는 사람이 만들어간다'는 서문의 내용처럼 『사기』 속에는 인물들의 이야기가 있었고, 또 지금을 비춰볼 수 있는 '거울'이 있었다. 독자가 조금만 마음을 열고 읽으면 내가 어떻게 살아야 할지, 또 역사를 어떻게 바라봐야 할지 알 수 있는 것이다. 그래서 이 책을 특별히 청소년들과 젊은이들에게 권하고 싶다. 나라를 이끌어가고

짊어질 동량으로서 타국의 역사를 돌아보고 역사 속에서 교훈을 찾는 연습은 미래의 주역에게 매우 중요한 '기초 다지기'가 되리라 믿기 때문이다.

이 책을 지은 사마천은 역사가였던 아버지의 유지를 받들어 객관적인 역사서를 쓰기 위해 최선을 다했다. 역사적인 고증을 게을리 하지 않았고 자료를 수집하고 현장을 직접 방문했을 뿐 아니라 살아 있는 증인들을 직접 만나기도 했다. 또 남자의 생식기를 제거하는 궁형이라는 무서운 벌을 받고도 그 자리에 주저앉지 않고 『사기』라는 위대한 역사서를 완성하였다. 그것은 역사서가 단순히 현실을 기록하는 것이 아니라 후손들에게 남겨줄 귀중한 교훈이자 자산이라는 것을 잘 알고 있었기 때문에 가능했을 것이다.

그렇기 때문에 『사기』가 우리에게 남기는 교훈과 의미는 더욱 크다. 몸소 최고의 절망을 맛보았기 때문인지 사마천은 고통과 고난에 직면한 영웅들의 이야기를 더욱 상세하고 생동감 있게 그려내고 있다. 그들이 갇히고 쫓기고 죽음의 위기 앞에 섰을 때 나라를 위해, 더 큰 이상을 위해 어떠한 선택을 했는지를 보며 우리는 어떤 자세로 살아가야 할지 다시 생각하게 된다. 또 고통을 이겨내고 다시 일어서는 사람만이 '이상'을 이룰 수 있으며, '이상'이 역경을 딛고 일어설 힘이 된다는 진리를 깨달을 수 있다.

또한 전설시대부터 춘추전국, 진나라까지 여러 왕조의 역사를 통해 역사의 주인공이 되는 나라와 인물은 어떠한지, 오랫동안 '지지 않는 별'로 살아남기 위해서는 어떤 가치관을 가지고 있어야 하는지, 역사적인 흐름을 읽는 것이 나라의 존망에 얼마나 중요한지도 배울 수 있다.

독자들이 이 책을 읽으며 사마천의 속삭임을 들을 수 있기를 바란다. 옛날이야기라고 치부해 버리기보다는 과거의 영웅들은 어떤 고민을 했으며, 어떤 꿈을 꾸었는지, 그리고 그 꿈을 이루기 위해 어떤 노력을 했는지를 되짚어 보며 지금의 나는 어떤 꿈을 꾸며 살아야 하는지, 어떤 노력을 해야 하는지를 깨닫는 시간이 되었으면 좋겠다.

특히 이 책에는 중국의 과거와 현대 사상이 절묘하게 어우러져 있다. 중국의 과거를 통해 현재의 중국을 볼 수 있으며, 편저자의 부가 서술을 통해 현대 중국인들의 사상과 가치관을 읽어볼 수 있다. 전통 신앙과 철학, 역사를 바라보는 관점 등 현대인의 평론을 통해 중국의 현재를 만나고 중국의 현대 사상을 읽는 것, 그것이 이 책의 또 다른 매력이 아닐까 싶다.

또한 이 책을 통해 독자들이 중국과 중국의 역사에 한층 더 가까이 다가갈 수 있기를 바란다. 그리고 그 가운데서 역사의 큰 흐름을 읽고 먼 미래를 내다보는 장기적 안목을 갖게 된다면, 죽음과 같은 절망 속에서도 『사기』를 놓지 않았던 사마천의 열정과 노력도 결코 헛되지 않을 것이란 생각도 해본다.
어둡고 안타까운 현실 속에서 독자들이 역사 속 인물들과 재
회하며 '어두운 밤 반짝이는 별'을 발견하는 기쁨을 느낄 수
있기를 기대하며, 이 책에 작은 소망을 담는다.

2010년 봄의 문턱에서

김하나

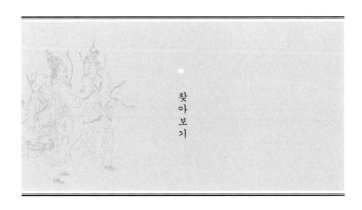

찾아보기